"巴赫金学"与其新世纪的新进展

——写在《跨文化视界中的巴赫金》面世之际

周启超

（一）

"巴赫金学"（Бахтинология，Бахтинистика，Бахтиноведение；Bakhtinology，Bakhtinistics，Bakhtin Studies），巴赫金研究也。

学术生产中，对于影响甚大的一代大家或读者甚众的一部经典的研究本身已具有偌大规模，已产生广泛影响，而成为一代代学人悉心勘察的对象，成为不同国度的学界长期瞩目的现象，成为学术再生产的一种平台，才可被冠之以"××学"。在外国文学研究界，莎士比亚研究就被冠之以"莎学"，陀思妥耶夫斯基研究就被冠之以"陀学"；在中国文学研究界，"红楼梦研究"就被冠之以"红学"。在外国文论界，巴赫金研究也被冠之以"巴赫金学"。

如果说，"莎学"主人公——英国剧作家莎士比亚，"陀学"主人公——俄罗斯小说家陀思妥耶夫斯基，"红学"主人公——中国古代小说名著《红楼梦》，都是经历了相当长的时间检验的世界文学创作中的经典作家或作品，那么，"巴赫金学"主人公——苏联学者巴赫金，则是20世纪60年代以来将近50年对整个世界的人文研究产生了广泛而深刻的持续性影响的一代大家。巴赫金学说的原创性，巴赫金思想的辐射力，巴赫金理论的再生产能量，使得巴赫金理论的"跨文化旅行"确乎成为一种世界性现象。巴赫金理论的"跨文化之旅"，其覆盖面之广，其持续性之长，其可操作性之强，恐怕是当代世界人文学界别的明星难以比肩的；正是巴赫金理论之旅的世界性、丰富性、戏剧性，使得我们可以也应该来考察"跨文化视界中的巴赫金"，来梳理巴赫金学说在不同国度被译介被接受的旅行路径，来勘探巴赫金理论在不同文化圈里被解读被征用的命运轨迹。

"跨文化视界中的巴赫金"，便是自有旨趣、自有规模、自有机制、自有形态的巴赫金研究——"巴赫金学"的一个基本主题。

巴赫金研究之规模在当代世界人文学界是屈指可数的。截止到2000年，被统计到的研究巴赫金的文章与著作数量惊人：用俄文撰写或译成俄文的至少有1465种；用英文、法文、德文、意大利文、西班牙文撰写的至少有1160种；截止到2009年，用汉语撰写的研究巴赫金的文章与著作至少也有600种。据不完全统计，2001—2008年间，中国期刊上发表的以巴赫金研究为题的文章有308篇，居于德里达研究（295篇）、福柯研究（274篇）之上。

巴赫金研究作为学术生产自有机制。有一群学人，有几份学刊，有定期的学术年会。

世界上竟有两份专门以巴赫金研究为主题的刊物。

1992年，第一份俄文版的以巴赫金为对象为主题的杂志《对话·狂欢·时空体：研究米·米·巴赫金生平、理论遗产与时代的杂志》（*Диалог. Карнавал. Хронотоп. Журнал научных разысканий о биографии, теоретическом наследии и эпохе М. М. Бахтина*）在白俄罗斯维捷布斯克国立大学面世；该刊由尼古拉·潘科夫（Николай Паньков）主编，后来移至俄罗斯，在莫斯科出版；该刊每年出4期，一直发行到2003年；在英国谢菲尔德大学，1994年由英国著名巴赫金专家D.谢泼德（David Shepherd）建立的"巴赫金中心"，也于1998年创办了一份英文版的以巴赫金研究为主题的刊物《对话主义：巴赫金研究国际杂志》（*Dialogism, An International Journal of Bakhtin Studies*），该刊已出版4卷，发行到2000年。

国际巴赫金学术年会自1983年启动，每隔两三年举行一届（前12届均是每两年开一次；自第13届起，改为每三年开一次），已经自成传统。这个盛会每次有150位左右的国际巴赫金专家们参与其中，每届会期5天。国际巴赫金年会一直在引领巴赫金理论的跨文化之旅，其旅行路经加拿大至意大利，从意大利至以色列，从以色列至南斯拉夫，从南斯拉夫至英国，从英国至墨西哥，从墨西哥至俄罗斯，从俄罗斯又到加拿大，从加拿大到德国，从德国到波兰，从波兰到巴西，从巴西到芬兰，从芬兰到加拿大，从加拿大再到意大利，从意大利到瑞典。巴赫金理论之旅已持续30余年，穿越欧美10多个国家，其覆盖面之大，十分罕见。这里,加拿大、意大利的人文学界表现尤为突出,多次担当国际巴赫金学术年会东道主,与美国、英国、俄罗斯、中国一起成为国际"巴赫金学"的重镇。

犹如大树的发育生长自有其年轮,"巴赫金学"的生成发展也有几个节点。

1983 年,这是巴赫金理论"跨文化之旅"的一个新的起点。这一年,北美、英伦、中国的人文学界几乎不约而同地将视线投向巴赫金这位苏联学者。这一年 10 月,在加拿大,克莱夫·汤姆逊(Clive Thomson)发起举行第一届巴赫金学术国际研讨会,创办用英文、法文、德文、意大利文、日文(后来则有斯拉夫语)等多种文字出版的《巴赫金研究通讯》(*Le Bulletin Bakhtine*/*The Bakhtin Newsletter*),率先以大学学报专辑刊发研究巴赫金的文章(*The University of Ottawa Quarterly*, 1983. *Vol.* 53. *NO*1: *The Work of Mikhail Bakhtin*);这一年 9 月,在中国,巴赫金成为首届"中美双边比较文学研讨会"的一个重要话题,钱中文遵照钱钟书的嘱咐,在这年年初就着手准备并于 9 月在北京召开的这个研讨会上宣读了题为《"复调小说"及其理论问题——巴赫金的叙述理论之一》论文;这一年 12 月,美国各地、各学科的巴赫金专家首次在《批评探索》(*Critical Inquiry*)上举办以巴赫金为专题的研讨会;这一年,在英国,第一部《巴赫金学派论文》英译本(《俄罗斯诗学译丛》第 10 辑)由安·舒克曼(Ann Shukman)编选,由牛津大学出版社推出。这一年 10 月,在德国,主题为"小说与社会:米哈伊尔·巴赫金国际学术研讨会"在耶拿举行。这次会议是受联合国教科文组织委托,由"斯拉夫文化互动国际学会"组织,来自东德、西德、奥地利、匈牙利、保加利亚、法国、荷兰、加拿大、苏联诸国高校的学者出席了这次学术研讨会。…… 如今回溯巴赫金接受史,1983 年堪称"国际巴赫金年"。如果说,20 世纪六七十年代里,巴赫金理论经历"第一次"被发现:她走出苏联,被法国的结构主义与后结构主义理论界所关注,被意大利的符号学界所关注,她的跨文化旅行还只是局部性的。那么,及至20 世纪 80 年代,巴赫金理论经历了"第二次"被发现:她的旅行路径已然进入多线并进的新格局,她已经不再驻足于法兰西与意大利。她越过大西洋,进入北美;她由欧陆潜入英伦;她还向东方进军。这样多方位的旅行,已然几近于环球之旅。巴赫金研究由此而发展成为专门性很强而又拥有广泛影响,跨语种跨学科跨文化,覆盖面大、辐射力强而富有生产性的一门学问。还在 1986 年,美国著名巴赫金专家 G. S. 莫尔逊(Gary Saul Morson)就曾戏称巴赫金研究已成为"巴赫金产业"(The Baxtin Industry)。"巴赫金热"使得"巴赫金学"成为当代世界人文研究的一门显学。

1995 年,巴赫金理论的跨文化之旅,在 20 世纪 90 年代进入如火如荼的旺季,在巴赫金百年诞辰(1995)前后进入巅峰状态。与此同时,"巴赫金学"也进入对其自身的成果与问题予以清理总结、对巴赫金研究史接受史予以梳理审视的历史性反思之中。

1995 年 7 月 26 日—30 日,第 7 届国际巴赫金学术年会在莫斯科师范大学举行;50 位俄罗斯、白俄罗斯、乌克兰学者,80 位来自英国、德国、丹麦、以色列、加拿大、意大利、墨西哥、新西兰、波兰、美国、土耳其、芬兰、韩国、日本 14 国的外国学者,共聚莫斯科。这届年会设有 19 个分会场:"对话哲学"、"审美活动"、"哲学语境"、"对话与文学"、"文学与狂欢"、"文本问题"、"哲学复兴"、"修辞学与/或对话学"、"长篇小说理论"、"翻译与'可译性'"、"巴赫金与俄罗斯文化"、"巴赫金与后现代性"、"女性主义视界"、"体裁诗学"、"巴赫金与诗歌"、"与巴赫金一同解读"、"文化的相互联系"、"教育学与心理学"、"社会文化语境中巴赫金的生平"。这届年会上有 123 个发言,这些发言可以概括为三个系列:"巴赫金与某一位哲学家"、"巴赫金与某一位作家"、"巴赫金与某一个问题"。第一个系列中的哲学家名单,从凯尔克戈尔与叔本华一直到福柯与德里达;第二个系列中的作家名单里,则有维吉尔、米尔顿、菲尔丁、果戈里、伍尔芙、纳博科夫、里尔克、普拉东诺夫、奥尼尔、帕斯捷尔纳克、米洛什、康拉德。巴赫金思想辐射的"光谱"十分宽阔。

在莫斯科年会开幕式上作报告的三位学者,分别来自意大利、美国与俄罗斯。美国学者 K. 伽德勒(K. Gardner)、俄罗斯学者 B. 马赫林(Виталий Махлин);威尼斯大学教授——维托尼奥·斯特拉达(Vittorio Strada)的报告是《"发现"米哈伊尔·巴赫金对于世界文化的意义》。在西方斯拉夫学界中最早"发现"巴赫金的这位意大利学者,论述了 20 世纪 60—90 年代的"巴赫金热"及其原因与可能有的学术成果。他认为,在近二三十年里被重新发现的俄罗斯思想家当中,没有一个像巴赫金这样产生那样大的影响;B. 马赫林的报告是《面对面:即将完结的百年之未完成的历史上的米哈伊尔·巴赫金》;美国学者 K. 伽德勒的报告是《论第三个千年的哲学:抑或东西方之间的米哈伊尔·巴赫金》;这届年会上,莫斯科大学图书馆向与会学者播放了由 B. 杜瓦金采访的巴赫金回忆涅维尔生活的谈话录音,以及巴赫金当年朗诵 A. 费特的一首诗的录音。在这届年会闭幕式上作报告的,有美国著名巴赫金专家、普林斯顿大学斯拉夫学者凯瑞尔·爱默森(Caryl Emerson),她的发言涉及当代西方巴赫金研究的两个层面,其一,与狂欢的思想相关联;其二,是对巴赫金的内在之"我"三个模型的接受:对话性的、狂欢性的、构筑性的。她指出,俄罗斯的巴赫金学在 5 年里追赶上 30 年的西方巴赫金学。这要归功于巴赫金著作的出版中心与研究中心的努力:这些中心的领衔人物是 K. 伊苏波夫(彼得堡)、B. 马赫林(莫斯科)、H. 潘科夫(维捷布斯克)和 И. B. 彼什科娃(莫斯科);摩尔多瓦大学也是巴赫金学的一个基地。这位美国学者特别强调在巴赫金研究领域俄罗斯与西方进行对话的巨大意义与教益。英国巴赫金学会会长大卫·谢泼德(David Shepherd)因故未能与会,他的报告被安排在闭幕式上,其题目是《没有对话,没有对话主义:俄罗斯学界接受视野中的西方巴赫金学》。

B. 马赫林在会后的报道里指出,莫斯科年会的特点有三:其一,不同的人文学科与不同的视界之交锋互动;文学学论题十分广泛,但已不再占据主导;占据主导的是一般的人文理论兴趣,其中有迫切的哲学、文化学问题,例如,"巴赫金与后现代性"第二次分组会听众爆满;会上第一次在巴赫金研究中用世俗语言谈论神学或准神学话题。其二,与会学者构成上的新旧更替。这届年会上,很少看到 20 世纪 60 年代甚至 80 年代的巴赫金学首倡者的身影,来自西方的寥寥几个,莫斯科本土的竟一个也没有与会。甚至那些在巴赫金学中出道成名的研究者(主要是文学学家)如今也离去了(抑或"内在地离去")。如今对巴赫金感兴趣的已然是另一波学者。其三,俄罗斯本土的巴赫金学与国外的巴赫金学之间如果不说是对话,至少也是在对接上有可观的进步。巴赫金学的这两个方阵之最初的"接触"曾暴露出完全的不对接性:1991年曼彻斯特巴赫金年会上,一位英国与会者("后马克思主义者")谈到其印象时一针见血地指出,看上去仿佛"至少同时是在开两个会"。首先立刻出现语言壁垒;更折磨人的则是不同世界不同的"话语"之间——似乎是在对同一个概念进行阐述中的不同"话语"之间的壁垒。马赫林认为，如今世界性的巴赫金学一个众所周知的特点，可以见之于学术争鸣中的不同声音（如果愿意——就是"多声部"与"杂语"）；这不仅从"意识形态"方面来看是有成效的，而且从"专业化"方面来看也有成效。"文学学家"与"哲学家"在巴赫金学中或隐或显的冲突，几乎不可避免；在一些根本性的事情上仅仅"依据专业"的交谈就显得不够了，共同的对象要求有共同的交谈语言。马赫林认为，有别于在西方，"巴赫金与文学学"这一题目，在俄罗斯尚未成为严肃认真的谈论对象。俄罗斯另一位著名巴赫金专家 H. 鲍涅茨卡娅（Наталья Бонецкая）在谈到莫斯科年会印象时认为，作为哲学家的巴赫金，在研究者的心目中似乎彻底占据了作为文学学家的巴赫金的上风，出现了作为神学家的巴赫金之新形象，虽然是很模糊而有争议的。这是曼彻斯特巴赫金年会、墨西哥巴赫金年会都不曾出现的。

值得注意的是，在莫斯科年会上，已经有一些学者看出巴赫金学的危机。有人提出，巴赫金之异常流行，在其自身隐藏着危险：巴赫金这一个对话性真理的代言人，曾超越了自己的时代，但也会成为一个实质上的独白主义者。应当记住巴赫金本人说的这句话，"他大于自己的命运且高于自己的时代"。有专家坦言巴赫金学的困惑：感觉出视界、主题、论域均已枯竭；巴赫金学能否克服这一危机，找到新的路向？有学者提出，巴赫金以其社会责任性原则展现为一个很好的节制者。"参与而应分"的自由哲学，理应来取代无边无界的、无应分而不去分担的自由哲学。那样，我们就能重构巴赫金思想的全部厚度与深度。而目前，在现如今的危机状态，整个巴赫金学——不论是本土的，抑或是外国的——都深陷其中的这个状态，让人有必要在方法论意义上有系统地克制使用由巴赫金所引入，已成为畅销的概念——对话，狂欢，时空体……

1995 年 7 月，在英国曼彻斯特大学的"巴赫金中心"，举行了主题为"巴赫金：一个世纪的反思"的学术研讨会。

1995 年 11 月，在中国，北京的巴赫金学者在纪念巴赫金百年诞辰的研讨会上，在对巴赫金研究中的问题进行反思时形成了一个共识：巴赫金研究要深入下去，就要以对巴赫金文本的系统掌握为前提为基础；要组织力量编选翻译出版巴赫金文集。

1996 年,在俄罗斯,在莫斯科,俄罗斯科学院世界文学研究所理论部巴赫金研究群体在纪念巴赫金百周年诞辰之后,很快就推出巴赫金文集第一卷。

1997 年,在英国,《面对面:巴赫金在俄罗斯与在西方》(*Face to Face: Baktin in Russia and the West*, Sheffield University Press.)由曼彻斯特大学"巴赫金中心"推出;同年,在美国,C. 爱默森的(Caryl Emerson)的专著《巴赫金的第一个百年》(*The First Hundred Years of Mikhail Bakhtin*, Princeton University Press.)在普林斯顿大学面世。两年后,英语世界里第一部《巴赫金研究文选》(Emorson, C. ed. *Critical Essayson Mikhailt Bakhtin*, New York: G. K. Hall. 1999, 418p.)作为"世界文学研究丛书"的一种,也在纽约与读者见面了。C. 爱默森为这部文选写了一篇导言,其题目引人入胜:"巴赫金是谁?"(*WHO IS BAKHTIN?*)巴赫金其实具有多面性与悖论性,无法将他纳入任何一个被严格界定的系统,无论是结构主义、符号学,还是解构论。巴赫金是一个文学学家、语言学家、语文学家,还是一个哲学家、美学家? 抑或是一个以文学研究者的角色出场的哲学人类学家? 对巴赫金学术身份的定位可谓众说纷纭,至今仍是巴赫金学面对的热点话题。

红红火火的"巴赫金学",堪称 20 世纪下半叶当代世界人文学界的一道亮丽风景。俄罗斯科学院院士,著名符号学家、语言学家、文学学与人类学学者维亚切斯拉夫·伊凡诺夫观察到,及至 20 世纪末,巴赫金已成为世界上被阅读最多、被征引最多的一位人文学家。当代国际人文学界的风云人物,诸如,法国的克里斯特瓦、托多罗夫、巴尔特,德国的尧斯,意大利的埃科,英国的威廉姆斯、伊格尔顿,美国的德·曼、布斯,更不用说苏联的洛特曼、利哈乔夫、阿韦林采夫等名家,均发表过谈论巴赫金的文章,都曾与巴赫金进行对话与潜对话。当代国际人文学界如此红火的"巴赫金热",使得《巴赫金通讯》(*Le Bulletin Bakhtine/The Bakhtin Newsletter*, 5)能够及时地推出主题为"环球巴赫金"(Bakhtin around the World)特辑,收入其中的文章有:《意大利人所阅读到的巴赫金》、《在法国与在魁北克的巴赫金》、《以色列的巴赫金研究》、《波兰对巴赫金的接受》、《德国学术界视野中的巴赫金》、《西班牙对巴赫金的评论》、《日本对巴赫金的接受》、《与另样的世界沟通之际——俄罗斯与西方最新的巴赫金研究在狂欢观上的对立》。而在此之前,1995 年,克雷格·布兰迪斯特(Craig Brandist)已发表《英国巴赫金学概览》一文。巴赫金理论在其覆盖面甚大、辐射力甚强的跨文化旅行中,已成为当代国际人文学界话语实践与学术生产的一个"震源"。

(二)

进入 21 世纪之后,"巴赫金学"的境况怎样? 新世纪以降这 15 年,"巴赫金学"有什么新的气象? 或者,经历了持续几十年的开采,巴赫金这一理论矿藏是不是已经几近枯竭? "巴赫金学"在达到其波峰之后有没有跌入波谷? 这是巴赫金研究者要自然面对和反思的一个问题。2002 年 3 月 1 日—2 日,在美国,在耶鲁大学举行的斯拉夫文论研讨会上,在主题为"巴赫金:赞成与反对"(Bakhtin:Pro and Contre)的分会场,来自普林斯顿大学的凯瑞尔·爱默森的报告是:"走红之后的巴赫金:某些曾经有争议的要素与它们会引向何方?"(Bakhtin after the Boom:Some Contested Moments and Where They Might Lead?),来自谢菲尔德大学的大卫·谢波德教授的报告也是:"巴赫金在/与危机:长远时间的问题"(Bakhtin in/and Crisis:Problem of Geat Time)这两个报告出自美英学界多年潜心于"巴赫金学"的学者之手,体现出美英巴赫金研究者对"巴赫金学"中的问题进入自觉的反思阶段。2003,在俄罗斯,《巴赫金术语辞典》以俄罗斯人文大学的期刊《话语》专辑(2003/11)面世;该辑以 C. H. 布罗伊特曼的文章《巴赫金的学术语言与术语:某些总结》开篇。第 1 部分为"巴赫金的学术概念之系统性描述辞典材料";第 2 部分为"美学史与语言哲学史上的巴赫金"。这里对巴赫金"学术概念"的系统性描述,是 1997 年问世的《巴赫金术语辞典·材料与研究》的续篇。俄罗斯人文大学的巴赫金研究群体,在"巴赫金学"达到波峰状态之际就已开始自觉地反思"巴赫金学"的两种危险:其一,有些谈论巴赫金的文章与著作的作者其实不过是以巴赫金为"话由"而在进行自我表现,那些自我表现与巴赫金本人的思想几乎是毫无关系;其二,一些巴赫金研究者只是做了巴赫金思想的"主人公",并不能够占据"外在于它且有理据而能应答的"立场。《巴赫金术语辞典》,是俄罗斯人文大学巴赫金研究群体持续 10 年的项目成果。1993 年 2 月 1 日—3 日,在该校举行的"巴赫金与人文科学的前景"学术研讨会上曾讨论过这个项目,讨论了"词汇表"。

人文大学的"巴赫金学"成果表明,上世纪启动的巴赫金研究在新世纪还在延续。新世纪以降的俄罗斯"巴赫金学",至少有 10 部著作值得关注。

2003 年,《对话·狂欢·时空体》发行最后一期(第 39/40 期)——专辑《世界文化语境中的巴赫金》;之后,该刊主编尼古拉·潘科夫潜心于专著写作。2010 年,推出其巴赫金研究总结性著作《巴赫金的生平与学术创作中的问题》。该书聚焦于 20 世纪 30 年代末、40 年代初巴赫金的学术生涯,梳理巴赫金论拉伯雷一书的写作史,披露当年巴赫金以这部著作进行学位答辩的过程,苏联学术界知名学者当时对巴赫金的不同评价,以及 20 世纪 60 年代里巴赫金的几位"发现者"与巴赫金本人的通信。

2011 年面世的《巴赫金的〈话语创作美学〉与俄罗斯哲学—语文学传统》,是著名巴赫金专家纳丹·塔马尔钦科在巴赫金学园地耕耘多年的收官之作。作者的观点是:要揭示出巴赫金所写下的文本之原初的含义,学者本人置于其思想之中的那份理解,只有在这一条件下才有可能:将巴赫金的那些思想作为诗学概念的体系——这些概念形成了一种独一无二却至今尚未得到充分评价的文学理论——来研究。作者驻足于巴赫金的思想与其本土的、欧洲的美学之历史经验的关联性,这些思想与他那个时代的哲学和他之前的哲学在语境上的内接性,以及它们对这一语境之改造性的梳理。巴赫金的学说,作为他那个年代那些标志性的美学理论与文化学理论之强劲的"契合应和的对话"而得以揭示。在这本书里得到呈现的对话的主要参与者——巴赫金与弗洛连斯基,巴赫金与别雷,巴赫金、E. 特鲁别茨科伊与弗拉基米尔·索洛维约夫,巴赫金与罗赞诺夫,巴赫金与布捷波尼亚,巴赫金、梅列日科夫斯基与维亚切·伊凡诺夫,巴赫金与斯卡夫迪莫夫,巴赫金与 A. 维谢洛夫斯基;国外的人物是黑格尔、康德、洪堡、尼采、弗洛伊德、维特根斯坦、施宾格勒、卢卡契。这些学者的哲学理论,在这里被置于它们与巴赫金着重于长篇小说形成过程之诗学概念体系相互作用的层面而得到分析。H. 塔马尔钦科这一整串的对比性研究,开采出巴赫金在长篇小说体裁领域的那些发现的多维度性与深度。特别有趣而有意义的是,书中讨论白银时代的宗教哲学与文化学的章节,白银时代的长篇小说理论乃是巴赫金的长篇小说学说的先声。

2009 年，伊琳娜·波波娃（И. Л. Попова）的专著《巴赫金论弗朗索瓦·拉伯雷一书与其对于文学理论的意义》由俄罗斯科学院世界文学研究所出版；

2007 年，亚历山大·卡雷金（А. И. Калыгин）的专著《早期巴赫金：作为伦理学之超越的美学》由俄罗斯人文学会出版；

2005 年，弗拉基米尔·阿尔帕托夫（В. М. лпатов）的专著《沃罗希诺夫、巴赫金与语言学》由斯拉夫文化语言出版社发行；

2013 年 8 月，笔者在莫斯科出席"俄罗斯形式论学派 100 年国际研讨会"之际，在书店里看到这年刚出的一本新书：《米·米·巴赫金与"巴赫金小组"现象：寻找逝去的时光·重构与解构·圆之方》。该书的主题是对巴赫金与其最为亲近的朋友——В. Н. 沃罗希诺夫与 П. Н. 梅德维捷夫（他们之间的友情合作如今已被称之为"巴赫金小组"）——的生平与创作中那些很少受到研究、有些部分已然成为难解之谜的问题，加以清理辨析。该书作者 Н. Л. 瓦西里耶夫生活于巴赫金曾在那里工作多年的萨兰斯克，且就在巴赫金曾在那里多年主持俄罗斯文学与外国文学教研室的国立摩尔多瓦大学执教。该书是作者几十年（1985—2012）来的巴赫金研究成果之汇集。作者对"巴赫金的语言学思想"、"作为文化史现象的巴赫金主义"、"苏联（俄罗斯）的巴赫金学现象"进行了阐述，对"有争议的文本"之著作权问题与版本问题，对 В. Н. 沃罗希诺夫的生平、В. Н. 沃罗希诺夫与米·米·巴赫金的关系、同时代人对 В. Н. 沃罗希诺夫的评价进行了考证，尤其是提供了中学教师巴赫金、大学教师巴赫金、巴赫金与其研究生、巴赫金的"萨兰斯克文本"等珍贵史料的描述。

俄文版的这些研究巴赫金的论文与专著之不断面世，是国际巴赫金学在新世纪不断推进的一个缩影。其他文字如英文版、中文版的研究巴赫金的论文与专著，新世纪以来也在不时地与读者见面。限于篇幅，这里不再列举。通过对新世纪以来国际"巴赫金学"重要成果的跟踪与检阅，我们看到的是：巴赫金理论作为学术时尚其风光已然不再，巴赫金理论的跨文化之旅已进入常态。

这种常态，体现为"巴赫金学"的学术交流一如既往。国际巴赫金学术年会以其已自成传统的节奏，定期举行。新世纪以来，不同国度的巴赫金研究者先后相聚于波兰(2001)、巴西(2003)、芬兰(2005)、加拿大(2008)、意大利(2011)、瑞典(2014),6届国际巴赫金学术年会成为新世纪巴赫金理论之旅的驿站;由这一盛会所引领的巴赫金理论的跨文化之旅,在继续播撒其辐射力,在不断拓展其覆盖面。

这种常态,体现为"巴赫金学"的文本建设不断拓展。新世纪以来,巴赫金著作之多个语种的译文以单行本、文集甚至全集的形式在不断面世。2009年,中国著名巴赫金专家钱中文主编的中文版《巴赫金全集》7卷本面世,这是对1998年出版的中文版6卷本《巴赫金文集》的增订;2013年,意大利著名巴赫金专家奥古斯都·蓬佐主编的意俄双语版《巴赫金文集(1919—1929)》问世;2012年,由俄罗斯著名巴赫金专家谢尔盖·鲍恰罗夫担纲的俄罗斯科学院版《巴赫金文集》(6卷7册)这一"巴赫金学"基本建设工程终于竣工。这一工程始于纪念巴赫金百年诞辰的1995年;第一卷出版于1996年,整个文集的编辑出版持续了整整16年! 以俄罗斯科学院的巴赫金专家为主体的这个巴赫金研究集群,以其十分严谨而执着的治学精神,投入了巴赫金理论遗产之精细的注疏、深度的开采。

这种常态,体现为"巴赫金学"的文献整理进入收获季节。随着巴赫金学的发展,对"巴赫金学"成果的检阅、清理、审视、集成,作为巴赫金研究之研究,自然也成为一项不可或缺的工作。新世纪伊始,俄文版2卷本《巴赫金研究文选》在彼得堡问世;2010年,俄文版1卷本《巴赫金研究文选》也在莫斯科发行了。2003年,英文版4卷本《巴赫金研究文选》与英语世界的读者见面了。经过长达5年的编选、翻译、编辑,中文版5卷本《跨文化视界的巴赫金》,也于2014年金秋时节呈现在汉语世界的读者面前。

由此,我们至少可以从这3条路径看"巴赫金学"在新世纪这15年来的新进展:可从近6届"巴赫金年会"看新世纪以来国际学界对巴赫金理论的解读与征用;可从俄文版6卷本《巴赫金文集》看新世纪以来国际学界对巴赫金文本的开采与注疏;可从俄文版、英文本版、中文版3种《巴赫金研究文选》看新世纪以来国际学界对"巴赫金学"成果的梳理与集成。

（三）

从"巴赫金年会"看新世纪以来，国际学界对巴赫金理论的解读与征用

新世纪第一届国际巴赫金年会（波兰，格丹斯克大学，2001 年 7 月 23 日—27 日）。会后，波兰著名巴赫金专家鲍古斯拉夫·祖尔科 (Boguslaw Zylko)教授编选了这届年会论文选《巴赫金与其学术氛围》 (2002)。书中收入 22 篇论文，以这届年会上几个分组会的主题分成 8 个单元：第 1 单元"巴赫金的变体"收入《巴赫金与人文科学的方法论：文本问题》、《形象中的时空体》；第 2 单元"长远语境与当下语境中的巴赫金"收入《"长远时间"观照下巴赫金对话主义的一些根源》、《米沙与柯利亚：思考的兄弟/他者》；第 3 单元"巴赫金与文化研究"收入《巴赫金与小说诗学：一种批评的融合》、《巴赫金的"受话性"与早期现代主体的形成》；第 4 单元"巴赫金语言学的哲学来源"收入《巴赫金对话与言谈理论的哲学根源》、《符号、言谈与话语：寻找新的方法论的种种可能》、《沃罗希诺夫与卡西尔：论语言与现实的关系》；第 5 单元"巴赫金与文学批评"收入《巴赫金理论视域的文学原型问题》和《尼采、维亚切·伊凡诺夫与巴赫金的"小说与悲剧"问题》；第 6 单元"巴赫金哲学人类学的伦理与美学"收入《对话与文学作品：它们在巴赫金话语创作美学中的相互关系》、《跨文化，跨种族：巴赫金与"文学地看"的独特性》、《作为伦理学范畴的复调》。

新世纪第二届国际巴赫金年会（巴西—库里蒂巴，2003 年 7 月 21 日—25 日），来自 19 个国家的 184 位学者与会，工作语言为葡萄牙语、西班牙语、英语、俄语；加拿大著名巴赫金专家克莱夫·汤姆逊在年会上作了《巴赫金国际学术研讨会 20 年》报告；巴西年会的一个亮点是语言学。会上重要的报告有：《巴赫金与本维尼斯特》、《巴赫金、马尔主义与文化革命的社会语言学》、《圣礼的与日常的：巴赫金、本雅明、布伯与维特根什坦对语言的关注》、《巴赫金与梅洛-庞蒂的语言现象学》、《巴赫金与索绪尔——超越对立》。专门讨论巴赫金著作的文学学与哲学层面的论文较少，与会学者的发言中最为流行的术语是对话与对话主义。

新世纪第三届国际巴赫金年会(芬兰—韦斯屈莱大学,2005 年 7 月 18 日—22 日),来自 20 个国家的 90 多位学者与会,工作语言为英语、俄语。与会的俄罗斯学者人数仅次于英国、美国。俄罗斯巴赫金学的主将鲍恰罗夫、马赫林、尼古拉耶夫、瓦西里耶夫、波波娃等 11 位与会。会间,举行了题为"巴赫金学的未来"的圆桌会议。芬兰年会的亮点是当代国际巴赫金学的大腕几乎全都与会。谢·鲍恰罗夫的大会报告《作为语文学家的巴赫金:论陀思妥耶夫斯基一书》提出,"文学学领域里这么多的成就与其大名相关联的这位学者,就其方法论而言首先是一位哲学家"。弗·扎哈罗夫的报告是《巴赫金"学派"中的体裁问题》,对"фабула"、"сюжет"、"жанр"这几个术语的使用进行对比分析,认为巴赫金并不是在严格的文学学意义上使用这些术语,他更像是一位哲学家,而不是一位职业语文学家。加拿大学者肯赫施考普(Ken Hirschkop)的报告是《巴赫金、索绪尔与苏联语言学:我们怎样理解"语言社会学"?》,美国学者彼得·希区考克(Peter Hitchcock)的报告是《理论之后的巴赫金》,俄罗斯学者叶萨乌洛夫的报告是《作品艺术整体中作者的"位置"与读者的立场》,芬兰学者米·德·米基耶尔(М. ДеМикиель)的报告是《论巴赫金与翻译哲学》。

新世纪第四届国际巴赫金年会(加拿大—伦敦城,2008 年 7 月 28 日—8 月 1 日),来自 23 个国家的 100 多位学者与会;这届年会的主题是讨论"巴赫金小组"的学术探索。工作语言为英语、俄语、法语。俄罗斯学者 Н. 瓦西里耶夫在会上的报告是《"巴赫金小组"集体创作语境中 П. 梅德维捷夫的〈文艺学中的形式主义方法〉一书的语言学内容》,英国学者大卫·谢泼德在会上宣读了 Ю. П 梅德维捷夫与 Д. А. 梅德维捷娃合写的论文,该文探讨了"巴赫金小组"的遗产,尤其是 П. 梅德维捷夫的学术探索。

新世纪第五届国际巴赫金年会(意大利—贝尔蒂诺罗城,博洛尼亚大学,2011 年 7 月 4 日—8 日,来自 23 个国家的 100 多位学者与会。时任罗马大学客座教授的美国著名巴赫金学者凯特琳娜·克拉克(Katarina Clark)出席了这届年会。与会学者中,数量上仅次于东道主意大利学者的是巴西学者,有 20 多位;这届年会议的一个特色是同声翻译全覆盖,同时用三种语言(俄语、意大利语、英语),大会发言 45 分钟,分组发言 30 分钟。有足够的时间提供给听众提问与有效的讨论。

会上报告中,研究巴赫金理论本身的话题相对较少,主要有《巴赫金小组:对这一现象的论证》《尼古拉·巴赫金与米哈伊尔·巴赫金:协和与对位:哲学立场之比较分析》《巴赫金论弗朗索瓦·拉伯雷一书:透过文本史的棱镜来看思想与概念的起源》《巴赫金超语言学之源头》《巴赫金笔下之自己的话语与他人的话语》等;会上更多的是一些"泛巴赫金"层面的报告,且带有哲学的或文化学的偏向。不少发言者对先前的"巴赫金学"建树不甚了了,甚至不了解某一论题的基本文献,不了解巴赫金生平的重要细节。巴赫金的大名在不少学者心目中,沦为可以就任何论题而进行自我表达的"话由"。

新世纪第六届国际巴赫金年会(瑞典—斯德哥尔摩,皇家艺术学院,2014年7月23日—27日)。这届年会的主题是"作为实践的巴赫金:学术生产、艺术实践、政治激进主义"。来自不同国度的150多位学者与会。会议安排的主旨发言,有美国学者凯瑞尔·爱默森的《巴赫金与演员:主要以莎士比亚为例》,意大利学者奥古斯都·蓬佐(Augusto Ponzio)的《巴赫金论科学、艺术、政治与实践》,英国学者加林·吉哈诺夫(Galin Tihanov)的《"世界文学"历险记:巴赫金与俄罗斯形式主义回顾》。未能与会的俄罗斯学者谢尔盖·鲍恰罗夫为本届年会准备的特别演讲《哲学家巴赫金与语言学家巴赫金》,由其女玛丽亚·谢尔盖耶夫娜·卡西扬在会上做了专场宣读。会上设立的"圆桌讨论",有"俄文版6卷本巴赫金文集"(加拿大学者肯·赫施考普主持、英国学者加林·吉哈诺夫与俄罗斯学者伊琳娜·波波娃参与讨论)、"对话的自由"、"立场之异同:对人文学科不同领域里的现象进行对话性理解的可能性及视角"(加林·吉哈诺夫主持)、"巴赫金小组与尤里·帕甫洛维奇·梅德维捷夫"(英国学者克莱格·布兰迪斯特主持;加拿大学者肯·赫施考普、克莱夫·汤姆逊,英国学者加林·吉哈诺夫,俄罗斯学者尼古拉·瓦西里耶夫参与讨论)。参加圆桌讨论的学者一半来自不同学科。以吉哈诺夫主持的圆桌会议为例,参加的学者来自哲学、社会学、历史学、文学、设计等多个领域。

这届年会,共收到各类学术论文150余篇,均安排在专题分会上进行发言和交流讨论。为此,大会安排了48场专题分会。专题分会的组织基本以与会学者提交的论文所涉及主题为依据,主题内容相同、相近的列为一组。专题分会规模大小不等,有的仅有两位发言人,而规模较

大的专题分会则有六七位发言人。每场专题分会均设有主持人和点评
人。除主旨发言外,圆桌会议和专题分会均在同一时间段设三至五场,
供与会学者自由选择参加。这届年会为期 5 天,每天的研讨会在时间
上分 3 单元,在 5 个平行的分会场同时举行;每天有 15 场;这些分会的
主题有"巴赫金与神学"、"巴赫金的学习原理"、"巴赫金论(民族)政治
学"、"颇成问题的若干巴赫金所用概念"、"巴赫金与复调:他者的在
场"、"巴赫金对公众性与公共空间的分析"、"巴赫金的言语体裁理论与
文化语用学"、"巴赫金的言语理论与其研究古典修辞学的方法"、"'我'
与'他者':巴赫金交往语言学核心"、"巴赫金与文学理论"、"'南部欧
洲'对巴赫金的接受"、"巴赫金的理论与歪曲、篡改:关于对话论的历史
符号学";"巴赫金与语言理论"、"巴赫金、神学与马克思主义"、"跨文化
学习与语言"、"异见的政治文化:对狂欢化认同之历史性的细察与异见
之语言、音乐与电影中的巴赫金对话主义";"狂欢艺术"、"巴赫金、当代
社会运动与全球民主斗争";"巴赫金与公民教育"、"巴赫金与哲学问
题";"美学理论与实践"(以巴赫金的理论来阅读马列维奇的艺术方案,
艺术即席创作中巴赫金的对话学说与狂欢学说)、"以巴赫金学派的理
论来进行诗歌阅读与教学"、"巴赫金与语言研究";"怪诞与对话论:用
巴赫金的理论来看艺术"、"当代艺术与狂欢化"(当代音乐中巴赫金的
狂欢化与讽拟)、"从前:巴赫金与儿童文学"、"巴赫金、疗法与呵护"(在
音乐治疗领域里即席创作中巴赫金的学说"对话与狂欢")、"巴赫金与
笑文化"(巴赫金的笑哲学语境中当代乌克兰的幽默文化);"巴赫金、诙
谐与怪诞"、"精神分析实践与巴赫金的理论"、"巴赫金论所谓下等人"、
"巴赫金与社会批判"、"巴赫金的政治理论"(作为哈贝马斯的公共领域
之选项的巴赫金的公共空间概念)、"巴赫金的理论与学校教育实践"、
"巴赫金与本维尼斯特:在有关主体与阐释(意指)概念上可能的交接"
("巴赫金与本维尼斯特笔下的意指:一个出发点,两个构型")、"巴赫金
与本维尼斯特:关于意指与意思上的交接"、"巴赫金与维戈茨基:自我
与他者之地位"。

　　瑞典年会在专题设定上有重叠之处,涉及巴赫金与神学、教育、语
言教学、精神分析、心理治疗的分会场专题讨论甚至有好几轮,说明如
今的巴赫金研究者对这些论题的兴趣甚为浓厚。瑞典年会的议题可谓
斑驳杂多。从这些议题可以看出,巴赫金的哲学理论、美学理论、文学

学理论、语言学理论等"巴赫金学"中的传统论题，现如今继续受到国际巴赫金学者的关注与研究；同时，巴赫金与教育学、心理学、政治学、文化学，与艺术、医学，甚至与心理保健的关联，也成为今日巴赫金学的话题。国际学界对巴赫金理论的研究既在走向人文研究的纵深层面，也在走向泛文化研究之无边的解读与无界的征用之中。

瑞典年会上，国际巴赫金学界 5 位元老再次发声：俄罗斯的鲍恰罗夫、德国的拉赫曼（Renate Lachmann）、意大利的蓬佐、加拿大的汤姆逊、美国的爱默森；五位中年学者十分活跃，引人注目：英国的吉汉诺夫、布兰迪斯特，加拿大的赫施考普，俄罗斯的波波娃，芬兰的拉赫汀马基。老一辈巴赫金研究者仍在耕耘不辍，中年一代的巴赫金学者风头正健。

应大会组委会邀请，中国社会科学院外国文学研究所周启超、复旦大学外文学院汪洪章、南京大学外国语学院王加兴、北京师范大学外国语言文学学院夏忠宪、中华女子大学陈涛五位中国学者向瑞典年会提交了论文并参加了此次大会。这是中国大陆学者首次出席国际巴赫金年会。五位中国学者根据个人学术兴趣选择参加了相关圆桌会议及其他专题分会，并于 7 月 25 日下午围绕"巴赫金与当代中国人文科学"主题在会上作了报告。报告的题目分别是《"复调"、"对话论"及"狂欢化"之后：当代中国巴赫金研究的最新进展》、《巴赫金著作中的读者之地位》、《试论巴赫金对俄语准直接引语的理论贡献》、《〈红楼梦〉与狂欢化及民间幽默诙谐文化之关系》、《凯瑞尔·爱默森论巴赫金的"外位性"：以〈米哈伊尔·巴赫金的第一个百年〉为例》。

瑞典年会上，艺术家和艺术研究家联手举办了多场艺术活动，如"微观历史与影像叙事的尝试"、"狂欢的艺术"、"当代艺术与狂欢化"、"从殷红的鲜血到调味番茄酱：赫尔曼·尼彻和保尔·麦卡锡的艺术作品展映"等。这些活动试图将诸多与巴赫金有关的当代艺术理论问题与实践相结合，以现场展示的方式予以对话性探讨，这是本届年会的另一特色。7 月 25 日晚间，由瑞典的巴赫金介绍研究第一人拉斯·克莱博格改编并导演的"巴赫金同志的论文《现实主义历史中的拉伯雷》答辩会"，对 1946 年 11 月 15 日巴赫金在高尔基世界文学研究所的答辩场景进行模拟再现。加林·吉哈诺夫等六位巴赫金学者分别扮演了当年的答辩会上的相关角色。

（四）

从俄文版《巴赫金文集》看新世纪以来国际学界对巴赫金文本的开采与注疏

俄罗斯《文学问题》2013年第4期的一则报道称：俄罗斯哲学家与语文学家米哈伊尔·米哈伊洛维奇·巴赫金(1895—1975)的科学院版6卷本文集编辑出版竣工了。在长达16年里(1996—2011)，谢尔盖·鲍恰罗夫领衔的团队——С. 阿韦林采夫（С. С. Аверинцев）、С. 鲍恰罗夫（С. Г. Бочаров）、Л. 戈戈吉什维里（Л. А. Гоготишвили）、Л. 杰留金娜（Л. В. Дерюгина）、В. 柯日诺夫（В. В. Кожинов）、В. 里亚普诺夫（В. В. Ляпунов）、В. 马赫林（В. Л. Махлин）、Л. 梅里霍娃（Л. С. Мелихова）、Н. 尼古拉耶夫（Н. И. Николаев）、Н. 潘科夫（Н. А. Паньков）、И. 波波娃（И. Л. Попова），以其对哲学、语言学、文学学诸学科的穿越，似乎是在为学界不知不觉之中对巴赫金的全部文本进行重读、重新核校、注疏，以及重新出版。厚重的大部头的6卷7册编出来了，每一卷都有篇幅甚大的附录。从今往后，人们不仅可以阅读巴赫金，而且可以真正地研究巴赫金了，也就是说，可以新的视界去理解去"运用"——即使读者的人数，进而研究者的人数在近20年里大大地减少了。人人竞相征引巴赫金的时髦是不是已经过去了？今天人们甚至带着比过去的年月里更多的信心，来重复谢尔盖·阿韦林采夫几乎是在40年前(1976)表达的一个思想：巴赫金从来就不曾是一个赶时髦的人，他又从哪里会变成不再时兴的呢？

《巴赫金文集》，6卷7册(莫斯科，俄罗斯辞书，斯拉夫文化语言，1996—2012)。

卷一：《20世纪20年代的哲学美学》(2003,957页,谢·鲍恰罗夫与尼·尼古拉耶夫编)；这一卷是思想家之路的开端，或者不无遗憾地说，这是流传到我们手中的这位思想家之路的开端。该卷收入巴赫金早年写的、在生前不曾刊发的哲学论著。这些论著在巴赫金去世之后的刊发(1975,1979,1986)在版本学上是不完备的。现在这个版本采用的文本，据手稿进行了核对，增补了一些新的片断。巴赫金早年的3部论著《艺术与应答》、《论行为哲学》、《审美活动中的作者与主人公》在这里以修复的版本——实际上是新的文本得以呈现；这一卷的文本附有详尽的逐页注释。正文 237 页，注释则有 535 页！

卷二：《陀思妥耶夫斯基创作问题·论托尔斯泰·俄罗斯文学史讲座笔记》(2000，799 页)；这一卷由 C. 鲍恰罗夫、Л. 梅里霍娃编，收录 20 世纪 20 年代里巴赫金有关俄罗斯文学的论著：论陀思妥耶夫斯基的专著第一版——《陀思妥耶夫斯基创作问题》(1929)；论列夫·托尔斯泰创作的两篇文章——为《列夫·托尔斯泰文学作品全集》撰写的两篇序言——《剧作家托尔斯泰》、《列夫·托尔斯泰的思想小说》(1929)；本卷附录里刊发了 P. M. 米尔金娜当年所做的"巴赫金的俄罗斯文学史讲座"笔记(1922—1927)——涉及 19 世纪俄罗斯文学与 20 世纪苏俄文学；还刊发了巴赫金当年为其论陀思妥耶夫斯基那部专著的写作而准备的对德国哲学与语文学著作(M. 舍勒、L. 施皮策)所做的摘录、翻译、注释。

卷三：《长篇小说理论》(1930—1961，2012，880 页)；这一卷由 C. 鲍恰罗夫与 B. 柯日诺夫编。该卷首次全面地收录 20 世纪 30 年代里巴赫金所写的长篇小说理论方面的论著，从长篇小说的文体修辞问题到这一体裁的基本哲学问题。收入《长篇小说的文体修辞问题》、《长篇小说的话语》、《教育小说及其在现实主义历史上的意义》、《论情感小说与家庭传记小说》、《长篇小说中的时间形式与时空体形式》、《小说话语的史前史》、《长篇小说的理论问题》、《作为文学体裁的长篇小说》、《小说理论与小说史问题》。巴赫金论长篇小说的 4 篇主要论著最早于 20 世纪六七十年代发表过，现在收录在第 3 卷里的则是"已知著作的新文本"——这些文本都根据巴赫金文档里的手稿做了核校；这一卷还刊布了与长篇小说这一主题相关的大量的文献资料。

卷四：巴赫金论拉伯雷一书及其相关史料，由 И. 波波娃编。该卷分为两册。

卷四第 1 册：《现实主义历史上的弗朗索瓦·拉伯雷(1940)·论拉伯雷一书的材料(20 世纪 30 年代—50 年代)·注释与附录》，2008，1120 页。这一册刊布了 20 世纪 30—50 年代的文本与资料：文本与资料各占全书篇幅的一半。文本有两部分：论拉伯雷一书第 1 个版本《现实主义历史上的弗朗索瓦·拉伯雷》(1940)对第 2 个版本《拉伯雷的创作与中世纪及文艺复兴时期民间文化问题》的补充与修订(1949—

1950)、早期版本的资料（1938—1939）对《拉伯雷》的补充与修订（1944），以及相关的准备性材料与提纲。除了 1944 年的那篇文章，巴赫金的这些文本在这里都是第一次刊布。注释部分有《拉伯雷》的写作史：1930—1950；附录部分有四种：围绕《拉伯雷》的命运 20 世纪 40 年代里巴赫金的通信；Б. В. 托马舍夫斯基与 A. A. 斯米尔诺夫当年为巴赫金的《拉伯雷》一书给国家文学出版社写的鉴定意见（1944）；巴赫金当年以《现实主义历史上的拉伯雷》进行学位答辩的材料（1946 年 11 月 15 日）；苏联最高学位委员会对巴赫金学位论文的审查材料（1947—1952）。

卷四第 2 册：《弗朗索瓦·拉伯雷的创作与中世纪以及文艺复兴时期的民间文化·拉伯雷与果戈里（话语艺术与民间笑文化）》，2010，752 页；第 2 册刊布的是巴赫金论拉伯雷那部书的第 3 版《弗朗索瓦·拉伯雷的创作与中世纪以及文艺复兴时期的民间文化》（1965）；由该书第 1 版结尾所衍生出的文章《拉伯雷与果戈里》（1940，1970）；注释与附录部分有《拉伯雷》在 20 世纪 60 年代的写作史，有对这部书自 20 世纪 30 年代的草稿直至 1965 年的版本中基本思想与概念的历史的梳理；这部书的写作所采用的那些资料、它的"对话化的背景"、它的基本术语（"狂欢"、"梅尼普"、"哥特式［怪诞的］现实主义"、"笑文化"）的起源与意义在这里均得以重建与复原。

该卷编者 И. 波波娃提出，"不仅是思想史，而且基本概念史都应该透过文本史——从 20 世纪 30 年代里最初的底稿、草稿、手稿到 1965 年版书稿——来加以梳理"。"狂欢"这一概念是论拉伯雷一书里的中心概念，建构得最为充分的概念。巴赫金是在狭义与广义两个层面上使用"狂欢"的；狭义的狂欢——节日，大斋前禁止食肉的那一周里的节日。广义的狂欢——这是一个思想—形象体系，其基础是一种特别的生活感与历史感。广义的狂欢之普遍性的形式，是原本意义上的"节庆"生活，那是在其整体上的，在其全部存在之中的，在其各种关联与关系之中的对上帝与人的关系，对空间与时间的关系，对肉体与心灵的关系，对食物与饮料的关系，对笑谑与庄严的关系。在《狂欢思想》草稿中，"狂欢"这一概念的语义得到了广义的界说。它既涵盖语言、作家的"文体面貌"（作为"话语的狂欢"的拉伯雷的文体面貌），也涵盖现实主义的特征，后来他将这一现实主义称为"哥特式的"，再后来易名为"怪诞的"。"狂欢的现实主义"思想,恰恰是狂欢的、乌托邦的现实主义,是为文艺复兴时代(薄伽丘、莎士比亚、塞万提斯、拉伯雷)所典型的。作为没有框框的景观(广场上与街头的)的狂欢,狂欢的笑,狂放的相对性——乃是对所有历史地形成的形式之相对性、所有的等级关系之相对性的一种特别的感觉,乃是对于从这些形式、这些关系中解放出来的一种特别的感觉,同所有的东西进行游戏——一切皆可游戏的那种感觉——狂欢的自由。狂欢节的"自由与平等"具有乌托邦性。例如,"狂欢的广场"、"狂欢的自由"、"狂欢的任意"、"狂欢的身体"、"对时间之狂欢式的接受"、"对世界之狂欢式的思索"、"对历史之狂欢式的思索"。巴赫金曾一直不停地提醒这些术语自身具有"假定性":"我们的术语——'怪诞'与'狂欢'——之有条件性。"及至 1949—1950 年《拉伯雷》第 2 稿本里,巴赫金引进"狂欢化"这一概念,它一直保存到 1965 年论拉伯雷的书稿里,并被吸纳进《论陀思妥耶夫斯基诗学》那本书里被修订的第四章之中。"意识的狂欢化"、"世界的狂欢化"、"思想的狂欢化"、"话语的狂欢化",以及"地狱、炼狱、天堂的狂欢化"、"言语的狂欢化",从官方的世界观那种充满敌意的、阴沉的严肃性之中解放出来,同样也从流行的真理与流俗的见解之中解放出来。

　　卷五:《20 世纪 40 年代—60 年代初论著》(1996,732 页);该卷是最早出版的一卷,由 C. 鲍恰罗夫与 Л. 戈戈吉什维里编,该卷收录巴赫金的学术生涯中最鲜为读者所知的一段岁月,即 20 世纪 40—60 年代初的论著。其中的许多文本在这里首次刊布;之前已经刊发的文章也是以新的文本与新的结构在这里呈现:编者根据巴赫金文档里的手稿,对这些文本进行了校核。整卷堪称文献性的。在这一卷的材料里,巴赫金学术探索的一些基本主题——哲学人类学、语言哲学、人文学科的哲学基础、言语体裁理论、陀思妥耶夫斯基与拉伯雷,还有莎士比亚、果戈里、福楼拜、马雅可夫斯基的诗学,以及感伤主义问题与讽刺问题,均得以呈现。全书文本 378 页,注释 354 页;这里的文本(除了 1954 年刊发在报纸上的一篇短文《玛丽·都铎》)在作者生前均未刊发。其中的一半是作者去世后才刊发的,有两个文本只是片断,12 个文本在这里首次刊发。例如,《论人文学科的哲学基础》,之前发表的只是其片断《论人文学科的方法论》,现在这里得以全文刊布;对《文本问题》一文,Л. 戈戈吉什维里所做的注释竟有 83 条!

卷六:《陀思妥耶夫斯基诗学问题·20 世纪 60—70 年代论著》(2002,800 页)。该卷由 C. 鲍恰罗夫与 Л. 戈戈吉什维里编,收录巴赫金晚年的论著。其主体是论陀思妥耶夫斯基的那部专著的增订版(1963)与 20 世纪 60—70 年代初,巴赫金的 4 本工作笔记。(这几本笔记在这里首次得以全部刊发,而在《话语创作美学》里只是刊发了部分相关手稿。)这些晚年的笔记,提供了巴赫金一生都在思索的论题的具体语境——在那个对于苏联人文科学是个转折的年月里,巴赫金在哲学与语文学(文学学与语言学)思想之现实的语境中,对这一现实境况的反应、对新的学术趋向与运动(其中包括对苏联最新的结构主义)的反应。这一卷收录的基本材料——一是作者生前发表的,另一份是作者留下的手稿:1963 年那部书的手稿,一则札记的手稿(《谈唯灵论》;两份已发表的文本的手稿,一是《答〈新世界〉编辑部问》的笔谈,对苏联文学学现状的评价,一是[波兰记者对晚年巴赫金的]访谈,谈陀思妥耶夫斯基小说的复调性)。

值得特别关注的是,该卷编者 C. 鲍恰罗夫在其对《陀思妥耶夫斯基诗学问题》的注释里,披露了这部著作 1963 年面世时在苏联文艺界所引起的反响的具体细节。鲍恰罗夫指出,《陀思妥耶夫斯基诗学问题》1963 年面世后,在学界引起的"震惊"是双重意义上的:一是意识形态上的,一是学术研究上的。A. 迪米什茨的《独白与对话》,И. 瓦西列夫斯卡娅与 A. 米亚斯尼科夫针对该文而为新书进行辩护的《让我们来弄清实质》,B. 阿斯穆思、B. 叶尔米诺夫、B. 皮尔佐夫、M. 赫拉普钦科、B. 什克洛夫斯基 5 人给《文学报》编辑部的联名信,以及 A. 迪米什茨对这两篇文章的回应《夸奖还是批评?》大多是意识形态层面上的"反应";研究陀思妥耶夫斯基创作的专家们的反应则大多是学术性的。Г. 弗里德连杰尔在《论陀思妥耶夫斯基的几本新书》中指出,复调性长篇小说这一学说本身是"经不起批评的";Б. 布尔索夫在《回到争鸣上来》一文里指出,巴赫金这本书从其第一页就惹人争议,挑起人家要与之争论,在另一些场合下甚至是对之反击。反击点不再是作者的"形式主义",而是其总体上对文学史元素的缺失。Ф. 叶甫林在《关于陀思妥耶夫斯基的文体与诗学的几个问题》一文里中指出,复调性长篇小说这一学说妨碍着对陀思妥耶夫斯基的遗产进行思想上丰满的、历史上真实可信的研究;Д. 利哈乔夫在《文学作品内容与形式统一的研究中的历史主义原则》里认为，沉醉于自己所做出的发现之中的巴赫金，将"复调主义"摆在"独白主义"之上，这是个错误。没有一个方法可以被置于另一个方法之上。总体而言，巴赫金这部书的基本"纲领"不曾获得最早对它发表评论的这批批评家当中任何一个人的接受，尽管这些人对之予以高调评价。理论家 Г. 波斯佩洛夫在其《由于沉醉而夸大》一文里甚至断然指出：复调思想与"艺术创作的基本原理与规律"本身就是不可能兼容的。

　　巴赫金当年对所有这些批评不曾有什么回应。在其一生最后十年里，他在自己的陀思妥耶夫斯基如是观与复调理论上一往直前地继续思考；他对这一理论不仅没有局部的放弃，且也不曾尝试去寻找与其论敌进行缓和性的妥协。在 1971 年接受波兰记者波德古热茨的访谈时，巴赫金完全肯定自己的见解。在巴赫金 70 年代初的笔记里，会发现他对复调说之潜在能量加以尖锐化，会发现其理论的激进主义在晚年更为剧烈，甚至出现有关艺术家—作者笔下的"自身话语"及"原则上就是缺失的"这一最为激进的提法。1970 年 8 月 26 日，巴赫金在莫斯科郊外克里莫夫卡小镇敬老院里为波多尔斯基区教师做过一次讲座。鲍恰罗夫出席了这次讲座，他当时做了笔记。这份笔记佐证了巴赫金的这次讲座对其复调理论的坚持。

　　同样值得我们深思的是，在第六卷里，Л. 戈戈吉什维里在其对巴赫金第 3 本笔记的注释中，梳理了 20 世纪六七十年代苏联文学学界对巴赫金的复调说进行批评的具体细节。Л. 戈戈吉什维指出，整体上可以说，及至 70 年代初，"复调"范畴已被接受且牢固地进入了术语流通，但在那个年月的文学学界，它已失去巴赫金本人赋予"复调"这一范畴之实体性概念的地位，转而进入文学文本之偶然属性的领域。到处开始将"复调主义"作为文学文本的品质之一，但没有什么地方将之作为形式构建的实质性品质。这种降低复调之观念性意义的评价，在 Г. 弗里德连捷尔、Б. 梅拉赫、В. 日尔蒙斯基三人合写的文章《巴赫金著作中的诗学与小说理论问题》(1971)中得到了最清晰的体现。这三位作者明确表态：不存在纯粹的"独白小说"，也不存在纯粹的"复调小说"。在任何一部小说中——在陀思妥耶夫斯基的小说中则甚至比起许多前辈与同时代人更强烈地响起作者的"声音"；甚至在巴赫金之积极的追随者口中，也出现了针对巴赫金之复调性长篇小说中作者的立场学说而提出的批评:指出巴赫金对"作者"这一术语的使用上有些"不加区别"
(柯日诺夫);巴赫金则在 70 年代初的笔记里继续思考"复调":它不是
这一或那一小说片断的局部性品质——在那种情形下,作者只是出于
现时的策略性目标,而将意义的生发源头交到"不同人的手里"(赋予不
同的声音);巴赫金的"复调"已成为作者著述之新的体裁样式的学说。
这一作者著述之新的对话性体裁样式,并不是倾心于复调性的作者杜
撰出来的;它,一如独白性样式,基于原型。这里的新颖之处,并不在于
(像当年大多数人对巴赫金理解的那样)作者进入与主人公的对话(这
样的对话元素,据独白性小说来看也是十分清楚的,巴赫金本人在其论
长篇小说的文章里也写过),而是相反,对话在这里被选定为描写对象。
为了去描写这对话,作者作为审美主体,作为作者著述之审美功能的责
任载体,就应当走出这对话,而放弃所有直接的与间接的表达自己立场
的形式,这一立场,身为作者的功能,是不可能不在作品里占主导的,进
而会破坏复调性构思。在第 3 种笔记里,复调理论已得到更准确的建
构:在复调中作者立场之观念性的、体裁上的条件——并不是恰恰以作
者身份出场的作者与主人公们的对话(作者只是在功能上被改造之
后——作为客体化的人物,才可能进入所描写的对话),而是作者从对
话中走出来("自我消除"、"虚我")而自觉地放弃所有的自身话语样式。

　　同样精细而到位的注疏,还见之于"外位性"(Л. 戈戈吉什维里)、
"构造学"(В. 里亚普诺夫)、"参与性"(应分的参与、有分担的参与,参
与而应分的自由,В. 马赫林)等核心话语的注疏。

　　新一代巴赫金学者在老一代巴赫金专家(鲍恰罗夫、阿韦林采夫、
柯日诺夫等)的带领下,以巴赫金文本为据点,致力于重构巴赫金思想
由生成的时代的学术语境,而进入巴赫金学说的思想史、概念史、话语
史的建构,使得巴赫金理论遗产的开采与整理进入成果丰硕的收获季。

　　正是在这个意义上,我们可以理解,《文学问题》的编辑何以怀着兴
奋的心情祝贺《巴赫金文集》终于出齐而宣称:从今往后,不仅可以阅读
巴赫金,而且可以真正地研究巴赫金了,也就是说,可以新的视界去理
解去"运用"了;

　　正是在这个意义上,我们才可以理解,多年研究巴赫金的塔玛尔钦
科,何以在其最后一部书里声称:我们正处于巴赫金遗产研究新阶段的
前夕——摆脱过分的评价性与文学学,以及哲学思想领域里时髦风气

的影响，而去"深思熟虑而客观地"考量巴赫金的文本。

显然，俄文版《巴赫金文集》以其对巴赫金文本如此精细的注疏，以其对巴赫金思考的语境如此有深度的开采，会将巴赫金理论的研究推向纵深，会使"巴赫金学"更上一层楼。

耐人寻味的是，在如今书已出齐的这部俄罗斯科学院版 6 卷本《巴赫金文集》中，不再有其著作权"有争议的"那几部著作——《弗洛伊德主义批判》、《文学学中的形式主义方法》与《马克思主义与语言哲学》。也许，正是由于不收录这几部著作，原计划出 7 卷的《巴赫金文集》现在且以 6 卷竣工了。

（五）

从《巴赫金研究文选》看新世纪以来国际学界对"巴赫金学"成果的梳理与集成

新世纪伊始，彼得堡"俄罗斯基督教人文学院出版社"在"俄罗斯之路"丛书里推出俄文版二卷本《巴赫金研究文选》:《巴赫金：赞成与反对：俄罗斯与世界人文思想界评价中的巴赫金的个性与创作》（文选），康斯坦丁·伊苏波夫（Константин Исупов）编选（2001—2002）;这部文选共有 1264 页。

第一卷，《巴赫金：赞成与反对：俄罗斯与世界人文思想界评价中的巴赫金的个性与创作》，2001，552 页；该卷分为 3 编。第 1 编:"在志同道合者的圈子里"，收入《Л. В. 蓬皮扬斯基笔记中巴赫金 1924—1925 年间的讲座与发言》、《不是我们那个年代的人们》（Ю. М. 卡甘）、《艺术的两种追求》（М. И. 卡甘）、《帕乌尔·纳托尔普与文化危机》（М. И. 卡甘）、《涅维尔学派:巴赫金小组》（В. Л. 马赫林）、《离去者之一:尼古拉·巴赫金的生涯与命运》（О. Е. 奥索夫斯基）；第 2 编:"思想的命运:对话、复调、时空体"，收入《论陀思妥耶夫斯基的"多声部性":由巴赫金的〈陀思妥耶夫斯基创作问题〉谈起》（А. В. 卢纳察尔斯基）、《（评）巴赫金的〈陀思妥耶夫斯基创作问题〉》（Н. Я. 别尔科夫斯基）、《（评）巴赫金的〈陀思妥耶夫斯基创作问题〉》（П. М. 比兹伊里）、《（评）巴赫金的〈陀思妥耶夫斯基创作问题〉》（А. Л 贝姆）、《（评）米·巴赫金的〈陀思妥耶夫斯基创作问题〉》（Р. В. 普列特涅夫）、《陀思妥耶夫斯基笔下的空间与时间》(节选)(Г. 沃罗申)、《陀思妥耶夫斯基研究的新课题 1925—1930 第 2 部分》(节选)(В. Л. 柯马罗维奇)、《陀思妥耶夫斯基研究新书》(Д. И. 契热夫斯基)、《巴赫金,话语、对话与小说》(Ю. 克里斯特瓦)、《陀思妥耶夫斯基的诗学与神话思维的远古模式》(В. Н. 托波罗夫)、《巴赫金论符号、表述与对话的思想对于当代符号学的意义》(Вяч. Вс. 伊凡诺夫)、《巴赫金的对话诗学》(K. 汤姆逊);第 3 编:**"思想的命运:狂欢文化"**,《世界文学研究所学术委员会会议速记稿:1946 年 11 月 15 日,巴赫金以〈现实主义历史上的拉伯雷〉为题的学位答辩》、《对巴赫金的〈拉伯雷的创作与中世纪及文艺复兴时期的民间文化〉一书的鉴定》(Л. Е. 平斯基)、《庞努尔格的笑与哲学文化》(Л. М. 巴特金)、《弓上的弦·论相似中的不相似·弗朗索瓦·拉伯雷与米·巴赫金的书》(В. Б. 什克洛夫斯基)、《古罗斯的笑》(Д. С. 利哈乔夫)、《巴赫金,笑,基督教文化》(С. С. 阿韦林采夫);第一卷附录:《米·米·巴赫金的生平与活动编年》(В. И. 拉普图恩编)。

第二卷,《**世界文化语境中巴赫金的创作与遗产**》,2002,712 页;康斯坦丁·伊苏波夫编选,该卷收录俄罗斯本土与域外的研究者围绕巴赫金的遗产的多方面论争;该卷的任务——展示巴赫金的思想对于当代人文智力圈的世界性意义。有关巴赫金理论之接受的系列特写——在俄罗斯、在法国、在英国、在西班牙、在波兰、在意大利、在以色列、在美国、在加拿大、在日本——就是服务于这一目标的材料。该卷附有体量很大的文献书目(俄语的巴赫金研究论著 1465 条,外语的巴赫金研究论著 1160 条),以及带有简介的人名索引。在人名索引中,国际巴赫金学的重要人物都有简介。第二卷也分为三编,其序列与第一卷对接。第 4 编:**"在当代背景中"**,收入《诗学的毁灭》(茱莉亚·克里斯特瓦)、《20 世纪俄罗斯文化中的巴赫金》(米·加斯帕罗夫)、《应答性/责任性的构造学》(节选)(K. 克拉克、M. 霍奎斯特)、《米哈伊尔·巴赫金:一种小说学的创建》(节选)(G. 莫尔逊、C. 爱默森)、《巴赫金之变体与常量》(柳德米拉·戈戈吉什维里)、《20 年代里的巴赫金》(纳塔莉娅·鲍涅茨卡娅)、《巴赫金与我们当下》(G. 莫尔逊)、《历史与诗学的对话》(节选)(M. 霍奎斯特)、《存在之事件》(谢·鲍恰罗夫);第 5 编:**"在巴赫金研讨会上"**,收入《巴赫金的对话学与当代精神境况的多范式性》(弗拉基米尔·哈里东诺夫)、《非绝对同情之镜》(维塔里·马赫林)、《第三个与相遇哲学》(阿列克谢·格利亚卡洛夫)、《他者的推定》(三人谈，T.戈利乔娃、Д. 奥尔洛夫、A. 谢卡茨基)；第 6 编："**巴赫金思想的世界性意义**"：《在意大利被阅读的巴赫金》(苏珊·彼得里利)、《巴赫金在法国与在魁北克》(克莱夫·汤姆逊)、《巴赫金在以色列》(鲁特·金兹堡)、《波兰对巴赫金的接受》(博古斯拉夫·祖尔科)、《德国学术界视野中的巴赫金》(安东尼·沃尔)、《与另样的世界相沟通——俄罗斯与西方最新的巴赫金研究中狂欢观上的对立》(大卫·舍非尔德)、《巴赫金评论在西班牙》(多明戈·桑切斯、梅扎·马尔金涅斯)、《日本对巴赫金的接受》(库瓦诺·塔卡西)；**附录巴赫金研究书目**：1. 用俄语刊发的研究书目；2. 用外文刊发的研究书目。

俄文版两卷本《巴赫金文选》启动于 1997 年。所收入的巴赫金研究成果始于上世纪 20 年代末，直至巴赫金诞辰百年前后国际"巴赫金学"的巅峰时刻，时间跨度大，资料丰富。

英语世界的巴赫金研究，较俄语世界的巴赫金研究在时间上要短得多：它起步于 20 世纪 80 年代，但英语世界的巴赫金学的发展十分迅猛，巴赫金研究论著的数量之大令人惊讶。2003 年，英文版四卷本《巴赫金研究文选》——《米哈伊尔·巴赫金》由 SAGE Publications Ltd 作为"现代社会思想大师传奇"丛书之一推出。这部 1624 页的文选，由加拿大巴赫金专家米歇尔·伽丁勒(Michael E Gardiner)编选。这部文选内容丰富，覆盖了对巴赫金这位俄罗斯著名的社会学家与文化学理论家的贡献与重大意义的研究，当然也包括"巴赫金小组"其他核心成员，尤其是沃罗希诺夫与梅德维捷夫。文选收录 85 篇论文，按主题进行组编，以期为巴赫金思想以及其核心观念的解读提供语境基础，包括对于巴赫金著作中核心观念(狂欢、对话、时空体)，以及美学与伦理学思想的考察，围绕巴赫金著作而展开的重要争论与阐释；巴赫金与其他重要的社会文化理论家，与福柯、德里达、哈贝马斯以及葛兰西的比较；在诸如人类学、地理学、文化研究与心理学这些如此不同的领域里对于巴赫金思想的解读与征用。这部文选，立意为读者提供关于巴赫金理论之最好的解读，以丰富我们对这位多产而多面的人物的理解，这个人物的贡献延伸覆盖到文化研究、语言学、社会哲学、社会学，以及其他领域。

英文版四卷本《巴赫金研究文选》有六个部分。

第一部分：**巴赫金与他的小组**（Bakhtin and his Circle）。这部分包括对巴赫金生平的讨论、对巴赫金之意义的评价。收录在这里的有《与巴赫金的交谈》（Sergey Bocharov）、《巴赫金的生平》（Michael Holquist）、《透视：瓦连京·沃罗希诺夫》（John Parrington），以及《巴赫金/梅德维捷夫：社会学诗学》（Maria Shevtsova）。

第二部分：**学术影响与语境**（Intellectual Influences and Context）。这里收录的文章有《柏格森主义在俄罗斯》（Larissa Rudova）、《米哈伊尔·巴赫金与马丁·布伯：对话性想象的问题》（Nina Perlina）、《巴赫金与卡西尔：巴赫金的狂欢弥赛亚主义的哲学根源》（Brian Poole）；《巴赫金小组里的弗洛伊德：从实证主义到阐释学》（Gerald Pirog）、《巴赫金早期著作中康德的影响》（James M. Holquist&Katarina Clark）、《文化、形式与生命：早期的卢卡契与早期的巴赫金》（Galin Tihanov）、《巴赫金、尼采与俄罗斯大革命前的思想》（James M. Curtis）、《巴赫金：在现象学与马克思主义之间》（Michael Bernard-Donals）、《体裁话语观念：巴赫金与俄罗斯形式主义》（Igor'Shaitanov）、《狂欢与化身：巴赫金与东正教神学》（Charles Lock）、《结构主义、语境主义、对话主义：沃罗希诺夫与巴赫金对意义"相对性"之争论的贡献》、《沃罗希诺夫、意识形态与语言：诞生于生命哲学精神中的马克思主义社会学》（Galin Tihanov）、《外在的词语与内在的言语：巴赫金、维戈茨基以及语言的内化》（Caryl Emerson）、《20世纪俄罗斯文化中的巴赫金》（M. L. Gasparov, translation, commentary, and notes by Ann Shukman）、《对话主义与美学》（Michael Holquist）。

第三部分：**核心观念**（Key Concepts）。巴赫金的声望一部分源自于他所获得的一系列观念创新。这里收录的有：《修正康德：巴赫金与跨文化互动》（Wlad Godzich）、《巴赫金的"青年黑格尔"美学》（Peter V. Zima）、《巴赫金与俄罗斯人对待笑的态度》（Sergei S. Averintsev）、《巴赫金、马克思主义与狂欢化》（Dominick La Capra）、《巴赫金与狂欢：作为反文化的文化》（Renate Lachmann）、《当话语从现实中剥离的时候：巴赫金与时空体性原理》（Stuart Allan）、《巴赫金的"时空体"观念：康德的关联》（Bernhard F. Scholz）、《杂语变异与公民社会：巴赫金的公共广场与现代性的政治学》（Ken Hirschkop）、《作为作者性的回答：米哈伊尔·巴赫金的超语言学》（Michael Holquist）《巴赫金关于符号、言谈以及对话的思想对于现代符号学的意义》(Viach. Vs. Ivanov)、《从道德哲学到文学哲学:1919—1929 年间的巴赫金》(Augusto Ponzio)、《人文科学的认识论》(Tzvetan Todorov)、《百年巴赫金:艺术、伦理学与〈知识〉构造性的自我》(Caryl Emerson)、《从现象学到对话:马克思·舍勒的现象学传统与米哈伊尔·巴赫金从〈论行为哲学〉到陀思妥耶夫斯基研究的发展》(Brian Poole)、《巴赫金:对他的人类哲学的注解》(Ann Shukman)、《小说学:通向人文学的一条途径》(Gary Saul Morson)。

第四部分:**争论与解读**(Debates and Interpretations)。巴赫金的影响覆盖了如此多的跨学科领域,评论家因而很难对他的影响之散播进行评价。本部分汇聚的是能阐明巴赫金理论之意义的一些至关重要的论文。这里有论"巴赫金产业"(Ken Hirschkop, Gary Saul Morson);也有分析环绕巴赫金的神话(Ken Hirschkop)。有论巴赫金与女性主义(Wayne G. Booth, Caryl Emerson, Mary Russo, Clive Thomson);有论巴赫金与后现代主义、巴赫金与后结构主义(Barry Rutland, Allon White, Iris M. Zavala);有论巴赫金与话语政治学(David Carroll);有论巴赫金的狂欢:作为批评的乌托邦(Michael Gardiner);有论巴赫金与话语与民主(Ken Hirschkop);有论巴赫金与当代人文科学的地位(Gary Saul Morson);有论巴赫金与思想史(Graham Pechey);有论左翼文化批评与巴赫金(Robert Stam);有论巴赫金与其读者(Vadim Kozhinov);有论俄罗斯的与非俄罗斯的巴赫金解读:正在形成的一个对话的轮廓(Subhash Jaireth);有论对话主义之伦理的与政治的潜能(Craig Brandist);有论对话与对话主义(Paul de Man);有论对话中的多元性(Zali Gurevitch)。

第五部分:**巴赫金与其他理论家**(Bakhtin and Other Theorists)。巴赫金的确是一个创新的思想家,他对 20 世纪思想家的影响之全部范围是令人惊讶的。这里收录的论文有:关于巴赫金与本雅明的平行研究(Barry Sandywell);论巴赫金与德曼笔下的对话之挫折(Lucy Hartley);论巴赫金与德里达笔下的作为他性的笑(Dragan Kujundzic);以"福柯、伦理学与对话"为题来考量巴赫金思想与福柯之间的关系(Michael Gardiner);有论"巴赫金、葛兰西与霸权符号学"(Craig Brandist);有论"哈贝马斯话语伦理学的巴赫金式分析"(T. Greory Garvey);有论"克里斯特瓦与巴赫金"(Daphna Erdinast-

Vulcan);有论"巴赫金与列维纳斯的对话伦理学"(Jeffrey T. Nealon)。

第六部分：**借道巴赫金：应用与延伸**(Working with Bakhtin：Applications and Extensions)。该文选最后一部分旨在追踪巴赫金的跨学科影响。这里收录的论文：有论巴赫金与当代美国文化研究(Irene Portis-Winner)、论巴赫金与大众文化(Mikita Hoy)；有论巴赫金与媒体研究：巴赫金与未来，技术资本与赛博—封建主义(Lauren Langman)；有论巴赫金与地理学："地点、声音与空间：米哈伊尔·巴赫金的对话景观"(M. Folch-Serra)；有论巴赫金对于历史学的重要意义：历史学家心目中的巴赫金(Peter Burke)、"解读狂欢：走向历史符号学"(Peter Flaherty)；有论巴赫金对于交际研究与多元文化主义的重要意义(Fred Evans)，甚至有论巴赫金与自然科学：进入时空体核心的核心：对话主义、理论物理学与灾难理论(D. S. Neff)；有论"巴赫金式心理学"(John Shotter & Michael Billig)；有论巴赫金与精神分析(Allon White)；有论巴赫金对于社会学家的重要意义，没有边界的巴赫金：社会科学中的参与性行为研究(Maroussia Hajdukowski-Ahmed)。

从英文版四卷本《巴赫金文选》这最后一部分所选的论文的题目来看，巴赫金理论之跨学科的影响已然是无处不在；或者说，国际学界对巴赫金理论的征用已然进入无边无界的状态了。

在二卷本俄文版《巴赫金研究文选》与四卷本英文版《巴赫金研究文选》问世若干年之后，俄文版一卷本《米哈伊尔·米哈伊洛维奇·巴赫金》(巴赫金研究论文选)在莫斯科与读者见面了。这部评论文选共计 440 页，是"20 世纪下半期俄罗斯哲学"丛书之一，由 B. Л. 马赫林编选，由"俄罗斯政治百科"出版社推出。编选者声明，这部评论文选并不是要全面展示 20 世纪俄罗斯思想家、文学理论家与人文科学"知识形构者"巴赫金的创作接受史，宁可说是要显示上世纪前半期产生、后半期被消费的巴赫金那些思想之动态的接受进程。因而，历史的流变成为这部文选的基本维度。

以这一维度，全书分为 5 编。第 1 编："**不是我们那个年代的人们**"，收录 3 篇文章：《巴赫金与 B. 杜瓦金 1973 年的交谈》、尤·马·卡甘的《不是我们这个年代的人们》、谢·鲍恰罗夫的《关于一次谈话以及围绕它的回忆》；第 2 编："**在我们之前与之后(20 世纪 70 年代)**"，收入两篇文章：法国学者克洛德·弗里乌的《在我们之前与之后的巴赫金》

与俄罗斯学者谢尔盖·阿韦林采夫的《学者的个性与才华》;第 3 编:
"理论热(20 世纪 80 年代)",收入 6 篇文章:意大利学者维托尼奥·斯
特拉达的《在小说与现实性之间:批评反思的历史》、美国学者堂·比亚
洛斯托茨基的《对话性的、语用学的与阐释学的交谈:巴赫金,罗蒂,伽
达默尔》、德国学者汉斯·罗伯特·尧斯的《论对话性理解问题》、美国
学者迈克尔·霍奎斯特的《听而不闻:巴赫金与德里达》、美国学者保罗
·德·曼的《对话与对话主义》、美国学者马修·罗伯茨的《诗学、阐释
学、对话学:巴赫金与保罗·德曼》;第 4 编:**"迟到的交谈之尝试(20 世
纪 90 年代)"**,收入鲍里斯·格罗佐夫斯基的文章《作为"Causa Sui"之
人,抑或"文化中的生活"之诱惑》、安纳托里·阿胡金的文章《尝试将某
一点弄准确》——这是围绕 B. C. Библер 的专著《米哈伊尔·米哈伊洛
维奇·巴赫金:抑或文化诗学》(莫斯科,1991)进行争鸣的两篇文章;凯
瑞尔·爱默森的《被理解的巴赫金,往右,可是往左》、康斯坦丁·伊苏
波夫的《他者之死》;**"V. 延缓(21 世纪第一个十年)"**收入瓦吉姆·里
亚普诺夫的《给巴赫金著作阅读者的几条并不过分的推荐》、尼古拉·
尼古拉耶夫的《涅维尔哲学学派与马克思主义:列·蓬皮扬斯基的报告
与巴赫金的发言》、伊琳娜·波波娃的《作为巴赫金的一个术语的梅尼
普讽刺》。

这部一卷本俄文版《巴赫金文选》附录中,有《巴赫金生平与活动的
主要事件编年》(谢·鲍恰罗夫、弗·拉普图恩、塔·尤尔钦科编)。还
有文献书目——分为巴赫金及其小组的主要学术著作与研究巴赫金的
学术著作。后者分为"俄语部分"与西语部分(英、法、德、意大利、西班
牙、芬兰)。

新世纪以来这 15 年里,国际"巴赫金学"在学术交流、巴赫金文本
的系统开采与注疏、巴赫金研究文成果之全面清理与集成这几个方面
的收获,都是十分丰硕的。

新世纪以来这 15 年来,中国的巴赫金研究一直处在国际"巴赫金
学"前沿。以巴赫金为主题的国际学术研讨会在中国定期举行:2004
年 6 月,中国社会科学院文学理论研究中心与湘潭大学联合举办"巴赫
金学术思想国际研讨会",来自俄罗斯的三位著名巴赫金专家应邀与
会;2007 年 10 月,中国社会科学院文学理论研究中心与北京师范大学
联合举办"跨文化视界中的巴赫金"研讨会,来自法国、意大利、俄罗斯

的巴赫金专家应邀与会；2012年5月，全国"外国文论与比较诗学研究会"与北京外国语大学联合举办的"斯拉夫文论与比较诗学：新空间、新课题、新路径"国际学术研讨会上，巴赫金文论成为会议重要议题，来自俄罗斯、乌克兰、爱沙尼亚、波兰、捷克5国的7位巴赫金专家应邀与会；中国学界对巴赫金文本系统的有规模的翻译工作有了新的成果——7卷本《巴赫金文集》于2009年如期面世；中文版多卷本《巴赫金研究文选》——《跨文化视界中的巴赫金》，2004年就开始酝酿，2009年全面启动，2011年基本完成各卷编选与翻译；2012年又增补了个别重要译文。

　　《跨文化视界中的巴赫金》分为5卷，由《俄罗斯学者论巴赫金》、《欧美学者论巴赫金》、《中国学者论巴赫金》、《对话中的巴赫金：访谈与笔谈》、《剪影与见证：当代学者心目中的巴赫金》组成。

　　《俄罗斯学者论巴赫金》选收文章28篇，其时间跨度为80年（1929—2009），以卢纳察尔斯基的《论陀思妥耶夫斯基的"多声部性"》开篇，以波波娃的《论"狂欢"》作结。这里，有巴赫金与符号学：《巴赫金的遗产与符号学前沿问题》（洛特曼）、《巴赫金的符号、表述与对话的思想对于当代符号学的意义》（伊凡诺夫）；有巴赫金与社会学：《社会学诗学的源头》（图尔宾）、《巴赫金著作中的艺术与文学的社会学问题》（达维多夫）；有巴赫金与形式主义：《历史诗学空间中的巴赫金与形式主义者》（沙伊塔诺夫）、《文学学中的新形式主义方法——外位性》（巴克）；有巴赫金与对话理论：《20世纪20年代科学思想背景上的巴赫金的对话主义》（叶戈罗夫）、《审美事件：外位性与对话》（沃尔科娃）；有巴赫金与狂欢化理论：《古罗斯的笑》（利哈乔夫）、《巴赫金·笑·基督教文化》（阿韦林采夫）、《围绕巴赫金的"狂欢化"理论的悲喜剧游戏》（瓦赫鲁舍夫）；有巴赫金与作者理论：《作为美学范畴的"作者形象"》（鲍涅茨卡娅）、《巴赫金与维诺格拉多夫的作者理论》（波利莎科娃）；有巴赫金与作品/文本理论：《巴赫金的艺术作品之文本问题》（鲍涅茨卡娅）、《巴赫金的文学学术语的特征与文学作品的结构》（柯尔米洛夫）；有巴赫金与美学理论《审美话语构造学》（秋帕）、《巴赫金与穆卡若夫斯基》（格利亚卡洛夫）；有巴赫金与语言学理论：《巴赫金与语言问题》（费奥多罗夫）、《巴赫金的语言哲学与价值相对主义问题》（戈戈吉什维里）；有巴赫金"发现者"与追随者对巴赫金的解读：《存在事件》（鲍恰罗夫）；也有巴赫金质疑者与反对者的文章:《巴赫金著作中的小说诗学与小说理论》(弗里德连捷尔)、《作为创作与作为研究的文学史:以巴赫金为个案》(加斯帕罗夫)。

《欧美学者论巴赫金》选收文章 21 篇。时间跨度为 40 年(1967—2007)。收入的译文按照时间顺序排列:译自法文的茱莉亚·克里斯特瓦的《巴赫金:词语、对话与小说》、克洛德·弗里奥的《巴赫金:在我们之前与之后》;译自德文的汉斯·罗伯特·尧斯的《论对话性理解问题》;译自英文的保罗·德·曼的《对话与对话主义》;译自意大利文的翁伯特·埃科的《上帝的躯体》、维托尼奥·斯特拉达的《在小说与现实之间:批评反思史》;译自英文的迈克尔·霍奎斯特的《听而不闻:巴赫金与德里达》、克莱夫·汤姆森的《巴赫金的对话诗学》、特里·伊格尔顿的《巴赫金、叔本华、昆德拉》、马修·罗伯茨的《诗学·阐释学·对话学:巴赫金与保罗·德·曼》、堂·比亚洛斯托伊茨基的《对话性、语用学及阐释学交谈:巴赫金、罗蒂、伽达默尔》、迈克尔·霍奎斯特的《作为对话的存在》、加里·索尔·莫尔逊与卡瑞尔·爱默森的《米哈伊尔·巴赫金:小说学的创建》、戴维·洛奇的《巴赫金之后:论小说与批评》、大卫·谢泼德的《巴赫金与读者》;译自法文的茨维坦·托多罗夫的《对话与独白:巴赫金与雅格布森》;译自英文的加林·吉哈诺夫的《巴赫金、卢卡契与德国浪漫派》;译自德文的沃尔夫·施密特的《叙事"交往"中的对话性》,等等。

《中国学者论巴赫金》原计划出两卷。因篇幅有限现在压缩为一卷,且限定为学外文出身、以外国文学研究为专业(主要是俄苏文学、英美文学、法语文学)的学者所写的巴赫金研究论文。时间跨度为 30 年(1981—2011)。这里有老一代学者研究巴赫金的力作,如夏仲翼的《陀思妥耶夫斯基的〈地下室手记〉和小说复调结构问题》、钱中文的《理解的理解——论巴赫金的人文科学方法论思想》、吴元迈的《巴赫金的"语言创作美学"——对话理论》、彭克巽的《巴赫金的复调小说理论》、白春仁的《文化对话与文化创新》、张会森的《作为语言学家的巴赫金》、胡壮麟的《巴赫金给巴赫金定位——谈巴赫金研究中的若干问题》等,也有中青年学者研究巴赫金的佳作,如董小英的《巴赫金对话理论阐述》、张杰的《批评的超越——论巴赫金的整体性批评理论》、夏忠宪的《文学研究与文化批评——巴赫金的文化批评理论实践对文学研究的启示》、凌建侯的《试析巴赫金的对话主义及其核心概念"话语"(слово)》、萧净宇的《巴赫金语言哲学中的对话主义》等。在当代中国英美文学研究界研究巴赫金的论文中,这里选收的有赵一凡的《巴赫金:语言与思想的对话》、黄梅的《也说巴赫金》、刘康的《巴赫金和他的世界》、宁一中的《论巴赫金的言谈理论》、肖明翰的《没有终结的旅程——试论〈坎特伯雷故事〉的多元与复调》、汪洪章的《巴赫金复调小说理论中的阐释学含义》等。在当代中国法语文学研究界研究巴赫金的论文中,这里选收的有吴岳添的《从拉伯雷到雨果——从巴赫金的狂欢化理论谈起》、史忠义的《泛对话原则与诗歌中的对话现象》、秦海鹰的《人与文,话语与文本——克里斯特瓦互文性理论与巴赫金对话理论的联系与区别》、钱翰的《从"对话性"到"互文性"》。这些论文从不同视界、不同层面展开了巴赫金研究,体现了当代中国的外国文学研究界对巴赫金文论开采的水平与深度。体量更大的中国文学界、语言学界、哲学界、美学界的巴赫金研究论文,由于篇幅有限,不得不割爱,而未能收录于中文版《跨文化视界中的巴赫金》。

　　《跨文化视界中的巴赫金》还以一卷《对话中的巴赫金:访谈与笔谈》、一卷《剪影与见证:当代学者心目中的巴赫金》来多角度呈现史料与资料,力图建构出鲜活的、立体的巴赫金形象,其立意在于努力重构出巴赫金的思想学说在其中得以孕生的历史氛围、时代语境和文化场。

　　进入历史语境,才能将巴赫金理论的解读与应用不断推向纵深;

　　面对立体的巴赫金形象,才能使"巴赫金学"的发展行进在守正创新的大道上。

　　置身于巴赫金的思想曾孕生于其中的那个文化场,巴赫金理论跨文化之旅的思想能量才有可能获得充分释放。

目　录

对巴赫金的两次拜访 *

C. H. 布罗伊特曼 ①

　　1969 年 5 月 11 日，为了结识 M. M. 巴赫金，我来到了萨兰斯克。对于我，他是两部书的作者———一部是论陀思妥耶夫斯基，一部是论拉伯雷。至于他这人的生平，或是他的另外一些著作，我是一无所知，可我已是坚定的巴赫金谜。巴赫金的书对我的影响，也只有早年间 A. H. 维谢洛夫斯基的《历史诗学》———那本书，是大学时代我未来的妻子 C. A. 鲍钦斯卡娅赠送给我的———给予我的那种令人震撼的印象，才可以与之相提并论的。现如今，维谢洛夫斯基与巴赫金这两人的大名在我心目中是并列在一起了，于是，我想同米哈伊尔·米哈伊洛维奇交谈交谈———就一个似乎是专业性的，可对我来讲却是一个非常个人性的话题———历史诗学，交谈交谈。

　　萨兰斯克这座城惹人注目的是一栋栋黑色的、已显得有几分老朽的木头房子，是一个在大兴土木而被翻拆得十分凌乱的现代建筑中心。在大学里打听到米哈伊尔·米哈伊洛维奇的住址之后，我就去寻找他的寓所。我敲了敲门。立刻就听见一阵细碎的沙沙的脚步声。我觉得，这沙沙的脚步声延续了相当长———大约有三分钟，来开门的是米哈伊尔·米哈伊洛维奇的妻子，后来我才知道，她叫叶莲娜·亚历山德罗芙娜。我跟着她穿过门厅，来到一个明亮的大房间，房间的四壁是满架满架的书。米哈伊尔·米哈伊洛维奇坐在桌子旁边的沙发上，桌子上有几本书，可是那些书好像与他隔着一点距离，于是我有了一个印象：他并不在工作。他个头不高，五短身材，胖圆脸，一点也不像他后来的肖像与照片。我感觉到这突然闯入的窘迫，便请求米哈伊尔·米哈伊

　　* 本文原刊于文集《时空体》(马哈奇卡拉，1990 年版)；转载于《话语》2003 年第 11 期。———译注
　　① C. H. 布罗伊特曼：萨姆松·纳乌莫维奇·布罗伊特曼(1937—2005)，俄苏语文学家，文学理论家，俄罗斯国立人文大学教授。

洛维奇允许我明天再来拜访。

次日，我再次来到他家。遗憾的是，我当时没有立即将这次交谈记录下来，但我记得，那次交谈是围绕历史诗学这个话题的。对于我对历史诗学的兴趣，米哈伊尔·米哈伊洛维奇是以一份明显的满意与兴奋来接受的。他问我读了些什么书。当我说出维谢洛夫斯基的名字时，他就更加兴奋起来，并给予维谢洛夫斯基很高的夸奖。后来，我提到了 O. M. 弗莱伊登贝格——他简直就是神采奕奕了，开始讲述她的情况（这一来，我才知道，她是鲍里斯·帕斯捷尔纳克的堂妹）。我，当然也开始说起他本人的著作，可是，他婉转地将话头引到另一个话题上去了。在提及维克托·什克洛夫斯基的名字时（恰好我在这之前通读了什克洛夫斯基的书《艺术散文：思考与分析》），米哈伊尔·米哈伊洛维奇做了一个不易察觉的动作，由此我明白了，对于他，这可是一个与之前我们谈到的那些人有所不同而完全是另一序列另一水平上的人物。

话题转向了诗。米哈伊尔·米哈伊洛维奇讲了鲍里斯·帕斯捷尔纳克的情况，他的家族——古老的家族，源自西班牙。他们更换了姓氏，从西班牙辗转到意大利，然后，迁徙到俄罗斯，在俄罗斯，他们以帕斯捷尔纳克为自己的姓氏。他们家族从事占卜。（"占卜并不是像人们所以为的那样简单。占卜能激活智力而使之非常发达，的确，是在一定的方向上。"）

对于曼德尔施塔姆，米哈伊尔·米哈伊洛维奇更为看重的是他 30 年代的诗作，认为先前他身上有很多美学游戏的东西，一旦生活粗暴地伤害了他，他便开始以另外的方式来言说。（我当时却更加喜欢曼德尔施塔姆的"第二部诗集"——他后期的诗作，那些作为地下出版物在流传的诗作，我知道它们被列入黑名单，但诗人在那些诗作里显得是被改变了，如果不说是被压抑了。米哈伊尔·米哈伊洛维奇不同意我的观点，现如今，我看出，他是对的，尽管我依旧更加喜欢"第二部诗集"。）

在第一次拜访时，我将自己最初发表的两篇文章赠送给米哈伊尔·米哈伊诺维奇，那是评论 Вл. 卢戈夫斯基的"中世纪"的两篇文章，在那两篇文章里，我试图走向历史诗学问题的探索。虽然（一如现如今我才理解到）巴赫金对诗作的作者是格格不入的，他夸奖了我的文章（"您会成功的"），之后，他还将不久前刚刚出版的一本萨兰斯克文集赠送给我，那本文集上刊有他的文章《论长篇小说话语的史前史》。他在那本文集上写下了这样的题词："赠：萨姆松·纳乌莫维奇·布罗伊特曼，以示敬意与深厚的好感。"一直到现在，我都相信，这并不仅仅是米哈伊尔·米哈伊洛维奇的礼貌之举。

现如今，交谈的许多细节是很难复现出来了，但巴赫金当时的姿势永远铭刻在我的脑海。

他坐在桌旁，身子扑在桌子上，全神贯注地面对着我。他显然是在期待着从我这儿听到什么在他看来是有趣的与重要的讯息。我无意将这视为我本人有多么了不得，显然，他巴赫金就是这样对待每一个他人的。就在这次拜访巴赫金之后，没过几天，我得以同一位莫斯科的知名学者交谈，那位非常客气地接待了我。在仔细地把我打量了一番之后，他马上就确定了我这人在人的等级表中的位置。于是，对于他，我再也不作为一个问题而存在了。这是很好的一课，自那以后，我可是的的确确地弄清楚了：什么是对待他人的对话性态度，什么是对待他人的独白性态度。

不知何故还记住了这样的一个场景。我不知怎么置身于厨房里，叶莲娜·亚历山德罗芙娜在那里洗胡萝卜。看得出来，她做这事很吃力。可是，对于要帮帮她这一提议，她却以这样的一句话回应道："能帮我的人，已经没了。"

我对米哈伊尔·米哈伊诺维奇的第二次拜访（那是 1971 年 9 月 13 日，在格利夫诺①，在一座很旧的房子里），是以这样的场面开始的。他与叶莲娜·亚历山德罗芙娜租用了两个不大的房间，其中的一间用作工作间与书房。在放我进门之前，一位年轻的护士走进了起居室，她并没有关上身后的门。她用那种跟小孩子说话的口吻（普通人常常就是这样跟"怪人"说话），问米哈伊尔·米哈伊洛维奇：他有没有想念她。他回答道："您要知道，小妹妹，我在梦中见到了您，哭了一整夜。"她怪怪地微微一笑，说道："有人来你们家了。"他做出了一个手势，喏，就说，让他们统统见鬼去吧，他还没有来得及说完这句话，我就把护士的话当成是一种允准，走进门去了。我们俩很快就摆脱了这份窘迫，他领我走进了书房，虽然在这之前他是围着叶莲娜·亚历山德罗芙娜张罗了一

---

①　格利夫诺：位于距莫斯科不远的一座小城克利莫夫斯克附近。1970 年 5 月 15 日，巴赫金夫妇被安置在这里的一家养老院，在这里一直居住到 1971 年底。1971 年 12 月 13 日，叶莲娜·亚历山德罗芙娜在这里病逝。——译注

阵,给她换双腿上的绷带。我这时记起来,当年在萨兰斯克,为了给我开门,她走了那么久。后来,我将这一情形给我的妻子讲述时,妻子问我:我是否感觉到,叶莲娜·亚历山德罗芙娜开始患有腿疾了,因为她在内心里已将自己等同于米哈伊尔·米哈伊洛维奇,对他的疾病已是在感同身受了。我不清楚,这事是不是这样,但是,米哈伊尔·米哈伊洛维奇脸上的表情,他围着自己的妻子——不久就将死去的妻子——张罗时的那个表情,印在我的记忆里了。

在格里夫纳,一如米哈伊尔·米哈伊洛维奇告诉我的那样,他有许多拜访者。他给我提到 C. C. 阿韦林采夫、Ю. M. 洛特曼,接着,还提及 Б. 乌斯宾斯基。("一个非常博学的人,从事于分裂教派研究,这对于理解俄罗斯非官方的文化极其重要;在分裂教派中培育出这样的一类人,他们是生气勃勃的,随时准备在任何时刻跳进篝火里去,而官方文化培养出来的人——糟糕的欧洲人。")我打听到,M. M. 马马尔达什维里也打算来格里夫纳,他那篇论古典主义哲学与非古典主义哲学的精彩文章,前不久我读过。米哈伊尔·米哈伊洛维奇没有读过这篇文章,想在与作者交谈之前对它有所了解。(我觉得,这是我们学界第一篇出自一位职业哲学家之手的、宣扬对话思想——学术史上的与文化类型上的对话思想——的文章;显然,马马尔达什维里对巴赫金的兴趣在这个年月里达到一个高峰——在其后来的那些演讲里,这就不那么明显了。)

在对巴赫金的第二次拜访之前,我实际上已经知晓以不同的名字发表的巴赫金的所有著作与文章。我就是现在也还是觉得,笔名(米哈伊尔·米哈伊洛维奇曾反驳道:"这不是笔名,他们——一个个都是活人。")——这是他这人的一个谜。仅仅以外在的环境来对这谜加以解释,当然,是说不通的。我的脑海里当时就浮现出这样一个信念:思想见解——从对作者之硬性的依附中摆脱出来,而成为"诸种声音"的思想见解——将会更自由地活在长远的时间里;闪现出狂欢化的思想。对于这一点,我,自然,没有直接询问,但我当时对他的那些书的形成史是感兴趣的(我那时在达吉斯坦大学开了文学学史这门专题课,巴赫金则是这门课程中的中心人物)。

米哈伊尔·米哈伊洛维奇对我说,论陀思妥耶夫斯基的那本书是最先写出的——在出版之前四、五年。即便在那年月,出版也是困难的,但是帕维尔·尼古拉耶维奇·梅德维杰夫帮了忙——这是作为巴赫金以他梅德维杰夫的名字发表《文学学中的形式论方法》一书的答谢。米哈伊尔·米哈伊洛维奇将梅德维杰夫评价为"文学界的生意人",但对他是心存感激的:是梅德维杰夫帮他在萨兰斯克安顿下来,定居落户。对于 B. H. 沃洛希诺夫,不知何故没有涉及,对于 И. И. 卡纳耶夫,米哈伊尔·米哈伊洛维奇则是热心地谈到了,视之为自己的友人与联手写作的共同作者。

我询问了有哪些对米哈伊尔·米哈伊洛维奇年青时期产生过影响的哲学家。他讲述到,他是从研究伦理学起步的。胡塞尔对他产生过强烈的影响。M. 舍勒的名字,被单独提及,且带有一份特别的敬意。顺便说说,米哈伊尔·米哈伊洛维奇说了这么一句话,我是一个字儿也不差地记住了这句话:"德国人——这是唯一的一个善于系统地思考的民族。"

谈起了弗洛伊德,也谈起了米哈伊尔·米哈伊洛维奇专门评论弗洛伊德的那部书。他肯定了我的一个推测:民间笑文化的思想,早在这部书里——在那些涉及日常生活的意识形态的论述文字中,涉及意识的那些非官方层面的论述文字中——就已经开始孕生了。

米哈伊尔·米哈伊洛维奇令人有趣地谈到了 H. M. 马尔:"这是一位天才的学者,但正在'意义考古学'领域——在这里,他凭直觉进入到我们的词源学家与语义学家尚未接近的深层。"可是,米哈伊尔·米哈伊洛维奇以十分嘲讽的口吻评点马尔的"雅弗语理论"与政治上的投机。马尔,用巴赫金的话来讲,曾是一位通晓多种语言的人,可是他对任何一种语言都不在行,甚至是对其母语也不在行,他犯下了一些极蠢的、欧洲到处都对其加以嘲笑的错误,他这人压根儿就不是一个欧洲型学者(那些人在相当的程度上都是学究)。可是他投身于那样的一个领域,在那里无知并没有妨碍他。

谈起了当代文学。米哈伊尔·米哈伊洛维奇说道,现如今,纯粹的独白立场对于作家来说几乎是不可能的了,若要固持这一立场,就需要有更大分量的愚蠢。在那些持有对话性取向的作家中,他举出了 A. 比托夫的名字。

我顺带地打听到,对于刊发在《新世界》上的对米哈伊尔·米哈伊洛维奇的那篇访谈("更加广阔地开发潜能"),有人作了不小的篡改。

譬如，在他巴赫金举出 H. 康拉德、Д. 利哈乔夫、Ю. 洛特曼的著作而将它们列入有重要意义的现象之列的那个地方，编辑部里有人将它改为"……以及洛特曼，虽然并不完全同意他的观点"（而这就完全变动了这句话的意思，这句话的原本意思在于：应当要做的并不是同意，需要的是各种不同的观点）。米哈伊尔·米哈伊洛维奇本人在其对结构主义持批判态度之前提下，对结构主义还是极有兴趣的，他跟我讲述德国的结构主义，谈起慕尼黑的一份诗学杂志，他指望凭自己的著作的外译证明书去订阅那份刊物。

这一回拜访时，我再一次形成一种印象：米哈伊尔·米哈伊洛维奇读得很多，但他不写东西了。我问起"言语体裁"那本书——在我第一次拜访时他曾对我谈起这本书的——原来，书的手稿留在萨兰斯克了。巴赫金在其一生最后岁月里的沉默——又是他这人的一个谜，或许是最为隐深的一个谜。我且斗胆说出一个推测。

米哈伊尔·米哈伊洛维奇在我的感觉上是一个史诗型的人，但自然不是以权威自居式的，而是"长篇小说式的"——他下笔最多的是长篇小说研究，这绝非偶然，况且，他的整个哲学是以我与他者既分立又整一为其始源性的因素。举凡位于我与他者之史诗性的自主自律的表达之前的东西，举凡在我与他者之对话性接触之后会有的东西，在这一哲学的那些术语里是得不到描述的，而流向沉默与秘密的领域。但是，即便在这一领域，巴赫金也是得心应手。只要去回忆一下"作者与主人公"中的那些地方——在那里，对自我观察与沉思的技术之深刻把握已是显而易见——就足够了（我总是有这样一种感觉：他这人对最主要东西的了解不是取自书本里，而是出自精神体验）。看来，自某一时刻起他感觉到了，比起在人生这部长篇小说里，他在那里，是要更加得心应手的。

（周启超　译）

对巴赫金的一次采访 *

兹比格涅夫·波德古热茨

　　波德古热茨（以下简称波）：在您看来，陀思妥耶夫斯基创作的主要思想是什么？

　　巴赫金（以下简称巴）：真理，在陀思妥耶夫斯基看来，世界终极问题领域里的真理，是不可能在单一个体意识的界面上被揭示出来的。真理无法被纳入一种意识里。它是在多种平等的意识之对话性交流过程中得以揭示的，况且，它总是一部分一部分被揭示出来。这种在终极问题上的对话，是不可能结束，不可能完成的，只要在思索在寻求真理的人类尚且存在。对话的终结就等于人类的毁灭。如果所有的问题都获解决，那么，人类也就不会有继续存在的动因。诚如我已说过的那样，对话的终结就等于人类的毁灭——这一思想，早在苏格拉底的哲学中就以萌芽形式表现出来了。然而，它的最为深刻的与最为丰满的体现，艺术的体现，乃是在陀思妥耶夫斯基那些长篇小说里获得的。

　　陀思妥耶夫斯基——以我之见——是多声部的复调型长篇小说的创建者，这种长篇小说是作为那些终极问题上的紧张而热烈的对话而被构建出来的。作者并不去完结这种对话，并不去提供作者自己的解决；作者是在揭示那存在于其矛盾之中存在于其未完结的生成之中的

---

　　* 为纪念陀思妥耶夫斯基150周年诞辰，波兰记者兹比格涅夫·波德古热茨曾于1971年对 M. 巴赫金、Б. 布尔索夫、В. 马克西姆夫、В. 卡维林、А. 塔尔科夫斯基、Э. 涅伊兹维斯内、А. 斯维杰尔斯基等人做过系列采访。波兰记者的这个访谈的片断曾先后以"多声部"、"在长远的时间里"为标题而刊载于俄文版《巴赫金研究文集》（Ⅱ）（莫斯科，1991年，第374—378页）与《巴赫金学：研究·翻译·资料》（彼得堡，1995年，第7—9页）。这两回刊载，都是由波兰文回译为俄文且都是节译。在这种版本中，巴赫金的思想有可能受到不同程度的歪曲。这篇采访的全文，最早以俄文刊载于意大利著名的俄罗斯文学专家、威尼斯大学教授维托尼奥·斯特拉达主编的一份定期刊物 *Россия/Rassia*（1975年，第2卷，第189—198页）。俄罗斯以巴赫金研究为专题的杂志《对话·狂欢·时空体》主编 H. 潘科夫获兹比格涅夫·波德古热茨与维托尼奥·斯特拉达授权，于该刊1998年第4期重刊这篇访谈原版全文。后来，俄文版《巴赫金文集》第6卷（莫斯科，2002年版）收入的就是曾在《对话·狂欢·时空体》上刊发的这篇访谈的原版全文。——译注

人类的思想。

陀思妥耶夫斯基不曾认可任何形态的完结。如果说，他的某些长篇小说（例如，《罪与罚》）看上去似乎是已完结，那么，这不过是文学形式上的完结。可是，《卡拉马佐夫兄弟》怎么说也是未完结的，那里的一切都是开放的，所有的问题到末了还是问题，也没有任何对确定的解决的暗示。陀思妥耶夫斯基本人的那些观点（诚然，他是持有自己的观点的，他将它们融入自己的那些政论作品、期刊文章、书信与演讲之中了），那些承受着他那个时代、他那个群体利益、他本人的思想取向之局限的观点，会部分地进入他的那些长篇小说。不过，我们当然也会在他的那些长篇小说里寻找到相关的地方，那些地方似乎在重申——可是，那是以人物之口在重申——陀思妥耶夫斯基的某些思想、某些表述（例如，在《作家日记》里）。但是，在那些地方，这些观点完全不具有作者之直接表述的性质，它们被引入对话之中——那种承认所有其他与之直接对立的观点都拥有平等的理据的对话之中。进而，他便得以在自己的那些长篇小说里超越这些颇有局限的、狭隘的人类的、狭隘的教会的、东正教的观点。而这正是——我认为——正是陀思妥耶夫斯基笔下主要的东西。至于说，可以去挑出某一种特别有主导性的思想，那是无法谈起的。全部问题的关键，恰恰是在于思想之众多，在不同的个性身上得到体现的思想之众多。全部问题的关键，恰恰是在于这种对话，况且注定是不可完结的对话。陀思妥耶夫斯基不只一次地在其长篇小说里展示，就实质而言，对话的完结，争论的完结，只有凭借某种外在的粗暴的物质力量的介入才有可能。实际上呢，这样的对话性思想与总体上的涵义正是不可完结的。

波：您是怎么看待那些专门探讨陀思妥耶夫斯基的创作的评论著作的呢？

巴：像梅列日科夫斯基、舍斯托夫、罗扎诺夫这样的文学学家，这样的一些深谙陀思妥耶夫斯基之创作的行家，在大多数情形下，都是为了自己的目的，为了宣传自己的观点，而竭力利用陀思妥耶夫斯基。他们都企图将一种整一的思想体系强加于陀思妥耶夫斯基，而陀思妥耶夫斯基这人恰恰是不曾认可体系。他认为，任何体系都具有人为性与强暴性。首先，这是对人的智性与心灵的一种强暴。人的思想并不具有体系性，而是具有对话性。也就是说，人的思想要求应答，要求辩驳，要求赞同与不赞同。唯有在这种自由较量的氛围中人的思想与艺术的思想才能得以发展。革命前文学学的那些代表人物不知怎么忽视了这一点。诚然,即便在我们这个时代,不少人也还在试图将一定的世界观,将某种确定的观点体系,强加于身为艺术家的陀思妥耶夫斯基。这样的文学学家,还相当多。自然,这并不剥夺他们那些著作的价值,因为陀思妥耶夫斯基是这么复杂这么丰厚,尽可以从千万个不同的侧面去接近他,而终归也不可能将他一下子完全把握住。正因为他具有对话性,正因为他具有复调性——要将他的世界完全穷尽,实在是不可能。

陀思妥耶夫斯基也似乎嘱咐我们去继续他生前曾进行的那些争论,去继续他的那些主人公所进行的那些争论。那些争论将永远延续下去,我们现如今还在就此进行争论,这样一来,我们也就是在延续陀思妥耶夫斯基。因此,所有这些独白性表述,这些强加于陀思妥耶夫斯基的表述,也是有益而必需的,它们也是在从某一侧面揭示陀思妥耶夫斯基。正因为这一点,我珍视那些在陀思妥耶夫斯基长篇小说的理解上并不持复调观的苏联文学学家的著作,尽管这种复调观已然在我们这个时代开始确立起来了。已故的格罗斯曼曾经展示,陀思妥耶夫斯基——这是那些世界性问题上的世界性争论,而且这争论是没完没了的。我非常珍视已故的 Б. М. 恩格尔加特的观察与见解。最后,在什克洛夫斯基的《赞成与反对》一书里,陀思妥耶夫斯基笔下总有"赞成"与"反对"这一层,已经得到展示。

我认为,已故的多利宁的著作,弗里德连捷尔、基尔波金、布尔索夫、叶甫林的著作是很有价值的。所有这些著作在考察陀思妥耶夫斯基的不同层面,但我压根儿就不认为,在文学学领域只可能有某一种视界。文学是如此复杂,以至于在另一种时候甚或是在一些粗俗的表述中仍可以看出对文学的某种见解来。毫无疑问,这样说,丝毫也不涉及我已列举的这些学者。他们的著作很有价值,十分重要。我特别看中弗里德连捷尔的那本书,他那部论陀思妥耶夫斯基的现实主义的理论著作。

波:您是堪称陀思妥耶夫斯基的创作研究领域里最具奠基性著作的作者。这部书刚刚有了波兰文译本。您能否就这部书的主要思想作一个提示呢?

巴:这就是陀思妥耶夫斯基的复调性。对陀思妥耶夫斯基不能作独白式的理解，不能像理解其他的长篇小说家那样，不能像理解托尔斯泰、屠格涅夫以及其他的人那样。此外，我试图在自己的这部书里将陀思妥耶夫斯基纳入文学发展的历史进程之中。我认为，像陀思妥耶夫斯基与托尔斯泰这样的一些作家，无论如何也是难以纳入一个时代——他们所在的那个时代——的框架之中。甚至是在比较宽泛地理解的整个19世纪这一框架之中，甚至是在近代这一框架之中。他们似乎将人类在其历史存在的世世代代的岁月里所做出的一切都涵纳于一身。我则恰恰是在自己的著作里试图揭示出陀思妥耶夫斯基的创作之主要的根基。我从古希腊的那些作品开始，梳理出陀思妥耶夫斯基之前对话小说那一条特别的流脉。我认为，他使文学的世界性发展历程中这一巨大流脉终于完形。我在自己的这部书里试图将陀思妥耶夫斯基纳入拥有其全部现存容量的世界文学之中。当然，我本人不能评判自己著作的优长。不管怎么说，这部书乃是我在很久之前写出的。书里有许多东西需要加以补充，加以延伸。我现在有一部分时间正投入这一工作。"

波：陀思妥耶夫斯基作为复调小说的创建者，对后来的作家们产生了巨大影响。陀思妥耶夫斯基之后，作家中又有谁承续了对话小说这一流脉？是否可以将陀思妥耶夫斯基之前作家们所创作的一切一笔勾销，而认定在他之后不可能在文学中有什么新的发现？

巴：在现今这个时代，陀思妥耶夫斯基——这是一个巅峰，是对人的思想、人的探索予以对话式理解这一领域里的一个巅峰。诚然，这样说，丝毫也不抹杀所有先前环节的价值。苏格拉底依旧是苏格拉底。概而言之，我有一个术语——大时段①。要知道，在大时段里什么东西什么时候也不会丧失自己的意义。在大时段里，荷马、埃斯库罗斯、索福克勒斯、苏格拉底，古希腊古罗马所有的作家——思想家，一个个都同样平等地各居其位，永垂史册。在这大时段里也有陀思妥耶夫斯基的一席。在这个意义上，我认为，什么也不会消亡，反倒是一切都在更新。每向前迈出新的一步，先前的脚步都会获得新的补充性的涵义。然而，我们总是在对我们之前的那些伟大的作家与思想家的建树加以更新与延续。陀思妥耶夫斯基——他是复调型长篇小说的创建者，我

---

① "大时段"：又译"长远时间"，"大时代"。——译注

觉得，未来是属于复调小说的。但这样说并不意味着，这个未来会将过去勾销、取代或削弱。譬如，陀思妥耶夫斯基的长篇小说，作为一种样式，比托尔斯泰的长篇小说，在未来要更富有能产性。但是，托尔斯泰并不因此而受损，并不因此而变得渺小了。相反，托尔斯泰、屠格涅夫以及另一些作家的那类独白型小说依旧会存在，而且，它还会在新的复调型小说的背景上得到新的发展，获得新的涵义。阅读这种小说，我们会得到休息，因为阅读陀思妥耶夫斯基的那些小说，一如阅读如今在法国受陀思妥耶夫斯基的影响而创作的那些复调型小说——你是怎么也得不到休息的。如今，在像法兰西这样的一些国家里，出现了一些循着陀思妥耶夫斯基的路子而创作新小说的尝试。这首先说的是加缪。他的长篇小说《鼠疫》，他的哲学随笔《西西弗斯的神话》，是直接仿效陀思妥耶夫斯基而构建的。萨特笔下的许多东西也是源自陀思妥耶夫斯基，虽然在我看来，加缪要更深刻些。卡夫卡笔下也有对陀思妥耶夫斯基这样直接的依凭。看上去好像是，陀思妥耶夫斯基最大的影响应当是发生在俄罗斯作家身上。我能举出的仅仅是安德烈·别雷的《彼得堡》。这部作品——20世纪最优秀的长篇小说之一——在那里就有陀思妥耶夫斯基的多声部。列昂诺夫的早期作品——也是源自陀思妥耶夫斯基，但它们已不那么有趣了。诚然，所有这些作家均未达到陀思妥耶夫斯基的力度与深度，但还是带来了某种自己的东西。要去说一切都已完结，对陀思妥耶夫斯基在文学中的建树无法超越，这简直是无稽之谈。我在总体上认为，任何完结，甚至即使这是一部伟大作品的完结，总是会散发出些许死亡的气息。在这个意义上，也就不可能去谈论什么完结。超越陀思妥耶夫斯基是可能的，但无法取代他。

波：那么，您认为，哪一本论陀思妥耶夫斯基的书是写得最好的呢？

巴：我在前面列举的那些作者的书——全都是好书，每一本都有自己的特色。难以挑出一本最好的，再说，这简直也是不可能的。

波：在对作家的创作加以勘察的路径方法上，哪些错误是最为常见的呢？

巴：一般说来，并没有什么错误可言。只有小学生们才会常常犯错误，有人将它们纠正过来，有人用红铅笔给标示出来。我反对有人说学者犯下了错误。什么样的错误？这是不正确的词语，它把学者降格到了小学生的水平。可要知道，在我们这儿，有人既在陀思妥耶夫斯基笔下找错误，也在托尔斯泰笔下找错误。这并不是什么错误。那是一些论点，一些对我们显得比较重要或不太重要的论点，我们对之同意或不同意的论点。但是，举凡我们对之不同意的东西，完全不意味着那就是错误。我也是复调式地看待这个问题。举凡我认为不正确的东西——宁可说那是一种不足。那是对陀思妥耶夫斯基的剪裁。一些人是在用拉斯柯尔尼科夫、伊凡·卡拉马佐夫这样一些人物的思想与观点来解读陀思妥耶夫斯基。另一些人则是在竭力将一切都集合到索尼娅或者佐西马老人这样一些形象身上。这都是失真的。对于陀思妥耶夫斯基的世界，应当在其全部矛盾性的整一之中来开采。

波：陀思妥耶夫斯基的创作中还有哪些层面尚未被触及呢？

巴：首先，就是传记。到目前为止，我们仍然没有陀思妥耶夫斯基传记。甚至连传记的写法还没有摸索出来：如何写传记，将什么写进去。我们这儿的传记——那是创作与生平混合而成的某种大杂烩。像任何一位作家那样，创作中的陀思妥耶夫斯基——此乃一个人，生活中的陀思妥耶夫斯基呢——则是另一个人。这两个人（创造者与尘世之人）是如何相安相容于一身的，我们尚不明了。然而，将这二者分解开来，似乎也是需要的，否则，便可以弄到随心所欲的地步。要知道，有人说，拉斯柯尔尼科夫杀死了老太婆——这就意味着，作者，尽管那是在想象之中，也实施了这凶杀。于是，荒唐之说就出来了。也许，陀思妥耶夫斯基真也想象过自己是凶手，否则，他会写不出这部小说来，可是，要知道，这并不是现实行为，为那种行为他可是要去承担法律责任与道德责任的。艺术家可能想象自己在实施任何一种犯罪、任何一种罪孽，他在职业上也应当这么去做，如果他想完完全全地把握生活，把握生活的全部因素。但是，并不能认定——即便是以委婉的形式来认定——这就是在生活中对这一行为的实施。伦理上的责任与艺术上的责任——这是不同的东西，不能将它们混同。我觉得，布尔索夫在其著作中并没有自始至终地在这一层上划出相当清晰的界线，虽然这丝毫也不抹杀他那部出色的著作的价值。那部书，毫无疑问，很有价值，读起来令人意趣横生，此外还有宣传意义。生活与创作，是以我们称之为人的个性之深层的那种东西连成一体的。每一个人都是独一无二的，尽管他不能将一切集于一身。在创作中，这个人——如果你愿意也可以这么说——是在破坏自己的整一，他善于在另一些人身上来体现自己。将生活与创作割裂开来与混同起来，都是不行的，但有必要将二者区分开来，在它们之间划出界线。

波：陀思妥耶夫斯基生平与创作的研究者总体上应当具备哪些品味呢？

巴：首先，这个人不应当去做一个教条主义者。一个教条主义者，无论他是在哪个领域，宗教的、政治的、或者其他领域——他总是会以自己的方式去曲解陀思妥耶夫斯基，以自己的教条气息去评价陀思妥耶夫斯基。众所周知，我们现在正在与教条主义展开较量。诚然，对于正确而深刻地理解、研究陀思妥耶夫斯基，这种非教条主义是完全必要的。无论如何，不能把陀思妥耶夫斯基解读成一个时髦的作家、以趣味招人喜欢的——那种被更为肤浅而庸俗地理解的以趣味招人喜欢的——作家。这也是一种经常性的妨碍。我认为，像已故的列夫·舍斯托夫这样严肃的陀思妥耶夫斯基研究者，恰恰是有心把他解读成某种时髦的哲学家，陀思妥耶夫斯基从来也不是那种人。这是与严肃性相抵牾的。这样一种对廉价的趣味性与尖锐性的追求——这一品味，在妨碍着对陀思妥耶夫斯基的研究。

波：您认为陀思妥耶夫斯基是一位哲学家吗？

巴：我认为，陀思妥耶夫斯基是最伟大的思想家之一。可是，我要严格地区分：思想家与哲学家。哲学家——这是学者，这是一门专业，而且哲学——这是一门严谨的科学。在这个意义上，陀思妥耶夫斯基不是一位哲学家，而且对这样的哲学，他甚至是持怀疑、否定态度的。

波：您看，近些年来，在我们这边与在西方，对陀思妥耶夫斯基的创作的兴趣是不是在增长？

巴：在我们这边，在苏联，对陀思妥耶夫斯基的兴趣在增长，对他的理解在加深。看来，在法国也有这样的情形。那儿对陀思妥耶夫斯基的兴趣是巨大的。两家出版社同时在出版我论陀思妥耶夫斯基的那部书的法译本。陀思妥耶夫斯基的作品在那里行销得非常之好。尽管在英国与美国——也许，是我错了——对陀思妥耶夫斯基的兴趣在下滑。在德国，对陀思妥耶夫斯基的兴趣则并未减弱，也许，反倒在增长呢。应当指出的是，陀思妥耶夫斯基研究领域里见解深刻的著作，在我看来，目前还没有，虽然近些年来论陀思妥耶夫斯基的著作大批量地问世。

我认为，陀思妥耶夫斯基的影响还在未来。他还没有真正地进入人们的生活。目前大家都在力图将他强行塞入独白型小说的框架里，都在寻找整一的世界观，等等。陀思妥耶夫斯基的力量并不在此。他第一个理解了现代人，第一个明白了：单单一个头脑无法容纳真理，真理只能在未完结的对话之中才得以敞开得以揭示，人与人类是内在地不可完结的。

波：应当将陀思妥耶夫斯基的作品搬上银幕或舞台吗？

巴：从宣传的角度来看，是应当去做这事的。毕竟广大群众对陀思妥耶夫斯基还知之甚少。尽管有的影片只是情节性的，但毕竟有人在关注陀思妥耶夫斯基了，也许，还会去通读他的作品呢。但是，通过戏剧与电影来表现陀思妥耶夫斯基的世界，是绝对困难的。复调——原本意义上的——实质上则是无法加以表现的。因而，舞台与银幕提供的只是一种世界，并且也只以一种视角在提供。在陀思妥耶夫斯基笔下，则是以多种不同视角来展示多重世界。

有一个例子，在法国，有人曾尝试去创作那种应当是并不局限于同一个场地与同一个时间的戏剧，但并不借助于轮流交替，而是以不同世界、不同舞台之同时并存来表现。比这类纯形式探索走得更远的，目前还尚未见到。在这方面，陀思妥耶夫斯基——一位最令人棘手的、几乎甚至是不可能通过舞台与银幕而被表现出来的作家。不过，将他的作品拍成影片与编成话剧还是必需的。也许，一千个人当中有一个在看完影片或话剧之后，就想去读陀思妥耶夫斯基的作品呢。读完这一部小说，他就会读作家的另一些作品。我这是在以狭隘的实用的眼光来评价这事——应当去唤醒人们，去促使人们更仔细地看一看陀思妥耶夫斯基。

波：那么，您是如何评价舞台与银幕上已经出现的对陀思妥耶夫斯基作品所作的改编？

巴：就我先前所见到的来说，对陀思妥耶夫斯基的作品之复调层面的缺失，也是十分突出的。在艺术剧院，甚至卡恰洛夫，在对《卡拉马佐夫兄弟》的改编中，都把伊凡降格了，庸俗化了。著名的一幕——与鬼交谈——在那些不懂陀思妥耶夫斯基的观众当中竟然引发出笑声。这种改编，也是被类型化了，被化成独白型的作品了。一般说来，戏剧，可惜，一向是在被独白化。多声部、不同声音以及不同声音的世界之平等平权,在剧院里从未获得成功展示。

波:前不久,带有恩斯特·涅伊兹维斯内所作的插图的《罪与罚》在苏联出版了。您是怎么评价那些插图的呢?

巴:恩斯特·涅伊兹维斯内的那些插图给我的印象很深。我可是第一次在插图中感受着真正的陀思妥耶夫斯基。他把陀思妥耶夫斯基笔下那些形象的多面性成功地表现出来了。这不是插图,这——已是作家精神气质的放射。这样说,是因为涅伊兹维斯内既成功地表现出一般意义上人的未完结性与不可完结性,也成功地表现出陀思妥耶夫斯基笔下那些人物的未完结性与不可完结性。在一些单个的因素会获得决定性意义之际,他得以成功地表现出陀思妥耶夫斯基独特的品级观。可是,通常人们则是将陀思妥耶夫斯基的人物插图做成那样,好像那都是一些戏剧性的事件或日常生活事件。在我知道的那些最好的插图中,也仅仅得以成功地将陀思妥耶夫斯基笔下的彼得堡给展示出来。这是插图家们所使用的那些艺术方法尚且力所能及的。在恩斯特·涅伊兹维斯内的插图中,我可是第一次看见了多面性的人。这些插图,即使是从纯艺术的角度来看也是趣味盎然。这完全不是插图了。这是陀思妥耶夫斯基的世界以及他笔下的那些形象在另一个空间的延伸,在线条画园地的延伸。

(周启超 译)

对 **M. M.** 巴赫金的六次访谈

B. Д. 杜瓦金[①]

第一次访谈(1973 年 2 月 22 日)

杜瓦金(以下简称杜):米哈伊尔·米哈伊洛维奇,您是说,您有一本回忆录要出版了?

巴赫金(以下简称巴):是为纪念我 75 岁生日而出版的一本书。[②]

杜:不过,这好像说到了另一个话题……那么,您确切的生日是几号?……

巴:确切的……应该是 1895 年……旧历十一月四日,新历 11 月 17 日。

杜:那您是在哪儿出生的?

巴:出生地是奥廖尔。

杜:那家庭状况如何? 您是什么家庭出身?

巴:我生在一个贵族家庭,而且是个很古老的家族。[③] 就是说,从

---

① B. Д. 杜瓦金:维克托·德米特里耶维奇·杜瓦金(1909—1982),俄苏文学理论家,语文学家,档案专家,俄罗斯黄金和白银时代诗歌领域的研究专家。1973 年 2—3 月间,他六次采访了巴赫金。

② 《诗学和文学史问题(M. M. 巴赫金诞辰 75 周年暨从事学术和教育活动 50 周年纪念文集)》,萨兰斯克,1973 年版。——原编者注

③ 在所有保存下来的由奥廖尔市民管理局于 19 世纪末至 20 世纪初颁发的官方文件中,尼古拉·巴赫金和米哈伊尔·巴赫金兄弟俩被称为奥廖尔市民 M. H. 巴赫金之子,而后者被称为奥廖尔商人之子。在奥廖尔州国家档案馆所发现的奥廖尔彼得罗巴甫洛夫斯克大教堂储存资料中的出生登记簿上有这样的记载:M. M. 巴赫金的父母是"奥廖尔商人之子米哈伊尔·尼古拉耶维奇·巴赫金及其合法妻室瓦尔瓦拉·扎哈里耶娃,皆系东正教徒"(奥廖尔彼得罗巴甫洛夫斯克大教堂。1895 年出生登记簿,见:奥廖尔州国家档案馆,储存编号:200,编目号:1,卷宗号:837"丙",页码:第 48—49〈背面〉;报表制作人 B. И. 拉普图恩)。在尼古拉·巴赫金的生平纪实《尼古拉·巴赫金:讲稿和随笔》(伯明翰大学出版社,1963 年版,第 1 页)中首次表明巴赫金一家属于古老的(自 14 世纪起)未授爵位的贵族;在 B. B. 科日诺夫和 C. C. 孔金的文章《米哈伊尔·米哈伊洛维奇·巴赫金:生平简介》(收录于《M. M. 巴赫金诞辰 75 周年纪念文集》,萨兰斯克,1973 年版,第 5 页)中,则再次表明了这一点。这一说法尚未得到相关文件的证实。关于巴赫金一家的社会状态的问题仍然是这位思想家生平中未能揭开的谜团之一。请见 C. C. 孔金和 H. A. 潘科夫综述各种观点的文章(探讨 M. M. 巴赫金的生平、理论遗产和时代等相关问题的学术研究杂志《对话·狂欢·时空体》,维捷布斯克,1994 年第 2 期,第 119—137 页)。——原编者注

14 世纪就有我们家族的记载了……不过问题是,到我出生时已是家道中落,家产几乎已丧失殆尽。

杜:"我们严厉的家族开始衰败了……"是吗?

巴:可不(笑)。是这么回事:我的高祖父……是叶卡捷琳娜时代的准将……就是说,他是旅长一级的将官……他把自己的三千个农奴捐出来,专门用来创办一所士官学校,这是俄国最早的士官学校之一。这所学校一直存在到革命爆发。

杜:这所学校是以他的名字命名的吗?

巴:是的。就是说……奥廖尔巴赫金士官学校。[1] 有一段时间,它叫做"武备中学",也冠了巴赫金的名字。

他捐出了三千农奴——其实,这可能是账单上的数据,而不是指农奴的实际人数。这些农奴显然是被典卖、抵押了,此类的做法在当时是很常见的。这是账单上的农奴数目。

杜:是的,我明白。换句话说,那毕竟是一笔不小的数目。

巴:没错儿,是一笔很大的数目。他给我们家的破产,乃至家族的破产,这么说吧,奠定了基础。他很富有,拥有很多领地,但这笔数目确实太大了,不能不影响到……

杜:您指的是曾祖父?

巴:不,我说的是高祖父。到我祖父就完全破产了。不过,本来他也还有几处领地:奥廖尔省有两个县几乎还全是属于他的——就是所谓的谢夫斯克县和特鲁布切夫斯克县。

杜:我对谢夫斯克这个地方特别感兴趣,因为伊凡·格奥尔吉耶维奇·彼得罗夫斯基就出生在谢夫斯克。[2] 您不知道这家人吗?

巴:不,不知道。

杜:他父亲好像也是一位贵族,而且在谢夫斯克创办了一所学校……是在革命前不久。

---

① 奥廖尔地主米哈伊尔·彼得罗维奇·巴赫金捐助并创办士官学校的事情发生在 1835 年。参阅 И. А. 梅尔库洛夫的《奥廖尔的巴赫金士官学校》,见《奥廖尔州:改革的时代与重负》,奥廖尔,1992 年版,第 124—135 页。关于其祖先创建了士官学校的说法在关于 M. 巴赫金的哥哥尼古拉的生平传记中也是这么写的,这一传记是用英文出版的(见第 11 条注释〈见本书第 27 页的注释——译注〉),不过其中的祖先指的是叔伯系祖先。——原编者注

② 伊凡·格奥尔吉耶维奇·彼得罗夫斯基(1901—1973):数学家,科学院院士,莫斯科大学校长(1951—1973)。——原编者注

巴：噢，不，这已经是我们把领地卖掉之后的事了。

杜：谢夫斯克是奥廖尔省的吗？

巴：是奥廖尔省的。就是现在……谢夫斯克……特鲁布切夫斯克……也都属于奥廖尔省的，在德米特罗夫斯克区……就在安基奥赫的父亲季米特里·康捷米尔的庄园那一带。我想，安基奥赫·康捷米尔本人也曾在那个庄园里住过。我们之间甚至有某种宗亲或是姻亲关系，总之，他是我的一个……

杜：堂舅。

巴：是的，堂舅。他母亲与康捷米尔一家是亲戚。可确切的关系，我就不知道了。〈……〉老实说，我对这些并没有多大兴趣……我的哥哥研究过家谱，很了解这一切，而我弄不太清楚……在那里他和我们家是邻居，也同这个……斯维亚托波尔克—米尔斯基家族有点宗亲或是姻亲关系。

杜：哎呀！这可真是个大家族。

巴：是的，一个大家族……不过，我还是不能完全弄清楚这个家谱。我很小的时候去过这些庄园……就是斯维亚托波尔克—米尔斯基家族的庄园，至于是哪一座庄园，我不清楚……

杜：是家族的最后传人之一……

巴：是最后传人之一，他曾在英国住过，后来到了我们这里，结局十分悲惨。

杜：是呀。可有一段时间他是头号评论家。曾得到高尔基的呵护。

巴：不错，是这样。

杜：我见过他。

巴：您见过他？我可没见过。

杜：我就在这里见过他。他是一个典型的知识分子。

巴：是的，这我知道，一个典型的知识分子，很天真。真是天真极了。

杜：非常可爱……

巴：您明白吗，一般来说……我是这么想的：也许英国的共产党员大都是勋爵出身……因为英国共产党是非常特别的；党内几乎没有工人，都是清一色的勋爵和知识分子。总之，洋味十足，与别人不同。而这位斯维亚托波尔克—米尔斯基就像那些勋爵出身的共产党人。他本人也是勋爵。①

　　杜：可是……您父亲是不是已经有了自己的职业？

　　巴：父亲已经有了自己的职业。他是搞金融的，在银行里做事。但是领地已经没有了。祖父和祖母也还是有一些的。而且总的说来……似乎还相当可观。起初在奥廖尔留有很大的一幢房子，我就出生在那儿。房子俨然像一座庄园，各种东西一应齐全，跟庄园没什么两样。

　　杜：这可真有意思！

　　巴：我不知道它是否保存完好。您知道吗，那是木房，带阁楼。房子很大，里面大概有 30 个房间，好像还有厢房什么的……这幢房子位于最昂贵的住宅区之一，在花园街道和格奥尔吉街道相交的拐角处，而在下一个街区，屠格涅夫街道和格奥尔吉街道相交的拐角处，便是屠格涅夫的出生地，离我们家仅有几步路的距离。他就出生在那里，但那幢房子却已经没有了……在我出生时，就已经没有了，只剩下遗址。我看到的是一幢小石房。不过确实是那个地方……屠格涅夫诞生的房子就在那里。这个领地是我叔父的一处领地，紧邻斯帕斯基—卢托维诺夫庄园，在姆岑斯克县，距姆岑斯克市大约有十公里远。我也去过那些地方。我出生时，那处领地还属于叔父。他的名字叫吉洪·阿法纳西耶维奇·巴赫金。

　　杜：这么说，您父亲是位贵族出身的高级职员。

　　巴：对，对的，是位相当高级的职员。要知道，我祖父创办了一家银行，叫做奥廖尔商业银行，也是一直开到革命前，在……彼得格勒，即彼得堡，已经有了一家很大的分行。可是，这些银行都不走运。我的祖父，可以说，是一个非常善良的人，很容易轻信别人……他是董事长，这家银行基本是他的资金……可他的同事们，董事会的其他成员却是些骗子，他们要么心术不正，要么毫无远见，结果银行倒闭了。这是件大案子，这件诉讼案当时引起了轰动，许多人都被推上了被告席，包括我的祖父。当然，我祖父没有被捕……因为他没有任何刑事方面的责任，但出庭受审是有的。为我祖父出庭辩护的是赫赫有名的普列瓦科。他

　　　① 德米特里·彼得罗维奇·斯维亚托波尔克—米尔斯基(1890—1939)：公爵，文学评论家。革命后侨居国外，与欧亚运动组织有密切关系。著名的英文版《俄罗斯文学史》作者(1927 年)。1930年加入英国共产党，1932 年回到俄罗斯。在 1937 年被捕之前的五年间，在苏联报纸杂志上发表了许多关于当代苏联、俄罗斯及英国文学的评论文章。——原编者注

对这起案件当庭发表了意见。最终的结果是，我祖父完全免负刑事责任，因为从一开始就很清楚，在这桩案件中，谁是诈骗犯，谁只不过太轻信别人，在没有弄清楚请他做的业务是怎么回事的情况下就签字同意了。官司是这么了结的：有人坐了牢。而民事责任是这样的：所有这些领地……好大的领地，都得交出去。还能怎么样呢！按理说，他——我的祖父，自然用不着把它整个儿交出去。您知道吗，遇到这种情况，通常要交一点儿手续费……比如说，从每个卢布里上缴 20 戈比，就可以了。但被祖父一口回绝了，他交的是全额，结果他付了一笔巨款。

尽管如此，事后还剩有一幢房子，甚至还有一小块领地和大约十万卢布的现金。就是这样。后来，这点家产就渐渐变得越来越少了。但是，还有祖母支撑着……祖父先死了，祖母一直活到十月革命前，我记得，好像是在 1917 年底或 1918 年初去世的，年纪老迈时死于斑疹伤寒。

杜：是在自己家里去世的吗？

巴：是的。

杜：她没有被赶出来？房子没有被烧毁？

巴：没有，房子没有被烧掉，她也没有被赶出来，只是里面住得很挤。她好像住在……我已经不记得了……我母亲也住在那里……当祖母得伤寒病去世时，我已经不在那儿住了。她还……留下了一笔钱……

我的祖父尽管有意要从事金融和商业活动，但却是个太容易轻信别人的大好人。我还记得，在祖母的储藏室里保存着一个大钱箱，里面塞满了借据——都是那些借了钱而没有偿还的人留下的。那些人挥霍无度，祖父连眼睛都不眨一下就把钱借给了他们。于是到最后，到革命前，我们家有个常年的律师，负责追回这些债务。他倒是追回了一些小钱。其实，那几乎是没有任何意义的。直到最后，不得不罚款了事。

父母和我们几个孩子都已不住在奥廖尔了，早已搬出去住了，不过几乎每年夏天我们都会到这里来——来这儿的是我们三个孩子：我，我哥哥和妹妹。

杜：您还有姐妹？

巴:我有三个姐妹,严格说来,甚至是四个,因为最小的那个是养女。①

杜:这就是说,有六个孩子。是个大家庭。

巴:是的,是个大家庭。而且我们家还寄住着许多亲戚,其中包括我祖父的一个哥哥,很早就死了。他去世很早,留下了相当大的一笔遗产,也是一些庄园,正好也在德米特洛夫县。他的孩子们,三个女儿和一个儿子,也住在我们家,因为我祖父和祖母先后是他们的监护人。

杜:其乐融融……

巴:那当然。起初我们是靠自己的资产来生活的,因为……祖父死后留下了相当大的一笔地产。此外,我们还有一些亲戚……我们破产了,但我们的亲戚很有钱,都是百万富翁。尽管他们大多都是旁系亲属,但关系还是相当亲密的,是祖母那边的亲戚。他们都是些非常富有的人家。需要说明的是,他们当中自然已没人剩下了,除了我的一个表妹,她也是我的一个富家亲戚的女儿,她父亲当过市长……

杜:奥廖尔市吗?

巴:是的,奥廖尔的市长。这实际上也把他给害了。他是革命前在位的。

杜:那当然。

巴:就是这样。革命爆发后,因为他为人不错……所以,虽然他被关了起来,但一点也没有虐待他。不仅如此,当时有许多企业只有他才能够管理得了……所以他被释放了,而他也做了他该做的事情。情况似乎不错,不料白军开进了奥廖尔。那会儿有这么一句口号:"一切恢复到革命以前。"一切! 这样我舅舅就得重当市长。他也当了。

杜:可……这又害了他。

巴:是的,正如您所知,白军在那里没呆多久。红军回来了。舅舅

① M. M. 巴赫金的母亲瓦尔瓦拉·扎哈罗芙娜·巴赫金娜(出嫁前姓奥韦奇金娜),他的三个姐妹:姐姐玛丽娅·米哈伊洛芙娜·巴赫金娜和叶卡捷琳娜·米哈伊洛芙娜·巴赫金娜,妹妹纳塔莉娅·米哈伊洛芙娜·巴赫金娜(出嫁后姓佩尔菲利耶娃)——她们全都饿死在列宁格勒围困时期的 1942 年 1 月。(据推测)她们被安葬在谢拉菲莫夫墓地的阵亡将士公墓。纳塔莉娅·米哈伊洛芙娜之子安德烈·尼古拉耶维奇·佩尔菲利耶夫奇迹般地活了下来,当时他年仅五岁。小妹尼娜·谢尔盖耶芙娜·博尔谢芙斯卡娅(巴尔谢芙斯卡娅)是巴赫金家的养女,1944 年在列宁格勒的一家医院里死于长期饥饿引发的病症。以上信息来自于巴赫金的妹夫(其妹纳塔莉娅·米哈伊洛芙娜的丈夫)尼古拉·帕夫洛维奇·佩尔菲利耶夫(1907—1998),他还为本书提供了极为罕见的巴赫金家人的家庭照片。——原编者注

只好逃亡。他举家出逃，一路也相当顺利，到了高加索，改名换姓住在阿尔马维尔。住了相当长的一段时间，平安无事。是的。可后来……

杜：后来侨居国外了，是吗？

巴：不，他未能侨居国外。他未能出国侨居。

杜：那么，他被镇压了？

巴：不，没有来得及镇压他。事情是这样的。阿尔马维尔爆发了霍乱，他得了霍乱，被送进简易的霍乱病房，正巧就在这时查出了他的身份。顺便说一下，早在奥廖尔，他就被缺席判处死刑了。这会儿发现了他，于是就派人来抓他。可发现他躺在简易病房里。于是派人到霍乱病房，不是要把他送进监狱医院，就是要派一名国家安全部的人守着他……那时还不叫国家安全部……

杜：那时叫契卡①。

巴：是，叫契卡。就是。可医生说，"你们放心吧，他快死了，甚至不是几天的事儿，而是几个钟头的事儿。"他年纪大了，霍乱自然是很难扛过去的。他果真死了。自然也就不知道人家已发现了他的身份等一些事情。是这样。不过，关于他被判了死刑的事情，他当然是知道的。就这样，他死了，而家庭保住了。

杜：没有动他家人吗？

巴：家人？不，没有动。那有谁活下来了呢？剩下了妻子和女儿，他唯一的女儿丽莎。她现在就住在莫斯科，她是我唯一的亲人，很近的亲戚……是舅舅那边的。②

杜：她父亲是您表舅？

巴：是的，是我舅舅。不仅如此，她母亲也是我母亲的妹妹，因此可以说是亲上加亲。

杜：哦，明白了，是交叉式婚姻。

巴：是的。不过，可惜她患病在身。她年纪比我小，甚至小许多岁，但她毕竟也不年轻了，患上了重病——血管病，现在十分流行。这不，她甚至都不能出门，也无法走动，只能靠别人帮助。总的来说，她十分困难。所以，她没来过我这里。我最后一次见到她是在克里姆林宫医

<hr>

① 契卡：系"肃清反革命和怠工特设委员会"(1918—1922)的俄语缩略形式。——译注
② 指伊丽莎白·季洪诺芙娜·西特尼科娃(1906—1978)。——原编者注

院,她来看病,我们是一起住院的。我现在同她只能通过电话联系。

杜:刚才您饶有趣味地从多方面讲述了您的家庭。您是在革命前念完中学的……

巴:是的,这一点我没有被耽误。

杜:……那么大学呢? 也是这样吗?

巴:是的,大学也是这样。不过,也不全是:革命后我已经通过了国家考试。

杜:那么中学您是在奥廖尔读完的吗?

巴:不是。事情是这样的:当时父亲在工作,他是搞金融的,不过……总是搬家。所谓总是,至少搬过好几次吧,他调任为奥廖尔商业银行维尔诺①分行的经理。于是,他在那儿待了五年,我也在那里住过。

杜:那么您是在维尔纽斯中学念的书?

巴:是的,是在维尔纽斯中学念的书。尽管我还考上了奥廖尔中学……不过后来……全家搬到了奥德萨。我是在奥德萨考上大学的。不过,我在那里没有待多久,我和哥哥转到了彼得堡大学。在那里我念完了大学。

杜:您读的是历史—语文系?

巴:是的,历史—语文系。古典语文专业。

杜:您父亲受过高等教育吗?

巴:父亲? 没有。他只受过专门培训……没有受过高等教育。那时对此也不大重视,因为他毕竟拥有财产,后来,可以说,又有了自己的银行。就是这样。于是,他就在自己的银行里开始工作。还没干多久就突然被调到维尔诺当银行经理了。

杜:看来,您对俄罗斯外省中学的了解是比较全面的:奥廖尔,维尔诺,奥德萨——这分别是中部、西部和南部地区。那就请您稍微讲一讲中学的情况吧,也就是说,谈一谈它们各自的特点吧……

巴:您知道……要把这一切都回忆起来,而且还要有条有理,自然是很困难的。我只说一点——所有这三所中学都是好学校。奥德萨中学尤其好。这是一所优秀的学校。维尔诺中学同样也很好。

---

① 维尔诺:1940 年起改称为维尔纽斯。——译注

杜：那么奥廖尔中学稍差些？

巴：奥廖尔中学稍微差一些，是要差一些。说到维尔诺中学，维尔诺第一中学……那里全市……也只有两所中学……其实恐怕全省也只有这两所。那儿有许多来自各个不同小城的人……利达就是这么一座小城，好像还有……这不，大家都在那里上学……

杜：要交学费吗？

巴：是的，要交学费。不过需要说明的是，奖、助学金种类很多。事实上，学习好的以及真正需要的人几乎总能指望拿奖、助学金。是的。可以坦率地这样说。因为不缴学费而被赶出校门——这样的事我还没听说过。因为家长委员会总能做出相应的决定，使得学生免除学费。

杜：那么这些奖、助学金都是靠私人捐资吗？

巴：是的，靠私人捐资，是靠私人捐资。是这样。如今……我曾就读过的维尔诺第一中学校舍，是旧时维尔诺大学的楼房……这所大学建于 16 世纪。

杜：我知道这座楼房。我在里面讲过几次课（笑）。

巴：啊哈！我最美好的回忆就是……当然，最美好的回忆是我在家乡度过的童年，还有就是维尔纽斯，包括这所学校和这幢美丽的楼房。这座建筑宏伟气派……

杜：简直就是一座城堡！

巴：它占了整个街区，那儿的一切也都很有意思，有一种特殊的气氛。分了几个院子。每个院子都有自己的名称。比如，大家进出的主要院子，叫做列列韦尔。

杜：列列韦尔？

巴：是的。这是……旧波兰的一位活动家。[①] 为了纪念他就起了这个院名。所有的院子都有自己的名称。就是这样。在这所维尔诺中学求过学的，有毕苏斯基[②]（当然，是在我之前）。总之，还有许多人后来成了著名的活动家，他们都在这所维尔诺第一中学里读过书。应该讲，那里的教师非常强，非常强……

---

① 约阿希姆·列列韦尔(1786—1861)：波兰历史学家和爱国主义者，1830—1831 年波兰起义的思想领袖。——原编者注

② 毕苏斯基(1867—1935)：波兰社会党活动家，元帅。1926 年策动军事政变，1926—1928 年和 1930 年任总理。——译注

杜：这是俄国学校吗？

巴：是的，是纯粹的俄国学校。不过，那儿有许多波兰人。波兰人很多。

杜：不过是用俄语讲课的？

巴：是的，讲课只用俄语。不过……给波兰人开了波兰语课，只有波兰人根据自愿来听这门课。

杜：居然还开了这门课？

巴：开了波兰语。

杜：波兰语？没受到迫害？

巴：没——有。那全是夸大之辞。开的这门课……不是必修课。不是必修的。谁愿意谁来学。就这么回事。当然是有波兰语的，哪能没有呢！我还记得那个老师呢……我倒是没有听过他的课，没有去过，但我记得他——是个不寻常的人。他长得非常英俊，是个典型的波兰人，留着胡子，既非常英俊，又非常有涵养。所有波兰学生只要愿意，都可以来听他的课。

杜：那有立陶宛语课吗？

巴：没有立陶宛语课，没有。立陶宛学生倒是有的，但那几所中学都没有立陶宛语课。或许，有的学校开了。因为那里还有一些私立中学……师资很强，十分强。至少我……不记得有哪位教师让我和别的同学反感。没有。他们都很真诚、博学，有的人学识极为渊博，为人和善，所以说，我没有什么可抱怨的，一点儿也没有。我记得……我们都很喜欢阿德里安·瓦西里耶维奇·克鲁科夫斯基，尤其是我，对他十分喜爱。至今我还记得他。是的。我们都管他叫"垮台剧院的演员"——所有教师无一例外都会被学生起绰号，任何时候都是这样。因为他有一头……灰白色的卷发，身上的确有演员的某种气质——不过这是一个古老的，却已垮台的剧院里的演员。但他是一个学识渊博的人。

杜：他教什么？

巴：他教授俄语和俄罗斯文学。教得非常好，讲得津津有味，我要说，富有激情，这种激情感染着每一个人。他也写点儿东西。他的观点绝非……表现革命思想。不是的。发表过一篇《俄罗斯诗歌中的宗教思潮》。后来他写过屠格涅夫。直到 1916 年，他的最后一篇文章发表在……《国民教育部杂志》上。①

数学老师扬科维奇我也很喜欢,大家都喜欢他。他有点儿枯燥,干巴巴的;不过,也过于……怎么说呢……

杜:认真。

巴:他逻辑性很强,一丝不苟。最主要的是逻辑性很强。他讲课的时候从来不会这样说:"会背就行了。"不,他总能作出论证,让你真正领会。后来,那会儿我早已……离开维尔诺中学了,他被任命为新斯文灿斯克中学校长。

这所新斯文灿斯克中学被迁至涅韦尔市(战争爆发后,新斯文灿斯克很快就被德军占领了)。

杜:迁到了涅韦尔?

巴:是的。我也来到了涅韦尔。什么原因呢?因为那里住着我的一个朋友,这个朋友在我的生活中所起的作用相当之大。他就是列夫·瓦西里耶维奇·蓬皮扬斯基。②

杜:我听说过他。

巴:他被载入了……文学百科辞典。

杜:他是著名的文学家。

巴:是的,著名的文学家。他是个才华出众的人,而且学识渊博。

杜:他跟您是同辈人吗?

---

① A. B. 克鲁科夫娃斯基:俄罗斯作家和诗人的研究者,发表多种著述。其著述目录请见 K. Д. 穆拉托娃主编的《19 世纪俄国文学史:书目索引》。关于屠格涅夫的文章是《屠格涅夫笔下的俄罗斯妇女》,见《国民教育部杂志》1914 年第 8 期。正是在这份杂志(1916 年 2 月号)上还刊有《两所学校》一文(该文系《关于西北地区过去的教育状态手记》系列文章中的第 2 篇,讲的就是巴赫金兄弟曾经就读的维尔诺学区)。——原编者注

② 列夫·瓦西里耶维奇·蓬皮扬斯基(1891—1940):语文学家,文化历史学家,列宁格勒大学教授(30 年代)。著有《陀思妥耶夫斯基与古希腊—罗马文化》一书(彼得格勒,1922 年)。此书与后来出版的巴赫金关于陀思妥耶夫斯基的论著形成理论上的呼应;20 年代末至 30 年代初著有关于屠格涅夫的系列论文,在这些文章中他对巴赫金的那本书表明了自己的态度;还写有关于十八世纪俄国文学,关于普希金、果戈理、丘特切夫、莱蒙托夫,以及十七世纪德国文学的多篇力作。参见 Н. И. 尼古拉耶夫:《试论 Л. В. 蓬皮扬斯基的理论遗产》,见《语境(1982)》,莫斯科,1983 年版,第 289—303 页。关于巴赫金与蓬皮扬斯基在所谓涅韦尔哲学流派里的合作活动,可参见 Н. И. 尼古拉耶夫的一些著述:《涅韦尔哲学流派:М. 巴赫金,М. 卡甘,Л. 蓬皮扬斯基在 1918—1925 年(依据 Л. 蓬皮扬斯基的档案资料)》,见《М. М. 巴赫金和二十世纪哲学文化》第 2 卷,圣彼得堡,1991 年;以及《Л. В. 蓬皮扬斯基笔录的 М. М. 巴赫金在 1924—1925 年间的讲课和演讲》,见《作为哲学家的 М. М. 巴赫金》,莫斯科,1992 年;Л. В. 蓬皮扬斯基:《古典传统》,莫斯科,2000 年,第 12—15 页。巴赫金在与杜瓦金的最后一次,即第六次谈话中更为详细地介绍了蓬皮扬斯基。——原编者注

巴：他是我的同辈人。他比我小一岁。

杜：他还健在吗？

巴：很遗憾，早就去世了，英年早逝。他去世时……只有 49 岁左右。

杜：我读过他发表的一些东西。

巴：您大概读的是他关于屠格涅夫的一些文章……

杜：好像是的……

巴：没错儿。后来他对 18 世纪的文学进行了大量的研究，尤其是对特列季亚科夫斯基研究得非常多，包括特列季亚科夫斯基诗歌的句法学和作诗法的问题。后来，他服了兵役，也就是上了战场，再后来，他所在的团驻扎在涅韦尔。他就在那里退役了。于是他就留在了涅韦尔，因为那时列宁格勒（当时叫做彼得格勒）生活很艰难。正在闹饥荒。他就没有回去。而在涅韦尔他过得非常好，就是这样。涅韦尔的上层人物与他的关系非常密切。他在那里可没少讲课。接下来……他来到列宁格勒——应该是彼得格勒，通常是住在我们家，住在我父母和哥哥①

---

① 指尼古拉·米哈伊洛维奇·巴赫金（1894—1950）。兄弟俩只相差一岁，同时就读于维尔诺和奥德萨中学，以及新罗西斯克和彼得格勒大学，直至 1917—1918 年事件爆发。此后，他们的人生道路便永远地分开了。M. 巴赫金关于哥哥的生平叙述（包括同"志愿军"〈国内战争时期俄国南方的反革命武装。——译注〉一道于 1920 年流亡国外，20 年代初在北非的外籍军团里服役，在巴黎逗留，参加 Д. С. 梅列日科夫斯基（1866—1941）和 З. Н. 吉皮乌斯（1869—1945）这群人的活动，20 年代后半期和 30 年代初在巴黎的俄国杂志《环节》和《数》发表文章，1932 年在剑桥大学完成学位论文答辩，而后在剑桥大学和南安普敦大学从教，从 1938 年直至去世任伯明翰大学教授）与两篇传记中的内容是吻合一致的，这两篇传记分别发表在《尼古拉·巴赫金：讲稿和随笔》（伯明翰大学，1963 年版，第 1—16 页；文集收录了 H. 巴赫金生前未发表的著作，其中包括米哈伊尔·米哈伊洛维奇提到过的关于普希金的学术报告和关于外籍军团的回忆）和《牛津斯拉夫文集》（1977 年版，第 10 卷）二书中。两篇传记都避而不谈 H. 巴赫金在第二次世界大战期间加入英国共产党一事；他在晚年已成为"公爵阶层出身的共产党人"中的一员。最近，我国出版物中刊载了一些关于 H. M. 巴赫金的文章：《纪念蒂尼亚诺夫第五届学术报告会文集》，里加，1990 年版，第 211—245 页；《M. M. 巴赫金和 20 世纪哲学文化》，第 2 卷，圣彼得堡，1991 年版，第 122—135 页；《纪念蒂尼亚诺夫第六届学术报告会文集》，里加—莫斯科，1992 年版，第 256—269 页。巴黎时期撰写的文章被收入 C. 费佳金编的《H. 巴赫金：论文、随笔、对话》（莫斯科，1995 年）一书中。此书重新刊登了 Г. 阿达莫维奇的札记《忆一位不平凡的人》，这篇札记是这样开头的："这是我一生中所遇见的最有才华的人之一。"H. 巴赫金青少年时代的朋友 M. И. 洛帕托写于 1951 年 3 月 5 日的书信也公开发表了，信中描述了 H. 巴赫金鲜明的性格特点："……他前程无量，是世上曾经有过的最有才华的人之一……当别人正在享受自己的发现成果时，像巴赫金这样的智者所留下的不是自己的英名，而是广为传播的创见……"（《纪念蒂尼亚诺夫第五届学术报告会文集》，第 232，236—237 页）。巴赫金兄弟俩的相互关系——俩人的兴趣非常接近（两人都是古典语文学家，Ф. Ф. 泽林斯基的学生，杰出的文化哲学家），其智力水平也旗鼓相当，但无论是生活遭遇，还是各自活动的创作结果却大不相同——是 M. M. 巴赫金传记作者们需要探究的一个问题。题为"俄罗斯心理分析历史"一书的作者指出："也许，与哥哥的交往具有疑惑、挑唆和反驳的性质，这对米哈伊尔·巴赫金而言成了真正对话的样板。"（A. 埃特金：《不可能的爱神：俄罗斯心理分析历史》，圣彼得堡，1993 年版，第 389 页）——原编者注

的房子里。他同我哥哥还在上中学时就很要好……哥哥去了南方。在那里，他加入了"志愿军"，随军流亡国外，与溃逃的军队一起从克里木去了……君士坦丁堡。后来又加入了外籍军团。

杜：在西班牙吗？

巴：不，不，不。外籍军团早就有了……在西班牙之前当然就有了。

杜：那他和什么人在一起？在什么地方？

巴：那是法国人的外籍军团，是一个老牌的外籍军团。在阿尔及尔早就有这个外籍军团了。

杜：啊，在阿尔及尔……

巴：可以说，这是一个非常有趣的现象，很独特的现象。他也曾在回忆录中……描述过自己在外籍军团的生活。后来他负了重伤。他们主要是和柏柏尔人①打仗。那都是些不愿归顺的柏柏尔人。他负过好几次伤，特别严重的是胸伤，几乎伤到了心脏。他从那里复了员，来到了巴黎。起先一直在军队里，在某个部门供职。他写道，在那个部门里其实他们这些复员军人根本就没做什么事情，根本没做：就是写写信，聊聊天……工作非常轻松。而后他……考上了大学……在俄罗斯他几乎就要大学毕业了，不过在那里，这么说吧……他得办理相关手续。他在那里办了手续……

杜：是在索邦神学院吗？

巴：是的，在索邦神学院。在索邦神学院。……他总算毕业了……他做了许多场学术报告，还写了不少的小文章。

杜：他学的专业是……

巴：也是古典语文学。

杜：也是吗？

巴：是的，也是学古典语文学的。不过后来我完全改了行，而他却能做到始终如一。他的博士学位论文是在那里，剑桥大学，答辩的……

杜：那么他后来是留在了那里还是回国了？

巴：不，他没有留在法国。那个……现在很有名的学者……名叫科

---

① 柏柏尔人：北非、苏丹中部和西部的民族群。——译注

诺瓦洛夫，就是老科诺瓦洛夫的儿子……①

杜：科诺瓦洛夫部长的儿子。

巴：对，科诺瓦洛夫部长之子。就是。

杜：我知道，古济②同他认识。

巴：是的，古济同他认识。他来参加斯拉夫学者大会。好像是第五届大会。

杜：要不就是第四届，第四届……莫斯科的那届，是 1958 年举办的。

巴：人们介绍他时，称他是"科诺瓦洛夫先生"。就是这样。他也是我哥哥的朋友，他们是在国外认识的。在俄国时还不认识。就是这位科诺瓦洛夫说服他去了英国。他自己则是一开始就移民到了英国。

于是他就去了那儿。起初在剑桥大学。我不久前收到一份礼物……一张复印的照片，是他最后一次在剑桥大学作学术报告时的情景……讲的是普希金。就是这样。问题是：为什么像普希金这样的经典作家的作品——风格清晰、似乎也很简朴，为什么翻译得很少，很糟糕？为什么国外对他所知甚少？这就是他最后一次做的报告。这份讲稿在他生前没有发表过。而他去世之后，就在不久前，在他的纸堆里发现了这份讲稿的草稿。

杜：他是什么时候去世的？

巴：1950 年 5 月去世的。

杜：我记得，您上次对我说过，他有一本著作要在这里出版，是吗？

巴：在这里？不。他没有任何著作要在这里出版……

杜：就是说，他是客死他乡？

巴：在列宁图书馆有一本他写的关于现代希腊语的著作。不过，他是通过古希腊语来研究现代希腊语的。他的基本思想是这样的：其实，新希腊语中所包含的真正古典性，可以说是……未经夸饰的、未受任何观念制约的古典性，远比考古学，以及我们所熟悉的古希腊经典文学作

---

① 谢尔盖·亚历山德罗维奇·科诺瓦洛夫：百万富翁、临时政府的商贸和工业部部长 А. И. 科诺瓦洛夫之子，俄罗斯历史、文学和社会思想专家，剑桥大学和伯明翰大学教授，邀请尼古拉·巴赫金移居英国。——原编者注

② 古济·尼古拉·卡林尼科维奇(1887—1965)：古俄罗斯文学和 Л. Н. 托尔斯泰创作研究专家，莫斯科大学教授。——原编者注

品里的要多得多。人们似乎还没有从考古学的视角出发来研究过新希腊语。想必您也知道,这是已故的马尔院士的观点之一。他……在古生物学方面……

杜:我知道。

巴:不过他是自成一体的,未受马尔的影响,而且观点似乎也完全不一样。他并没有去寻求某些原始象征物,没有去寻找任何的——这么说吧——原始元素,他要寻找的是……

杜:这就是说,从总体上,他没有脱离印欧学说的古典框架?

巴:是的,印欧学说的框架。在英国的时候他就已经数次前往希腊,甚至还参加了挖掘工作,包括在马拉松原野上的考古挖掘。母亲那儿甚至还保存着一张照片。他出于小心谨慎的缘故没有与我通信,因为在那些年代是不可以同国外有书信来往的。这可能是非常冒险的行为,所以他只给母亲写信,他知道,母亲肯定都会转告我的……

杜:母亲住在哪儿?

巴:母亲那时已经住在列宁格勒了。我的姊妹住在那里。母亲那儿有一张照片,是他同妻子(他妻子是英国人)在马拉松原野上参加考古挖掘时拍摄的。他只穿了一条短裤。就在希腊的马拉松原野上。后来又拍过一张照片,背景是剑桥大学的古楼。他身穿博士服,手捧一本厚厚的大部头,几位教师和大学生站的位置稍微偏一点,而他就在正中间。

杜:您的哥哥与您一起在维尔诺这所中学读过书,是吧?

巴:当然,他也在维尔诺中学读过书。

杜:那他比您大不了几岁吧?

巴:是的,他比我也大不了几岁。大一点儿。

杜:那您……我们还是回到中学这个话题上来吧。您不是在维尔诺中学毕业的吧?

巴:不是,我还没有念完就转到了奥德萨中学……我是在那里毕业的。

杜:那奥德萨怎么样呢?

巴:奥德萨……奥德萨中学也不错。奥德萨中学确实也不错。我对它没什么可抱怨的,一点儿也没有。所有的教师都不错。或许,没有……像维尔纽斯那样的杰出教师,或许,总体水平可能要稍微低一些……

　　杜：您指的是学生的总体水平吗？

　　巴：也指教师，整个师资队伍。学生嘛……在我看来，没有特别优秀的。不过总体而言还是不错的。都是一些容貌俊美、品德高尚的棒小伙子。没有什么可说的。教师也都挺不错。没有任何迫害、压制的现象……我们那些最进步的作家、记者和社会活动家们大肆渲染的种种现象，在这里是根本不存在的。也许在其他地方是有的，但我没见到。要是有的话，也是例外。总而言之，我们的中学是高水平的——需要明确指出这一点。确实是高水平的。

　　杜：学校的名称是什么？

　　巴：就是中学。

　　杜：奥德萨中学？ 就只有一所吗？

　　巴：不，那儿不止一所。这是第四中学。

　　杜：就是说，这是奥德萨第四中学。在后来出名的奥德萨籍作家当中有谁跟您同校学习过吗？

　　巴：不，没有。

　　杜：巴格里茨基呢？……

　　巴：不，不，不，他们全都是别的中学的。我那会儿不认识他们。我是后来才知道他们的……

　　杜：一个都不认识？ 伊里夫和彼得罗夫，还有……

　　巴：都不认识。我在奥德萨没住多久。在那里我考上了大学，而后很快就转走了。

　　杜：这么说，您在那里只念了高年级？ 七年级还是八年级？

　　巴：是的，只念了七年级和八年级。

　　杜：八年级就相当于现在十年制学校的最后一年？

　　巴：是的，相当于现在十年制的最后一年。当时还有一个所谓的预备级。我没有在那里学习过，当时许多人都没有上这个班。他们通常在家里准备应考，然后参加中学一年级的入学考试。

　　杜：您是在那里开始读大学的吗？

　　巴：是的，我在那里开始念大学了。

　　杜：那里有历史—语文系吗？

巴：当然有。这所大学名叫新罗西斯克大学①。不是叫奥德萨大学，而是新罗西斯克大学，因为整个地区都称作新罗西斯克。需要说明的是，那里给我上课的都是些很不错的优秀教师。比如，我还记得有位出色的语言学家，他叫汤姆森②……他是一位特别优秀的语言学家，特别优秀。我们学习和考试所用的都是他的那本精品教材，我后来很想搞到这本书，但现在看来是不可能再找到了。这是本大学教科书，书名叫《语言学导论》，是一本很好的教材。后来那里还来了一位教师……虽然由于性格方面的原因，他不怎么招人喜欢，但却是一个十分有趣的人……他叫朗格。

朗格是一位著名的德国教授，著有《唯物主义史》等。好像……这位朗格的全称叫什么来着？……尼古拉·尼古拉耶维奇·朗格，教过我的这位教授叫尼古拉·尼古拉耶维奇·朗格③。他曾是冯特的学生。朗格在冯特的心理学实验室开始自己的研究工作。是的。他有本著作，书名叫什么来着？……叫《心理学问题》……或者叫《心理学概论》，我已记不准了。书里的文章很有意思，都是谈心理学的。特别是，他还从事……麻醉的科学研究，他为此特意服用过——还是在德国师从冯特的时候——服用过鸦片还是大麻，我这会儿已记不得了。他作为心理学家，作为学者，这样来跟踪观察自己的身体状况：麻醉品的作用是怎么开始、加强和发展的，等等。我记得，那都是些很有意思的著作，特别在我国这样的著作很少，甚至完全没有，没有人做过类似的研究。在我国了解这方面情况的……恐怕是文学研究者，原因很简单，波德莱尔写过一部有名的作品，书名叫 *Les Paradis artificiels*，也就是……《人造天堂》。④ 所谓人造天堂，他指的是……

---

① 新罗西斯克大学：建于 1865 年，1933 年改称奥德萨大学。——译注

② 亚历山大·伊凡诺维奇·汤姆森（1860—1935）：语言学家，Ф. Ф. 福尔图纳托夫的学生，印欧、斯拉夫和俄罗斯语言学专家，从 1897 年直至去世在奥德萨任新罗西斯克大学教授。А. И. 汤姆森编写的教材是《语言学导论》（奥德萨，1906 年版）。П. С. 库兹涅佐夫关于汤姆森的回忆，参见《对话·狂欢·时空体》（维捷布斯克，1995 年第 2 期，第 100—102 页）。——原编者注

③ 尼古拉·尼古拉耶维奇·朗格（1858—1921）：著名心理学家，新罗西斯克大学心理学实验室（俄罗斯最早的心理学实验室之一）创建人。Н. Н. 朗格的著作是《心理学研究》（奥德萨，1893 年版）。——原编者注

④ 这是夏尔·波德莱尔于 1861 年在巴黎出版的散文体短篇作品集。该书的核心部分为《鸦片吸食者》，是对英国浪漫主义者、古典语文学家、诗人、小说家、散文家、经济学家托马斯·德·昆西（1785—1859）《一个吸食鸦片的英国人的自白》（1822 年）这本名作的主题变奏，是波德莱尔因他不久前去世而专门创作的。——原编者注

杜：一种醉态。

巴：是的，是一种麻醉状态。他主要指的是大麻的作用。总的来讲，这本书是非常有意思的，一如波德莱尔的所有作品。需要说明的是，其中他对一本书作了非常详细的分析，这本书在我国还不为人知，在我们俄国也从未出版过，我指的是德·昆西的一本书①。

杜：德·昆西？

巴：是的，德·昆西。德·昆西是著名的古典作家，在古典语文学领域很有影响，是位大学者，他是英国人。他从少年时候就嗜鸦片成瘾，一直到死。尽管这样，他还是活到很老才去世的。而且，他最后所用的剂量之大，是没有哪位学者和医学工作者能够相信的，谁也不信这是可能的。他是逐渐达到这种大得惊人的剂量的，吃完后他却安然无恙。

杜：那么他体验到快感了吗？

巴：他体验到了快感。是的。他把自己的幻觉和见到的幻景都描绘了下来。由于他是一位优秀的古典作家，又具有诗才，因此所有这些幻景都具有高度的诗意，这也就引起了夏尔·波德莱尔的注意。波德莱尔在书中讲述了德·昆西的生平。德·昆西的这部作品在欧洲很有名。还被翻译了……这本书是用英文写的，但被译成了……法文，全篇刊登在 *Revue des deux mondes* 杂志上，登了好几期……

杜：*Revue des deux mondes*？

巴：这是 19 世纪一家著名的法文杂志。

杜：我觉得，它在 20 世纪也出版过。

巴：是的，20 世纪也出版过。不过这位英国鸦片吸食者的回忆当然是在 19 世纪登出来的。我正巧在 *Revue des deux mondes* 上读到了，看的是全文。可在我国不知为什么却不研究这个问题，人们很少对它感兴趣。而恰恰是尼古拉·尼古拉耶维奇·朗格——他对一个鸦片或大麻（我记不清了）的服用者的状态进行（可以说是）心理学的科学

---

① 此说不确。俄译本曾于 1834 年在彼得堡出版过一次（在进行谈话之前），书名为《一个食用鸦片的英国人的自白》，但署名为 Ч. P. 马图林，即长篇小说《漫游者梅尔莫斯》的作者。该书对（作为《涅瓦大街》作者的）果戈理和陀思妥耶夫斯基产生了一定的影响。只是前不久才首次以其作者的名字出版的：T. 德·昆西著《一个食用鸦片的英国人的自白》，莫斯科，1994 年。新版为：托马斯·德·昆西著《一个喜好鸦片的英国人的自白》（译文审定 H. Я. 季亚科诺娃），莫斯科，拉多米尔—科学出版社，2000 年版（文学古籍）。——原编者注

分析。

杜：这可以说是一段离题的插曲吧。就是说，奥德萨的新罗西斯克大学历史—语文系古典专业，就自身的总体学术水平而言还是相当不错的喽？

巴：是的，相当不错。还有一位叫莫丘利斯基的人，[①]是一位并不出众的教师，我说他不出众，指的是他没有给我留下深刻的印象。不过他的身材非常魁梧……

杜：这么说，那儿不学俄罗斯文学？

巴：当然不学！

杜：那不是古典语文学专业吗？

巴：都一样。是的。都一样。

杜：那整个西欧文学呢？有没有公共课？

巴：当然有。这都是公共科目。在那里，专业课的学习要晚得多。总之，我和所有学生一起听课，不分什么专业……

杜：是五年制吗？

巴：不，是四年制，四年。

杜：请问，您学过古代语言吗？……

巴：已经学过了。

杜：是从中学开始学的吗？

巴：从中学就学。拉丁语是必修的。而且应该说，拉丁语学得很好。学得很好。而古希腊文是选修课，就是看个人意愿。我学了……古希腊文。

杜：就是说，当您念大学一年级的时候，已经懂拉丁语，古希腊文，当然，还有法语啦……

巴：当然还有法语。法语我从小就会，从小还懂德语。不仅如此，因为哥哥只比我大一点儿，就给我们俩请了家庭教师，她是德国人。这对于我来说还是早了点：我那时俄语还说得不太好……所以，我掌握的第一门语言几乎就是德语了。差不多是这样。我当时想事用德语，说话也是德语，一直到……

---

① 瓦西里·尼古拉耶维奇·莫丘利斯基（1856—?）：新罗西斯克大学俄罗斯语文教授，著名的俄侨文艺理论家康斯坦丁·瓦西里耶维奇·莫丘利斯基（1892—1948）之父。——原编者注

杜：法语是后来才学的？

巴：是的，法文是稍后才学的。

杜：没有学英语？

巴：没有学英语。

杜：那时一般不学英语……

巴：是的，一般不学英语，甚至选修课也没有英语。大学里才有。大学里可以学任何一种语言。那里师资齐全。比如，我哥哥开始选修了丹麦语（不过后来放弃了）。在彼得格勒大学有一位名叫弗莱根·拉森的小姐开设了丹麦语选修课。

杜：那么，您念奥德萨大学，是什么年代？已经是战时了吗？

巴：不，是在战前。战争年代我已经在列宁格勒了。

杜：是彼得堡吧。

巴：是的。

杜：请等一下，年份好像多了一些。您考入奥德萨大学是在……

巴：年份我可能记错了，搞混了……

杜：战争是 1914 年 7 月开始的。如果您在奥德萨只念了战前的 1913—1914 这一学年，也就是第一学年，那么即便您是直升二年级的，但根据您所讲的内容……

巴：是直升二年级的。

杜：这么说，您在奥德萨只念了一年……

巴：只念了一年。

杜：……可您这是在奥德萨。而朗格和发生的所有这些事情——当时您是一年级的学生？

巴：是的，我是在那里中学毕业的，后来……又上了一年的大学。

杜：那么就是说，1914—1915、1915—1916、1916—1917 这三个学年，即二、三、四年级您是在彼得堡大学上的？

巴：是的，是在彼得堡大学上的。

杜（压低声音，似乎在自言自语）：或许那时已经叫做彼得格勒大学？

巴：是的。日期我确实记不准了。不过有我哥哥的回忆录，就是……这本……英文回忆录。在这本书里有一些童年时代的详细回忆。

杜：有这本书当然好。不过我们感兴趣的是书里没有的东西。

巴：书里有关于我们那位女家庭教师的回忆，她是德国人，我十分喜欢她……我只称她 Liebchen，非常喜欢上她的课。是这样。她是一个非常好的人。

杜：这么说，您的确获得了非常全面的培养和教育。

巴：是的，非常全面。不过应该说，尽管我对中学和大学无可挑剔，但主要的知识我还是通过自学获得的。这不足为怪。因为实际上像这样正式的学校不可能提供令人满意的教育。当一个人只限于学校教育，那么他实际上就变成了……科学界的官僚。是这样。他只知道已有的东西，即科学发展的以往阶段，而对当今的创造性阶段却……他必须了解现阶段，通过自学最新的文献、最新的著述来了解。就拿我对您提到过的尼古拉·尼古拉耶维奇·朗格来说吧。他是位出色的教授，但我记得当我问他（我很早就开始阅读德文原版的哲学著作），赫尔曼·柯亨（也就是马堡学派的领袖人物）怎么样……

杜：就是帕斯捷尔纳克所属的那个学派？

巴：是的，帕斯捷尔纳克。没错儿。柯亨的第一本也是非常重要的一本书，是 *Kants Theorie der Erfahrung*，即《康德的经验理论》。[①] 我问朗格教授，这本书是不是很有分量。他回答我说："似乎相当有分量。"就是说他没读过。不仅如此，我感觉，朗格也只是听说过赫尔曼·柯亨这个名字。

杜：我也是只听说过他，是由于牵涉到帕斯捷尔纳克。

巴：是吧。别雷也提到过：

> 马堡哲学家柯亨，
>
> 枯燥方法论的创立者……[②]

说他是"枯燥方法论的创立者"，这当然是绝对错误的评价。他是位出色的哲学家，对我影响巨大，影响巨大。我们还会谈到这个话题，再跟您细说吧。

杜：好的。一位学者最初形成阶段的……形成的历史总是很有趣的。现在我们就转到下一个话题吧……您刚才想说谁来着？……

巴：可以说，我很早就开始独立思考，独立阅读严肃的哲学书籍，起

---

① H. 柯亨：《康德的经验理论》，柏林，1871 年版。——原编者注
② 安德烈·别雷《大智慧》(1908) 中的诗句，该诗收录于他的诗集《水罐》(1909) 中。别雷的原句是"马堡教授柯亨……"——原编者注

初最让我着迷的就是哲学。还有文学。我从11、12岁时就已经熟悉陀思妥耶夫斯基的作品了。稍后，从12、13岁时，我就已经开始阅读严肃的经典书籍了。其中，康德的书我很早就读过了，他的《纯粹理性批判》我很早就开始读了。而且，需要指出的是，我是读懂了的。

杜：您读的是德文版吗？

巴：读的是德文版，德文版。俄文本我甚至都没有翻过。只有《绪论》我读的是俄文版。《绪论》是由弗拉基米尔·索洛维约夫翻译的。这个我读的是俄文。《绪论》是本好书，写得很有趣，它其实是《纯粹理性批判》的缩写本。我读的其他哲学书籍也都是德国哲学家写的。我很早就熟悉索伦·克尔凯郭尔了①……在俄罗斯，我比任何人都早。

杜：对不起，您说的这个人连我都不知道。叫索伦……

巴：克尔凯郭尔。

杜：克尔—凯—郭尔？他是德国人吗？

巴：我们的出版物上写得不对，都写成了克尔凯加尔德。应该是克尔凯郭尔。克尔凯郭尔。

杜：他是丹麦人？

巴：是的，他是丹麦人，是一位伟大的丹麦人。

杜：也是哲学家吗？

巴：他是哲学家和神学家。是的。是哲学家。他是黑格尔的学生，受到黑格尔的教诲……还……师从过谢林。但后来他转而反对黑格尔及黑格尔学派。他是存在主义哲学的早期奠基人。生前却完全没有被人们所注意。

杜：对不起，他生活在什么年代？他与……谁是同时代人？……

巴：他是陀思妥耶夫斯基的同时代人，正巧他们同一年出生，不过他死得稍早一些儿，稍早一点点儿。② 陀思妥耶夫斯基对他当然是一无所知，不过他与陀思妥耶夫斯基却有着惊人的相近之处，主题大致相

①　克尔凯郭尔著作的俄译本早在19世纪末就已出版：C. 克尔凯郭尔：《享受与义务》，П. 汉森译，圣彼得堡，1894年版，然而，他的名字在俄罗斯鲜为人知。像列夫·舍斯托夫这样在精神上与他如此相近的思想家，也只是侨居国外之后才第一次听说他的，他在1928年写道："我不得不承认，我不知道他，他的名字在俄国无人知晓……甚至别尔嘉耶夫这样博览群书的人也不知道他。"(Н. 巴拉诺娃—舍斯托娃：《列夫·舍斯托夫的一生》，第2卷，1983年版，第12页)。年轻的巴赫金是通过德文熟悉克尔凯郭尔著作的。——原编者注
②　克尔凯郭尔出生于1813年，卒于1855年，即先于陀思妥耶夫斯基。——原编者注

同,深度也大致相当。总之,人们现在已把他(索伦·克尔凯郭尔)看做是近代最伟大的思想家之一,而他生前却未得到应有的重视。

杜:我们这里有没有翻译过他的著作?

巴:他是一个大学者……有人翻译过。但译得很少,而且都不是他最好的东西。您知道吗,还是在奥德萨那会儿我就认识了一位非常有教养的瑞士人——汉斯·林巴赫。可他并未留下什么。当克尔凯郭尔还不为人知的时候,他已经是克尔凯郭尔的狂热崇拜者了。

杜:莫非他认识克尔凯郭尔本人?

巴:是的,认识他本人。

杜:就是这位瑞士人送你这些书的吧?

巴:是的。他帮我发现了克尔凯郭尔。他甚至还把克尔凯郭尔的第一本著作赠送给了我,上面有作者签名——"索伦·克尔凯郭尔"。是这样。后来,我弄到了他的全集……我不懂丹麦语,不过他的著作都已译成了德语,好像是在 Pieter Verlag 出版社(现在我记不清了,反正是一家非常好的德国出版社)出了克尔凯郭尔的十卷本文集。① 如今,克尔凯郭尔已成了……可以说,现代思想的主宰……

杜:那么在西方呢?

巴:……在研究他……是的,西方在研究他。我们这儿也出了两本关于他的书。其中一本写得非常好,作者是……现在我的记性太糟了,尤其是(这么说吧)近记忆……而那些旧事我倒还记得一些……对了……她是搞哲学的……还相当年轻。她就住在我们这里。她本人我并不认识。是这样……是的,她很有名,常在《文学问题》和《哲学问题》上发表文章。她所有的文章都是极为客观的,既不粉饰,也不谩骂。以前,我们这里只要一提到克尔凯郭尔,总要加上诸如"反动分子"这一类的修饰语。其实他是个笃信宗教的人,甚至可以说,他一半是哲学家,一半是神学家。所以,我们这里过去提到他时总要加个修饰语"反动分子"克尔凯郭尔,或者就是"克尔凯加尔德"(我们这里以前都是这么写的)。就是这样。可她作出的评价却是完全客观的,是理解他的价值的……②

---

① 可能是指 1909—1924 年出版十二卷文集。——原编者注
② 指 П. П. 盖坚科的《唯美主义的悲剧:试论 C. 克尔凯郭尔的世界观》一书,莫斯科,1970 年版。——原编者注

　　而另一本书我这里是有的,我记得,是卢里耶写的。没错。您瞧我这记性都成什么样子啦! 太糟糕了!

　　杜:您的记忆力很好!

　　巴:"很好"! 哪儿的话! 我年轻的时候,过目不忘。只要读一遍,就能记住,不仅是诗歌,散文也一样。现在,我的记性自然是糟糕透顶,糟糕透顶……

　　杜:是的……我也能记一些诗歌。

　　巴:要我背出我以前会背的那些东西(我以前会背很多很多的东西),我现在已经做不到了。散文我过去也背过。比如说,尼采文章的许多……段落……我都会背,虽然不是整部作品。自然是德语原文的。对尼采我也曾一度十分着迷过。

　　杜:这是在稍后一些吧?

　　巴:是的,要稍后一些。但差不多就在那个时候。不,我接触尼采甚至比克尔凯郭尔还要稍微早一些。

　　杜:您是 1895 年生人……也就是说,1915 年您才 20 岁,那时您还在奥德萨大学读书,可您已经在哲学方面获得了广泛的知识,还有在……

　　巴:那当然。我那时已有了哲学的知识。那里有个教授叫卡赞斯基。我听过他的课。

　　杜:有一位名叫卡赞斯基的人后来加入了诗歌语言研究会。

　　巴:啊! 当然是有的。那是他的儿子,是我这位老师的儿子。一般来说,奥德萨教授们的儿子有不少都在列宁格勒,只是朗格不是。总的来讲,在我看来,朗格的儿子们好像不是很有出息的,都是些所谓的游手好闲者。而卡赞斯基的儿子,他就读于……

　　杜:就在这期的《列夫》上登了一篇谈列宁语言的文章。作者是卡赞斯基。

　　巴:是的,那是卡赞斯基,鲍里斯·卡赞斯基。他是卡赞斯基教授的儿子。① 卡赞斯基教授是一位非常令人尊敬的人。他从古希腊文翻

---

　　① 亚历山大·帕甫洛维奇·卡赞斯基:新罗西斯克大学教授,著有《亚里士多德关于经验对认识之意义的学说》,奥德萨,1891 年。书中译有亚里士多德的著作《论灵魂》中的五十一个片断。鲍里斯·瓦西里耶维奇·卡赞斯基(1889—1962):语文学家,与诗歌语言研究会关系密切,写有《列宁的语言》(载《列夫》1924 年第 1 期);并非 A. П. 卡赞斯基之子。——原编者注

译了亚里士多德的全部著作。

杜：直接翻译成俄语？

巴：是的。这自然是巨大的劳动。翻译亚里士多德的作品是很难的。好像比诗人翻译柏拉图要更难。亚里士多德很注重术语，这就难翻了。但他译得很好。但作为一个有创造性的哲学家……说实在的，他不是一个有创造性的哲学家，所以，他讲的哲学导论课，大学里的第一门哲学课程——"哲学导论"，听起来很差。

杜：那么您怎样看丘尔帕的《哲学导论》教程呢？……我准备稍后写篇书评……

巴：寇尔帕，寇尔帕。① 他是德国人。

杜：啊，原来是德国人，我还以为是法国人呢。

巴：您指的是寇尔帕吧？不，一般般，写得一般般。

杜：我学过这本书。

巴：是吗！有这种事！要知道，寇尔帕肯定算不上是有分量的人物。

杜：那么谢尔盖·特鲁别茨科伊②的《古希腊—罗马哲学史》呢？

巴：这么说吧，更有意思一些，但自然也还不是经典著作。我是这么看的(无论怎样，我还是偏爱马堡学派)：《哲学入门》——这是那托尔卜写的……那托尔卜是赫尔曼·柯亨的学生，也属马堡学派。这么说吧，那托尔卜，保罗·那托尔卜是最彻底最纯粹的马堡派人士之一。他写了《哲学入门》，顺便说一下，这本书已译成俄语了。③

杜：米哈伊尔·米哈伊洛维奇，看来，马堡学派的繁荣期是在 90 年代末到本世纪头十年？

巴：是的。最早的著述还在 80 年代就出版了。我指的是赫尔曼·柯亨的著述。后来就……有了三卷本的《哲学体系》，第一本是 *Logik der reinen Erkenntnis*，即《纯粹认识的逻辑》，接下来是 *Logik des reinen Willens*，即……《纯粹意志的伦理学》。这是伦理学。最后第三本是：

---

① 奥斯瓦尔德·寇尔帕(1862—1915)：德国哲学家和心理学家。其《哲学导论》的俄译本于 1901 年在圣彼得堡出版(П. Б. 司徒卢威作序)；第二版于 1908 年出版(С. Л. 弗兰克作序)。——原编者注

② С. 特鲁别茨科伊：《古代哲学史教程》，莫斯科，1910 年。——原编者注

③ 俄译本于 1911 年在莫斯科出版。——原编者注

Logik des reinen Gefühls,即《纯粹感受的美学》;这是…他的美学……三本书名就是这样。① 正如您知道的,这是康德的传统。只是康德那里是《纯粹理性批判》,而这里是《纯粹认识批判》,后来……他的伦理学叫做……《批判》……康德是《实践理性批判》,而他的美学叫做《判断力批判》。这是支撑康德哲学体系的三部力作。赫尔曼·柯亨追随着他,同时又认为自己的哲学体系是以康德学说严谨理论为基础,从康德那里似乎又向前发展了一步。说实在的,他没有放弃康德学说的本质,而是把它发扬光大了。

杜:米哈伊尔·米哈伊洛维奇,您一开始刚说到奥德萨时,正好提到了好像是第一个语言学或文学团体……我说的是"诗歌语言研究会",您说:"不,是 Om..."这是什么?

巴:不。是 Omphalos。

杜:这是在奥德萨吗?

巴:不,不是。这已经在列宁格勒了。

杜:在彼得堡。

巴:在彼得堡。

杜:啊,那好吧,我就不催您了。我以为您是忘了呢。

巴:后来它有了名气,甚至还有了出版社,在奥德萨,这家出版社早就被人们遗忘了,也叫做 Omphalos。

杜:叫 Omphalos?

巴:叫 Omphalos。这是一个希腊词,就是"肚脐"、"脐"的意思。"肚脐"。*Omphalos*。关于这个我是能够回记起来的,等我记起来再说吧。

杜:那就等我们谈到这个话题的时候再说吧。我以为这是在奥德萨,而您忘记了。

巴:不—不,不—不,这不是在奥德萨。发生这件事情的时候,我还在奥德萨……我也记不确切了……开始于 1912—1913 学年……建立起一个小组,好像是小组。是一帮年轻人,大多是刚毕业或快要毕业的大学生,要不就是大学高年级的学生。是这样。

杜:那么这时您已经转到彼得堡大学了吗?

---

① H. 柯亨:《哲学体系》;第 1 卷:《纯粹认识的逻辑》,柏林,1902 年版;第 2 卷:《纯粹意志的伦理学》,1904 年版;第 3 卷:《纯粹感受的美学》,1912 年版。——原编者注

巴：已经在彼得堡了。在 Omphalos 里……没有搞会员制。只是一个小组，是一群朋友自愿组成的。在这个"肚脐"小组成员里有拉德洛夫俩兄弟：谢尔盖·拉德洛夫和尼古拉·拉德洛夫。[1] 他们在小组活动中相当积极。

杜：是的，不过这已经是在彼得堡了，这完全是另一个话题了。那么，关于奥德萨您还有什么要说的？应该讲，您谈得确实非常有趣，不过还没有涉及事情的本质。现在请您还是谈谈在奥德萨的生活，不过稍微再拓展一些。您很好地介绍了自身的学术成长过程，以及这种哲学……氛围。总的来说，这种氛围——比如说，对马堡学派，乃至对整个哲学的兴趣——这种氛围是否宽泛？

巴：不，并不宽泛。老实说，这种氛围……从来就没有宽泛过。这是一个相当窄小的圈子。

杜：那究竟有谁和您志同道合呢？

巴：和我志同道合的是一个我很晚才认识的人，后来他成了我最亲近的朋友之一。他本人就在德国学习过，师从赫尔曼·柯亨。他早就不在人世了，他的女儿常来看我。

杜：他是谁？

巴：他叫马特维·伊萨耶维奇·卡甘。[2]

杜：这么说在奥德萨时你们并不认识？

巴：是的，不认识。我是很晚才和他认识的。

杜：我想问的是，在奥德萨的时候，有谁和您志同道合……有谁与

---

[1]　尼古拉·埃内斯托维奇·拉德洛夫(1889—1942)和谢尔盖·埃内斯托维奇·拉德洛夫(1892—1958)：哲学家埃内斯特·列奥波多维奇·拉德洛夫之子，兄弟俩的父亲是弗拉基米尔·索洛维约夫的朋友，也是他死后所出版文集的编纂者。这对兄弟与巴赫金兄弟俩同期在彼得格勒大学历史—语文系学习。后来，谢尔盖成为一名著名的戏剧导演。1923 年，他在列宁格勒模范剧院执导了 Э. 托勒尔的《不幸的欧根》(在巴赫金随后与杜瓦金的交谈中有对这出戏的回忆)；1935 年，他在国家犹太剧院将名剧《李尔王》搬上舞台(C. 米霍埃尔斯在该剧中担纲主角)。尼古拉在 20 世纪 10 年代就以画家的身份担任《讽刺周刊》、《新讽刺周刊》和《阿波罗》杂志撰稿人，后来，他成了书籍线条画家、漫画家、肖像画家和艺术批评家。——原编者注

[2]　马特维·伊萨耶维奇·卡甘(1889—1937)：哲学家。在马堡研究哲学，跟随德国新康德主义学派的领袖人物赫尔曼·柯亨从事哲学研究，还师从 П. 那托尔卜和 Э. 卡西勒，是马堡大学的哲学博士，1918 年回到故乡涅韦尔，其时 M. M. 巴赫金也来到了那里，于是他们就在那里结识了。关于 M. 巴赫金与 M. 卡甘的关系可参阅：Ю. M. 卡甘：《家庭档案中的旧手稿(M. M. 巴赫金与 M. И. 卡甘)》(见《对话·狂欢·时空体》，维捷布斯克，1992 年第 1 期，第 60—88 页)。在发表的这篇文字中有 M. И. 卡甘的自传性短文和 M. 巴赫金于 1921 至 1922 年间写给他的书信，还有 Л. В. 蓬皮扬斯基写给 M. И. 卡甘的书信，以及 M. И. 卡甘写给 C. И. 卡甘的书信。——原编者注

您趣味相投？

巴：没有谁，只有我的哥哥，他那时也在大学里，他是在奥德萨开始上大学的。

杜：您那时甚至连古典语文学家都不是？……

巴：我已经是……哲学家了。您瞧，我是这么认为的……

杜：您更多的是哲学家，还是语文学家？

巴：更多的是哲学家，而不是语文学家。哲学家。直到今天还是如此。我是个哲学家，我是个思想者。不过，比如说在彼得格勒，在彼得堡，在彼得格勒没有哲学专业。说是出于这样的想法：哲学算什么呀？什么也不是。学生应当成为专家。所以以前虽然有个哲学专业，却不是独立的。你想念完哲学专业，那当然可以，但必须再读完另一个专业：要么是俄罗斯语文学专业，要么是西日耳曼语专业……

杜：这是在历史—语文系范围内？

巴：是的，在历史—语文系范围内……要么是古典语文学专业。拿我来说吧，我读完了古典语文学专业……必须修完两个专业，因为光学一个哲学专业是不行的……

杜：找不到职业。

巴：……找不到职业。

杜：总的来说，这是对的。

巴：我认为这是对的。哲学家究竟是什么人？哲学家……人们通常将他们划分为人文科学哲学家和自然科学哲学家，因为有一些人的专业是学自然科学的，如物理、数学，外加哲学；而另一些人的专业则是人文学科。其中就包括，属于马堡学派的……这位……卡西勒，恩斯特·卡西勒。这个名字想必您听说过吧？

杜：不，不知道此人。

巴：恩斯特·卡西勒也是马堡学派的一位优秀哲学家。对他的著作至今还评价甚高，在我们这里也很推崇，而且还受到读者的青睐。他写有 *Die Philosophie der symbolischen Formen*，即《符号形式的哲学》，共有三卷。第一卷是《语言》，第二卷是《神话》，第三卷是《认识》……这就是卡西勒的一些情况。

杜：那您在奥德萨时期的文学兴趣呢？是否只局限在古典作品，还是您有……

巴:不是,不仅是古典。我还酷爱现代诗歌:象征派,所谓颓废派,包括俄国的、法国的和德国的。是这样。我有一位朋友,当时正巧住在奥德萨,其实,他甚至不能算是朋友……他是我的一个叔伯兄弟,或者更近一些……当时他也在奥德萨大学,和我是同学。他的(藏书——编者)极为丰富,也很全……几乎收全了已经出版的……法国诗歌作品。是这样。我利用了他的藏书,所以我对法国象征主义诗人、颓废派诗人都非常了解……从波德莱尔开始……

杜:波德莱尔的诗歌我们这里直到 1911 年才被翻译过来。

巴:不,还要早一些。可以说,瓦列里·勃留索夫在这方面是好样儿的。他很早就译出了……

杜:他在编选的诗集《象征派诗人》里就已经翻译了。

巴:是的。同时还有另一本诗集《被诅咒的诗人》——*Poètes maudits*。

杜:*Poètes maudits*。我记得,这好像是雅库博维奇[①]编选的。

巴:不,是勃留索夫首先编选的。雅库博维奇对这些诗人不感兴趣。

杜:但这个诗集是他出版的……

巴:是的,这个书名很流行——*Poètes maudits*。

杜:是的,这我知道。您究竟喜欢谁呢?

巴:您指的是诗人?

杜:是的。

巴:现代诗人?

杜:是的。

巴:前辈诗人中……我当然非常喜欢普希金,这没说的。其次很喜欢丘特切夫,很喜欢巴拉丁斯基,很喜欢费特。其他的就差一些了。莱蒙托夫我不是太喜欢。法国诗人中,我特别着迷的是堪称象征派和颓废派鼻祖的夏尔·波德莱尔。我对他的诗可说是烂熟于心。而且,我能背出许多,自然是用法语原文。夏尔·波德莱尔……其次,我对何塞·埃雷迪亚评价很高……

---

① 彼得·菲利波维奇·雅库博维奇—梅利申(1860—1911):诗人、民意党人,译有波德莱尔的作品。他翻译的《恶之花》于 1909 年在彼得堡出版。——原编者注

杜：埃雷迪亚——我听说过，是的。

巴：是的，埃雷迪亚。虽说他只有一本不厚的集子，书名叫 *Trophées*，尽管如此，他还是极为优秀的……

杜：*Trophées*？

巴：是的，*Trophées*，即《战利品》。这是一个希腊词。法语也叫 *Trophées*。就是这位何塞·埃雷迪亚，虽说只出版了这么一本小集子，但却……

杜：照我看，艾吕雅也是在同一时期发表诗作的，是吧？

巴：不，艾吕雅要稍晚一些。艾吕雅……接下来应该是艾吕雅……不过在我看来，无论是过去还是现在，他都是二流诗人。说实话，他……那时之所以很有名气……无非是因为他属于超现实主义流派。而当他脱离了超现实主义，就可以看出，他实际上空空如也。空空如也。他甚至还做过这种事情，把先前的一些爱情诗——还是写得不错的、感情真挚的诗，献给女性、献给心上人的诗，改成革命诗。他把"心上人"换成"革命"。就这样。他以此坦露出对革命的热爱和忠诚。这当然已经是贫瘠之作了。

杜：是贫瘠之作。

巴：不，他还是……变得空空如也。

杜：那在俄国象征派诗人中呢？

巴：在俄国象征派诗人中吗？

杜：有谁引起了您的兴趣？

巴：当时我有一位喜欢的诗人，直到今天恐怕还是我最喜欢的诗人，他叫维亚切斯拉夫·伊凡诺夫。维亚切斯拉夫·伊凡诺夫。此外，我也很喜欢安年斯基，伊诺肯季·费奥多罗维奇·安年斯基。想必您也知道，安年斯基不仅仅是个出色的诗人……

杜：他也是个古典语文学家，他翻译了欧里庇得斯。

巴：对，他翻译了欧里庇得斯。

杜：……这就是泽林斯基斥责他的原因……

巴：是—吧……

杜：没一错。

巴:噢。不过泽林斯基,他也编辑了欧里庇得斯的著作。[①] 泽林斯基是欧里庇得斯文集最后一卷的编者。在很大程度上讲……

杜:我有这本书,我知道。

巴:泽林斯基也曾是我的老师,恐怕是我最喜欢的老师。

杜:您听过他的课吗? 有没有直接听过?

巴:是的,直接听过他的课。

杜:那您知道古典语文学家米哈伊尔·米哈伊洛维奇·波克罗夫斯基吗?[②]

巴:知道。

杜:我听过他的课。

巴:我没有听过他的课,因为他当时在莫斯科。有这么几位古典语文学家:波克罗夫斯基,然后是索博列夫斯基——他不久前才去世,差不多活了 95 岁,[③]还有……拉齐格[④]。

杜:拉齐格也是不久前刚去世的。不过拉齐格是个枯燥乏味的人。

巴:是的,没错,他是个枯燥乏味的人。

杜:他像个中学生。

巴:他是个鄙俗之人,可他还……他是怎么讲古希腊—罗马文学的?! 全是庸俗之辞,比方说,以多愁善感的情绪把《伊利亚特》的内容转述一下,就这么回事。正如一个多愁善感的四年级中学生所做的那样。

杜:他离世前一直在大学里教书,已是 80 开外的人了……

巴:是的,我知道……

杜:他总是步行去上课。他对大学教师这个职业可以说是尽心尽力的,在这方面他颇为令人感动。可大学生们却……一年级的时候是

---

① И. Ф. 安年斯基翻译、Ф. Ф. 泽林斯基主编的《欧里庇得斯戏剧》由萨巴什尼科夫兄弟出版社出版(三卷本,莫斯科,1916—1921 年版)。在第 2 卷序言中,Ф. Ф. 泽林斯基坦言,已故诗人的译文质量"还是相当差的",并讲述了他所做的大量的编辑工作(第 2 卷,1917 年版,第 7—23 页)。——原编者注

② 米哈伊尔·米哈伊洛维奇·波克罗夫斯基(1869—1942):古典语文学家,古希腊—罗马文学和古代语言史学家,Ф. Ф. 福尔图纳托夫的学生,科学院院士。——原编者注

③ 谢尔盖·伊凡诺维奇·索博列夫斯基(1864—1963):古典语文学家,古代语言史学家,翻译家,苏联科学院通讯院士。——原编者注

④ 谢尔盖·伊凡诺维奇·拉齐格(1882—1968):古典语文学家,莫斯科大学教授。——原编者注

带着兴趣去听课的,可后来就……

巴:后来就明白,这不是一门科学,而是……

杜:只不过是些故事而已……

巴:……是些故事。他是当做故事来转述的,而且都是些很糟糕的故事。

杜:是的。后来……我根本算不上是古典语文学家,但当他对我议论起古典语文学家们的译作时(我不清楚,也许他是对的),连我都感到厌恶……有一次……在战争年代,好像是在排队领土豆的时候,差不多是这种情形吧……他引述了自己的译文——我一听(我不知道,应该怎样按照古典诗的形式来翻译),我一听就觉得都是些非常蹩脚的俄文诗,他还拿别人的译文作比较:"勃留索夫翻译得极为糟糕。"他还特别责骂了魏列萨耶夫。

巴:不过,关于魏列萨耶夫,他在很大程度上说得没错。

杜:他连同勃留索夫和魏列萨耶夫都……

巴:关于勃留索夫他说的不全对,不全对。

杜:他说,他们全都歪曲了原文。可他念出来的那些东西——其实都是些死抠字眼的翻译。他不是一个有才华的人。

巴:他是一个庸人,当然,不是指日常生活中的庸人(实际上,在日常,在生活等其他方面,他好像是一个很正派的人),而是指在对古希腊—罗马文学,对这些诗歌译作的理解上,他是一个庸人。

杜:我还认识米哈伊尔·米哈伊洛维奇·波克罗夫斯基,我听过他的课,不过当时我对他的授课内容准备不够……我甚至还写了他布置的课程作业,谈的是歌舞队在欧里庇得斯戏剧中的作用(不是埃斯库罗斯,而是欧里庇得斯),以及歌舞队的作用在其中是如何渐渐弱化并被消解的。他给我打的成绩是合格,不过我自个儿觉得,这不是我的所长。我去过他家里好几次。您可以设想一下,一位研究古希腊—罗马文学的教授在 1927 年身处无产阶级大学生之中会是一种什么样的境况!

巴:那当然……

杜:老实说,我是怀着逆反心理去选听的,因为没人选修他的课。我们一共好像有三、四个人。他们跟我一样,在某种程度上也是出于这个原因去听课的。后来我才明白,米哈伊尔·亚历山德罗维奇·彼得罗夫斯基的授课内容精湛而深刻。①

巴：彼得罗夫斯基是位学者。

杜：他是位已经去世的学者。现在他的弟弟费奥多尔·亚历山德罗维奇还健在，也是一位古希腊—罗马文学专家。②

巴：是的，还出版了一本非常好的纪念他的文集。这是一本精彩的文集，其中的许多文章都是很有意思的。另外还有一个人，不过您没有听过他的课——洛谢夫。

杜：是的，我没有听过他的课。

巴：他也是一位可以好好写写的人，值得好好去写。他是一位严谨的古典语文学家。

杜：他还健在吗？

巴：是的，还健在。他已完全失明。眼睛看不见了。但是，尽管如此，他还在继续工作。

杜：米哈伊尔·米哈伊洛维奇，我尽量少打断你，不过我现在顺便向您提出的几个问题，同样具有某种……（笑。）

巴：……目的性……

杜：……某种目的性。您描绘了自己身处的小环境，讲得非常精彩，不过您也生活在大环境里。比如……奥德萨本身……就像您也没有讲维尔纽斯一样……奥德萨本身……您为什么……您参过军吗？

巴：我没有参过军。

杜：为什么？

巴：因为我从小有病（小时候就开始得病了），这病实际上到今天也没有好，叫做骨髓炎。

杜：噢，我知道。是因为这个病您失去了一条腿吗？

巴：对，归根结底是因为这个病。当然，小时候不是这样。小时候我做过手术，还有其他一些治疗……

杜：这是骨头的毛病。

---

① 米哈伊尔·亚历山德罗维奇·彼得罗夫斯基(1887—1940)：文艺理论家、翻译家，撰有关于诗学，尤其是 20 年代小说诗学的多种有趣著作。后死于镇压。——原编者注

② 费奥多尔·亚历山德罗维奇·彼得罗夫斯基(1890—1978)：古典语文学家，翻译家。曾出版过纪念他的文集《古希腊—罗马文化与现代性：纪念 Ф. А. 彼得罗夫诞辰 80 周年》(莫斯科，科学出版社，1972 年版)。——原编者注

巴：是的，这是骨髓病，不是骨头本身，而是骨头里面的骨髓的毛病。是骨髓发炎。这就意味着，要采取一些治疗手段（这些手段至今还用着呢）：得动手术，在骨头上钻孔，把脓放出来。

杜：这不是骨结核吧？

巴：不，不是骨结核。不是骨结核。我想，要是骨结核就更糟了。这是急性病。不过，是那种经常复发的急性病。我得这个病的时候……才九岁、十岁的光景。做了很复杂的手术：在我的腿上打了洞，钻透了大腿骨和小腿骨。就是这样。我那时病了很久，不过，我很快就能走路了。

杜：您后来还能走路？

巴：后来？那当然！

杜：那是过了很久才给您截肢的吧？

巴：不，是过了许多年才给我截的肢，相对来说，就是前不久才给我截的肢。

杜：怎么会呢？……在战争爆发前我已经看见您只有一条腿了。

巴：是的，就在战争爆发前。战争爆发前两年给我截的肢。[①] 不可能再往前推了。

杜：是因为这个您没有参军？

巴：是的，就因为这个。在整个这段漫长的时间里，我的病还复发过多次，复发过多次，所以也就多次做过手术。

杜：另一条腿有没有受到影响？

巴：没有，另一条腿完全没受骨髓炎的感染。

杜：那您这条腿是可以弯曲的？

巴：是可以弯曲的，但这条腿现在不大听使唤了，因为长期以来我都是靠这一条腿走路——拄拐杖，我走路很棒，我拄拐走路不比别人用两条腿走路差：我能跑，能跳，还能爬上爬下，什么都行，可是，由于这一条腿负担过重，连这条好腿也……有一段时间，完全不听使唤了：髋关节里的软骨作用减弱，并受到磨损。众所周知，软骨是没办法恢复的。

杜：受到磨损？

巴：是的，完全受损了。

---

① 手术作于 1938 年 2 月。——原编者注

杜:所以您现在走路非常困难。

巴:可以说,自从软骨作用减弱以来吧。

杜:原来是这样。这就是说,在奥德萨期间,您的两条腿都还是管用的,并且可以行走?

巴:完全可以行走。

杜:您回顾了一个学者的形成过程,对此我非常、非常之满意,不过,此外……您还是奥德萨的居民呀。奥德萨有剧院,奥德萨有文学活动,还有所谓奥德萨人。(两人都笑了。)您明白我的意思吗?……那就请您说一说战前和战争开始时的奥德萨吧。

巴:好吧,我就来谈一谈战前的,革命前的奥德萨吧。总的说来,奥德萨是一座优美的城市。一座优美的城市。阳光充足,十分欢乐。可以说,它是我们苏联,我们俄罗斯最欢乐的城市之一。是一座非常欢乐的城市。那里充满了欢声笑语……总是有很多快乐。我当时见到莫斯科,当然,特别是彼得堡,总感到十分惊讶。尽管我很喜欢彼得堡,当然要超过奥德萨,但与奥德萨相比,它太阴郁了。是这样。这是一座阳光明媚、令人快乐的城市。奥德萨人都非常活泼,但有一点不太好,奥德萨人非常……有些俗气。

杜:有些俗气?

巴:是有些俗气。"奥德萨大妈",正如他们所称呼的那样……"奥德萨大妈"……在这个"奥德萨大妈"的身上,有许多俗不可耐的东西。是这样。我觉得,这种奥德萨式的俗气劲儿在所有奥德萨作家的身上也都有所流露。我当时不认识他们,他们的年龄和我一般大,也可能稍大一些,或稍小一些……

杜:大多数人都比您年轻。

巴:是的……

第二次访谈(1973 年 3 月 1 日)

杜:米哈伊尔·米哈伊洛维奇,上周四我们结束谈话时说到了奥德萨。这个话题没有谈完。当时您说到了奥德萨人的俗气。要不您就先把奥德萨的话题讲完?奥德萨人不至于全都是庸俗的吧?总也有好人的吧。

巴：那是。当然也有好人。

杜（笑）：有一座奥德萨剧院……

巴：好像我们上次提到过它。奥德萨剧院非常好。另外，总有巡回演员来奥德萨，既有来自我国中心城市的演员，也有来自欧洲各国的演员。一直都有。就这一点来说，奥德萨人对西欧艺术的了解一点儿也不比……北方人差，甚至比他们了解得更多、更好。

杜：您指的是彼得堡人和莫斯科人吧。那您有没有听过来奥德萨巡演的著名演员的演唱会？

巴：听过，当然听过。只是我现在想不起来，究竟是在奥德萨还是后来在别的什么地方。比如说，夏里亚宾我听过。只不过第一次听他演唱时还是在我去奥德萨之前，在维尔纽斯。他去那里巡演。

杜：好的。那我们就转入您生活的下一个时期——彼得堡时期。

巴：好吧。说到这儿最好先讲讲那时的一个派别，还是 1911—1912 年就已在彼得堡成立的一个小组。

杜：您来的时候，小组已经有了吗？

巴：已经有了，已经在活动了。在我搬到……彻底搬迁到彼得堡之前，我就参加了小组活动。小组的头领是我哥哥尼古拉·米哈伊洛维奇·巴赫金。其实这个小组没有什么严格的组织。谈不上什么正式的成员。是一群朋友自发组织的，类似于普希金参加的皇村中学学生小组：大家彼此间是有某种关系的，要么有共同的兴趣爱好，要么同属一所大学（或者已经毕业，或者仍然在读），有的则是个人的朋友关系。这个小组的名称是 Omphalos。[1]

杜：是什么意思？

巴：意思是"肚脐"，"肚脐"，Omphalos——"脐"。

杜：这是希腊词吧？

巴：是的，是希腊词。需要指出的是，这个小组的大部分成员都是搞古典语文学的。都是搞古典语文学的。有一些是搞罗曼—日耳曼语的。现在说说，谁加入了这个小组。我已说过，领头的是我哥哥尼古拉·米哈伊洛维奇。其次是蓬皮扬斯基……列夫·瓦西里耶维奇，他

---

[1]　关于"奥姆法洛斯"小组和出版社，请参阅 B. 埃杰尔通的文章，见《纪念蒂尼亚诺夫第五届学术报告会文集》（里加，1990 年版，第 211—244 页）。此文是以作者与 M. И. 洛帕托的往来书信为材料而写成的。——原编者注

既是我哥哥的，也是我的中学同窗。再有……就是洛帕托，[1]他的名和父称我忘记了，只记得姓洛帕托。他那时是搞语文学的，刚刚从语文系毕业。从事语言学研究，后来加入了诗歌语言研究会，[2]不过，他在那里没起什么明显作用，在研究会里甚至不大会提到他。洛帕托是个诗人，不过应该说，诗写得并不怎么样。好像在 1914 年，不，要晚些，在 1915 年……他出过一部诗集。[3] 同样应该说，这本诗集也不怎么样。洛帕托不是一位严肃的诗人。下面我会谈到，我们这个小组是怎么回事，有什么特点。洛帕托不仅是诗人，还是位文艺理论家。他曾发表过几篇文章，[4]同早期的诗歌语言研究会的观念是一致的。后来，十月革命之后……头几年倒还在，后来就离开了。得说一下，他非常有钱。他父亲就在革命前夕买下了奥德萨那家著名的伦敦旅馆。他非常有钱，是百万富翁，甚至是亿万富翁。

杜：洛帕托真会用铁铲搂钱。[5]

巴：用铁铲搂钱，完全正确。是的，是的。（两人都笑了起来。）是这样。此外，他那时（是 1916 年吧，还是更……是的，是 1916 年）还娶了一位很富有的女人，得到了一大笔嫁妆，所以即便从这方面来说，也很有钱。因此，据我所知，他大概直到今天都很健康，在意大利安闲度日。他在佛罗伦萨有一幢别墅，甚至可以说是宫邸，还是革命前买的。

杜：那么从文化意义上讲，他令人感兴趣的地方在哪里？

巴：您知道吗，他令人感兴趣的地方就在于：他兴趣非常广泛，又很会交际，所以他总能够把人们给团结起来。当然，部分地是因为他从不缺钱，而我们当中很多人都缺钱用。

那么，除了我提到的这几位之外……属于这个小组的还有拉德洛

---

① 关于米哈伊尔·约瑟福维奇·洛帕托(1892—1981)，请参阅 В. 埃杰尔通的同一篇文章(文中载有洛帕托的一封信，作者在信中回忆了尼古拉·巴赫金)，以及生平资料。见《纪念蒂尼亚诺夫第六届学术报告会文集》(里加—莫斯科，1992 年版，第 254—256 页)。这里的记载是，"奥姆法洛斯"小组早在维尔诺就已产生，当时洛帕托与巴赫金兄弟俩就读于该市的同一所中学。——原作者注

② 诗歌语言研究会(1916—1918 至 20 年代末)：由语言学家(Е. Д. 波利瓦诺夫、Л. П. 雅库宾斯基)、诗学理论家(С. И. 伯恩斯坦、О. М. 布里克)、文学理论家和文学史家(В. Б. 什克洛夫斯基、Б. М. 艾亨鲍姆、Ю. Н. 蒂尼亚诺夫)等人创建。——原作者注

③ М. 洛帕托：《圆桌：诗歌》，彼得格勒—奥德萨，"奥姆法洛斯"出版社 1919 年版。——原编者注

④ М. 洛帕托：《散文理论导论》，彼得格勒，1918 年版。——原编者注

⑤ 在俄语中，姓氏"洛帕托"与"铁铲"一词构成谐音。——译注

夫兄弟……谢尔盖·埃内斯托维奇和尼古拉·埃内斯托维奇。谢尔盖·埃内斯托维奇后来当了导演,而当时他还只是个搞语文学的,甚至都还看不出他会成为导演。当时他就是位年轻的语文学者。而他的兄弟尼古拉·埃内斯托维奇则是位画家,很不错的画家,顺便说一下,还擅长漫画。当然,这并不是他的主要方面。此外,还有好些人与小组有关系,随着谈话的进行,我可能还会想起来的,因为现在我的记性已经不好了。是这样。

那么小组在实质上是怎么回事呢?这是一帮爱开玩笑的学者,学术界的戏谑者……或者,也不妨叫做来自学界的丑角。不过原因在于,这种现象在历史上是颇为典型的,这一点我们是知道的。比如在波兰就有过所谓的苏卜拉派[①]……他们大部分也都是些受过良好教育的人,是学者,他们聚在一起,撰写种种诙谐的、主要是讽拟性的作品,如此等等。

杜:这是什么时候的事情?

巴:苏卜拉派出现在 19 世纪初期。对了,其中还产生了我们的布拉姆别乌斯男爵——先科夫斯基。起初他属于苏卜拉派,那当然还是在波兰家中,在彻底搬迁到俄国之前。不仅如此,类似的现象在其他国家也出现过,如英国。那里也有一个小组,成员们可说是专门嘲弄人的,不过并不是……庸俗的嘲弄,而是具有学术品位、甚或哲理格调的嘲弄。斯威夫特在很大程度上就是从这里产生出来的。他也属于这个圈子。这还是在 18 世纪的时候……比苏卜拉派大约早了一百年。应该这么说:斯威夫特到后来才变得特别严肃的,成了一个悲剧人物,可年轻时他却已在这帮年轻人和朋友当中学会了笑谑。等他后来成了爱尔兰教会人士,成了爱尔兰民族英雄,当然,笑谐的东西就已所剩无几了,而且仅存于他的文学作品(如在《斯威夫特》中[②]),以及其后一系列的抨击性讽刺文章等等。斯威夫特的这些讽刺性文章,包括著名的《小小的建议》,大概您是知道的。

----

① 关于 19 世纪 10—20 年代存在于维尔诺的社会团体"苏卜拉派"(意为"骗子,流浪者"),可参见 B. 卡维宁:《布拉姆别乌斯男爵:记者、〈读书文库〉编辑奥西普·先科夫斯基的往事》,莫斯科,1966 年版,第 127—132 页。"苏卜拉派"以英国幽默作家斯威夫特和斯特恩,以及伏尔泰为追寻目标,致力于推行自己的,即轻松诙谐的("苏卜拉式的")风格。——原编者注

② 看来是口误。巴赫金指的是"在《格列夫游记》中"。——原编者注

杜:不,我不知道。

巴:这恐怕是那个时代写得最好的讽刺性文章之一。其实质在于,它仿佛是出自一个极为严肃的自由派政治经济学代表之手。文章谈的是赤贫,谈到许许多多的儿童没有父母的照料,以及太多的人抛弃了自己的孩子。这样做在经济上是不适宜的,是非理性的。为什么不利用这些孩子呢? 于是就提出了"小小的"建议:把他们养肥,然后屠宰。肉、皮什么的都有用处。他还做了非常严肃的测算:一磅肉值多少钱,皮能卖什么价,怎样利用这一切,从中能获取多大的好处。然后是如何腌制等等,讲到这他又指出食盐的成本……简直是极为严肃的经济核算。没有想到,他的这本书出来之后,人们真的接受了他的建议,真的接受了。(讪笑。)而这也正是他所需要的,因为他恰恰想告诉人们,曼彻斯特学派的追随者们鼓吹的这种经济学,这种经济制度必将导致人吃人的结果。一己私利。每个人都应该追求个人私利,再没有别的。别的都不用去考虑了。于是大家都心满意足了。就是这样。实际上这篇文章是对严肃经济学著作的模拟和仿讽,所以说这既是学者的抨击性文字,又是哲人的抨击性文字,总之,尽管这是丑角的表演,但却是一种极为特别的丑角。

杜:那么这些波兰人继承这一传统了吗?

巴:是的,不过也说不上他们是在继承这个传统,因为实际上各处都有类似的现象。在法国也有类似的情况,而且更早一些,18 世纪有过所谓自由派诗人。①

杜:您所在的这个叫"肚脐"的小组也属于这种类型吗?

巴:是的,也属这一类。

杜:也就是这个洛帕托领头的?

巴:不,领头的是我哥哥。

杜:洛帕托是组织者?

巴:是的,他是组织者……不过与其说是组织者,倒不如说他资助了某些活动。

杜:那么这个小组究竟是什么样的?

① 自由思想哲学:17—18 世纪出现在法国文学中的自由思想和宗教怀疑主义哲学。(代表人物有:泰奥菲尔·德·维奥,Ш. 索列尔,西拉诺·德·贝尔热拉克,Г. А. 肖利厄,年轻的伏尔泰。)——原编者注

巴：顺便提一下，Omphalos 还可以与我们的普希金当年所在的"阿尔扎马斯"作比较，都是同一类型的〈……〉

杜：那么……是否可以将这个 Omphalos 看成是诗语研究会的前身，它的雏形？

巴：不—能。从时间上看，它实际与诗语研究会是同时并存的。也许稍早一些。不—不，诗语研究会完全是另一码事。完全是另一码事。在诗语研究会中没有小组那个最主要的东西——对一切生活现象和当代文化现象所采取的十分深刻的批判态度，但不是阴沉着脸进行批判，而是带着欢快。小组里的每一个人当然都有自己的学科专业，而且个个在专业上都很强。他们在小组里都做了些什么呢？他们写了各种体裁、各种风格的仿讽作品。其次，他们举办了讽拟性的聚会。不能说他们是讽刺某个特定的诗人或学者。不，这是一种更为广泛的仿讽，有点像中世纪的那种：即讽拟最严肃、最沉闷的生活方式。可以说，这些诗人不喜欢严肃，尤其是过分的严肃，于是便用嘲讽和幽默来缓解。〈……〉因此这也不是针对生活、文学、科学中某些特定现象的仿讽或模拟，而是针对所有现象的……不是用那种尖刻的嘲笑，而是用一种，可以说，十分轻松而略带讽意的幽默。我哥哥的一部长诗，恐怕就具有这种近乎纲领的性质，诗名叫 Omphalos epiphales。如果逐字从希腊语翻译过来，就是"显现的，显露出的 omphalos"。正如您所知道的，这个术语也用在基督教中……

杜：用在神学中。

巴：是在早期的神学中。"显现"，"上帝的显现"就是显灵，上帝的显灵。是这样。Omphalos epiphales。在这里 omphalos 似乎相等于……

杜：您指的是肚脐的显现吧。

巴：是的，肚脐的显现。这是一首长诗，篇幅很长。而且，就是说，故事发生在古罗马，不过是在其衰落时期。对了，我忘了说，所有这些作品都是在打字机上写出来，并重打的。再汇成集子……全是打字稿。有可能在某个地方还保存着这些集子，也许是在某个人那里。大概在洛帕托的遗稿中有这些集子。

杜：一点都没有发表吗？

巴：没有，什么也没有发表。长诗 Omphalos epiphales 的开篇，即

序诗是这样的:

> 神秘而虔诚的 omphalos'a 之信仰的
>
> 昭示者——我来到了您的面前,
>
> 我曾体验过媚人豹的温情,
>
> 也曾目睹过不敬神祇者的狂饮。
>
> 二百零八个民族的女人
>
> 总是让我感到不一样的温情。
>
> 我熟悉她们那色彩缤纷的情爱之梦,
>
> 和她们享乐时的无神慵态……

诸如此类的东西。

杜:感觉好像是在暗指勃留索夫的诗歌……

巴:是的,有一点……其实暗指的是象征主义范围内所有这些带预言倾向的流派……

杜:而仿讽的性质本身有点儿像弗拉基米尔·索洛维约夫的那些著名的仿讽诗。

巴:是有点像。没错,弗拉基米尔·索洛维约夫非常喜欢这样的作品。顺便说一句,整个小组对弗拉基米尔·索洛维约夫都怀有仰慕之情。稍后,就是在革命爆发前夕,成立了"弗拉基米尔·索洛维约夫研究会"。不过,好像只开过一次会,后来就发生了革命,整个事情便中断了。不过,这已经是一个很严肃的研究会了。

杜:那么您作为这个研究会的成员,有没有写过……

巴:我没有写过那种东西。我只是参加而已。因为起初,当这个研究会开始成立的时候,我并不在那里,我还在奥德萨呢。

杜:明白了。您转到了彼得堡大学?

巴:是彼得堡大学。

杜:那就请讲一讲 1916 年彼得堡大学历史—语文系的情况吧。是1915、1916 和 1917 年。我没弄错吧?

巴:……是的,包括 1917 年。怎么说呢? 我想说,那会儿恰好就是系里的全盛时期,这是我个人的看法。系里有很强的实力,很大的活力。那种令人乏味的教授和官僚教授几乎没有,至少在我们系里是这样。我所认识的、教过我的教授中,最有名望的有:法杰伊·弗兰采维奇·泽林斯基……他是杰出的古希腊—罗马文学专家,是古希腊—罗马等文学作品的翻译者,他对当时所有古典研究者有着巨大的影响。其次在哲学方面,有洛斯基——尼古拉·奥努弗里耶维奇。总的说来,哲学教研室是十分博学,非常有活力,可以说,像这样的教研室我们是不可能再有的。教研室主任是亚历山大·伊凡诺维奇·维金斯基,他写有……《作为认识论部分的逻辑》,您可能知道。这的确是一本好书。① 他还写过一系列著述、文章等等。他是位严格而一贯的康德主义者,甚至不能算是新康德主义者,而是纯粹康德主义的代表。这是教研室主任。而尼古拉·奥努弗里耶维奇·洛斯基当时还是副教授,后来成为了教授。他是系里最突出、最活跃的人物。他持有完全不同的学术观点,他不是康德主义者,甚至可以说是反康德主义者。他是直觉主义者。他的主要著作是《直觉主义的根据》。因此,他们两个人作为哲学家自然是针锋相对、相互敌视的:一方是教研室主任,另一方是教研室的主力之一——洛斯基。

杜:您读过他的一本小书吗? 是不久前在国外出版的晚期著作:《陀思妥耶夫斯基与基督教》。②

巴:没有,可惜没有读过这本小书。

杜:我现在正在读。

巴:不过我读了他的自传。③ 非常有意思,非常有意思。是他的回忆。他从童年写起,差不多写到生前的最后几年。洛斯基活了 95 岁。而且……几乎一直工作到最后。

杜:那么您对谢苗·阿法纳西耶维奇·温格罗夫是不是持否定态度?

巴:不,不是否定的态度。我对他很尊敬,很尊敬。不过,他……没有自己的理论,哲学上根本就没有什么造诣。他是一位优秀的实录研究者。我没有参加他那个有名的小组,他的普希金小组。

---

① A. И. 维金斯基:《作为认识论部分的逻辑》,彼得格勒,1917 年。巴赫金在 1994 年的自传中指出,他在新罗西斯科大学和彼得格勒大学"师从朗格教授和 A. И. 维金斯基教授期间"专攻哲学(С. С. 孔金,Л. С. 孔金娜:《米哈伊尔·巴赫金》,萨兰斯克,1993 年版,第 11 页。遗憾的是,该书有许多不准确之处)。关于 A. И. 维金斯基学派在巴赫金哲学观形成过程中的意义,见 Н. К. 鲍涅茨卡娅:《М. М. 巴赫金和俄罗斯哲学传统》(载《哲学问题》,1993 年,第 1 期,第 85—86 页)。——原编者注

② Н. 洛斯基:《陀思妥耶夫斯基及其基督教世界观》,纽约,1953 年版。不久前再版于《上帝和世界之恶》(Н. О. 洛斯基著,莫斯科,1994 年版)一书中。——原编者注

③ Н. О. 洛斯基:《回忆录:生活和哲学道路》,慕尼黑,1968 年版。——原编者注

（朝一只猫看去。）它又过来了，怎么回事。（转向杜瓦金。）它碍事吗？

杜（转向猫，试图让它离开麦克风，免得它被电线绊住。）：拜托啦。

（巴赫金仔细地观看着，不时地笑了笑。——M. B. 拉济舍夫斯卡娅注。在进行录制时，她看到了这个场景。）

巴：是的……我要向您介绍的……第三位教研室成员，是伊凡·伊凡诺维奇·拉普申。他是一贯的直觉论者，因而也是反康德主义和一切理性主义的。他是英国式实证主义的追随者。可以说，他整个是一个英国化了的人，一个英国化了的思想家。是这样。

可见，完全是三种不同的流派。他们却相处得极好。教研室气氛融洽。气氛融洽。争论是有的，但这只会使教研室的工作变得更加有趣，仅此而已。我觉得，这个哲学教研室比起莫斯科的哲学教研室（那里有切尔帕诺夫、洛帕京①等人），要强得多，深得多，也活跃得多。

杜：不过，切尔帕诺夫其实不是哲学家，而是心理学家。

巴：切尔帕诺夫吗？可他写过一本大部头的《哲学概论》，这本书是莫斯科大学的主要教科书。此外，他还写过许多纯粹哲学的著作。当然，他的学位论文基本上是纯粹心理学的。

杜：我在苏维埃年代学过他的教科书，不过是心理学课本，不是哲学。

巴：是的，他写过一本心理学教材。他的学位论文的题目是视觉接受……

杜：那么古典学家呢？都有哪些人？

巴：古典学家嘛，我讲过了：有泽林斯基……此外还有其他的古典学家。那么，我同谁特别亲近呢？……是同斯列布尔内，斯捷潘·萨穆伊洛维奇·斯列布尔内②。他是波兰人，没错。自然也是泽林斯基的学生，研究古希腊—罗马时期的滑稽戏，主要是古希腊—罗马喜剧，包括早期和中期的古希腊—罗马喜剧。当然也涉及晚期的古希腊—罗马

---

① 格奥尔吉·伊凡诺维奇·切尔帕诺夫（1862—1936），列夫·米哈伊洛维奇·洛帕京（1855—1920）：莫斯科心理学家和哲学家。Г. И. 切尔帕诺夫编写的课本是《哲学导论》（基辅，1905年版）。——原编者注

② 斯特范（斯捷潘·萨穆伊洛维奇）·斯列布尔内（1890—1962）：波兰古典语文学家，Ф. Ф. 泽林斯基在彼得堡大学时期的学生，从1916年起留校任编外副教授，1918年回到波兰，担任维尔诺大学和托伦大学的教授，写有多种关于希腊悲剧和喜剧的著作，并将此类戏剧翻译成波兰语。——原编者注

喜剧,以及希腊的喜剧。

　　杜:那么俄罗斯文学和欧洲文学教研室呢?

　　巴:这个教研室我不太感兴趣。在我看来,那里好像没有很强的学者。

　　杜:还有哪些教研室? 有历史—语文系吗?

　　巴:是的,有历史—语文系。还有历史教研室。当然,他们是历史学家。我现在甚至都不记得……我听过几位历史学家的课。有一次,我甚至听过有名的帕维尔·维诺格拉多夫①讲课。他是专程从伦敦赶来的。他后来就移居英国,去了英国的一所大学。他是位卓越的历史学家。

　　杜:看来,克柳切夫斯基您没有赶上……

　　巴:当然,克柳切夫斯基我没有赶上。

　　杜:那里有语言学教研室吗?

　　巴:语言学教研室? 当然有啦! 语言教研室的代表人物是博杜安·德·库尔特奈。他是一位大学者。不过,作为一名教师,可以说,他……他不是个教育家。讲课的时候简直忘乎所以。考试的时候有过这种事情:据说,对语言学一无所知的那些学生在博杜安·德·库尔特奈那里也可以通过考试。一些学物理或数学的学生就打赌去他那里考试(笑),结果都通过了。只需要做一件事情就行了:开始答题时向他提一个问题。他立刻就对这个问题着了迷,便对这个感兴趣的问题滔滔不绝地说了起来。说着说着,终于明白过来,该收场了:"啊,很好,很好。"于是就打了个"优秀"……(两人都笑了。)看来,他是在给他自己的回答打成绩。〈……〉实际上,博杜安·德·库尔特奈创建了……

　　杜:诗语研究会?

　　巴:整个形式主义学派。不是诗语研究会,而是整个形式主义学派。

　　杜:什克洛夫斯基就是他的直系弟子。

　　巴:什克洛夫斯基是他的直系弟子,其实,几乎所有在彼得堡大学学习过的人都是博杜安·德·库尔特奈的学生;他主持语言学教研室的工作。大家都来听他的课。博杜安·德·库尔特奈就是形式语言学派的奠基人。不过,实际上有两位奠基人,他们在语言学里建立了两种

────────────

　　① 帕维尔·加夫里洛维奇·维诺格拉多夫(1854—1925):中世纪史史学家,莫斯科大学教授,从1902 年起在英国牛津大学任教。——原编者注

类型的形式主义：莫斯科的福尔图纳托夫……您可能同他……

杜：我是他的学生。

巴：啊，您是福尔图纳托夫的学生？

杜：不，我是乌沙科夫的学生，而乌沙科夫是福尔图纳托夫的学生。

巴：啊哈，是的，乌沙科夫是福尔图纳托夫派的。

杜：还有彼得松……

巴：我认为，波尔热津斯基也是。

杜：他也是。他们都是我们的……他们的著作都是我们研读过的。波尔热津斯基也是……还有彼什科夫斯基。

巴：当然，还有彼什科夫斯基。这是一种类型的形式主义。还有另一种，恰好也就是诗语研究会的基础，这就是……

杜：博杜安·德·库尔特奈。

巴：……博杜安·德·库尔特奈。他更接近于……整个世界语言学的形式主义源头——德·索绪尔。索绪尔。可以说，索绪尔是形式方面最为纯正的代表……

杜：那么索绪尔在哪里讲课？

巴：一般说来，他是在瑞士，在瑞士的法语地区讲课，后来，我记得是在巴黎大学。

杜：博杜安·德·库尔特奈听过他的课吗？

巴：没—有。据我所知，他没有听过他的课，但了解他的著作，并且相当熟悉……

杜：索绪尔是法国学者吗？

巴：是法国学者。

杜：他没有来过我们这里，没有在我们这里讲过课，也没有与我们的学者有过直接的接触，是吗？

巴：是的，从未来过。没有直接的接触。另外，索绪尔的主要著作——《语言学引论》，在索绪尔生前尚未出版。这本书是在索绪尔去世后由他的学生们根据笔记整理出版的。而在生前出版的那些著作并没有多少影响。

杜：其实正是整个这一批成了文学研究者的年轻语文学家、语言学家，和成了语言学家的文学研究者，组成了诗语研究会。在那些年里，您个人同他们有交往吗？

巴：没有，没有。我们完全分属不同的圈子，完全分属不同的圈子。

杜：这么说，无论是青年什克洛夫斯基，还是青年艾亨鲍姆，您都不熟悉？

巴：是的，不熟悉。我是后来才知道他们的，稍后才知道的。是这样。而那时并不知道。

在他们活动的初期，也就是诗语研究会时期，我不知道他们。直到大学毕业后，我在维捷布斯克时，才听说诗语研究会这个小组。就在那里，我读了诗语研究会的这些小册子，这些小书让人们感到大为惊讶，因为是用手纸印制的。

杜：我有这些小册子。是《诗学》吧？

巴：是《诗学》。但不只是这本书，还有另一些单行本的小册子，都是最初阶段的。

杜：可以说，他们是从语言学走向文学研究的。

巴：是的，当然是从语言学出发的。是从语言学出发的，不过，他们对语言学有着自己的理解，他们当中有语言学家，非常强的语言学家。其中有一位，可能是最强的一位语言学家，我当时就知道，他是……（在努力回忆。）

杜：是不是波利瓦诺夫？

巴：波利瓦诺夫，完全正确。波利瓦诺夫[1]。

---

　　[1]　叶甫盖尼·德米特里耶维奇·波利瓦诺夫(1891—1938)：杰出的俄罗斯学者，因获得具有重大价值的发现而载入世界语言学历史，如果没有这些发现，就难以形成一门决定 20 世纪语言学性质的学科。叶甫盖尼·德米特里耶维奇毕业于彼得堡大学历史—语文系斯拉夫—俄罗斯语言专业(1912 年)和东方实验学院日语部(1911 年)。在叶甫盖尼·德米特里耶维奇科学兴趣的形成过程中 И. А. 博杜安·德·库尔特奈起了主要作用，他肯定了这名学生的杰出才华，让他留校工作，并培养他从事教师职业生涯。波利瓦诺夫专攻普通语言学、印欧语言学、日本学和汉学等领域。Е. Д. 波利瓦诺夫作为一个通晓多种语言的人，实际掌握(说、读、写)18 种语言，而在科研活动中所涉及的语言则远远超过了 50 种。他从各种不同的方面和各种不同的功能视角全面研究语言。但在他的整个研究工作中贯穿着一条红线，即研究并把握语言发展的内部规律。叶甫盖尼·德米特里耶维奇未能完成他的所有研究计划，许多研究成果也未能得以发表。然而，仅凭他所提供的成果，如他所创立的语言进化理论，就足以表明其科学成就是巨大的；他发现了语言发展和自我保存的独特规律。就其重要性而言，这一规律可与新语法学派所发现的语音定律之不可违背性的公设相提并论。叶甫盖尼·德米特里耶维奇所提出的聚合—离散理论乃是建构历史音位学的基石(Р. О. 雅可布森语)。波利瓦诺夫发现的另一个规律也是为人们所熟悉的——"标准语的发展在某种程度上表现为，其发展势头愈来愈小"，即其变化速度逐渐放慢。Е. Д. 波利瓦诺夫是我国社会语言学的奠基人，黑话、行话也在这一学科的研究范围之内，他的两篇文章——《说行话》(见 Е. Д. 波利瓦诺夫：《捍卫马克思主义语言学》，莫斯科，联邦出版社，1931 年版，第 152—160 页)和《论在校学生的行话和革命的"斯拉夫语言"》(同上，第 161—172 页)——便是对这一点的佐证。——原编者注

杜：他当然是一位……

巴：很有分量的人物。

杜：很有分量。当我听到他名字的时候，他已遭到马尔学派分子的迫害。

巴：可有意思的是，他是和共产党走得很近的。不知为什么，他是……托洛茨基的铁杆追随者。此外，他好像还是布尔什维克……第一届……政府的外交部副部长。①

杜：主要是在彼得堡的政府吗？还是在"北方公社"②？抑或是在别的地方，比如远东共和国③？

巴：不—不—不—不，在彼得堡，就在彼得堡，他当了托洛茨基的副手，好像也可以说是他的追随者。

杜：啊，怪不得后来他很快就被……我以前还不明白呢。

巴：当时人们甚至都叫他"布尔什维克部长"。是这样。可他并没有当部长，他只是个副部长而已。其实，我并不知道他最后的职位是什么，但他却做了很多的事情，因为他通晓数门外语，而这一点则是其他工作人员所不具备的……

杜：后来他做了件有点冒险的事：还是在革命前他好像就跟一些盗贼有来往……他研究黑话，盗贼使用的……该词不是用于现在的意思，而是用于字面意义，也就是黑话的意思。④ 于是为了研究黑话（这是他

---

① 作为和平主义者和国际主义者，Е. Л. 波利瓦诺夫毫不动摇地接受了革命，"满怀着斗争实践的热情"。就在十月革命爆发后的第二天他便效力于新的政权，并作为助手——事实上，就是作为托洛茨基领导的外交人民委员部的副部长，为公布沙皇政府的秘密条约起到了重要作用。然而，他与托洛茨基关系不佳：这位人民委员的极度傲慢使得叶甫盖尼·德米特里耶维奇放弃了准备以一位东方学专家的身份效力于苏维埃政权的幻想，还是在 1918 年 2 月，他便以此为由永远离开了外交人民委员部。然而，1937 年有人想起他曾在托洛茨基手下工作过，于是，Е. Л. 波利瓦诺夫于 1937 年 8 月 1 日在伏龙芝市被捕，几天后被押解至莫斯科，并按照一级罪名受审，这就决定了采用不公开和简化的诉讼程序，并有可能被判枪决。他被指控为，"积极参加反对苏维埃的、带有破坏和恐怖性质的特务组织，并且受日本情报机关的指使建立了这一组织"。整个程序只有大约 20 分钟。审判和枪决是 1938 年 1 月 25 日在莫斯科进行的。遗体掩埋地不详。1963 年，根据苏联科学院语言研究所的申请，他被平反。——原编者注

② "北方公社"：北方州的公社联盟，是 1918—1919 年间苏俄北方和西北各省的联合体。——译注

③ 远东共和国（1920 年 4 月 6 日—1922 年 11 月 15 日）：位于外贝加尔和俄罗斯远东的具有傀儡性质的民主国家，为苏俄和日本之间的"缓冲"国。白卫军和日本武装干涉者被粉碎后，远东共和国领土并入俄罗斯联邦。——译注

④ "黑话"（блат）一词在俄语中是多义词，其现在的意思为"托关系，走后门"。——译注

的学生博洛京①告诉我的），这不，他……就跟刑事犯罪分子们混在了一起，最后染上了毒瘾。②

巴：这我倒不知道。我只知道他曾经吸过毒。

杜：后来，不知在哪里他受了伤，被截去了一只胳膊。所以他是独臂者。③

巴：是的。您知道……他确实从事过某些活动，而且是地下活动。不过，据我所知，这不是布尔什维克的地下活动，多半是……

杜：社会革命党的？

巴：是的，社会革命党，是社会革命党。

杜：是在革命爆发前？

巴：是在革命爆发前。

---

　　① 萨穆伊尔·鲍里索维奇·博洛京(1901—1970)：文学家，翻译家。В. Д. 杜瓦金于 1967 年录制了他对 В. В. 马雅可夫斯基、Е. Д. 波利瓦诺夫和 М. И. 茨维塔耶娃的回忆。录音带存放在莫斯科大学科学图书馆的语音资料部。——原编者注

　　② Е. Д. 波利瓦诺夫患有麻醉品瘾，在社会交往中自然也就很容易受到伤害——尤其是来自那些不怀好意者的伤害。不过，这位学者要么开句玩笑敷衍过去，要么就是避而不答。他第一次接触麻醉剂还是发生在 1911 年，当他在东方实验学院时，不过后来——1914、1915 和 1916 这三年的夏季在日本考察期间，由于他得同各类提供情况的人（农民、渔夫、同路的大学生、和尚等等）打交道，并且得适应他们的生活，因此就开始有了使用麻醉剂的习惯，当他在苏维埃时期与中亚的茶房和集市商贩打交道的时候，这一习惯已根深蒂固，并变得如此之强烈，以至于他不用麻醉剂一天也活不了。他的妻子布里吉塔·阿尔弗雷多夫娜·波利瓦诺娃—尼尔克(1899—1946)说明了这一点，她在 1938 年 1 月给 А. Я. 维辛斯基的信中请求他爱护她的丈夫。当塔什干的局势令他难以忍受时，伏龙芝市则邀请他去吉尔吉斯工作，叶甫盖尼·德米特里耶维奇便向共和国领导人提出了唯一一个条件——保证不间断地提供质量上乘的麻醉剂。这一条件被接受。于是这位学者做了大量的工作，并且卓有成效。关于这一点，本注释的作者是 1962 年从吉尔吉斯加盟共和国科学院院士 К. К. 尤达欣处获悉的。针对叶甫盖尼·德米特里耶维奇在注射麻醉剂之后的工作状态这一问题，他回答道"哦，他有了双倍的干劲儿！关键就是一定要控制好剂量"，而这一点正是这位学者的贤妻所关心的。在正常情况下，这些注射保证了旺盛的生命力。在 Е. Д. 波利瓦诺夫案件侦查档案里（联邦安全局中央档案室，第 96109 号卷宗第 6 页）存有一份 1937 年 8 月 5 日开具的医学鉴定，其中写道："被关押者波利瓦诺夫患有麻醉品瘾，需要注射双倍剂量的海洛因。"其实 Е. Д. 波利瓦诺夫是一个意志力非常坚强的人，因此可以设想，之所以养成使用麻醉剂的习惯——是实验导致的结果，这类似于 И. М. 谢切诺夫在完成题为《酒精麻醉的生理作用》的学位论文过程中用自我观察法所做的那种实验。无怪乎 Е. Д. 波利瓦诺夫撰写了著作《论麻醉剂对人的语言意识的影响》，尽管该著作未得以公开发表（见 В. 拉尔采夫：《叶甫盖尼·德米特里耶维奇·波利瓦诺夫：生平与活动片断》，莫斯科，1988 年版，第 319 页）。——原编者注

　　③ Е. Д. 波利瓦诺夫失去了半截左前臂。他失去胳膊，多半是因为一次不幸的意外。据这位学者的表妹夫 В. Б. 洛普欣所言，"有一次，在火车驶进奥拉宁鲍姆车站站台快要停下来的时候，他从车厢的平台上滑落了下来"(Б. В. 洛普欣：《10 月 25 日之后》，见《往事岁月》第 1 辑，巴黎，1986 年版，第 16—17 页)。В. Б. 什克洛夫斯基在《散文理论》(莫斯科，1983 年版，第 72 页)和《从前有个……》(莫斯科，1966 年版，第 176 页)这两本书中的相关记载很能说明问题。需要强调的是，这次不幸事件发生在他挚爱的母亲叶卡捷琳娜·雅科夫列夫娜·波利瓦诺娃(1849—1913)去世后不久。——原编者注

杜:这就是说,他成为副部长只能在 1918 年 7 月之前,也就是在左派社会革命党分子还能够进入人民委员会的时候。那时卡姆科夫,还有普罗相也都加入了。列宁曾为后者写过一篇悼念文章。

巴:什克洛夫斯基也曾经是……

杜:社会革命党成员。

巴:是的,左派社会革命党成员。[①] 您知道,当时已有公开发表的材料说他是左派社会革命党分子,那时的情况是,已开始出现混乱局面,对左派社会革命党分子已开始实施抓捕……后来报纸上还专门刊文声讨他。当他得知这一情况后……

杜:就躲到国外去了。

巴:是的,去了国外。

杜:他在外面待了两年,后来不知为什么又回国了。

巴:是的,后来回来了,不过,似乎再也没有起到多大的作用。

杜:当然……这就是……一场冒险。

巴:是的……他不是政治家,可以说是一个冒险家。他是在冒险。

杜:那么您在上大学期间就认识波利瓦诺夫吗? 什么时候他的双臂还是完整无缺的?

巴:至于什么时候他的双臂还是完整无缺的……我觉得……好像是……我记不太清了……后来当我知道他的时候,他就已经是一只胳膊了。

杜:他后来去过突厥斯坦的某个地方。

巴:是的,是的。后来他从列宁格勒消失了,漂泊在外……去过君士坦丁堡……

杜:总的来说,他绝不是学院派的学者,不过却很有才华。

---

① В. Б. 什克洛夫斯基曾于 1918 年加入社会革命党的战斗组织,该组织准备发起反布尔什维克的暴动;同年秋天,在该组织被捣毁后,他逃离彼得格勒,藏身于伏尔加河流域,后来便远离政治。但数年之后,这段往事被重新提起:他的名字出现在 Г. И. 谢苗诺夫撰写的关于社会革命党人于 1917—1918 年所从事政治活动的一本小册子里,该书是由于开始准备对他们进行诉讼而于 1922 年 2 月在柏林出版的。В. 什克洛夫斯基在 1922 年 3 月 16 日和 24 日致高尔基的书信中讲述了他是如何逃离彼得格勒,如何躲开埋伏的(其中的一次埋伏是在 Ю. Н. 蒂尼亚诺夫家中设下的,对此 В. А. 卡韦林在《结局》(莫斯科,1918 年版,第 8—13 页)一书中做了讲述),后来,他穿越冰封的海湾,逃到了芬兰[见 В. Б. 什克洛夫斯基:《致 М. 高尔基信札(1917—1923)》〈А. Ю. 加卢什金娜选编并注释〉,见 De visu 1993 年第 1 期,第 30 页,第 41—42 页]。什克洛夫斯基于 1923 年 10 月从德国回到俄罗斯。——原编者注

巴：他才华卓著，学识极为渊博。他不仅具有才华，而且很博学。这就是波利瓦诺夫。

那么，其中还有哪些语言学家呢？接下来的一位语言学家应该是我提到过的洛帕托，他曾在谢尔巴那里工作过。

杜：彼得堡的谢尔巴，而在莫斯科那时则有福尔图纳托夫。

巴：是的。不过在彼得堡多半是……博杜安·德·库尔特奈。谢尔巴其实不是理论家，他只不过……首先，他是优秀的法语专家。他的代表作研究的是法语，这是他最有价值的书。其次，他是一位教育家。而博杜安·德·库尔特奈根本算不上是教育家，这一点我已说过了。

杜：是的，您已说过了。那么西方教研室呢？

巴：西方教研室嘛，最重要的人物是彼得罗夫①。

杜：维谢洛夫斯基兄弟都已去世了吗？

巴：维谢洛夫斯基兄弟都已不在了②，但是维谢洛夫斯基学派有继承人。比如，希什马廖夫③就是。我认识他。有一段时间他担任过世界文学研究所的所长。但时间很短。他回到了列宁格勒，并且是在列宁格勒去世的。他在生前就已出版了一本精彩之作——《罗曼语系语文学导论》。〈……〉

杜：现在的术语"文学学"实际上在那时是根本不存在的。语文学家是按照门类来分的：古典学者、印欧学者……

巴：……罗曼—日耳曼学者……还有斯拉夫学者。

杜：那么，在彼得堡有哪些斯拉夫学者？

巴：我没有研究过斯拉夫学。我甚至都不记得有哪些人了。另外，我甚至还听过某人的课，因为得通过某种斯拉夫语的考试。我学过一点儿波兰语，我们读过《塔杜施先生》，还读了一点儿《先人祭》④。但我不是特别感兴趣……可以说，只是为了完成任务。我对波兰语从来就不感兴趣。

---

① 德米特里·康斯坦丁诺维奇·彼得罗夫(1872—1925)：罗曼语文学家，主要是西班牙语专家，彼得堡大学教授。——原编者注

② 维谢洛夫斯基兄弟：亚历山大·尼古拉耶维奇(1838—1906)——科学院院士；阿列克谢·尼古拉耶维奇(1843—1918)——西欧文学史家，莫斯科大学教授。——原编者注

③ 弗拉基米尔·费奥多罗维奇·希什马廖夫(1874—1957)：罗曼语文学家，A. H. 维谢洛夫斯基的学生，法语史专家，科学院院士。——原编者注

④ 《塔杜施先生》和《先人祭》：分别是波兰诗人密茨凯维奇的长诗和诗剧。——译注

杜：应该说，1915—1916 年间彼得堡大学的现实图景在您的描述中，比维克托·鲍里索维奇·什克洛夫斯基公开演讲中所描绘的，要好得多……他关注的焦点是温格罗夫——并且取否定的态度……

巴：因为他在他的普希金小组里工作过。

杜：……那么，也就是说，年轻人造了这个温格罗夫的反。在大学里还有哪些关于他的事？我虽然听他讲过三次课，但却一无所获。

巴：不，应该说，这是有失偏颇的。因为他知道，这么说吧，他只是从一个侧面参加了课堂讨论……这当然不公道。温格罗夫是一位真正的经院型学者。当时造反的那些年轻人都是接近未来派之类的，对于他们来说，诗坛上最重要的人物自然是马雅可夫斯基……

杜：还有赫列勃尼科夫……

巴：是的，赫列勃尼科夫……当然不是那样，他（指温格罗夫——编者）是一位令人敬重的学者，不过是实录考据型学者和文献索引专家，他是一位优秀的文献索引专家。无论如何，在文献索引方面是可以向他学习的。〈……〉

对了，顺便提一下，说到 Omphalos'e……我们举办过各式各样的会议，后来还对字谜着了迷。我记得，有一次是在某人的家里，那人是……

杜：学者们猜字谜，是吗？

巴：是的……是在斯列布尔内的家里……他年岁比我们大，当然不是比所有人都大，但比我们大多数人都要大些……他已经是副教授了，上古希腊诗律的实践课。像许多教授和副教授一样，他的课堂讨论是在他家里上的。这在当时很时兴。泽林斯基那些有名的讨论课就是在自己家里上的，而且他妻子还招待我们吃喷香可口的馅饼。就这样，我们坐在斯列布尔内家里，上讨论课，后来一部分关系较疏的走了，而我们小组与他的关系最为密切……课后总是留下来喝茶，接着还猜字谜。我还记得有一个字谜是 Бурлюк（"布尔留克"——译者）。第一部分是"布尔"。我哥哥把"布尔人"出色地表演了一番：他一手拿着圣经，一手提着火枪，总之是一个形态逼真的布尔人……

杜：是的，当时英国人与布尔人的战争刚结束不久，布尔人很时髦。

巴：是的，布尔战争①刚刚结束。

杜：有一本小书叫《皮得·马里斯——来自德兰士瓦的年轻布尔人》。什克洛夫斯基回忆时也讲过，我还记得。那么"留克"②是指什么？是说掉进洞口了吗？

巴："留克"？是的，自然是掉进洞口了。两部分合起来就是"布尔留克"。斯列布尔内天生是个演员，他出色地表演了"布尔留克"的样子。也就是学温各罗夫——对不起，应该是温格罗夫——的样子……还有一个人表演了温格罗夫，他也是一个人物，当时还没有一点儿名气。他是皮奥特罗夫斯基，阿德里安·皮奥特罗夫斯基③……他后来死得很惨，是被枪决的。

杜：被枪决的？

巴：是被枪决的！有什么好奇怪的！

杜：什么时候？

巴：这是一段荒唐的历史。准确的年份我记不清了，反正是在那个大恐怖时期被枪决的……

杜：是在革命时期还是 1937 年？

巴：是在 1937 年，没错儿，是在 1937 年。革命时期他还很年轻。他服过兵役，革命前夕入伍，当了俘虏，又英勇而巧妙地从德国战俘营中逃走了。逃出之后，他就开始了大学生涯，他既是一名年轻漂亮的大学生，又是一名有趣而出色的演员。他表演温格罗夫如何想进一步了解文学和诗歌的当代最新流派，为此来到一家演员和文学家的小酒馆。这可能指的是"流浪狗"或是……那时自然还没有"演员栖息地"呢……

杜：那时有"流浪狗"和"粉红灯笼"。

巴：是的。于是，他在那里遇见了一个人，一个诗人……别人向他

---

① 布尔战争(1899—1902 年)：1814 年，"开普殖民地"变为英国所有，英国移民蜂拥而至，他们的介入削弱了布尔人——居住于南非的荷兰、法国和德国白人移民后裔形成的混合民族的称呼——的特权。1835 年，布尔人向北大迁徙，建立了两个共和国——奥兰自由邦和德兰士瓦邦。后来，在这片土地上发现了黄金和钻石，大量英国人到达南非淘金，同布尔人爆发冲突。1899 年 10 月 11 日，英军和布尔人爆发战争。在战争中布尔人失利，战后双方共同建立了种族主义殖民政权南非联邦。——译注

② "留克"(люк)一词在俄语中意为"洞口，舱口"。——译注

③ 阿德里安·伊凡诺维奇·皮奥特罗夫斯基(1898—1938)：古希腊—罗马语文学家，翻译家(他是卡图卢斯诗歌的优秀译者)，戏剧理论家，剧作家。在巴赫金所说的那些年代，他在彼得格勒大学古希腊—罗马文学专业任教。——原编者注

介绍:这位是现代诗人,现代诗歌的领袖。这就是布尔留克。两人有了一段对谈。谈话内容大致是这样的:布尔留克严肃地捍卫形式主义立场,而温格罗夫则感动奇怪和惊讶,于是就提出各种问题,如此这般。(冲着猫说:"你又过来了。真拿它没办法。又来捣乱了。这个不安分的家伙。")

　　杜:请接着说吧,否则这些都会录下来的。

　　巴:什么?

　　杜:这些都会录下来的,我指的是我们和猫的谈话(笑)。

　　巴:是的。

　　杜:不过没关系,这甚或会活跃一下气氛。我会看住它的。请往下说吧。

　　巴:好吧,那么温格罗夫当然是旧有的经院式实录考证型文学研究的代表……

　　杜:那么这场戏是怎么演的呢?

　　巴:是这样演的:他感到奇怪、惊讶,却又解释说,他多少有点儿落后于生活,所以才觉得这一切极其古怪而不甚了然。实际上也的确如此。不过温格罗夫有一个特点:他特别能够宽容别人。他随时会接受别人的意见,甚至在不很理解的时候。他宽厚待人。所以他绝不会攻击年轻人……

　　杜:那么,未来主义者也收进他的文献卡片了吗?

　　巴:我想是收进去了,收进去了。不过总体说来,他当然是个大学者……

　　杜:我为什么讲起这个来了呢,因为维克托·鲍里索维奇讲的大学情况让我有些怀疑。有些太……他有点太不公正了……

　　巴:是的。也就是说……也许还不是不公正……我不知道该怎么说……

　　杜:有点儿见风使舵。

　　巴:是的,不过……我觉得是片面的。他所了解的只是一个方面。此外,您知道,那时的大学是革命前夕的大学,是革命之初时的大学。学生内部进行着争斗。分化、争斗得很厉害。

　　杜:是政治性质的吗?

　　巴:是的,是政治性质的。首先,有所谓学院派,他们认为参与政治不是我们的事,我们现在只需做一件事——学习。就是这样。

杜:这话没错。

巴:等我们毕业了再说。那时我们再分党派以及其他派别。现在什么派也不需要,没有任何任务。唯一的方向①就是好好学习。这就是学院派的看法。

杜:您也是这一派的吗?

巴:我不是,我不属于任何派别。

杜:但您曾经是一名学院派人士。

巴:不过总的说来,我当然是同情学院派的,因为他们的对手在校园里想尽办法……起哄捣乱,还搞出其他一些名堂。总之,他们一个劲儿地捣乱。无理取闹,闹得很凶,如此这般。这其中当然有各种各样的社会隐在势力。

杜:这其中恐怕既有社会革命党,也有社会民主党。而主要力量恐怕还是彼得堡大学的具有立宪民主倾向的那些人,即自由立宪民主倾向的人?

巴:那当然,学院派的大多数人都是立宪民主党领袖的子弟。

杜:教授们的子弟。

巴:是的。当时有人干脆说他们是"硬领派"。硬领派。而民主派的那些学生总是胡闹,他们连俄语都说不好,却几乎满嘴都是黑话。他们敌视学院派。就在校园里打架斗殴。

杜:打架斗殴?!

巴:没错。在大学生当中。

杜:打群架?

巴:是的。就在那个著名的大学长廊里。彼得堡大学有一条长廊穿过整幢大楼,是一条很宽的走廊……几乎像涅瓦大街一样——当时人们都是这么比喻的。当然,这有点儿夸张,不过,这条走廊确实很宽,各个系的学生在走廊上来来往往。就在那里打起了群架。

杜:怎么,就是有组织的对阵打架?

巴:不完全是这样,多半是个人出击,一个对一个。要是说这是有组织的行为——不会这样吧……

_____

① 在俄文中"派别"和"方向"是同一个单词。——译注

杜：一个人扇了另一个人的耳光，就是因为……

巴：是的，这个扭打一个，那个扭打另一个，于是就发生了小规模的斗殴……

杜：那么发生这种情况会怎么处理呢？会不会开除？

巴：不会。这种情形校方一般……

杜：不干预？

巴：是的，不干预。他们自行调解。但要是有大规模的示威，那就会干预了。当这些示威者有组织地破坏上课的时候，还真的开除过一些人。不过，好像几乎所有被开除的人后来都平安返回了校园。革命前大学里没有发生过特别的迫害事件。迫害事件是后来发生的，新政权建立以后。当时并没有。

杜：对不起，您在校时应当是卡索统治①时期吧？

巴：是的，我那时候，我那会儿正是。

杜：不过好像当时卡索把一些人送去当兵了。

巴：那是在末期，卡索统治的末期。不过，应该说，卡索……您知道，所有那些……具有革命倾向的人在写卡索，在评价我们大学的政策和国民教育政策时，严重地歪曲了事实。卡索是个非常聪明的人，有文化素养，受过欧洲教育。他是个欧洲人，是个欧洲人。实际上，他的政策是明智的，是非常明智的。他认为，建大学就是为了让人们求学，获取知识。至于大学毕业后在未来生活中，随你去做什么。〈……〉

杜：在出了一桩大丑闻之后，所有的自由派教授都纷纷离开了莫斯科大学。

巴：是的。在我们列宁格勒大学也出了点儿事，但我们所推崇的大教授中没有哪个离校的，也没有哪个是站在反对立场上的。

杜：那么这些教授都是四等文官吗？要么就是五等文官？

巴：不，决非所有的都是四等文官。

杜：这个官级是赐封的吗？

---

① 列夫·阿里斯季多维奇·卡索(1865—1914)：1910—1914 年间任国民教育部大臣。"卡索统治"这一概念主要是指 1911 年，那一年巴赫金还没有上大学，首当其冲的莫斯科大学发生了大规模开除左翼学生的事件(在自由主义观念中，这是发生在大学校园里的"斯托雷平的反动行为")。许多自由主义教授为了表示抗议，纷纷离开了大学，其中包括 K. A. 季米里亚泽夫、Π. H. 列别杰夫和 H. Д. 泽林斯基。——原编者注

巴：是的,这个官级是赐封的,不过……有的是根据供职年限而获得的,有的则没有升到这一官级。大多数教授都没有升到四等文官。通常做到五等就离职了。

杜：四等好像是低一级的官职吧? 还有二等,三等呢……

巴：是的,三等是高一级的。

杜：部长是三等吧?

巴：部长是二等文官。但也决非所有的部长都是二等文官,有三等的,据我所知,甚至还有四等、五等的。

杜：那么依次是:二等、三等、四等和五等文官。一共有 14 等官级吧?

巴：是的,14 个等级。

杜：这还是彼得大帝颁布的吧?

巴：是的,这还是彼得大帝颁布的,这是彼得大帝那项法令的第五条内容。

杜：一直到十月革命才废除的吧?

巴：是的,一直到十月革命。

杜：二月革命没有废除它吧?

巴：没有,二月革命根本就顾不上,这次革命不见得要破坏什么。

杜：是这样。那么,二月革命期间,您正好是彼得堡大学的学生吧?也就是彼得格勒大学。

巴：是的。不过说实在的,已开始在校内风起云涌的那些运动,我从未参加过。我完全置身其外。

杜：您完全不问政治。

巴：完全不问政治。我是不问政治,但对极端的东西我当然是不同情的,如极端的党派和国民教育领域中的极端措施。对这个我是绝不同情的。是不同情的。我认为,当时彼得堡大学乃至整个国民教育所具备的条件,完全可以保证人们成长为学者,保证人们适应生活。

应该说,学校的法律系也是相当强的。我记得,我自己去听过,大家都去听过彼得拉日茨基教授的课,也就是法学家彼得拉日茨基。[1]

---

① 列夫·约瑟福维奇·彼得拉日茨基(1867—1931):法学理论家,彼得堡大学法律哲学教研室主任,1918 年起侨居国外。——原编者注

应该说，听他讲课是挺费力的，因为他有特别重的波兰口音。再说他根本不善言辞。但他的课极为有趣。他是一个具有哲学素养的人。他尝试从新的哲学立场来看法学。这很有意思。

杜：这不，我们已说到 1917 年了。您说当时你们的 Omphalos 还是存在的。那么除了 Omphalos 以外，您没有参加过别的什么社团吗？

巴：没有参加过任何社团，因为很快所有这类社团都不能存在了。不过小组我是参加了的，革命后的一些小组。

杜：有哪些小组？文学小组吗？还是哲学小组？

巴：有哲学的，也有哲学—宗教性质和文学理论性质的，都是些非正式的小组。

杜：那您有没有参加过自由哲学联合会？①

巴：我只是去过……但从未在那里发过言。

杜：成立这个联合会基本上是安德烈•别雷的主意。

巴：是的，基本上是安德烈•别雷的主意。成立这个联合会。

杜：能从联合会内部观察一下会很有意思的。您参加过他们的会议吗？

巴：参加过会议，是的，参加过会议。应该说，我并不很赞同这个联合会，不很赞同。这是典型的俄国式的空谈，您明白吗，是空谈。没有严肃的学术报告。都是那种，您知道吗……夸夸其谈，主要是自由民主性质的夸夸其谈。

杜：……同时也带有理想神秘的性质……

巴：……只是在某种程度上也带有理想神秘的性质。我还赶上参加过哲学—宗教研究会的会议。这毕竟是更有意义的事情。

杜：这是梅列日科夫斯基所在的那个研究会吗？

巴：是的，是梅列日科夫斯基所在的……当时那个研究会的主席是卡尔塔绍夫。梅列日科夫斯基、吉皮乌斯，后来是菲洛索福夫，都起过重大作用。

杜：您念作菲洛索福夫，这个姓的重音是在第三个音节上？

巴：是的。那时大家都是这么念的——包括他的熟人和朋友……

杜：我却习惯把重音落在第二个音节上。

---

① 自由哲学联合会：1919—1924 年彼得格勒的文学哲学团体。——原编者注

巴：……他自己念的时候也是把重音落在第三个音节上的。所以这是正确的念法。

杜：好吧，我们现在还是集中谈一谈……我刚才之所以稍微耽搁了您一会儿——在大学这个话题上多停留了一些时间，是因为已故的老校长当初给我布置了一个，可以说是专项研究课题——俄国高等教育史……关于我的母校莫斯科大学，我掌握了不少材料……而在彼得堡大学方面，除了什克洛夫斯基那泛泛的空谈之外，我一无所有。从这一方面来说，我首次从您这里得到了某种相当完整的图景……

巴：我还想讲一讲大学的行政管理人员。

杜：请吧。

巴：校长、副校长，以及这样一些……行政管理人员，首先可以说是完全不干涉教学工作的。而且他们都是某领域的专家。例如格列夫斯①就是历史学家……

杜：啊，您认识格列夫斯？

巴：当然认识。如果没有记错，好像叫伊凡·米哈伊洛维奇。他们……本人都是从事学术科学研究的，而不是官僚，绝对不是官僚。对教学方面他们是不干预的。他们尽力营造一种严肃的科研工作所必需的安定环境。在列宁格勒很大程度上也做到了这一点，噢，不是在列宁格勒……

杜：是在彼得格勒。

巴：在彼得堡，在彼得格勒多多少少做到了这点。要我说，他们得到了大多数学生的尊敬，除了那些无理取闹的人。他们得到了尊敬，人们不能不尊敬他们。那个主任……他叫什么来着？……是学生工作处处长……好像不是，不是……

杜：是副校长？

巴：也不是副校长。他是纯粹的行政管理人员，学生的事全归他管。学生的档案也在他那里。他叫伊凡·谢苗诺维奇·斯洛尼姆斯基。一个可爱的小老头。简直是个圣人。心地善良，和蔼可亲，热于助

---

① 伊凡·米哈伊洛维奇·格列夫斯(1860—1941)：中世纪史学家，杰出的教育家，地方志学科奠基人，1899年起任彼得堡大学教授(直至去世)，但并未担任过校长一职。曾任(别斯图热夫)高等女子专修班历史—语文系主任。1911—1918年彼得堡大学的校长系 Э. Д. 格里姆(1870—1940)，他是西欧古代史和现当代史专家。——原编者注

人。学生工作实际上都是他管理的……

杜: 是管理人员。

巴: 是的,管理人员。具体的职务名称我想不起来了。他的儿子还是我的同学呢,比我年长。读完了法律系之后,又进了语文系,读了两个系。

杜: 收学费吗?

巴: 学费嘛,是收的。不过应该说,那时的学费并不高……

杜: 一年多少钱?

巴: 我记得,一年大约是 80 卢布。

杜: 有助学金吗?

巴: 有助学金。而且得助学金是很容易的。别信那些胡说。很容易得。不过,您瞧,大学生们还是觉得,有些不好意思拿助学金。大家也就尽量不要助学金。要是想拿的话,一点儿也不费力:只需两个同学签字,证明他确有困难。甚至常常会这样:有人拿着申请书来到办公室,在那里撞见两个学生,甚至是不认识的——只要当时办公室里有两个学生,就请求他们签字。他们当然照签不误。传统就是这样。很简单。而且总体上说,助学金发放得很广。我看,凡是真正有困难的,又不怕承认有困难,敢于提出申请的,都可以拿到助学金。不过,得说明一下,即使是有困难的学生,多半都也不去申请。这也是传统。

杜: 是不好意思吧。

巴: 不好意思,是的,不好意思。

杜: 那助学金有多少钱? 也是 30 卢布?

巴: 不,这实际上就是免费学习。还有一种是冠名奖学金,发给取得某些成就的学生,当然是指科学上的成就。不过,我这会儿记不得有哪些了……

杜: 是资助者提供的吧?

巴: 是的,是资助者提供的。所以是冠名的奖学金。这只是免费接受教育而已。

杜: 如果半年是 40 卢布,这就是说,一个月还不到十卢布。

巴: 一个月不到十卢布!

杜: 不过,十卢布当然也算是一笔钱了。

巴: 这也算是一笔钱了,算是一笔钱了。即便如此,人们也宁愿不申请,更何况可以很容易靠教课来挣钱,靠写点儿文学小作品和书评之类的……您知道,应该说,学生食堂的伙食很好,非常好,花上……我现在记不清了,大约花十戈比就能吃上一顿很好的午饭。

杜:到我那个年代一顿午饭就是 33 戈比了,而且应该说,吃得很差。

巴:还是我那会儿吃得好。

杜:不过面包倒是可以随便吃的。

巴:那个时候面包根本就不定量,随便吃……

杜:到 1926 年也还是这样。

巴:是的。不过午饭很不错。简单而实惠。一般都有菜汤,很不错的菜汤,汤里有肉,还有烂饭,肉饼……

杜:有意思。我念大学正好赶上新经济政策时期的后半段,1926 年到 1930 年,我也是靠教课为生的。我没得助学金。我估算了一下。那时我教课每小时的收入是一卢布,后来甚至都提高到了一个半,而学生食堂里一顿午饭 33 戈比。

巴:伙食很差。

杜:伙食很糟。而且还要排队,队伍由高到低排得很长,大约要等 40 分钟。

巴:我记得,我们那会儿不用排队。

杜:我们是在布龙街上。

巴:其实所谓的长龙阵只是后来才有的……

杜:不,1917 年,1916 年就已经有了。

巴:不过,1916 年不是到处都有,只是有一些东西是要排队买的。

杜:买面包恰恰是要排队的。

巴:是的。

杜:您给大学描画出了一幅非常鲜明的图景。当时谁是彼得堡大学的校长?

巴:当时的校长是格列夫斯。

杜:格列夫斯是位历史学家。他好像当过系主任,是吧?

巴:他有一段时间当过系主任,我想是后来当的校长。现在我记不清了。需要说明的是,学生不必和校长打交道。可以在大学读完毕业,也可以留在大学里,随便呆多少年……没有期限规定。施行的是所谓课程制,也就是说,每门课你想什么时候考,就什么时候考。当然,这其中也有例外,比如有些课要想通过考试,必须首先通过课堂讨论课或实践课一类的考试。这样您就很自由:你想考了,你就去考。你这次通过了,那就记到你的……成绩簿。那么……你可以在四年内通过考试,然后再参加考试,也可以用五年、十年、二十年……有一些老学生,无期限地……读下去……

杜:这也太不合理了吧!

巴:是的。你读好啦……只要交学费就成。此外没有任何要求。

杜:您不觉得这够荒唐的吗?

巴:这无疑有它的缺点。但也有其优点。这么说吧,有些人……像那些老大学生,的确从来就不学习,但他们需要在生活中具有某种位置,他们就成了永久的大学生。人们正是这么称呼他们的:永久的大学生。而在德国,在德国的大学里也同样有这种情形,只是更自由一些。那里发一种通用的成绩册。您可以在这所大学里考这门功课,在那所大学里考那门功课,到第三所学校考第三门,所有成绩全部有效。

杜:这么说,"年级"和"升级"的概念都不存在了?

巴:概念还是有的,不过实际上,只是徒有其名。一般就按实际学习年头来计算:学了三年便是三年级……

杜:要是一个人学了八年,那不就成了八年级的学生?……

巴:不,再多就不算了,再多就不算了……可说"他考的是某门功课……"或是"他留下的'尾巴'是……"

杜:您是说,留有"尾巴"的学生?……

巴:他学了五、六年,但留下不少"尾巴",就是说,他还有许多门功课尚未通过考试。而在德国情况是这样的:那里,可以在任何一所德国大学里通过任何一门课程的考试。这样非常好,因为各校有不同的教授。每个人都渴望听一听当时最好的名教授的课程,并能通过考试,于是一个接一个地来到学校就学……

杜:来到别的学校。

巴:是的,别的学校。然后再换一所,如此延续下去。那里也会有那些……只是在我们这里才称为"永久的大学生",而在那里叫做bemooster Herr,就是长满了……这个……

杜:长满了胡子的?

巴：不是，我这就告诉您更为贴切的译法……Moos，bemooster Herr，意为：满是……青苔的！青苔，就是青苔！这种译法最准确；长满青苔的、长满青苔的大学生，满是青苔的大学生……这就是 bemooster Herr——这位先生的实际含义。我们这里叫做"老大学生"或"永久的大学生"。是吧……我记得，列昂尼德·安德烈耶夫有部戏叫《老大学生》。对吧？或许是另一个叫法？[1]

杜：是的，我觉得好像不是这个叫法。

巴：其中的主角就是一位老大学生，他试图与那些有革命热情的年轻人打成一片。

杜：米哈伊尔·米哈伊洛维奇，有一点我们今天还是不要……跳过去吧，请您讲讲……那时您所见过的……文化名人有哪些？例如您见过夏里亚宾……您自己观察过什么人？同谁认识（也不一定非得熟识）？……您常去艺术剧院。对艺术剧院您还有什么印象？要知道，您的看法……

巴：艺术剧院？是的，我当然了解，莫斯科艺术剧院我是了解的。剧团曾到我们那里去巡演。

杜：去哪里巡演？是奥德萨吗？

巴：不，是彼得堡。不过，我第一次见到剧团的确是在奥德萨，当时剧团去那里巡演。

杜：那就从夏里亚宾和索比诺夫讲起吧。

巴：您要知道，关于夏里亚宾……老实说，我能说些什么呢？夏里亚宾给我留下了十分强烈的印象。对索比诺夫的印象则要淡一些，似乎要淡一些，不知为什么……

杜：您可是一位音乐爱好者。

巴：是的，但我绝对算不上音乐方面的行家。我是爱好音乐……也受过音乐环境的熏陶，但我本人却没有成为音乐家。我在音乐学院教过书，但教的是美学。我朋友当中倒是有一些音乐家。例如……玛丽娅·韦尼阿米诺芙娜，一位相当出色的……

杜：不过那是后来的事了。

巴：是的，要稍晚一些。

----

[1]　这部戏的名称为 *Gaudeamus*（1910 年）。——原编者注

杜：关于玛丽娅·韦尼阿米诺芙娜我们还要专门来谈。

巴：好吧。那是后来的事。那么现在……有什么可说的呢？印象深刻……不过……关于夏里亚宾，总得说点儿别人以前没有写过的新内容吧……前不久是他的纪念日，人们对他多有回忆……此外我能补充些什么呢？夏里亚宾给我留下了十分强烈的印象。说实在的，我没有听到过比他唱得更好的男低音，后来也没有听到过。我听到过的优秀歌唱家可不在少数。

现在来谈一谈……艺术剧院。我最初是在奥德萨观看到剧团演出的，后来就是在列宁格勒了。我记得，我在莫斯科从未去过艺术剧院，如果没有记错的话。是在剧团来列宁格勒期间——这一点我记得很清楚。革命前和革命后都来过。

杜：您见过剧团的第一批成员吗？

巴：是的，见过第一批成员。

杜：那就请您谈一谈您对莫斯科艺术剧团的评价和印象。当然，我也特别对……还是说一说梅耶霍德吧——当然他是晚些时候才加入的……

巴：梅耶霍德是晚些时候才加入的，没错儿，梅耶霍德是晚些时候才加入的。关于他的一些情况我多半是从别人那里听说的。这么说吧，我和梅耶霍德有一些共同的熟人和朋友……是的。当然，梅耶霍德本人我也认识，但对他了解得很少，很少……

杜：莫斯科有大剧院、小剧院和艺术剧院……

巴：是的。那时还不叫大剧院，而是叫玛丽娅剧院。

杜：噢，那是在彼得堡！

巴：叫玛丽娅剧院。是的。我觉得是后来，现在才叫大剧院的。

杜：不是，大剧院是莫斯科的，我说的是莫斯科。那时您没在莫斯科住吧？

巴：我去过莫斯科，不过只是偶尔去一趟，那时并不住在莫斯科。再说，实际上我从未在莫斯科长住过，这里我倒是常来……住一住。革命后，我多次来这里居住，每次住的时间都很长。这不，我并不是从莫斯科来了解莫斯科艺术剧院的。最初我是在奥德萨见到剧团的。那次来的都是老戏班子，自然有……

杜：康斯坦丁·谢尔盖耶维奇？

巴：有康斯坦丁·谢尔盖耶维奇。我甚至还记得我们走过去看他

的情形……那是在"伦敦饭店",里面有一个餐厅,一扇扇硕大的窗户面
向街道,就在一楼。我们走了过去,看见斯坦尼斯拉夫斯基本人和其他
一些人正在那里用餐。看得清清楚楚……

杜:那么,您作为一名观众喜爱艺术剧团吗?

巴:说不上喜爱。但我对它有好感,印象不错……有些演出……我
记得我是看过的。《布兰德》这部戏让我感到很震撼。

杜:谁演的布兰德?

巴:我记得,出演这个角色的是……卡恰洛夫。是卡恰洛夫。

杜:那《在底层》呢?

巴:《在底层》,您要知道,我没看过,未曾看过《在底层》。因为我从
来就不是高尔基的崇拜者,所以我……不太想去看他的戏。

杜:那么,您看过契诃夫的戏吗?

巴:契诃夫的我看过,契诃夫的我看过,不过我得实话告诉您,我觉
得他们……理解得不对……没有读懂契诃夫。

杜:没有读懂? 理解得不对?

巴:是的,没有读懂,理解得不对。

杜:依我说,从他们那里看到的是一个过分伤感和优柔的契诃夫。

巴:是的。况且……契诃夫本人把自己大部分的剧作都称为笑剧
或喜剧。例如,他把《樱桃园》径直称为笑剧。当然,从体裁理论的角度
来看,这并不完全准确,但其中笑剧、喜剧的成分很足,这是毋庸置疑
的……要是把它演成……

杜:一部几乎是感伤的戏……

巴:是的,把它演成情节剧,那是绝对不行的……绝对不行,绝对不
行。可他们却这么做了。

杜:这很奇怪。

巴:应该说,后来,当剧团成员有了变动之后,尤其是当这个剧院……
被视为楷模,被称是其他所有剧院学习的样板之后,它就完全退化了。

杜:完全退化了?

巴:是的,退化了。它被……标准化给扼杀了。就这一方面来说,
也不足为怪:一旦将某一种文化现象奉为标准,那就等于把它给扼杀掉
了。不能这么做! 它只能存活在自由的、自由竞赛和竞争的氛围
中……以及批评的氛围中……当这种氛围一律被禁止的时候,剧院就

会死亡……

　　杜：是这样。您谈了……戏剧和音乐。那诗人的情况呢？

　　巴：诗人？诗人……我是知道的。在重要的诗人中我没有同谁有特别密切的关系，但我认识许多人，几乎是所有诗人。首先，我认识一个人，尽管他是我喜欢的诗人，而且他的为人也令我十分敬仰，不过我同他也没有什么密切的交往，他就是维亚切斯拉夫·伊凡诺夫。维亚切斯拉夫·伊凡诺夫。不过我同他没有特别密切的交往。

　　杜：您是在哪里认识他的？

　　巴：我是在列宁格勒认识他的，在一个晚会上，是别人介绍我们认识的……事情是这样的：我有位挚友——沃洛希诺夫……他是《马克思主义与语言哲学》的作者（可人们总把它，这么说吧，归于我的名下）。他全名叫瓦连京·尼古拉耶维奇·沃洛希诺夫[①]。他父亲是维亚切斯拉夫·伊凡诺夫的朋友，好像他父亲同维亚切斯拉夫·伊凡诺夫甚至都以"你"相称……在文学晚会上，他把我介绍给了维亚切斯拉夫·伊凡诺夫，那还是在列宁格勒。后来，1917 年革命之后我同他见面已是在莫斯科了。我印象特别深刻的是，我同他的最后两次见面，那是在他动身去……巴库之前。他去巴库之后我就再没有见过他……那时是非常艰难的岁月，饥荒的年代。他当时住在疗养院里。如果没有记错，这所疗养院位于阿尔巴特街上的斯帕索—涅奥帕里莫夫胡同。

　　杜：不在阿尔巴特街上，是斯摩棱斯克林荫路上的涅奥帕里莫夫第三条胡同。这所疗养院我是记得的。没有斯帕索—涅奥帕里莫夫胡同。有斯帕索—佩斯科夫胡同。

　　巴：可能是吧。

　　杜：它靠近祖博夫广场，这条胡同。这是一所供脑力劳动者解除疲劳的疗养院。

---

　　① 瓦连京·尼古拉耶维奇·沃洛希诺夫(1895—1936)：诗人，音乐评论家，M. M. 巴赫金的朋友——他们是 1919 年在涅韦尔相识的，后来在维捷布斯克住在同一套房子里。20 年代在列宁格勒他加入了巴赫金的亲密朋友圈。从 1926 年起，以他的名字出版了两本书：《弗洛伊德主义》(列宁格勒，1927 年版)和《马克思主义和语言哲学》(列宁格勒，1929 年版)，还发表了一系列关于理论语言学的文章，这些著作和文章的作者权问题在最近 20 年成了争论的议题。巴赫金作为作者参与了这些著作的撰写，这一点已得到许多证据的确认，不应受到质疑，然而，就这一参与的形式和程度的问题却还在争论。关于这些论著的作者权问题，C. Г. 鲍恰罗夫在《关于一场谈话及其相关问题》一文(见《新文学评论》1993 年第 2 期)中作了论述。另见 H. Л. 瓦西里耶夫撰写的《沃洛希诺夫传略》(见《瓦连京·沃洛希诺夫：人文学科的哲学和社会学》一书，圣彼得堡，1995 年版)。——原编者注

巴：正是！对的。

杜：我去过那里，因为 1920 年我父亲重病之后曾在那里住过一段时日。和他同屋住的是布宁。他的名和父称叫什么来着？就是伊凡·阿列克谢耶维奇的哥哥。

巴：不过这是后来的事了。我是 1920 年在那里的。

杜：是的，是 1920 年。我记得是 1920 年夏天。我一直把这家单位同一本书联系起来，就是格尔申宗和……

巴：维亚切斯拉夫·伊凡诺夫写的……

杜：是的，伊凡诺夫的《两个角落的通信》。

巴：对，对。我恰好就去过这个房间，只是当时只住了维亚切斯拉夫·伊凡诺夫一个人，格尔申宗已经……或许还没有住进来，我记不清了……①

杜：要不就是已经不在那里了。

巴：要不就是已经不在那里了，要不就是还没有住进去。也就是说，这两个角落间的对话是否有过，我说不准。这两个角落，我倒是看见了。不过，第二个角落里也住着一个非常有趣的优秀人物。他是……诗人……叫什么来着……记忆完全不行啦，他作为诗人我也很喜欢，他那精彩的回忆录我十分推崇……他是霍达谢维奇。

杜：啊！他还在莫斯科，还没有离开？

巴：他还在莫斯科，没有走。他在这间房子里占了第二个床位。也许，这是另一家疗养院？两层的白楼……

杜：正是。

巴：两层的白楼。食堂在楼下，进门向右走。再往前是上楼的阶梯。

杜：如今这幢楼房又加高了。我住得不远，在涅奥帕里莫夫第一条

---

① 关于 1920 年 8 月两次去疗养院拜访维亚切斯拉夫·伊凡诺夫一事，M. M. 巴赫金在 1974 年 4 月 10 日与本注释作者的交谈中做了叙述。巴赫金是同 B. H. 沃洛希诺夫一道前往的，后者给伊凡诺夫朗读了自己的诗作。参与谈话的有 B. Ф. 霍达谢维奇，他在疗养院拥有单独的一个房间（而不是与伊凡诺夫同住一间——巴赫金记错了）。关于自己在疗养院的逗留情况，包括当时也居住于此的尤里·阿列克谢耶维奇·布宁——作家布宁的弟弟的情况，霍达谢维奇在随笔《疗养院》中作了回忆（见 B. Ф. 霍达谢维奇：《散文选》，纽约，1982 年版）。维亚切斯拉夫·伊凡诺夫与 M. O. 格尔申宗的《两个角落的通信》从 6 月 17 日延续至 7 月 19 日；在霍达谢维奇搬到疗养院居住后，其书信往来已经结束。当巴赫金和沃洛希诺夫造访疗养院时，格尔申宗已经不在那里。——原编者注

胡同。所以我都记得。

巴:可能是我弄错了……因为这些胡同太多,阿尔巴特街上也有……不过这是可以搞清楚的,因为我有……这本《两个角落的通信》。

杜:这可是难得一见的书。

巴:是的……我现在手头就有这本书,只可惜,不是我的。不过,说不定会成为我的,因为主人一直没有把书给要回去。

杜:那么,您也认识格尔申宗吗?

巴:不—不。维亚切斯拉夫·伊凡诺夫在那里呆过。

杜:您认识维亚切斯拉夫·伊凡诺夫本人吗?

巴:认识他本人。这多亏了沃洛希诺夫。

杜:那么,您有没有发现,这么说吧,他毕竟有点儿……您是怎样一个人?你们不是搞了个 Omphalos 嘛,而维亚切斯拉夫·伊凡诺夫……无论如何也不能算作 Omphalos 的成员,他只能算是 Omphalos 的研究对象。

巴:在某种程度上说,他确实也是 Omphalos 的研究对象,在某种程度上说是这样,不过这完全不排除他给了我们巨大的影响,对所有 Omphalos 成员都有巨大影响,丝毫不排除我们对他的尊敬。另外,Omphalos 成员大都用古希腊—罗马的格律来写诗……

杜:他作为诗人,您也给很高的评价吗?

巴:他作为诗人,我的评价也很高……我推崇他,恐怕主要还是把他当做诗人;但也当做学者。非常有意思的首先是他的文集。有些文章写得很精彩。他出过三本书。

杜:米哈伊尔·米哈伊洛维奇,关于象征主义……您谈了维亚切斯拉夫·伊凡诺夫。看得出来,您自然还是对古希腊—罗马文化这条线上的人感到很亲切。那您是否还遇见过英诺肯季·费奥多罗维奇·安年斯基?

巴:不,我没见过他。1909 年他就去世了。〈……〉不过,他的第一本书我是知道的,自然也很熟悉,而且也很推崇——就是那本《宁静的歌》。作者署名：尼克·托儿。①

　　杜：您同勃留索夫有过什么……

　　巴：同勃留索夫，是的。我同勃留索夫见过几回面，也交谈过，不过没有什么特别的亲近关系，尽管应该说我对他——勃留索夫深怀敬意。现在当我读到一些人写的回忆勃留索夫的文章……好像也包括那个霍达谢维奇……我感到很气愤。

　　杜：霍达谢维奇写的回忆文章我没有读过。倒是读过茨维塔耶娃的……

　　巴：茨维塔耶娃的也写得很糟糕。

　　杜：我记得篇名是《狼》。

　　巴：其中她好像写了……这么一个评语："克服了的平庸"。

　　杜：您知道这是谁的评语吗？出自艾亨瓦尔德②。

　　巴：出自艾亨瓦尔德？

　　杜："克服了的平庸"。

　　巴：也许是吧。不过这成了茨维塔耶娃文章的基调。她也认为，他是一个平庸之辈，只不过靠自己的勤奋等因素，他成功地克服了这种平庸，所以平庸就看不见，没有表现出来，他这才有所作为。

　　杜：您不同意吗？

　　巴：完全不同意。他不是一个才华卓越的诗人，甚至可能也算不上

　　① 尼克·托儿(在俄语中，尼克·托儿〈Ник. Т-о〉是"没有人"〈никто〉一词的谐音词。——译注)：英诺肯季·费奥多罗维奇·安年斯基(1855—1909)的笔名。1901 年，И. Ф. 安年斯基将自己创作于 90 年代末的诗歌汇编成题为《逃出波吕斐摩斯洞穴的乌季斯》的作品集。乌季斯(在荷马的史诗《奥德赛》故事中，奥德修斯及其水手们从特洛伊返航回家的途中登上了独眼巨人波吕斐摩斯所在的岛屿。波吕斐摩斯将他们困在了他的洞穴之内，并吃掉了奥德修斯的几名同伴。为了逃生，聪明的奥德修斯想了个办法：他把没有勾兑的烈性葡萄酒给波吕斐摩斯喝，并告诉他自己的名字叫 ουτι〈读作"乌季斯"，即"没有人"的意思〉乘巨人醉酒熟睡之际，奥德修斯把削尖的橄榄树桩插入了巨人的独眼。巨人大声呼喊，请求别人救助，但他呼喊的"没有人攻击我"被别人当成了玩笑，因而没人前来帮助他。——译注)，或没有人，是奥德修斯向波吕斐摩斯谎报的名字。稍后，1904 年，И. Ф. 安年斯基用这一假名的俄化形式(用"没有人"一词的字母组成诗人的笔名)，即尼克·托儿，出版了诗集《宁静的歌》。这一笔名反映出诗人关于诗歌不可知性的思想。在接下来的谈话中提到了 И. Ф. 安年斯基的哥哥尼古拉·费奥多罗维奇·安年斯基(1843—1912)——政论家、经济学家、自由派社会活动家、《俄罗斯财富》杂志编辑。И. Ф. 安年斯基曾指出哥哥在其教育和成长中所起的重大作用，尽管他们的观点和兴趣不尽相同。——原编者注

　　② 尤里·伊萨耶维奇·艾亨瓦尔德(1872—1928)：著名批评家，1922 年被驱逐出境。艾亨瓦尔德的小册子《勃留索夫》(莫斯科，1910 年版，第 32 页)最后几句话说的是"被制胜的平庸之伟大"。——原编者注

是个大诗人，但却是一位极有价值、极有益的文化活动家，也是诗歌文化活动家。在提升俄罗斯诗歌文化方面，他所起到的作用是巨大的。要知道说到底，他的确使我们接近了西欧的象征主义。他做了很多事情。不仅如此，为了使人们能正确理解古希腊—罗马的诗歌，他在翻译方面，尤其是在他所熟知的晚期罗马诗歌的翻译方面，也做了许多工作。即使作为一个诗人，虽然我不认为他是伟大的，也不认为他是大诗人，但他终究是一位真正的诗人，而不是什么平庸之辈，即便是被克服了的平庸。霍达谢维奇在评价他和他的为人时，说了这样一些缺点……

杜：霍达谢维奇本人就令人生厌吗？

巴：您知道吗，他给人的印象是双重的……他的外表……在我刚认识他那会儿，看上去很有意思。他很瘦。简直就是副骨头架子，身上瘦骨嶙峋的，整个人干瘦干瘦的。我第一次见到他的时候，他的体型……立刻让我想到了当时很风行的名画和一个人的体貌。这人就是贺德勒。贺德勒①。您大概不知道吧？

杜：贺德勒？不，不知道。

巴：是的，他好像被遗忘了。他可是那时很有名气的一位瑞士画家——这个贺德勒。他笔下的人物，就是这么瘦骨嶙峋，干瘪瘪的。霍达谢维奇正是这样瘦骨嶙峋，干瘪瘪的。一眼就可以看出，此人不善，恐怕还很凶狠。他本人也是这么自我评价的。不过与此同时他身上又有某种魅力。首先，尽管他干瘪瘪……瘦骨嶙峋的，而且还这么……凶狠（这在他身上能感觉到），但同时他身上还有股孩子气。

杜：是霍达谢维奇吗？

巴：是霍达谢维奇，尽管这有点令人不解。其实这反而更有一种特别的魅力。其次，他的形象毕竟在各方面都超越了他的凶狠和他那副干瘦的样子。

杜：值得注意的是，当他还没有最终成为反苏侨民的时候，当他在……国外期间，高尔基对他仍是十分友善关切，喜爱他的诗作。

巴：高尔基是这样的。卡米涅夫保护过他，确切地说，是卡米涅娃保护过他。

---

① 费迪南德·贺德勒(1853—1918)：瑞士画家和雕塑家，早期表现主义者。——原编者注

杜：奥莉加·达维多芙娜·卡米涅娃？

巴：是的。您读过卡米涅夫的《白色走廊》①吗？

杜：没有。

巴：这是一本很有意思的书。

杜：是在国外出版的吗？

巴：是在国外写的，正是十月革命的头一年。白色走廊在克里姆林宫，凡是住在那里的领袖们的房间都通向这条白色走廊。

杜：没有，没读过。侨民文学我读得很少。如今想看到这些书不算很难，我这才……那时我还小。可不是吗，只是一个八岁的孩子。

巴：这本书在我印象中是 1926 年写完的，当然也是在国外发表的。

杜：这不，您对霍达谢维奇刻画得很生动。霍达谢维奇……

巴：维亚切斯拉夫·伊凡诺夫，可以说是一位极其复杂的人物。有些评价……某些人认为他令人无法容忍，待人刻薄等等……

杜：您指的是维亚切斯拉夫·伊凡诺夫？我认为……他周身透着一股华贵之气。

巴：有些人也是这么看的……您会问是什么人？我印象中，别雷在某种程度上就是这么评价他的。在那个年代，确实是有华贵之气的。依我看，这毕竟是他身上最主要的方面，是最主要的方面。

杜："对缪斯的侍奉不宜于烦嚣"。我就是用普希金的这一信条来理解他的。

巴：是的。

杜：那么，勃留索夫和维亚切斯拉夫·伊凡诺夫——他俩关系如何？

巴：他俩的关系，我觉得不错，他们互不敌视。无论在诗歌方面，还是在……

杜：是的，不过您还记得吧，在 20 世纪头十年的那场大讨论中，总的说他们是对立的：一方是勃留索夫的阵营，另一方是维亚切斯拉夫·伊凡诺夫、勃洛克、丘尔科夫。

巴：是的。不过总的来说，他们还是互相尊重的。当然喽，他们是

---

① 《白色走廊》：B. Ф. 霍达谢维奇的回忆札记，1925 年 11 月首次刊登在巴黎的报纸《日子》上。巴赫金是在 B. 霍达谢维奇的《文学论集及回忆》(纽约，契诃夫出版社，1954 年版) 一书中读到这些札记的。——原编者注

不同的人。

杜：那么，鲍里斯·尼古拉耶维奇·布加耶夫，也就是安德烈·别雷您认识吗？

巴：这一位我也认得，也认得。

杜：我对他也有一些印象，但我很想知道您对他的看法。

巴：首先，我听过他的发言，是在哲学会……

杜：那是在自由哲学联合会？

巴：不是，还在自由哲学联合会之前。在自由哲学联合会里我恰恰没听过他发言。我去的几次，他都没有发言。那是在自由哲学联合会之前的宗教哲学研究会里，还是梅列日科夫斯基主持的会议。而研究会会长则是……卡尔塔绍夫。①

杜：是的，这一点您是说过的。那么，请您再稍微多谈一谈这个宗教哲学研究会吧。

巴：他作过一些很有意思的报告。我听过两场。不过报告的题目我不记得了。

杜：这些报告后来没有收进《青草地》②吗？

巴：没有，没有。报告当然……要晚些，比《青草地》要晚一些，当然要晚些。那已经是 1916 年岁末了。

杜：难道宗教哲学研究会一直存在到……

巴：一直到十月革命。

杜：原来是这样？我还以为，早在 1910 年代里它就消失了呢。

巴：不是，哪里的话！我参加了这个研究会的最后一次会议，会长卡尔塔绍夫做了发言。那时他已经是祭祀和宗教事务部第一任部长了……是临时政府的部长。是这样。他做了总结发言。那时他没有说要解散研究会，但大家都感觉到，这是最后一次会议。

杜：别雷就是在那次会议上发言的吗？还是更早一些？

巴：不，别雷没出席这最后一次会议。我是在这之前听过别雷发言

---

① 安东·弗拉基米罗维奇·卡尔塔绍夫(1875—1961)：教会史家和神学家，彼得堡宗教哲学研究会主要活动家之一。二月革命之后，担任临时政府的祭祀和宗教事务部部长。1919 年起流亡国外。——原编者注

② 《青草地》：安德烈·别雷的评论和哲学随笔集(莫斯科，昴宿六出版社，1910 年版)。——原编者注

的。接着他讲话的是谢尔盖·索洛维约夫……当我听谢尔盖·索洛维约夫讲话的时候,他已经是神甫了。[1]

杜:神甫? 可我记得他后来不是得精神病了吗?

巴:其实他先前就已经得了病,在这之前就有过自杀行为。后来,他接受了神甫职位。

杜:再后来又接受了天主教的神甫之职。

巴:后来是这样,但那时他是东正教的铁杆教徒,做的报告是关于白色僧帽的故事,我还记得呢。这是一个传说:有个白色僧帽好像后来传到了俄国。这场报告具有强烈的亲俄色彩和地道的东正教性质。

杜:我对谢尔盖·索洛维约夫的看法,在一定程度上也是这样的。不过,这并不重要,我是说至于我是如何……我很想把所有人的情况都过一遍。您可能是最后不多的几个现在还记得、还能讲讲那个三重奏的见证人之一,我说的三重奏是指梅列日科夫斯基、吉皮乌斯和菲洛索福夫。

巴:是的,他们总是一起来一起坐。事情是这样的:宗教哲学研究会的会议……他们没有自己的房子……他们的房子是由俄国地理研究会提供的,占了一层楼,就在杰米多夫胡同里。

杜:是莫斯科吗?

巴:不,当然是在列宁格勒。

杜:是彼得堡。

巴:我知道列宁格勒的一些研究会,莫斯科的我不知道,我从未去过。列宁格勒的这个研究会……在杰米多夫胡同,二层楼上。也就是说,二层的过厅里摆了一张大桌子,上面放着书(是出售的),有宗教哲学研究会的报告书,会员们出版的一些书籍等等。会议大厅其实并不大。一点也不大。我看最多能容纳二三百人。也还未必……

---

[1]　谢尔盖·米哈伊洛维奇·索洛维约夫(1885—1942):诗人,神甫,弗拉基米尔·索洛维约夫的侄子,出版其《诗集》的第一人,并撰写过一本关于他的书(《弗拉基米尔·索洛维约夫的生活和创作发展》,布鲁塞尔,1977年);С.索洛维约夫是 А. 别雷和勃洛克的朋友。关于这些情况,可参阅别雷的回忆录《世纪之初》和《两次革命之间》,以及他的女儿 Н. С. 索洛维约娃撰写的两篇札记,见《新世界》1993年第8期,第178—180页;《我们的遗产》1993年第27期,第60—70页。另见《沙赫玛托夫通报》第2期——"纪念谢尔盖·米哈伊洛维奇·索洛维约夫专号"(Н. Г. 普罗佐罗娃编,索尔涅奇诺戈尔斯克,1992年版);以及 С. 索洛维约夫:《神学和评论随笔:文章和讲稿集》,托木斯克,1996年版。——原编者注

杜：能容纳三百人，那已经不错啦。

巴：大概能够容纳那么多吧，但也未必总有那么多人到场。就算是吧。里面有些小桌子、椅子、凳子和……左边有一个入口，右边有一张长桌。这是主席团坐的。其左侧紧挨着一个讲台。就在这张长桌后面坐着这个宗教哲学研究会成员。他们人数不多，而且来开会的向来又很少。出席会议的其他人都不是会员，或者算是候补会员吧。我曾收到过一张会议通知。有人把我介绍给了会长卡尔塔绍夫，我同他谈了一会儿，他记下我的名字，说："您会定期收到会议通知的。"……

杜：参加这些会议的人没有任何义务吗？

巴：没有，绝对没有。果然，我后来准能及时收到会议邀请书，是在卷烟纸上打的字，上面标明了：有哪些报告等等。与会者无须出示任何证明。不相干的人也不会去那里。这只是个通知，因为报刊上也不发专门的通告。就在这张桌子后面通常坐着……梅列日科夫斯基本人，身边总是季娜伊达·尼古拉耶芙娜·吉皮乌斯；而吉皮乌斯旁边坐着菲洛索福夫。

杜：您同他们认识吗？

巴：谁？

杜：梅列日科夫斯基、吉皮乌斯和菲洛索福夫。

巴：认识，只是认识而已，点头之交。见面时互致问候。我们总在这个研究会里相见嘛。研究会其实很小，是个相当狭小的圈子，所以大家彼此都认识。

杜：这位女士十分抢眼吗？

巴：她么——是的！她是位十分抢眼的女士。她非常注意自己的外表。其次，她的举止有点儿不同凡俗，总叫人想起美人鱼来。我不知道这是她摆出的做派，还是真的……她在陆地上好像感到呼吸困难，跟美人鱼似的，呼吸十分困难……

杜：她差不多一直喘息到了 90 岁。①

巴：是的，看来这是她摆出的这么一种做派。她是个挺有趣的人。

杜：她是棕黄色头发吗？

巴：我现在不记得她的发色了。不过她很有趣，外貌漂亮动人。

---

① 3. H. 吉皮乌斯死于巴黎，享年 75 岁。——原编者注

杜：她的肖像我倒是见过的。身材很好……

巴：是的，是的。我也见过她的画像，不过好像……这么说吧，她本人留下的印象比画像要深刻得多。她或许并不那么漂亮（您知道，画像总有些……美化她的成分），但多多少少她是有魅力的，尽管有些不自然。

杜：怎么讲？

巴：她有魅力，但同时又明显不够自然。也就是说她很不自然……

杜：十分精辟！

巴：是这样……她很做作，所谓不自然，就是做作。她呼吸十分艰难，像拉到岸上的人鱼。是这样。还有她的整个举止都有那么点儿做戏的成分，都是不自然的，都是故意为之。这就给人留下一种虚伪的印象。不过同时，她又富有魅力，因为她人很聪明。她比德米特里·谢尔盖耶维奇聪明，也比菲洛索福夫聪明。现在说说关系……其实这是人所共知的 ménage en trois。[1] 而且在这个 ménage en trios 当中，梅列日科夫斯基是最……怎么说呢……

杜：最无足轻重的……

巴：是的，最无足轻重的一个人物，最无足轻重。他太缺乏男子气，别看他蓄着大胡子，可这一切……

杜：他的相貌有点儿寒碜。

巴：是有点儿寒碜，是有那么点儿寒碜。他留给人的印象是脸色发青，像个溺水的人，脸色发青，略显寒碜……是这样。所以，他没有让我感到肃然起敬，没有。有一点得说一下：他们总来得晚一些，总是在所有人到齐后才来。他俩挽着手走，或者至少并排走，和季娜伊达·吉皮乌斯一起步入会场；还得穿过几排人，才走到这张桌子跟前，因为门在左侧，而长桌在右侧。我还记得，当他们步入会场时，人们纷纷起立。

杜：什么？大家纷纷起立？

巴：是的，人们纷纷起立。也许，不是所有的人，但……这不是官场

---

① 一种在梅列日科夫斯基那里具有理论依据的生活方式。Н. П. 安齐费罗夫回忆了迈尔小组的一些成员于 1918 年拜访梅列日科夫斯基和吉皮乌斯的情形："梅列日科夫斯基发展了三人婚姻的理论（ménage en trois）。他非常激动地说，两个人的婚姻已经过时。这是旧约的婚姻。它被新约所废除。根据我的记忆，他的观点得到迈尔和波洛夫采娃的赞同。"请见 Н. П. 安齐费罗夫：《往事随想录》，莫斯科，1992 年版，第 325—326 页。——原编者注

例行的那种起立，给我的印象是，大家都纷纷站起身来。也许，不少人仍坐在那里。更何况听众当中有人看不起梅列日科夫斯基。但总的印象是……总会有一阵喧哗声、起立声、挪动声……

杜：因为最受尊敬的人来了……

巴：是的。他们走了过去，向众人躬身致意，然后就坐到这张桌子后边，梅列日科夫斯基紧挨着讲台，然后是季纳伊达·吉皮乌斯，最后是菲洛索福夫。至于菲洛索福夫，他可能不是每次都到场的。反正我就记得一次他在讨论中发了言。是这样。此后，他也许来过，也许没来过。

杜：那他究竟是怎样的一个人呢？

巴：这么说吧，他这个人一点儿都不笨，不笨，还挺博学的。是个……可算是个思想家吧……

杜：照我的理解，他应该是个文学专家吧？

巴：那当然，是文学专家。

杜：他还不仅仅是文学专家。关于梅列日科夫斯基，我多多少少有些了解，而对菲洛索福夫，我不清楚是否可以把他算作思想家……

巴：您知道吗，据我所知，他实际上没有提出任何特别的课题，没有创立任何特别的门类，也没有这方面的追求。应该直截了当地说，他是个老爷。

杜：老爷？

巴：是的。梅列日科夫斯基可不怎么像老爷，倒像是刚被救上来的溺水者，尽管他穿戴总很讲究，梅列日科夫斯基的着装无可挑剔，那身打扮……而菲洛索福夫却是个真正的老爷，所以他的穿戴不像这一位。他是一身老爷打扮，总之，像是一个……您知道，人们对英国绅士是怎么说的吗？——什么是英国绅士？这种人有时会戴个绝非新洗过的、已经弄脏的衣领，但却总是让人觉得，他戴的是绝对无可挑剔的干净衣领。此外，这种人还很会穿衣服。因此我觉得菲洛索福夫……穿得不像这一位那么华丽，却显然更有派头……他很会穿自己的衣服——也许是更为简朴的衣服。他是个老爷，一个地地道道的老爷。是的。这一点处处都能感觉到。既是老爷，他当然不会为难自己去建立一种成熟的世界观，去写出一本什么书，一本需要……

杜：……花费大量劳动的书。

巴：是的。他不想这些。不过他很聪明，受过很好的教育，他讲话时（不过我只听过一次他在辩论中的发言，因为他没有作过报告）显得很有智慧，也很得体。

杜：而梅列日科夫斯基不像老爷，更像是商人出身，是吗？

巴：连商人都算不上。有一个人倒是商人出身……他是……我也很了解他……他是位诗人……他叫什么来着，我马上就会想起来的……有一段时间他诗名大噪……

杜：卢卡维什尼科夫？

巴：对，卢卡维什尼科夫！伊凡·卢卡维什尼科夫。他才是商人出身，而且是出生在巨贾之家，他的父母差不多是百万富翁，也许，甚至他的爷爷辈就已经是了，这我就不清楚了。而梅列日科夫斯基，要我说，更像是一个寒碜的知识分子。一个寒碜的知识分子。

杜：我……对不起，我并不想自己占用录音时间，但我很想向您核实一下。说实话，我讲课时总喜欢冷嘲热讽……有一本书，好像是温格罗夫革命前写的，书名叫《19 世纪俄罗斯作家》。① 书里有多幅画像。

巴：是什么时候出版的？

杜：好像是 1910 年。差不多吧。书里有多幅画像：有梅列日科夫斯基，也有斯基塔列茨……还有季娜伊达·吉皮乌斯，一袭白衣，身材窈窕，非常符合您所描述的那个形象。而梅列日科夫斯基就有点儿……不真实……我读过他的许多作品，但我不喜欢他。他就这么坐着……脸上的胡子很难看……

巴：是的，胡子很难看。

杜：……他深陷在椅子里，作出一副有点像契诃夫在凝神思索的样子，分明是在做作嘛……

巴：没错儿，是在做作。

杜：那儿有几排放着贵重书籍的架子，可以看见书脊都是镀金的，而且都已古旧，还有一部分空墙……根据他的身材来看……是相称的……有一个这么大的十字架，而且，第一，这是一个天主教十字架……

_____

① 根据所有相关情况判断，这是指《20 世纪俄罗斯文学》一书（C. A. 温格罗夫编，第 1—3 卷，莫斯科，世界出版社，1914—1918 年版）。——原编者注

巴:是的,这是……

杜:……还有第二,有一个日常细节令我大为惊讶,这个细节对一个信教的人而言就显得不正常了:这个十字架似乎是被固定在墙上的,就靠在电铃的花形装饰上。

巴:是的,是显得不太合适。

杜:您明白吗? 电铃在那个时候可是件奢侈品。

巴:是的,是的。

杜:这个电铃是用来叫侍女的。您明白吗……这种奢侈品所带来的不仅是物质生活上的享受,而且还有精神上的享受,甚至可以带来自我满足感。所以我就对这件东西记得很牢。是这么回事吧?

巴:是这么回事。

杜:这与您对生活中的梅列日科夫斯基的印象是一致的吧?

巴:是的,是的。他在生活中也很做作。这么说吧,不论谈什么问题,他总要突显自己,强调自己的作用。比如问题涉及托尔斯泰——他先说上几句高度赞扬列夫·尼古拉耶维奇·托尔斯泰的话,然后就补充道:"我有权利讲这个话,是因为列夫·尼古拉耶维奇当初还在世的时候,我曾同他有过许多次争论。"可又何必要说他同托尔斯泰有过争论呢——看来是一份"荣耀"……是吧。

杜:您听过他的什么报告吗?

巴:我在场的时候,他没有作过专题报告,可是他认为对每个报告都必须讲点话。作为领袖嘛。是吧。应当说,他的发言没多大意思,和他写的那些东西是一路货色。应该说,亚历山大·亚历山德罗维奇·迈尔是那个时候相当活跃的人物。他过去是社会民主党人,后来成了宗教唯心论者。他祖籍德国。那时他是列斯加夫特学院的教授。他在那里讲授历史课程。

杜:列斯加夫特——是体育学院吗?

巴:是的。(笑。)不过当时那里也教授哲学和其他课程。迈尔在那里教课时,极受学生的欢迎,极有影响。总的来说,这是个优秀的人物。很优秀。人也非同一般。他长得很帅。很帅。他蓄着一副精美的亚述人那样的花白胡须,还有一双俊眼,如此等等,不一而足。

按照官方的说法,我就是因为他的案子才蹲了班房的,不过这是官方的说法,因为事实上我并不赞同他的方针。不过对他我是很了解的,他常到我这儿来(我却从未去过他那里),但我不赞同他的观点。但按照官方的做法,总得挂到什么上面去,于是就挂到了一起。① 您知道,那会儿根本就不关心事实的真相。

就这样,他时常发言。他所持的立场是最激烈、最极端的。比如,他认为(这是在十月革命之前、二月革命之后的事情),应该使革命更加深化,应该将革命变成一场社会性的革命。一句话,必须将革命进行到底。②

杜:他当时已经成了宗教唯心论者了?

巴:已经是了。

---

　　① A. A. 迈尔(1875—1939)的名字,本注释的作者是在 1972 年 1 月 5 日与巴赫金的交谈中从他那里首次听到的;那时这个名字还鲜为人知。巴赫金当时讲道:"我和迈尔各获刑十年(后我又被改判为五年)。"两人在 1929 年被国家政治保安总局列宁格勒分局委员会判定参与"右翼知识分子的反苏维埃的非法组织"——这是一个在列宁格勒已存在数年,名为"复兴"的组织。冠有这一名称的是一个宗教—哲学小组,它是由迈尔在 1917 年末创建的,其活动一直持续到 1928 年 12 月——小组遭到取缔,迈尔和其他成员被捕(12 月 11 日),巴赫金也遭到逮捕(12 月 24 日)。巴赫金并未参加迈尔小组,只不过与迈尔本人和小组其他成员关系密切。像 M. B. 尤金娜(1899—1970)和 Л. B. 蓬皮扬斯基这些所谓"巴赫金圈子"里的人都参加过小组活动。国家政治保安总局列宁格勒分局在捣毁这个小组后,便以此为核心编织了一个广泛涉及"右翼知识分子"的重大政治案件;整个案件被冠以"迈尔小组"之名。根据最初的判决,迈尔被判处枪决,后来改判为监禁于索洛韦茨基集中营,而巴赫金则被判在索洛夫基(索洛韦茨基群岛或索洛韦茨基集中营的简称。——译注)监禁五年,后来改判为流放库斯塔奈。关于这一点请见《记忆:历史论集》第 4 辑,巴黎,1981 年版,第 111—145 页;《文学问题》1991 年第 3 期,第 128—141 页。1982 年在巴黎出版了 A. A. 迈尔的哲学著作集(其中附有他的传记)。关于 Д. C. 利哈乔夫对迈尔的回忆以及后者的文本发表和出版情况,请见《哲学问题》1992 年第 7 期。国家政治保安总局列宁格勒分局根据对"复兴"组织的侦查结果而制作的起诉意见书由 Ю. П. 梅德维杰夫公之于世,见《对话·狂欢·时空体》1994 年第 4 期,第 82—157 页。这份文件含有许多先前不为人知的关于"复兴"小组发展过程的信息。其中,M. M. 巴赫金只是作为与"复兴"组织有关联的一个小组的成员而被提及的,这个小组在文件里被界定为"具有君主制倾向的宗教人士联合会"(第 130—131 页)。该文件指出,M. 巴赫金"多年来在多个非法小组中做了数场(具有反苏维埃性质的)报告,其兄尼古拉·米哈伊洛维奇·巴赫金,著名的君主主义者,目前在境外积极从事与苏联进行武装斗争并企图复辟的宣传活动"。而且,在举行集会的那些住宅里,M. M. 巴赫金的住宅也赫然在列(第 99—100 页)。——原编者注

　　② H. П. 安齐费罗夫,俄国文学和彼得堡文化史学家,迈尔和 K. A. 波洛夫采娃小组成员。他在回忆录中讲述了他在审讯中是怎样向侦查员 A. 斯特罗明解释小组的社会倾向的。"斯特罗明试图让我相信,我属于一个将苏维埃政权视作敌基督(基督教教义中指基督的主要敌人,据说他将在世界末日出现。——译注)政权的组织。我告诉他,他完全没有明白迈尔和波洛夫采娃小组的倾向。克谢尼娅·阿纳托利耶夫娜赞同布尔什维克的一切经济和社会纲领,不过,她也同别人一样,认为其纲领还不足以复兴人类和建设共产主义,需要宗教的力量。她的理想是这两者的结合。在五月一日与复活节星期日相逢之际,这种结合便可实现。"请见 H. П. 安齐费罗夫:《往事随想录》,莫斯科,1992 年版,第 332 页。E. H. 费多托娃——历史学家和哲学家 Г. П. 费多托夫的妻子(他是这个小组早期的组织者和领导者之一)——也这样回忆道:"小组的一个成员喜欢问:'该如何祈祷:是推翻布尔什维克,还是开导他们?'我想,这个时候大多数人会回答说:'开导他们吧。'"请见 A. A. 迈尔:《哲学论集》,巴黎,1982 年版,第 454 页。——原编者注

杜：不过别雷也持有这样的立场。他也是……他写了长诗《基督复活了》，还有……①

巴：是的，那还用说，他也曾持有这种立场。

杜：同时，有人说他是布尔什维克，尽管他从未当过布尔什维克。

巴：不，没人说他是什么布尔什维克，尽管……是的，他……他创建了自己的小组，自己的社团，接着在革命之后，当宗教哲学学会不复存在之后，他自己又创立了一个地下的（如果想这么说的话，也未尝不可）协会，继续活动。参加者多半是年轻人。别人告诉我（他们的活动我是不参加的，我说过，我不赞同他的观点），有一次开会……会上有人提出一个问题："假设弗拉基米尔·伊里奇·列宁来参加我们的会议，他对我们会是什么态度？"他们得出的结论是，他对他们会持肯定的态度。他会理解他们的先进性，如此等等。不过，这自然是非常幼稚的，非常幼稚……

杜：他们自认为是革命者？

巴：是的，他们自认为是革命者，但却是不承认暴力的革命者。当然，他们是承认革命暴力的，但却带有某种特别的保留条件。具体条件我现在已记不清了。亚历山大·亚历山德罗维奇·迈尔是一个非常善良、非常正直的人，从不伤害别人。但他提出了自己的说法，这个说法倒不是为暴力辩护，而是要在某种程度上……

杜：……要在某种程度上进行和解……

巴：是的，与暴力，与革命的暴力和解。

杜：明白了。我们还是回过来简单谈谈那两口子吧。您从未听过梅列日科夫斯基或是季娜伊达·尼古拉耶芙娜·吉皮乌斯朗诵诗歌吗？

巴：朗诵诗歌？没有，没听到过。

杜：那么从总体上说……季娜伊达·尼古拉耶芙娜的发言怎么样？

巴：不知道，季娜伊达·尼古拉耶芙娜从未当我的面发过言。她只是在炫耀自己，只是一个劲儿地炫耀自己。是的。

杜：这不，您刚刚完成了一座象征主义者的画廊。不过，缺了勃洛

---

① 《基督复活了》：安德烈·别雷的长诗，创作于 1918 年 4 月——继勃洛克的长诗《十二个》之后，按照 K. B. 莫丘利斯基的说法，是对勃洛克这首长诗的"回应"，似乎是对它的阐释。——原编者注

克自然就不算完整了。

巴：是的，缺了勃洛克就……不过，您看……我和勃洛克几乎不认识。我听过、见过他几回。有两次听过他发言，准确地说，不是发言，而是诗歌朗诵。是的。我们有些共同的熟人和朋友。

杜：谁呢？ 您认识叶甫盖尼·帕甫洛维奇·伊凡诺夫吗？

巴：是的，我同他很熟。我们住列宁格勒的最后几年，他是我家的常客。①

杜：他可是勃洛克的亲近朋友。

巴：他也成了我们的亲近朋友，自称是"你们的棕须友人"。他的胡子是棕色的。

杜：是浅色的吧。

巴：是的。总的说，他当然算不上漂亮，绝对算不上。他的面孔，如果这样看过去，面孔就显得很呆板。

杜：是的。因为我对他一无所知，有一次我纯属偶然地去听他的报告。后来，这位可怜人把剪贴的画册卖给了文学博物馆。

巴：是的，是的，他日子过得很苦、很难。过得很苦。

杜：邦奇只付给他几个小钱。我本来以为，他只是个出让此类文献资料的。很久以后我才明白，他是一位杰出人物。

巴：是的，他当然是位优秀人物。不过，他的长相、他的表情像个愚钝的人。说起话来也是含糊不清，几乎就是口齿不利索。他无法正常说话，我觉着，有些音被他给吞掉了，发不出来。

杜：那么他是怎么给您讲勃洛克的呢？ 您自己对此……您根据自己的印象，又有什么补充或纠正？ ……我知道，他还保存着往来书信。

巴：是的。我自然很难给出一个什么说法：对勃洛克我了解得太少。但他作为诗人，我是很喜欢的，非常喜欢。

杜：有人喜欢勃留索夫……要知道，勃留索夫和勃洛克从某种程度上讲是象征主义中的两极。

巴：是的，从某种程度上讲是这样。不过您要知道，这里还是有夸

---

① E. П. 伊凡诺夫也是由于"复兴"小组的那桩案件于 1929 年被判处流放北方边疆区（见《文学问题》1991 年第 3 期，第 134 页；《对话·狂欢·时空体》1999 年第 4 期，第 94、105、136、140 页）。这两份材料表明，在 1928 年 12 月 2 日举行的"复兴"小组最后一次会议上，E. П. 伊凡诺夫以及 M. B. 尤金娜都宣布退出该组织机构（第 140 页）。——原编者注

张成分的。在我们这里，人们总是喜欢把一切都置于矛盾的境地，把一切都引向两个极端，使其互为对立，如此这般。情况不完全如此，终究不能把勃留索夫——这位象征主义的发起人——同象征主义分开，也不能把勃洛克——这位年轻得多的第二代象征主义诗人，或把维亚切斯拉夫·伊凡诺夫同象征主义分开。无论如何，可以说他们有着同一颗心灵，在这一点上，没有任何对立可言。他们在深刻的意义上属于同一个阵营。属于同一个阵营。或许也应有多种声音。理应有多种声音——也确实存在。这正是力量之所在，力量之所在，在一定范围内……各种才华，各不相同的世界观都能得到蓬勃发展。

这便说到了勃洛克。他给人的印象相当强烈。具体说来，他相当漂亮，绝对漂亮，而且身材匀称。还有，他读自己的诗作非常精彩，虽说他完全是……他不是在朗诵，而是在读诗，读得很有特色。我以前会模仿他读诗，也就是像他那样读诗……

杜：很像吧？

巴：是的。我是刻意模仿的。不过现在不行了。

杜：现在不行了？

巴：现在已经不行了。是的……这不……现在……他总能马上叫人感觉到，他非同一般，这么说吧，和我们这些凡人不是一个材料做的。可以从他身上感受到某种崇高的精神……这么说吧，他超凡脱俗……应该说，这就是我对他的印象。他甚至超越了自己。可以说，诗中（但不是所有的诗中）的勃洛克是个优秀的勃洛克。另一个就是勃洛克其人，他有自己的交往对象和圈子。他对布尔什维克革命的迷恋，他围绕"俄国知识分子、脱离民众、知识分子与民众、知识分子与革命"这一话题所发表的那通胡言乱语——这些当然是属于那个勃洛克其人的；在一些美好的时刻，他自己会超越那个勃洛克的，即当他在真正创作的时候，当他高出一切的时候，他就会超过那个勃洛克。一般来说，这一点即刻就会感受得到：瞧这个人，他身上具有某种十分崇高的东西，这种东西超越了他自己……当然也不总是这样。他可能坐在椅子里，或在走路，或在读诗，直视听众的眼睛，想知道他们会有什么反应……所有这些总叫人觉得这不是勃洛克的一切，也不是勃洛克身上主要的东西。这也没什么，他终究要有个躯体，还得有一个社会地位，还得做点儿事情，还得穿衣，如此等等。当我见到他时，他身穿一件工作短衫，您知道吗……当时有一种短衫是……诗人们，对，是诗人们都喜欢穿的。这是从法国传进来的。第一次革命时革命者们曾经穿过，后来诗人、作家们也都穿起来了。

杜：叫人感觉到的就是这一点吗？

巴：也包括这一点。

杜：米哈伊尔·米哈伊洛维奇，那么您个人对《十二个》的评价是否定的？从您刚才所说的话里可以做出这样的判断。我只是从逻辑上……

巴：我的评价是这样：就才华而言，就表现革命而言，这当然是一部惊人之作。整个描绘方面——是非常有力的。我记得那个时代，记得那座冰雪交加的彼得堡和四处响起的枪声……你走在街道上，走在那条涅瓦大街上，夜里漆黑一片，还窜出一些奇怪的人影，突然枪声大作，也不知道为什么开枪，有什么目的……这不，所有这些他都表现得很成功。还有他在一开始所描绘的那些谈话——无论是日常生活中的，还是非日常生活中的那些谈话，都精彩极了！精彩极了！那个老妇，那个小姐，还有妓女，以及……"兴许是作家、雄辩士"，等等，等等……所有这些当然都非常精彩。而且毫无疑问，这一切在某种程度上都具有嘲讽的意味。是有嘲讽意味的。当然也是具有嘲讽意味的（只不过这里的嘲讽，可以说已经有了另一种含义），也是具有嘲讽意味的——那十二个红色赤卫队员。他们似乎是以嘲讽的笔调塑造出来的。如果以为，他们——这些跟随耶稣的十二个信徒完全是从正面加以描写的……那就错了！这可是用嘲讽的笔调来写的，他笔下的整个情境都是以嘲讽的语调来写的。要我说，他笔下的耶稣也多少有点……尽管诗里的形象很美……"凌驾风雪……"那段是怎么写来着？

杜：　　前面那位刀枪不入，

　　　　手持血染的旗帜，

　　　　湮没在风雪之中……

巴：　　迈着晶莹的轻柔脚步……

杜：　　不是"晶莹的"，是"凌驾风雪的"。

　　　　（两人齐声）

　　　　犹如飘洒的晶莹雪花，

　　　　戴着白玫瑰的花环，

前面——就是耶稣基督。

巴：写得太棒啦！尽管如此，总体看来，整个画面表现的是嘲讽的基调……因为描写的是那个时期的社会，那个时期的杂声——所有这一切就整体而言在某种程度上带有嘲讽的意味，但也不是冷嘲热讽……总之，这方面所体现出的正是勃洛克本人——他就是这样，要我说，这里既有勃洛克，又有"超越勃洛克"。

杜：那么，说到"超越勃洛克"……您是否认为，比方说，第一卷就是"超越勃洛克"吗？彼雅斯特和其他许多人都是这么认为的。

巴：第一卷？

杜：是的，第一卷，即《美妇人诗集》。

巴：不，不，不，在他全部创作里，在他成熟时期的创作中，到处都有这个"超越的勃洛克"，也有不"超越的勃洛克"。有作为诗人、象征主义者、象征主义诗人的勃洛克，还有，如果可以这么说，是作为象征主义的背叛者……

杜：再有：

> 一只邋里邋遢的猫从房顶上
> 同情地睁大着眼睛……
> ……你在想：莫非它也是见证者？
> 但它是不会回答你的。
> 它的美德就在于
> 这样的纵酒狂欢。①

巴：是的。

杜：这是自我嘲讽。而谈嘲讽的那篇文章正是一篇精彩之作。②

巴：是的。他知道嘲讽的威力，也懂得其奥妙所在。

杜：这么说来，您了解和喜爱的是作为诗人的勃洛克罗？

巴：我了解并喜爱他。我会背诵好多诗。只是现在我的记性太糟糕了。我会背诵勃洛克和维亚切斯拉夫·伊凡诺夫几乎所有的诗歌。是的。至于在勃洛克其人身上……或许，总之，不是在那个崇高的、创作了伟大作品的勃洛克身上，有许多这样的……其中一部分原因就是

---

① A. A. 勃洛克：《我朋友的一生》(1913 年)。勃洛克的原话是："他也会这样回答你的。"见 A. 勃洛克：《作品集》第 3 卷，莫斯科—列宁格勒，1960 年版，第 49 页。——原编者注

② 《嘲讽》：勃洛克的一篇文章(1908 年)。——原编者注

出于他不等同于自己，他超越了自己……这就是他的……背叛之处。当初他在某种程度上就是象征主义的背叛者（如果这里可以使用"象征主义"这个字眼的话），也是俄国知识分子的背叛者……

　　杜："背叛者"这个词不完全恰当。

　　巴：……有一段时间他脱离了俄国知识界……

　　杜：无论如何，"背叛者"这个词我觉得用在这里并不合适。

　　巴：是的，用在这里看来是不合适的，是不合适的。

　　杜：这么说吧，终归还是某种完全真诚的摇摆。

　　巴：是的，这是真诚的摇摆，不过背叛者也有出自真诚的。没错，这是真诚的摇摆。

　　杜：不管怎么说，"背叛者"有点儿……这个字眼含有"叛徒"的意味。

　　巴：是的，没错……

　　杜：那么，从他身上您感觉到这一点了吗？……那又怎么样呢？……对了，请您讲一讲，从"超越勃洛克"的角度来看，您觉得哪些作品最为出色？

　　巴："超越勃洛克"的？是这样……您知道，这很难回答。因为这样的作品很多，很多……我们就来回忆一下吧。首先是《陌生女郎》。《陌生女郎》是他早期的作品，较早的……

　　杜：这是 1906 年创作的。

　　巴：还是在维亚切斯拉夫·伊凡诺夫的"塔楼"上，维亚切斯拉夫·伊凡诺夫那座有名的"塔楼"上，他就朗读过这首诗。那座"塔楼"我没有上去过，因为后来那里已经住了别人，具体是谁我不清楚。但我住得很近，常常见到它，每次路过时就想起这座"塔楼"。[①] 还有其他不少出色的作品。首先是他的那些与诗歌创作相关的作品，如《致缪斯》："在你那隐秘的歌吟里……"了不起的作品，真是了不起！

　　杜：您又如何理解诗里的彼岸形象？

　　巴：是的，彼岸，就是……

　　杜：　　　你的头上突然亮起了

---

　　①　1924—1930 年间，巴赫金夫妇起初住在普列奥布拉仁斯卡亚街 38 号，5 号住宅，后来住在兹纳缅斯卡亚街，萨皮奥尔内胡同拐角处。这两处住房都与"塔楼"不太远（塔夫里切斯卡亚街，特维尔拐角处）。——原编者注

（齐声朗诵）

那个晦暗的灰紫色的

我曾经见过的圆环。

巴:您看,对"我曾经见过的圆环"可以作这样的理解……首先,他本人确实与这个彼岸有关联;其次,这个"灰紫色的我曾经见过的圆环"中的"灰紫色"——这分明是弗鲁别利的色调。他可是弗鲁别利的狂热崇拜者。

杜:据我的想象,圆环是但丁那个地狱的返照。地狱的返照。

巴:啊—啊,是的,不过,这同……弗鲁别利绘画里的魔鬼和凶险也是一样的。他是弗鲁别利的狂热崇拜者。甚至在 1912 年的那篇讲话里,可以说那时他已经脱离了象征主义……

杜:还有象征主义中"诸多淡紫色的世界"……

巴:是的。就是,就是。当时他在那篇讲话中说道:"不朽的弗鲁别利,你那美好而苦难的灵魂世界。"①这是他的原话。

杜:那么,像《意大利诗抄》、《拉韦纳》这样的诗篇呢?

巴:都是绝妙之作!《拉韦纳》真是绝妙之作! 所有意大利诗行都是好诗。《拉韦纳》是我最喜欢的。其次是这首,也是谈创作的:"在炎热的夏季和风雪的冬天……"您当然也知道这首诗吧?

杜:是的。不过我背不出来。

巴:这是极好的诗,极好。

杜:而您是否认为……我实在抵不住诱惑,想跟您谈一谈——这是一个极有趣的话题。您是否认为,我是指完全严肃的看法,而不是谩骂,在勃洛克诗中除了悲剧性——崇高的悲剧性,还有颓废因素,即精神上的空虚? 比如《可怕的世界》里就有崇高的悲剧性……

巴:是的。

杜:就是像这样的,您明白吗……

一个赤贫的傻瓜缠上了我,

还是在同一组诗里:

尾随身后,像熟人一般。

"你的钱哪儿去了?"——"花在了酒馆。"

---

① 可能是指勃洛克发表于 1910 年的演讲《俄国象征主义的现状》。——原编者注

> "你的心呢?"——"丢进了深潭。"

您还记得吗?

巴:是的。

杜:瞧见了吧。这里有某种……我可以用勃洛克自己的话来印证我的这个想法:"我的世界观的正剧……"接着在括号里写道:"我还没有达到悲剧的高度。"①您有什么见解?

巴:是的,显然是这样。我这么认为的:某种程度的空虚在他身上是有的。不过,也可以说,这类某种程度的空虚在任何一位诗人身上都有。一个人如果不了解空虚,与空虚绝对没有任何形式、任何方面的干系,那也就无法懂得诗人所必需的充实感。就是这样。

> 会歌唱的心灵才会得到
>
> 世上那无尽的喜悦……

要让"会歌唱的心灵"得到这份"无尽的喜悦",还必须只能是这样的心灵……

杜:这就是说,您不区分真正的悲剧特点与……悲剧性毕竟是一种净化,而他的这种空虚……

巴:您看,问题就在这里。"悲剧的"一词……要我说,我们现在用得太滥了。

杜:我们把它太低俗化了。

巴:悲剧……可不是。悲剧,纯粹的悲剧,就是古希腊—罗马文化所创造的悲剧,如埃斯库罗斯的悲剧,索福克勒斯的悲剧,甚至欧里庇德斯的悲剧,实际上都是天真的悲剧,很天真。他们很少触及到空虚,他们很少见到,很少知道可怕的事情,而且也无法知道。他们无法知道这种事情。就是这样。尽管他们特别有分量和高度,但本质上都是些孩子,而在某种程度上讲,这正是他们的力量所在。是吧。可我们的悲剧则不可能是那种纯粹的悲剧……

杜:要更为可怕一些。

巴:是的。它整个都渗透着对空虚的这种感受,并且它与喜剧的因

---

① 源自勃洛克 1907 年 8 月 15—17 日致安德烈·别雷的书信(见 A. 勃洛克:《作品集》,第 8 卷,莫斯科—列宁格勒,1963 年版,第 199 页)。——原编者注

素是分不开的。① 是的，喜剧的因素。

杜：这就是您在"拉伯雷"一书中所表达的看法……就是滑稽表演。

巴：滑稽表演，当然是滑稽表演……

杜：对不起，我说到了自己的研究领域，宗教滑稽剧……

巴：是的，可以这么认为。没错儿。

杜：这样就更为全面。

巴：是的，是的。我也是这么认为的，如果扩大开来看，说到底，属于这一世界的，也就是勃洛克所在的世界，还有勃留索夫、巴尔蒙特，以及别雷、维亚切斯拉夫·伊凡诺夫；从某种程度上讲，也包括……马雅可夫斯基……但也不完全是。不过，马雅可夫斯基至少在部分创作中已经背叛了这个世界，实际上成了背叛者。他在世的时候，许多人都把他当做背叛者而加以仇视，因为他的确做过一些不光彩的事情。这您也知道，有些人就不肯同他握手……同马雅可夫斯基。

杜：也有人也不肯同勃洛克握手。

巴：是的，也有人不肯伸出手。不过那……性质稍微有点不同。那是一种……是的，不过……我说的就是这个，背叛在某种程度上是他固有的特点，我说的就是这个……

杜：在以后的面谈中我们还要回到马雅可夫斯基这一话题。这里还有一小点没有谈到……刚刚得出的关于象征主义的完整形象是相当精彩的。我们似乎把整个象征派都谈到了。

巴：是的，整个象征派。

杜：还加一个……霍达谢维奇。

巴：对，霍达谢维奇，还有……安年斯基。我十分喜欢安年斯基，十分喜欢安年斯基，直到现在还喜欢他。

杜：是的，可您没有见过他吧？

巴：没有，我不可能见到他，因为他在 1909 年就已经去世了。我见过他的一些熟人，见过他在皇村中学教过的学生。

杜：皇村中学的学生？那他的哥哥您认识吗？

巴：不，我不认识他，他其实是另一个圈子，另一个世界的人。他是

---

① 指 K. K. 瓦吉诺夫的长篇小说《山羊之歌》的题材（关于这部小说请见第五次的谈话），这一题材在小说标题是用仿讽的笔调表现出来的，该标题系希腊语"悲剧"一词的字面翻译。——原编者注

一个政治家,自由主义知识分子,政治家尼古拉·安年斯基。我不认识他。

杜:那您见过古米廖夫和安娜·安德烈耶芙娜吗?

巴:同古米廖夫——当然见过。我见过古米廖夫。诚然,我从来不是他的朋友,也不可能是,但我多次见过他。我喜欢他的诗歌。说实话,我当然不认为他可以与……像维亚切斯拉夫·伊凡诺夫和勃洛克这样的诗人等量齐观,不过,尽管如此,我还是喜欢他的诗歌。至于他晚期的诗歌,我现在还是评价甚高。他的人格也很有魅力,非同一般。但他缺乏深度,感觉不到有什么深度。他也不追求这个,不想成为深刻的诗人,完全不想,他不追求这一点。他想做一个有鲜明特色的诗人。

杜:有鲜明特色?

巴:是的,有鲜明特色。有鲜明特色。

杜:他的外貌好像也是,也是挺难看的,是吧?

巴:不,从外表上看他是个高个子,身材匀称,有点偏瘦。要我说,他给我留下的印象是:他有点儿像里尔克,也是那种特点、那种类型的外貌。只不过里尔克的目光十分柔顺、平和,而他的眼神则更加刚毅。总的说来,他是一个勇敢刚强的人。而且他自个儿也很欣赏这一点。他本来就喜欢男子汉气质。他原来是个出色的军人,很神奇。以前他常出去旅行,经历过各种危险。有一段时间,他同当时的许多人一样,专拣危险的事情去做,认为最为惬意的事情莫过于……

杜:　　……狮群不时地向我们逼近。

　　　　然而我们当中没有一个孬种,

　　　　我们开枪射击,对准狮子脑门……①

诗里还是有严重缺陷的。您没有感觉到吗?……您不觉得他好作姿态,有点儿做作吗?

巴:也可以说,有点儿做作。但他的勇敢,他对作战和军事危险的喜爱,则完全是真诚的。他确实迷上了战争,迷上了战争。他认为,在战前他其实没有生活过。即使是旅行什么的,也都不值一提。爱情也不值一提! 战争可就不一样啦! 不是吗!

---

① 出自古米廖夫的诗篇《在壁炉旁》(1911 年)。此诗收录在诗集《异国的天空》中的第二部分,这一部分是献给 A. A. 阿赫玛托娃的(H. C. 古米廖夫:《短诗和长诗》,列宁格勒,1988 年版,第 177 页)。——原编者注

杜： 我们进攻已是第四天，

(齐声)

四天来我们没有进食……

在这美好的热情时刻

我们不需要人间的美食，

因为天主的话语

胜似面包滋养着我们。

浴血的一周又一周

何等灿烂，何等轻松……①

巴：顺便说一下，要知道，那时所有写战争的诗篇……那时的诗人都写过……全都是陈词滥调……不是吗？

杜：写得十分蹩脚。

巴：十分蹩脚。全是陈词滥调。

杜：不如我们这次战争所写的那些诗篇。

巴：那当然不如。都是硬挤出来的。因为写诗的这些人实际上……不喜欢、不理解战事。难以想象他们会……比方说，像梅列日科夫斯基在战场上会做些什么呢？……至于勃洛克……勃洛克也是一个勇敢的人，我们知道，他是一个勇敢的人。他没有上过前线，但到过前线附近的地方，他不怕枪林弹雨，至少是这样。

杜：总之，有件事情很奇怪：在我们这次战争中，在最后一次战争中，一些很不起眼的比较弱的诗人(像苏尔科夫、西蒙诺夫等人)却写出了……

巴：那是同一个货色！

杜：不过这些人所写的诗作毕竟还是有实力的。

巴：才不是呢，跟他们那些人一样……

杜：可他们都是优秀的诗人……

巴：但他们写的都是些枯燥无味、千篇一律、了无生气的诗。

杜：例如勃留索夫，就写得很糟糕。

巴：是写得很糟糕，就连他的那些革命诗篇也写得很糟糕。他早在

---

① 古米廖夫的诗句是这样写的："但不需要人间的美食／在这可怕而美好的时刻，／因为，天主的话语……"(Н. С. 古米廖夫：《进攻》，见 Н. С. 古米廖夫：《短诗和长诗》，列宁格勒，1988 年版，第 234 页)。——原编者注

1905 年就写了革命诗篇。都是些蹩脚诗。

杜：您听过古米廖夫朗诵诗吗？

巴：朗诵诗？没有，我没听过。

杜：他说话结巴吗？

巴：我觉得有一点儿，不过是轻微的。

杜：津克维奇说："他可是个结巴。"

巴：不，津克维奇有点儿夸大其辞了，有点夸大了。他当然不是结巴，不过，依我看，也不是擅长朗诵的人。

杜：那您有没有……听过他朗诵……

巴：没有，我从未听过他朗诵。

杜：那您是在什么地方见到过他的？

巴：我见到他，首先是在……我现在都记不清……是在哪个学会啦。但那时我不认识他，只是看到他了。后来，我是在宗教哲学研究会里同他认识的。没错，有一次我在那里见到他，是在战争前夕，也就是在他入伍前夕。后来又一次见到他，那是……他从前线回来短期休假。也是来到了宗教哲学研究会。那时他已经身着军装，是名军官……近卫军官……还有……那时怎么叫的？……他的肩章上是骷髅头骨和两根交叉的骨头……好像叫敢死队吧。是骠骑兵！骠骑兵！那时他可帅了！我记得当时我正巧在上面一个楼层的平台上，好像是和阿赫玛托娃站在一起的，我们在抽烟。房间里是不给抽烟的，我们就走上比第二层略高一些的楼梯，因为分给我们这个研究会的是二楼，而平台则是在楼层之间……我们就站在那里抽烟。突然有人喊了一声（我想是安娜·阿赫玛托娃）："古米廖夫在这儿！"说着便飞奔下去，真像小鸟一样振翅飞了出去。于是我也跟了过去，看到桌旁果然站着一个军人，英俊威武。他就是古米廖夫。十分帅气！帅气十足的古米廖夫！

于是我就明白了，其实这个人生来就是当军人的。尽管他当军人的时间并不很长。可别看他服役时间不很长，却得了两枚圣乔治十字勋章。那时，获得圣乔治十字勋章……可不容易……靠关系是拿不到的。根本不像现在人们所议论的那样，不是那么回事。我们现在的所有奖章毫无价值。我认识不少从事命令起草工作的文书，他们专门制定命令，都是知识分子出身，我知道他们是根据首长的指示拟定命令的，可这些个命令根本不符合实际情况。然而，他们就会因此而获得奖

章。但在那个时候获得勋章是很不容易的。而他却得了两枚圣乔治勋章……尽管从未受过伤。有一次,他甚至写道:

> 但"圣乔治"
>
> (齐声)
>
> 却两度触及
>
> 未被子弹伤及的胸脯……①

杜:是的,这是《火柱》里的诗句。

巴:我发现,您对诗歌非常熟悉……

杜:诗歌我是了解的。

巴:……是的,不仅是年代久远的诗歌,这么说吧,从……

杜:我是了解的。是这样。当然……我很高兴听到您说,您对此已有所感觉。

我们就谈到这里吧,磁带快录完了,我的时间也快用完了。〈……〉不过我们的谈话并未结束。下一次我们从阿赫玛托娃说起,总体说来,要专谈苏联时期了。

巴:是的,该谈苏联时期了,不过可讲的内容相对要少得多。我还想讲一些有意思的现象,比如当时已岌岌可危的那些沙龙。

杜:那太好啦。您真会营造气氛。谈话的气氛。不过今天就谈到这里吧。我这就关机。

第三次访谈(1973 年 3 月 8 日)

杜:请吧,米哈伊尔·米哈伊洛维奇。上一次我们谈到了古米廖夫。那我们现在就来谈谈阿赫玛托娃吧。

巴:好的,那就来谈一谈阿赫玛托娃……讲一讲安娜·阿赫玛托娃。对安娜·阿赫玛托娃其人我了解得很少。我同她见过几面。只交谈过一次,而且我们的谈话也不是特别有意思的。还有,我觉得,大凡对于超出狭窄的,主要是指爱情方面的生活之外的那些话题,她不太喜欢多说。这还是在那个时候。当然这是很久以前的事了,此后她也发

---

① 出自古米廖夫的诗篇《记忆》(1921 年),这首诗是他最后一部诗集《火柱》(1921 年)的开篇之作。——原编者注

生了很大变化。

　　正如您所知道的那样,在阿赫玛托娃早期诗歌中几乎完全没有什么哲理成分,几乎是这样。她的创作都是抒情诗,专写隐秘关系的抒情诗,纯女性的抒情诗。当然,这无碍于她的诗作所具有的相当高的艺术水准。但在我刚认识她那会儿,也就是在她创作的早期阶段,她的诗作中没有提出带有普遍性的……具有深刻内涵的问题。我觉得,她的生活中也没有这种深刻的内涵。她感兴趣的是人。不过她是按照……女性的方式来观察人的,就像女人观察男人那样。她是这样来认识人的:所有的人都分为有趣和乏味这两种。这是纯粹的女性立场。所以,我对她这个人不是太喜欢的。

　　此外,我发现她身上有股子傲气。可以说,她有点儿以一种居高临下的姿态来看待普通人。后来我也听别人说到了这一点,这些人都同她有过交往。到了老年她身上也还是有这股子傲气,甚至还变本加厉,发展到了极端:比如说,当编辑部的工作人员来找她的时候,她甚至对他们的问候没有任何表示,也不请他们坐下。他们就这么站在她的面前,而她只顾埋头对编辑部的修改意见做相应的标记——同意还是不同意,连看都不看他们一眼。可是,我再重复一遍,她完全没有把他们当做人来对待。是这样。她就是这样。当然,又有谁知道这些回忆录的可信度呢,也许这些回忆很是……没有来由,带有主观色彩。他们来的时候,或许正赶上她心情不佳:要知道,一直有人在诽谤她,直到她生命的最后时日里,还有人在诽谤她。或许,她当时正处于这种遭人诽谤的感觉特别强烈的时刻……不过必须要说明的是,关于她的这股子傲气,甚至是某种程度的粗鲁(依我说),我也从别人(而且是很多人)那里听说了。

　　杜:这发生在她家里,当她接待来访者的时候吗?

　　巴:是的,人家是来办事的,而且都是普通人。而她在跟她认为多少有些名望的那些人打交道的时候却……

　　杜:是她那个圈子里的人。

　　巴:是的,是她那个圈子里的人——她自然又是另一种态度。像她这样的大有人在。果戈理当年就曾一针见血地指出,一个人会因谈话对象的地位高低而改变说话的态度。不过首次非常精彩地写到这一点的是萨克雷,他有一本写势利小人的书,其中描绘了一个势利小人的形象。此人同店铺伙计说话时是一种腔调……同某位勋爵说话时又是另一种腔调……（巴赫金变换着语调：讲到前者时用的是一副居高临下的口吻，讲到后者时则是一副卑躬屈膝的腔调。）总之一句话，此人完全是可以变来变去的，这取决于他说话时是在往右看，还是往左看——他的那张脸每次都在变。

杜：如此说来，官员与势利小人是一路货色？

巴：与势利小人？不。

杜：实际情况是……官员……只是根据官阶等级表来确定"高低"。

巴：是的，是的，官员的情况取决于一个人的整体地位，没错。可势利小人，总的来说，不只是像官员那样，他……他的趋炎附势不仅仅表现在这方面——即对待大官和小官的态度上，而且还表现在他如何解决其他问题上，例如艺术等领域的问题。比如，有个势利小人在剧院里观看某部新戏。他不会先开口说话的，他会保持沉默，一直等到观众当中的某位颇有名望的人发表了自己的观感，他这才开口说话，他一旦掌握到别人的一两点观感，就应声附和。这时，他才开始大胆地赞扬这部戏，或者相反，对其大加挞伐。至于他自己在观看过程中有什么感受，这对他来说并不重要，他不相信自己。总之，他一旦脱离了公众的意见，一旦脱离了某个领域（如文化、纯艺术、音乐等）的大人物的意见，便无法独立存在了。这就是所谓的势利小人。很遗憾，这样的势利小人如今在我们这里甚至比以前还要多。这种人以前要少一些，以前人们还是有独立判断的，而且也不怕说出来。可现在，当然已看不到这种现象了。

杜：至于阿赫玛托娃，您不会说她是势利小人吧？

巴：不，她不是势利小人。不是。只是在她身上有这个特征。势利小人的这种特征在她身上是有的。

杜：就是说她在与人交往中没有做到一视同仁。

巴：是的。总之，这么说吧，她有点瞧不起那些在艺术、文学、科学或者政治方面一无所长的普通人，有点瞧不起普通人。关于她我还能说些什么呢？真是无话可……

杜：不会吧。那么，她作为一名诗人您又是如何评价的呢？

巴：作为一名诗人？她作为诗人，我当然是很推崇的。现在人们把她提升到伟大诗人的行列。我觉得，这当然是评价过高了。她所关注的范围还是太狭窄了，太狭窄了，不够宽阔，伟大的诗人可不是这样。甚至就人的气质而言——她也不具备伟人的气质。不具备。

杜：说到人的气质，特别是那些易激动的、创造型的人的气质……而且您刚才在回忆中的确说得十分恰当，她这个人终身受人诽谤，但她依旧保持着很庄重的行为举止……

巴：是的，她保持着庄重的行为举止。

杜：那么，您作为一名读者和文学研究者又是？……您知道艾亨鲍姆是如何评价她的吗？您还记得他的那些旧著吗？……

巴：知道。其实，她作为诗人我当然是十分推崇的，她是那个时代、那个圈子里的重要诗人之一，甚至是最重要的诗人之一。

杜：艾亨鲍姆曾断言：可以说，她在某个方面揭开了新的一页……您还记得吧？您同意这种说法吗？他指的是语言和其他方面……他论述了阿克梅派的总体特征，不过谈的主要内容还是阿赫玛托娃。[①] 反正我不太赞同他的观点。

巴：当然，他毕竟有些夸大了她的意义。而且，这么说吧，他是从形式主义的立场来看待她的。不管怎么讲，她并没有在诗歌中写出什么新的语言。新的格调倒是有一些的，但却是那种特殊的、女性的格调。而新的语言在她的诗歌中当然是没有的。不过，她是一个很不错的诗人，相当好的诗人。应该说，她所属的整个阿克梅派这群诗人，我是指古米廖夫……

杜：曼德尔施塔姆、戈罗杰茨基、纳尔布特……

巴：是的，我知道，她对曼德尔施塔姆评价甚高，而对戈罗杰茨基则不然。还有一位……诗人……库兹明。他也加入了这个阿克梅派。在这群诗人中，恐怕他是最具艺术价值的一位。

杜：我觉得，应该还是曼德尔施塔姆吧。

巴：是的，曼德尔施塔姆也算一个。

杜：如果要谈女性抒情诗（也就是阿赫玛托娃所擅长的本领），如果要列出相关的三个诗人的名字……对其中的一个您已经做出了相当刻薄的评价……这三人是季娜伊达·尼古拉耶芙娜·吉皮乌斯、阿赫玛托娃和玛琳娜·茨维塔耶娃。您认为作为诗人她们当中谁更有影响？

---

① Б. 艾亨鲍姆：《安娜·阿赫玛托娃：分析试笔》，彼得堡，1923 年版。——原编者注

巴:要知道,恐怕是玛琳娜·茨维塔耶娃。

杜:我没有疑义。

巴:是的,是玛琳娜·茨维塔耶娃。她的诗有着深刻内涵,而这种内涵则是……

杜:……阿赫玛托娃所没有的,那吉皮乌斯就更不用说了。

巴:是的,吉皮乌斯——没什么好说的。吉皮乌斯那里一切都很做作,很做作:她的诗很做作,她这个人也很做作。至于阿赫玛托娃……当然,她那里,在她这个人身上稍微有点儿……但她的诗毕竟不做作。

杜:看来从您的关系和喜好来说,您自然更多的是属于象征派圈子?

巴:是象征派,是象征派。对我来说,最有威望的诗人……还不只是诗人,而且是思想家和学者,说到底还是维亚切斯拉夫·伊凡诺夫,维亚切斯拉夫·伊凡诺夫。直到今天我还非常喜欢他。

杜:在诗歌艺术上也喜欢?

巴:在诗歌艺术上也很喜欢。

杜:这我就不明白了。

巴:他的诗也许不是那种很常见的,而是比较富有学术味什么的,即使这样也还有一些优秀的作品,还有一些优秀的作品。

杜:您认为他的哪本集子最重要?

巴:最重要的? 是 *Cor ardens*。两卷本。①

杜:正好我也知道。

巴:是吧。最早几本也……很重要,后来的也是。不错,他在国外的创作我知之甚少,不过我有一本他的诗集的打字稿。当然可以在其中感觉到:他已在走下坡路了,在走下坡路了……他早期诗集如 *Cor ardens* 中的那种力量,已经不见了。可以这么说……还是原来那些主题的重复,但表现出来的势头却有所衰弱。不过总的来说,这是一个非常重要的人物。我有第一卷……目前比利时的布鲁塞尔正在出他的全集——印刷很精美。刚出了第一卷。这第一卷我还是想办法找到了,通读了一遍,不过没有买到。那里的序文很有意思,详细介绍了维亚切

---

① *Cor ardens*(第 1—2 辑,莫斯科,1911 年):维亚切斯拉夫·伊凡诺夫的第三本诗集。前两本是《星辰舵手》(圣彼得堡,1903 年版)和《透明》(莫斯科,1904 年版)。在 *Cor ardens* 之后出版了《温柔的秘密》(圣彼得堡,1912 年版)。——原编者注

斯拉夫·伊凡诺夫的生平,包括他晚年的生活,他的逝世……①

杜:他是哪一年去世的?

巴:〈……〉他好像是 84 岁那一年去世的。安葬在罗马。去世前不久,他见到了教皇,他受到了教皇的接见,还进行了交谈。那次接见引言里作了详细交代,他葬在了天主教多明我会修士墓地。

杜:怎么,他皈依天主教了?

巴:不。他没有皈依天主教。他对天主教采取了与弗拉基米尔·索洛维约夫同样的立场。甚至还直接以弗拉基米尔·索洛维约夫的这种双重观念为由,以他所确定的立场为由,即他不能……尽管他完全理解东方分裂教派……但他如果脱离整个教会便不能加入天主教。但他坚信,迟早总有一天会统一的。

杜:东西基督教的统一。

巴:是的。只是他似乎过早地,过早地预见到了这一点……加速迎了上去,但……

杜:……但他没有放弃正教的……

巴:是的,没有放弃东正教。维亚切斯拉夫·伊凡诺夫也是这么做的。维亚切斯拉夫·伊凡诺夫只不过……就他的生活经历而言,他感到亲切的应该是天主教:他在意大利、法国……这些信奉天主教的国家里生活过多年……起初,当他还在上学的时候……当他还是蒙森②的学生时,他接触过德国文化和新教(不算很多),后来他所接触的一直是天主教。他还在天主教会学校里教过书,那是在意大利……

杜:米哈伊尔·米哈伊洛维奇,我们还是回到阿克梅派上来吧。您同阿赫玛托娃的会面是在所谓中立地进行的吧,还是您……

巴:是的,是在一个完全中立的地方,是在喝茶的时候。我记得,是在玛丽娅·韦尼阿米诺芙娜·尤金娜家里。

杜:噢,这不……您瞧,叫您顺便给赶上了。

巴:是的,不过,确实晚了一些。这大概是最后一次见到她。

杜:那时您已经认识她了吗?

---

① 《维亚切斯拉夫·伊凡诺夫文集》,第 1 卷,布鲁塞尔,1971 年。该卷的开篇是一篇内容丰富的引言(第 5—227 页),详尽介绍了这位诗人和思想家的生平经历,引言作者是他的朋友和文学助手奥莉加·德沙特(O. A. 绍尔)。——原编者注

② 蒙森(1817—1903);德国历史学家。——译注

巴：谁？

杜：玛丽娅·韦尼阿米诺芙娜。

巴：那还用说！我认识她的时候，当然还没有认识阿赫玛托娃……

杜：好吧，关于这些我们到谈话结束时再回过来说吧。这么说，您不属于阿克梅派……

巴：是的，不属于。完全不属于。

杜：那就是说您既不认识纳尔布特，也不认识津克维奇……

巴：只听说过名字。

杜：……也不认识谢尔盖·米特罗法诺维奇·戈罗杰茨基？

巴：此人我认识，在不太愉快的场合见过他几次。有一次安排了巴尔蒙特的讲座。是这样。听讲座的人都来了。巴尔蒙特也到了。他一到就坐到讲台上，手里拿着一本书，眼睛瞪得大大的、直直的，瞪着瞪着，接着就倒向了一旁。

杜：是谁？是巴尔蒙特还是谢尔盖·米特罗法诺维奇？

巴：是巴尔蒙特，巴尔蒙特。他喝醉了……完全醉了。他最后几年几乎总是醉醺醺的，这不……醉得都快要倒下去了……这时就出现了这位……戈罗杰茨基高高的身影。他架住他走到后台去了。然后走出来说，很遗憾……

杜：……他身体欠佳……

巴：是的，他身体欠佳，于是，讲座取消。至于入场票是如何处理的，我记不得了……那是我第一次见到他，这个大高个子。不过戈罗杰茨基的诗我已经相当熟悉了。可他……后来发生了急剧的变化。他在维亚切斯拉夫·伊凡诺夫的生平中，正如您所知道的那样，是起了一定作用的……那时候维亚切斯拉夫·伊凡诺夫和已故的阿尼巴尔，季诺维耶娃—阿尼巴尔还在这里呢。

杜：这是他的妻子吗？

巴：是的，是他的妻子。是他的第二任妻子。他与第一个妻子离婚了。这是第二任妻子。〈……〉这么说吧，他们按照自己的信念，按照自己对爱情的理解，都认为，爱情不应当只限于两个人，还必须要有第三者，简而言之，又是那种 ménage en trois。于是他们就寻找这位第三者。这时出现了一个非常年轻英俊的同志——戈罗杰茨基。他就被他们物色为第三者。可最后还是没有成功。①

杜：在梅列日科夫斯基那里倒是成功了，而在他们这里却没有成功？

巴：不过梅列日科夫斯基完全不想接受……

杜：这位菲洛索福夫。

巴：是的。可这已经超出了他的意愿。

杜：不过这个 ménage en trois，也可以按不同顶点的三角形来建。可以反过来做，即第三者是女性……（笑。）

巴：是的，这正是他们想做的……可没有做成。后来，又有一位艺术家也要以第三者的身份进入这个组合——也未取得成功。不过季诺维耶娃—阿尼巴尔后来很快就去世了，去世时还很年轻。

杜：那他后来就是一个人过吗？

巴：当然，他后来一直是独身，一直保持着对她的忠贞。②

杜：是的，不过他……他在阿克梅派诞生之际有过一阵喧嚣……正如那个亚当：

> 请原谅，迷人的湿气
>
> 　还有这笼罩宇宙的雾霭……

还记得吗？

巴：是的。

杜：这后来成了阿克梅派的宣言。登在《阿波罗》上。

巴：是的，我还记得。

杜：　　　在清晰的风中有更多的幸福

---

① 尝试建立精神和情爱的"三角关系"——这种行为受到了"克服个人主义"哲学思想的启发。维亚切斯拉夫·伊凡诺夫和 Л. Д. 季诺维耶娃—阿尼巴尔起初试图把诗人谢尔盖·戈罗杰茨基，后来又试图把女画家玛格丽特·萨巴什什尼科娃—沃洛申娃引入这种关系中（两次尝试都未取得成功）。关于这些尝试在布鲁塞尔出版的文集中都有所交代——在伊凡诺夫的生平传记中（第 1 卷，第 98—105 页）和在文集的注解中（第 2 卷，布鲁塞尔，1974 年版，第 753—767 页），后者介绍得更为详细：摘录了与 1906 年夏天和秋天所发生的这些事情直接相关的伊凡诺夫日记和书信的片断。——原编者注

② Л. Д. 季诺维耶娃—阿尼巴尔猝死于 1907 年 10 月。几年后，维亚切斯拉夫·伊凡诺夫与她头婚生的女儿维拉·康斯坦丁诺芙娜·什瓦尔萨隆结婚。——原编者注

惠及那被创造出来的生活世界……①

巴: 不过维亚切斯拉夫·伊凡诺夫从来就不是阿克梅派诗人。

杜: 没错。这个圈子,在我看来是影响了很大范围的诗人们,尤其是列宁格勒的诗人们……就是这些阿克梅派诗人,一直在您的视野之外? 那么……您与未来主义者也不愿意往来吗?

巴: 未来主义者——是的! 我不想与未来主义者往来。我与他们碰过面,见过他们,但……

杜: 对赫列勃尼科夫也这样?

巴: 我不认识赫列勃尼科夫,不认识。我根本就不认识他。

杜: 未来派的聚会您没参加过?

巴: 不,从未参加过。没—有。应该说,那时我们这个圈子里的人对他们有点看不起,有些讥笑,认为,这又是一阵短暂的时髦,这个运动产生不出什么真正的价值。当然,应该说,把马雅可夫斯基当做某种例外,也只是在某种程度上而已。总的说,我们连马雅可夫斯基也是不接受的。

杜: 那么,你们这个大学的圈子有哪些人呢? 您这是在讲您在大学里的最后时光? 您从奥德萨转到彼得堡大学又念了几年?

巴: 又念了四年。

杜: 又念了四年? 在那里两年,在这里又是四年?

巴: 不,在那里一年。

杜: 这么说,一共是五年。很正常。

巴: 是的。五年。但不正常。一般应该是四年。但很少有人……

杜: 那是。您上一次讲到了您的大学老师。而同学这个群体……您谈得不多……您提到了这个——我忘了希腊文是什么,意思是"显现"……

巴: 对,是的。我接近的正是这一群语文学家,语文学家,他们对一切所谓现代味很浓的东西都十分怀疑,极不信任,例如未来主义,部分

---

① 这是谢尔盖·戈罗杰茨基的《亚当》一诗的开头部分。此诗发表在《阿波罗》杂志(1913 年第 3 期,第 32 页)诗歌新流派——阿克梅派专栏里(这一流派的另一个未得以流行的名称"亚当主义"与戈罗杰茨基的这首诗有关)。专栏的编者按中写道:"此处刊登的诗作出自这样几位诗人的手笔,他们共同具有《阿波罗》第一号所刊登的 H. 古米廖夫和 C. 戈罗杰茨基的文章所阐述的思想。这些诗作在某种程度上可以看做是对上述文章所阐述的理论观点的一个实证。"这里指的是古米廖夫和戈罗杰茨基在《阿波罗》1913 年第 1 期上所提出的新流派的理论纲要。——原编者注

地还有阿克梅主义,尤其是对当时的那些左倾的革命现象和诗人。

　　杜:那么,有位叫斯基塔列茨的,显然不是您的……

　　巴:斯基塔列茨?当然不是!不过,他的一些作品我是带着愉快的心情去读的,我觉得很有意思,比如说这个……《蜡烛头》。《蜡烛头》……

　　杜:那您怎么评价高尔基?是否喜爱?

　　巴:不是特别喜爱的。只是喜爱一部分作品吧。不过,我当然是理解的,我们大家也都理解他作为艺术家以及其他身份的那种重要性。但我们并不是非常喜爱他的。他的风格我们不喜欢。

　　此外,我们都了解他的性格,这同样也使得我们对他不太有吸引力。他是个不同寻常的人物。您知道吗,他在世界观方面完全丧失了自己的主见。这是某种女性的特征。他所迷恋的,往往就是在当时的情况下他所接近的那个人所迷恋的东西:忽而接近革命,忽而又接近反革命……一句话,他总是摇摆不定。假如说,非革命派的某个人去找他,同他谈一谈,他就完全同意。革命派的代表来谈,他也同意。在这方面,他没有自己的意志力,在世界观方面他没有意志力。他不会作出一以贯之的选择。他不会。他忽而选择这个,忽而又选择那个,忽而还会选择其他。不过,后来确实是生活本身,是生活环境迫使他做出某个选择,但最终他还是……他总是摇摆不定。他这样做不是赶浪头,不是的,这是一种特别的、他所特有的优柔寡断。不是赶浪头,不是的,也不是出于私利,不是的……不是出于私利。

　　杜:但不管怎么说,他具有某种包容性。您是想说,他身上不是各种观点的结合,而是不同观点的交替?

　　巴:是交替,问题就出在这儿。不是结合,绝对不是。根本上就不存在一种完整的看法,所以也就谈不上其中可以结合什么,联结什么。绝不能把他称作折中主义者。不能。他忽而这样,忽而那样。您可能读过霍达谢维奇关于他——高尔基的回忆录吧?

　　杜:没有,这个回忆录我没有读过。

　　巴:恰恰这个回忆录写得十分之好。霍达谢维奇对他总的是肯定的。

　　杜:他对高尔基总是给予很大的支持。

　　巴:是的,他是支持的。尽管如此,霍达谢维奇毕竟是霍达谢维奇,也就是说，他还是说了些稍带气恼的话。他说高尔基其实非常喜欢谎话，喜欢谎话和骗子。当他自己被骗时，他对此很能容忍，并且会原谅任何谎言。他自己也很喜欢骗人。总之，骗子、骗子、撒谎的人——是很能吸引他的人物。他，这么说吧……他与他们心心相通。是这样。他就是这么写的。

杜：您指的是霍达谢维奇这么写的？

巴：是霍达谢维奇。他还从高尔基的生活中列举了大量的事例。此外，我认识一个人，有一段时间曾同他共过事……这就是谢尔盖·瓦西里耶维奇·阿德里阿诺夫教授，历史学家。他作为卓娅·洛迪的丈夫倒更是广为人知。[①] 您大概还没听说过卓娅·洛迪这个人吧。

杜：没有。

巴：要不就是那时已经不听人说起了？卓娅·洛迪是一位杰出的歌唱家，不过不是唱歌剧的，而是唱室内乐曲的，风格非常细腻。她演唱的都是非常稀有的作品，然后是民族歌曲。她有几年在意大利专门研究意大利歌曲。

这个人就是卓娅·洛迪的丈夫。他年龄比她大得多。不过她也死得很早。她有点儿驼背，卓娅·洛迪。但她的脸庞很标致。顺便说一下，她的墓碑，大理石墓碑，现在很有名，是位画家完成的，我现在记不得这人的名字了……是我们的一位大画家。就是谢尔盖·瓦西里耶夫讲了许多高尔基的事情，他与高尔基很熟，不过主要是他们常在《事业》编辑部见面……

杜：啊！是杂志《事业》编辑部吗？

巴：正——是。他们也时常在别的一些文学活动中见面。他同样讲到了高尔基在观点上的这种极端摇摆性。

杜：说实在的，您的评语与列宁对高尔基的评语完全一致。您还记得"高尔基在政治上极端的缺乏主见"这句话吗？

巴：对——的，是这样。但不仅在政治上，也在总的世界观上。如对宗教也是如此：他一会儿是无神论者——彻头彻尾的……您大概看到过描写他与巴甫洛夫院士会面的一些文字……写他们截然不同的观

---

① 谢尔盖·亚历山德罗维奇·阿德里阿诺夫（瓦西里耶维奇是巴赫金的口误）："著名语文学家和翻译家，彼得堡大学（后来是列宁格勒大学）教授。"见 Ⅱ. 科甘：《与音乐家们在一起》（莫斯科，1964 年版，第 48 页）。卓娅·彼得罗芙娜·洛迪（1886—1957）：室内乐歌唱家。——原编者注

点……可一会儿他又……可还不能说他是教徒,但总而言之是怀有宗教情绪的。他懂得什么是宗教。而勃洛克甚至讲过,他们有一次在什么地方见面时还争论了起来。勃洛克那时持无神论的观点,高尔基则同他争论,让他相信人的灵魂终归是不朽的。这不就发生了这种事情。这是勃洛克本人写的。我这会儿记不得他是在哪里说的了。

杜:米哈伊尔·米哈伊洛维奇,您本人从未与高尔基见过面吗?

巴:与高尔基?没有。我只见过他几次,后来(这不用录),我被捕了,高尔基还给有关部门发过两封电报……

杜:高尔基?

巴:是的。他想保护我。

杜:那这正该录下来。

巴:他知道我写的第一本书①,也听说过我个人的不少情况,还有一些共同的熟人……

杜:高尔基发了电报……

巴:是的,发了电报……

杜:……是发给内务人民委员会……要不那时是别的什么称呼?……

巴:……他是帮我说情的。那时还是国家政治保安局呢……

杜:这是在哪一年?

巴:是在……1929 年。

杜:啊。连高尔基也……后来他也不再过问了。

巴:所以在案卷里……后来——是的……在我的案卷里存有高尔基的电报,他的两封电报。

杜:您瞧!

巴:是的,后来他不再过问了。

杜:他的妻子叶卡捷琳娜·帕甫洛芙娜做了非常多的好事、善事。

巴:是的。叶卡捷琳娜·帕甫洛芙娜。我不认识她,但我过世的妻子去找过她几次,她们认识,彼此互有好感。她那时是某个机构的主席,这个机构是……

杜:红十字会。

---

① 《陀思妥耶夫斯基创作问题》,列宁格勒,1929 年。——原编者注

巴:是的。政治红十字会。主席是维纳韦尔,她是他的副手。但实际上她才是这份事业的核心人物。[①]

杜:是的,当时传出很多有关她的佳话……不过……后来也就变得没有意义了,自然也就销声匿迹了。

巴:是的,后来就变得毫无意义了。

杜:您对高尔基的这些看法很有意思,不过其中,可以说交织着各种不同的情感,因为一方面来看您说的这些话好像一种否定的评价……

巴:对,但也不全是。

杜:可他帮助的人范围很广,采用的方式也很多样。还有谁比瓦西里·瓦西里耶维奇·罗赞诺夫同高尔基相去甚远呢?高尔基在1918年那真叫支持他!

巴:是—的。

杜:这还是可以看出,高尔基胸襟宽阔。

巴:是胸襟宽阔。其次还有善良,这在他身上毫无疑问是有的。绝对的善良。

您知道吗,现在有一位文学研究者,您大概知道他,叫加切夫。他可能是您的学生。叫加切夫。

杜:不,我只是知道有这个姓的人。

巴:他属于科日诺夫、鲍恰罗夫那个文学研究者圈子里的人。他们一起出了三卷本的《文学理论》……

杜:是的,不过他们当中只有科日诺夫是我的学生。

（听到猫的叫声。）

巴:可怜的小猫!

杜:我们该怎么办,到底该录谁:是录猫还是录您?（两人都笑了。）

---

① 在巴赫金的文稿中存有 E. П. 彼什科娃 1929 年 10 月 8 日写给 E. A. 巴赫金娜的书信:"针对您的询问,根据我从国家政治安全总局所得到的信息,现答复如下:就您丈夫 M. M. 巴赫金的有关事宜,需要一份医院的证明书,但目前尚未收到证明书。"信是用盖有单位印章的公文用纸写的:"E. П. 彼什科娃。援助政治犯。莫斯科,库茨涅茨克桥,24 号。"此前一个月,即 9 月 2 日,巴赫金写信给卫生人民委员 H. A. 谢马什科,请求他任命一个医务委员会就他的健康状况做出结论(见《记忆》第 4 辑,第 267 页)。经 E. П. 彼什科娃的努力(也可能是她的努力才促使高尔基发了那两封电报),由初判(在索洛夫基服刑五年)改为六年流放。M. B. 尤金娜和 C. И. 卡甘也为营救巴赫金而积极奔走(请见 E. A. 巴赫金娜 1929 年 10 月 24 日写给 C. И. 卡甘的书信:《记忆》第 4 辑,第 280 页)。——原编者注

它好像安静下来了。

巴：是这样。这个加切夫写了一本十分有趣的研究论著，至今还没有出版，不过将来会出版的，这本书是讲高尔基的，包括他的流浪时期和《在底层》这个剧本，以及整个高尔基。他说，高尔基实际上体现了狂欢的思想。

杜：他这是发挥了您的见解。

巴：是一的……（加切夫可算是我的学生，是那种非正式的学生，他是在莫斯科大学学习的。是这样。）……高尔基自身体现出狂欢的思想，他理解的生活都是超常规的生活。而从一次狂欢向另一次狂欢进行过渡的生活，那种严肃的、一本正经的生活，本质上与他的心灵是格格不入的。狂欢的、脱离常规的生活——高尔基只有在这里才会感觉到自己……是属于生活的人。加切夫分析了高尔基的意大利小说，很有意思。① 比如高尔基描写电车工人的罢工，好像是这样，您还记得吧？

杜：是一的，记得。

巴：他好像就是在描写狂欢……他在这里寻找的正是对正常生活进程的这种破坏。

杜：但另一方面又有《马特维·科热米亚金的一生》和……

巴：当然，他的创作也有另一面，这一点不用怀疑，但基本上还是……

杜：……还有《萨姆金》。

巴：不仅如此，加切夫还认为，甚至连《克里姆·萨姆金的一生》从本质上讲也是狂欢式的作品，可以说这是深藏内心的狂欢。

杜：狂欢本是节庆的、快乐的……

巴：是的，节庆的。这里似乎不是节庆的，也不是快乐的，但却有一连串的……假面，是假面在活动。没有一张人物的真脸。顺便说一下，正是这样的人……我称他们是不会笑的人——这样的人高尔基在生活中是不喜欢的。

---

① 见 Г. Д. 加切夫：《剧本〈在底层〉中反真实的人物》（见《不为人知的高尔基》，莫斯科，遗产出版社，1994 年版）；以及《事物的逻辑和人：M. 高尔基剧本〈在底层〉中关于真理和谎言的讨论》（莫斯科，1992 年版）。对《意大利童话》中电车工人罢工情节的分析，请见 Г. Д. 加切夫：《形象意识在文学中的发展》（载《文学理论》第 1 辑，莫斯科，科学出版社，1962 年版，第 285—287 页）。——原编者注

杜:什么样的人?

巴:那种过于严肃的人,不看重也不懂得笑谑、笑话、哄骗、戏弄的人。这样的人他不喜欢。包括在《克里姆·萨姆金的一生》中也没有这样的人——他很想加以认可的人。比如,他的那些主人公,那些共产党员,首先是……库图佐夫。

杜:不会吧! 这可是苏联文学中的正面形象!

巴:不,不,高尔基可没有肯定他。没有肯定他。对他是持否定态度的……甚至把他刻画得冷漠无情。他是名歌手,但从另一方面看,他并没有用心去歌唱。对于他来说,唱歌仅仅是一种形式,做做样子罢了。总的来看,他不大善于真正地了解人。

还有,他对剧本《在底层》是这样理解:剧中真正的主人公,高尔基笔下的正面形象自然是卢卡,是卢卡(人们对卢卡的阐释是完全错误的),高尔基本人也把他看做是正面形象。从剧情来看,这一人物也是这么来塑造的。这不,他就出现在……

杜:按剧情是这样,可后来,到 1933 年……

巴:"可后来"! 后来他的世界观又变得不坚定了……这么说吧,他听了别人的话,确信:不对,卢卡……卢卡是在撒谎……的确,他是个好人,一直在努力帮助别人,可用的是什么方式呢? 卢卡制造出一些幻想和谎言,或许这可以帮助人们生活,但不允许这样……这有损于人的尊严……他相信了这种说法,后来便对自己的这部作品又作出新的诠释。

杜:啊,很有意思……请再说下去……不过,对不起,您现在还是稍微谈谈自己吧,您后来的生活境遇怎么样? 我们说到您大学毕业了。

巴:是的。

杜:是二月份吧。

巴:是的。正是这样,是二月份。二月革命。

杜:您还是大学生吗?

巴:我还是大学生。正快毕业。在这里,您知道的,就在列宁格勒……不,不是列宁格勒,那会儿还叫彼得格勒……开始闹饥荒了,非常严重。

杜:可闹饥荒是十月革命以后的事情。

巴:是十月革命以后的事情。但在二月份也已经十分困难了。

杜:那从二月革命起……关于 1917 年夏天您没有什么有趣的事情

可回忆的吗？要知道这段时间到处都被忽略过去了，仿佛不存在似的。

巴：是的，那么，我说给您听，但不必录下来。

杜：可以抹掉的……可以不再转录。那好吧。

巴：我并不欢迎二月革命。不仅如此，我，准确说是我们这个圈子，认为那结果会很糟糕，会不可避免地……我们恰好认识一些人，同他们很熟，他们部分地参与了二月革命……后来，可以说，靠二月革命出人头地了。

杜：是立宪民主党人？

巴：是立宪民主党人，立宪民主党人和……那些……

杜：社会革命党人？

巴：劳动团分子。克伦斯基本人就属那个劳动团。总之是克伦斯基这一类人。我们认为，所有这些知识分子完全没有能力治理国家，没有能力保卫二月革命（如果需要保卫它的话）。因此占据上风的必然是最极端、最左倾的分子，即布尔什维克分子。后来事实也果真如此。我们对此深信不疑。

杜：不过，那时出头露面的人当中布尔什维克……并不多。

巴：……是不多。这么说吧，人们几乎不知道他们。但知道社会革命党左派，知道得更多的是极端的社会革命党左派，后来他们与布尔什维克一起共事了。其次，在社会革命党阵营中，在社会民主党阵营中，同样也有一些观点最左、最激进的人，这些人后来……加入了共产党等党派。有点名气的是托洛茨基……季诺维耶夫，人数倒是不多。是这样。

杜：托洛茨基恰恰是到五月才加入布尔什维克的。

巴：是的。像他们……这种人不在少数。像捷尔任斯基……他不是。捷尔任斯基不是，我觉得，他没有加入任何党派，他只不过是个笃信上帝的人，曾经准备去当僧侣的。

杜：是吗？

巴：是的。到天主教修道院去当僧侣。他几乎是个天主教的宗教狂，后来他才转变过来的……不过总的说，他是一个特例，不是典型的布尔什维克，不是很典型，不是……是另外一种类型的人，似乎是用另外一种材质做成的。而……维辛斯基则是个社会民主党，社会民主党人，后来成了布尔什维克，而且……

杜:直到 1921 年以前他是孟什维克。

巴:他?

杜:是的,在整个国内战争期间他都是反对布尔什维克的,后来,当布尔什维克取得了胜利,他这才投靠了过来。

巴:扎斯拉夫斯基,一位记者。

杜:是的,他是《基辅人报》的记者。

巴:没错。他甚至还开过讲座,虽然我没有听过这个讲座,但我们的人去听过,他们讲——二月革命之后……到十月革命前……不,已是十月革命之后……他是在什么地方欢迎向前挺进的南方志愿军的,他在这个讲座里提出了与布尔什维克进行斗争的某个计划。

就是这样。我那时认为,会出现一个最极端的政党,在俄罗斯要么是君主制,要么就完全是极端的暴民政治……

杜:对不起,您是不是联系到后来发生的事情,才有现在的这种回忆?……

巴:不—不,不—不,我当时就是这么想的。

杜:这么说,您在二月革命期间就主观地感觉到了要么是君主制,要么就是极端主义者统治?

巴:是—的。即使君主制,总之……极端分子的胜利是不可避免的。而且,照我说,那时我们的情绪都很悲观:我们认为,一切都完结了。君主制自然是不可能恢复了,再说也没有人能恢复,因为完全无从依靠,获胜的必定是这些士兵群众,士兵和穿了军装的农民,他们对什么都不珍惜,是无产阶级,不是一个历史的阶级,不拥有任何价值——实际上就是一无所有。无产阶级奋斗终生,仅仅是为了非常狭隘的物质财富。正是他们会夺得政权。不会有人能够推翻他们,因为整个知识分子阶层都无力做到这一点。

杜:所以您没有参加过群众集会?

巴:没有,我没有参加过,没—有。我就待在家里读书,有了供暖之后,我就待在图书馆里。① 而不去参加集会。

杜:您听过克伦斯基讲话吗?

巴:克伦斯基讲话我听到过两次。我立刻就明白了,这是一个可怜的人,爬得太高又毫无本事……顺便说一下,当时有一家人跟我很亲近:丈夫是我的朋友,其次,我同他的妻子关系也很好,她过去是位男爵夫人;是克伦斯基的最后一位恋人。克伦斯基每天都来她家消磨时光,参加她的晚会,这里是他最后的爱情。后来,也许他还有过一次恋爱。

我的这位朋友也持有我的观点,他说:"您瞧! 难道您看不出来,他们迟早会把你们赶下来的。"他还说:"对不起,我什么都知道,我们在观察布尔什维克,别担心,他们根本什么事也做不成。"这也是他最后一次这么说,因为说这话就在发生事变和克伦斯基逃跑的前几天,确切地讲,也就三四天前吧。应该说,那个时候,克伦斯基……在最广大的群众中间……还是被拥戴的……他很有威信。

杜:不仅如此,还有名气。

巴:有名气。但那只是表面现象。我的这位朋友还告诉我,当克伦斯基头一次去他们家的时候(他那时住在工学院,彼得格勒的树林区),看门人一边擦着眼泪,一边说:"是克伦斯基,是克伦斯基来了,是克伦斯基来了。"他竟感动得大哭了起来。

杜:不过,您毕竟是语文学家,难道不会为他那精彩的演讲天才所折服吗?

巴:不是的,精彩的演讲天才他从未有过。这是瞎编出来的,胡扯。

---

① 关于俄罗斯象征主义运动,尼古拉·巴赫金在侨居国外期间所写的生平纪实中有一段回忆,可以帮助我们更加广泛地了解兄弟俩在 1917 年十月事变时的立场和行为。其中讲述了古典语文学研究小组那段时日在 Ф.Ф.泽林斯基家聚会的情形;H.巴赫金没有提及他的弟弟是否参加了那次聚会,不过看来参加的可能性很大。兄弟俩都加入了"我们的圈子",M.M.巴赫金在本次谈话中在说到革命事件时提了这个圈子:"我,准确说是我们这个圈子,认为那结果会很糟糕……"H.M.巴赫金讲道:"这发生在 17 年前的'红色十月'——彼得堡的共产主义革命时期。瓦西里岛上的一间寒冷的住宅里,在烛光下(因为那些日子自然是没有电的)我们十二个人聚集在一起,还有我们的老教师泽林斯基教授;我们都是希腊文专家,都是哲学家和诗人,我们这个团体有聚会的习惯,讨论一些古典话题的当下意义。我们过于自信地将它取名为'第三次复兴联盟'。因为我们相信,一次新的文艺复兴很快就要来临,这次俄罗斯文艺复兴是古希腊的生活理念与当今世界的彻底而完美的融合;而我们就是这一运动的首批参加者。因为,一如俄罗斯的其他一切事物,研习古典语文不仅仅是一种学习,而且还是重新创造生活的一种方式。学习希腊文就如同为了实现古希腊人的理想而参与到一场危险的、使人感到紧张不安的推翻现代社会基础的密谋当中。我们当时正是满怀着这种愿望而遭遇十月事变的,在我们看来,这次事变必将击碎我们的那些天真向往。俄罗斯所走的道路显然完全不是通往古希腊文明复兴之路。"(见《尼古拉·巴赫金:讲稿和随笔》,第 43 页。)——原编者注

我听过他两次。相当平庸、肤浅，要我说，就是那种煽动型的。

杜：那就不妨说，他也是一个狂欢式人物。

巴：是的，不过，他这个狂欢式人物可不是自愿如此，甚至也不是个性使然，不—是。当然，他身上有些东西带有狂欢性质……

杜：所以他对您一点儿也没有吸引力？

巴：没有，一点儿都没有，一点儿都没有。

杜：可您不能不尊重像帕维尔·尼古拉耶维奇·米留科夫这样人的立场吧？

巴：这倒是的，无论如何我是尊重他的，是尊重他的，不过我认为，他完全无能为力，像米留科夫这样的人（我当时觉得），永远都治理不了俄罗斯。

杜：不过说到治理……我很感兴趣……这是同舒利金谈话的延续。①

巴：是—的，这很有意思。

杜：可是，您知道吗，甚至连舒利金在自己的笔记中也都明白写道，当时治理俄罗斯的那伙人本身是软弱无力的……不是别人把他们推翻、打倒的，可以说是他们自己垮掉的。

巴：是的，没错。

杜：要知道，除了斯托雷平，没有一个人……

巴：是的，没有一个人……

杜：……算是较为出色的活动家。

巴：……是的。斯托雷平是一位非常出色的活动家，非常出色，远比一般人想象的还要出色，他很有远见。他提出的拯救俄国避免革命的办法，恐怕是唯一正确的办法，即形成中等富裕的农民、庄户，让他们拥有财产，拥有少量的财产。他认为，只有私有财产才能使人变得……怎么说呢……庄重体面，并且……

杜：……变得稳定。

巴：……是的，也变得稳定。可是，这些都没有实现，当时他未能把自己的田庄改革进行到底。再说……

---

① В.Д.杜瓦金指的是 1973 年 1 月他本人与 В.В.舒利金的几次谈话（莫斯科大学科学图书馆馆藏）。——原编者注

杜：这一点与俄国民族特性相去甚远。

巴：是这样吗？

杜：这在很大程度上违背了俄国的历史……在这一点上高尔基倒是更具民族性。

巴：是的，那我们只能搞集体农庄。是吧。可集体农庄又搞得不太顺利；不光是在我们这里，在其他斯拉夫国家，没有哪里是搞成功的。不过问题不在这里。我只是回忆当时的情况，现在一般说我对……即使当时我对这些问题也考虑得不多，想得很少。旧的制度在瓦解，这是大家都很清楚的。总之，拉斯普京书写的这段历史，它……怎么说呢……是一种不幸的又富有预示的历史。

杜：是的，这很有意思。不过我们还是回到录音和我们的语文学上来吧。好了，发生了二月革命和十月革命……接着，到 1918 年……一方面彼得格勒出现饥荒，另一方面是俄国诗歌进入咖啡馆阶段。

巴：为什么叫"咖啡馆阶段"？

杜：因为诗歌不再是杂志上的财富，而成为……

巴：啊！对！成了咖啡馆的财富，是一的，是一的。

杜：对诗歌的这一特殊时期，您总算是熬过来了呢，还是出于自己严肃高贵的经院立场而不肯俯身迁就他们？

巴：当然没有去迁就他们。顺便说一下，我在那之前就已经知道这个形式了，这不……当然是另一回事，还是在革命前就有"流浪狗"。

杜：那您常去"流浪狗"吗？

巴："流浪狗"我当然常去，不过，只是作为客人，可以说，我对那儿的人还不是很熟悉的。

杜：是作为"药剂师"吧……

巴：正一是，正一是。

杜：……他们就是这么称呼的？

巴：是的。我还去过"滑稽港"。

杜：那么，关于"流浪狗"和"滑稽港"您还记得些什么？我很想从这个意义上听一听……我听到过那些极端名士派的意见，他们管你们（不是针对您个人，而是这一类人）叫药剂师……

巴：是的，这么一来，我还是个"药剂师"。所以我一般很少去那里。

杜：您在那里听过谁的朗诵？

巴：您知道吗，要我说，我听过各式各样的诗歌垃圾。我觉得，我在那听到的唯一——一个优秀的诗人是……库兹明！

杜：是在"流浪狗"吗？

巴：我是在"流浪狗"听他朗诵的。

杜：还是在战争时期？

巴：要么是在"滑稽港"，现在我记不清了。恐怕这两个地方我都听过。

杜："流浪狗"和"滑稽港"都在彼得堡。

巴：是在彼得堡。

杜：而莫斯科则有"彼托列斯克"，还有另一家……"诗人咖啡馆"。

巴：那里……我没有去过……我到涅瓦大街上的那家去过一次。那里有一家"诗人咖啡馆"。那里我去过一次。里面坐着一些蓄着大胡子的人，头戴法式小帽，一副法国诗人的打扮。我并不喜欢这样：不严肃。

杜：那您还记得卢卡维什尼科夫吗？

巴：我记得卢卡维什尼科夫，我知道这个人。

杜：这一位尽管不是很有学问，但他的那副腔调却俨然是位学者。不过他毕竟还是有点学问的，而申格利……

巴：那是，申格利则……

杜：……格奥尔吉·阿尔卡季耶维奇一次也不落，每次都要登台朗诵一下。

巴：是吧，不过他是怎样的一个诗人呢？

杜：不是什么诗人。

巴：甚至就连他的那些翻译其实也很糟糕……学问做得也不怎么样。

杜：叶赛宁就在这个环境里才得以最终成熟的。

巴：叶赛宁？（沉思。）是一的……他成熟了……不过叶赛宁在这段时期的情况还是模糊不清的。科日诺夫恰好对这个问题感兴趣。原来，叶赛宁……人们通常以为：这位淳朴的、未开化的俄国农民来到了莫斯科和列宁格勒，那里的整个环境可以说很快就把他给毁了，把他变成了一个酒鬼，把他变成了一个淫棍等等，不一而足。

可是，我从科日诺夫那里听到的却完全不是这样：叶赛宁在去那儿之前,在去首都之前就已经接触了那儿的文化,他有一些朋友,同他们有书信往来,等等。应该说,还在那些名士派的代表们对他产生影响之前,他就已经⋯⋯形成了自己的观点。所以那些名士派的代表们,他们使他改变了思想和诗学方面较为严肃的倾向。①

杜:较为严肃的倾向——是在象征主义的沙龙里。那里有梅列日科夫斯基和吉皮乌斯。

巴:是的,也包括梅列日科夫斯基和吉皮乌斯。后来又出现一个人,他的名字未能查实⋯⋯说得确切些,科日诺夫查明、弄清了此人是谁。这人是⋯⋯我这就告诉您⋯⋯瞧我这记性! 在回忆录中⋯⋯在茨维塔耶娃的回忆录中提到,她造访过一户人家。在那儿,她听到了库兹明的朗诵。您还记得吗?

杜:是在玛琳娜·茨维塔耶娃的散文里吗?

巴:是的,在玛琳娜·茨维塔耶娃的散文中。其中描写了他们所处的那幢房子。房子的主人是个非常英国化的人,是位知名的装甲舰建造师,那艘舰艇也挺有名的,不过没说他姓什么,他有两个儿子。其中的一个是诗人⋯⋯要不就是在他的儿子及其朋友当中⋯⋯反正其中有一个是诗人。就是这位诗人很了解叶赛宁,并对他产生了重大影响。不过这位诗人是谁,玛琳娜·茨维塔耶娃没有说。②

杜:那么科日诺夫查出来了吗?

巴:是的,科日诺夫查出来了。

杜:应该去问他。他现在也不给我来电话了。

---

① 70 年代初,B. B. 科日诺夫对谢尔盖·叶赛宁的创作形成问题很感兴趣,值得一提的是,他得出这样一个结论:其创作形成的原因完全得益于"农民的"生活经验与世纪初的高层次的文化意识的有机融合。还是 1915 年 3—4 月就已在叶赛宁与列昂尼德·坎涅吉瑟尔——一位极为雅致的彼得堡知识分子——之间所产生的亲密而真诚的友情便是这种融合的极为直观的体现。由于说的是关于后来刺杀彼得格勒契卡主席乌里茨基的凶手,因此也很难查明相关事实(此外,B. B. 科日诺夫询问了可能是当时唯一在世的见证人——留里克·伊夫涅夫,不过,他几乎什么也记不起来了,要不就是害怕回忆)。M. M. 巴赫金对科日诺夫的讲述表现出高度的关注。整个这一"情节"最值得注意的方面是:正如后来(即在米哈伊尔·巴赫金去世后)的情况所表明的那样,他在 20 年代关于叶赛宁的讲稿中实际上正是以这种观念来解决诗人创作形成问题的,他说,"文学现象不可能直接发生于 20 世纪民众的内在本质:它首先应当确立于文学本身"(《对话·狂欢·时空体》,1993 年第 2—3 期,第 163 页)。看来,米哈伊尔·米哈伊洛维奇在 70 年代已经不记得自己在半个世纪之前所作出的判断了,不过他之所以对类似观点抱有浓厚的兴趣,很可能是因为无意中"体验到了"自己早年所形成的思想。——原编者注

② M. 茨维塔耶娃:《别处的夜晚》,见 M. 茨维塔耶娃:《散文选》,莫斯科,1989 年版。——原编者注

巴：没错，他还在这个方向上继续研究呢……留里克·伊夫涅夫就住在这里，离我们不远。

杜：我录过他的谈话。

巴：录过吗？那好。不过他记不清了，记不清了。他嘛倒是叶赛宁这个圈子里的，但他不记得了。他现在已经 80 多岁了。〈……〉他现在之所以还能引起人们的兴趣，只是因为他可能是叶赛宁这个圈子里的最后一位在世的人物。

杜：不是吧，还有几位画家呢……

巴：是有几位画家……

杜：有一位叫……科马尔坚科夫……①我也录过他的谈话。他是雅库洛夫的助手。

巴：噢……您录过克鲁乔内赫的谈话吗？克鲁乔内赫。

杜：他回避了我，后来就去世了。他好像害怕什么。我不明白，他究竟害怕什么。他是一个疑心太重的人。

巴：在他的晚年我才知道他的，不过当然不是在他生命的最后时日。我最后一次听人提起他大约是在 20 年前……

杜：这么说，您毕竟还是同未来派见面了？

巴：是的，他当时给我留下了强烈的印象……他那会儿 60 岁了……

杜：可他显得很年轻。

巴：显得特别年轻，个头不高，极为活跃，活力十足！而且，他的言谈十分风趣。他跟我讲起某个人的研究成果，这人是他的朋友，专门研究陀思妥耶夫斯基笔下的人物姓名。他讲得十分有趣，十分有趣。

杜：总的说，他很有……虽说不是学者，但很有语文学方面的天赋。

巴：是的，是的，毫无疑问。不过，对陀思妥耶夫斯基笔下人物姓名的分析其实不是他本人的研究，但他毕竟写得很有说服力。

杜：我觉得，从您的思想体系来看，您对"玄妙语言"这一思想不应该采取完全否定的态度。

巴：不，我没有否定。为什么要否定呢。我没有否定。

---

① 瓦西里·彼得罗维奇·科马尔坚科夫(1897—1973)：戏剧艺术家。录制于 1969 年(莫斯科大学科学图书馆馆藏)。——原编者注

杜: 可从您的回忆录来看,他们所有人……

巴: 是的,那是回忆录。我们当然没有充分认识到……

杜: ……好像是说其中并没有什么有意思的东西……

巴: 是—的,正—是,您知道吗……甚至说的还不是没有任何有意思的东西,说的是……

杜: 虚张声势。

巴: 是的,平民化的东西,正是平民化的东西。

杜: 我说的是虚张声势。

巴: 既是虚张声势,也有平民化的东西。是的。就是这样。不过,我丝毫没有否定他们的意思。总的看,我认为赫列勃尼科夫很优秀,是个优秀的诗人。

杜: 这么说,您对赫列勃尼科夫的态度从整体上来看还是有变化的。您现在……

巴: 我以前也是这种态度……我当时就认为赫列勃尼科夫是出众的,后来更是……

杜: 赫列勃尼科夫在哪方面引起您兴趣了呢?

巴: 所有的一切。甚至他的思维类型或风格都令我感兴趣。这才是真正的具有深刻内涵的狂欢式人物。是个实实在在具有深刻内涵的狂欢式人物。他的狂欢性不是表面的,不是舞蹈,不是表层的面具,而是内在的形态,是他主观感受和话语思维等的内在形态。他无法把自己限定在任何框框中,无法接受任何既定的成规。他非常清楚,什么是现实,什么是现实的思想。最不应该指责他眼光短浅,玩弄……不应该。

杜: 可他非常抽象。

巴: 不。他——不是那样的。他非常了解实际、现实,对人也是了解的。所有这些他都相当了解,但也可以说他从这一切中作了抽象的思考,不过不是要抽取出某些抽象空洞的思想,像另一些人那样,不是的。在他那里,他的那些抽象思考具有象征的性质,甚至具有某些神秘的性质。这是一种独特的预示性观照。只是仍然不可以把它们纳入到当时业已存在并且得到广为扩展的那种神秘主义的框子里。

杜: 象征主义的神秘。

巴: 是的。不能……绝不能简单地归到那里去。这是一种独特的神秘观照。就是这样。不妨说，是一种没有神性主义的神秘。但却是一种神秘。一种神秘……他思维时所采用的着实是非常宽泛的范畴，宇宙的范畴，但不是抽象的宇宙范畴。

杜：我没有完全听懂。

巴：他正好善于此道，这是他特有的本领，所以我才说，从最根本上讲他是一个非常狂欢化的人物；不妨说，他善于从一切局部中作抽象的思考，而把握地球的某种无尽而又无限的整体。他可是地球"球长"之一……也是整个宇宙"宙长"之一。他似乎能够在内心里体验到这一切，并把这一切用词语加以表现。当然，这些词语要当做普通的感受去理解，而如果被当作是写别的事物、个别的感受、个别的人，那的确是无法理解的。是无法理解的。但如果善于理解他，能够进入他那宇宙思维的轨道，那这一切就变得可以理解而且极有意思了。这是一个极其卓越的人。极其卓越的人。无论怎样，其他所有的未来主义者在他面前都形同侏儒。形如侏儒……都是微不足道的小人物。刚才说到的那个克鲁乔内赫也包括在内，还有其他的人。他们这些人有天赋，有才能。像布尔留克，还有……达维特，和这位……

杜：尼古拉。

巴：尼古拉。尼古拉也许更有才华些。

杜：您知道他们吗？是否见过他们？

巴：我曾见过一次布尔留克。达维德我只是见过，但同他不相识，不过我知道他……人们对我谈起他和他的作品。他这人很有意思。很有意思。

杜：另外还有一位弗拉基米尔，是个画家。

巴：是的，是个画家，不过我不认识他。而达维德·布尔留克作为画家和作家，并不出色。他后来倒是成了一名很能干的实业家。在美国成了一名富翁。他那里后来成立了一个沙龙。美国所有的最激进的左翼知识分子常去他的沙龙聚会。每年他都要非常隆重地庆祝十月革命节，在自己的家里举行招待会等等。这是一个独特的人物。

杜：那么，现在已经……该是说说马雅可夫斯基的时候了。您从未见过年轻时的马雅可夫斯基吗？

巴：他年轻时我没见过。从未见过。他多半是在莫斯科。

杜：不，在战争年代他恰好在彼得堡。

巴：可我没有见过他。

杜：在"流浪狗"和"粉红灯"都没有见过吗？

巴：没有，不巧的是即便在那里我也没有见过。他可能去过那里，可您知道，那时……现在马雅可夫斯基在我们大家眼里是马雅可夫斯基（冷笑地）。可那会儿在我们眼里，马雅可夫斯基只是许多夸夸其谈的人当中的一个，对这些人我们是相当瞧不起的。

杜：这么说对他个人没有什么印象？

巴：没有。只不过……

杜：那就请谈一谈革命后您与马雅可夫斯基见面的情形吧，你们好像见过两次面。然后再总的来谈谈他。

巴：第一次见面是在斯托列什尼科夫胡同。这是一幢十层楼的房子，好像有个文学部就设在那里。

杜：十层楼？那就不是斯托列什尼科夫，而是格涅兹德尼科夫大胡同。

巴：对一对，当然是格涅兹德尼科夫大胡同。如今那里有苏联作家出版社和"罗曼"剧院等单位。是这样。当时，这个文学部的负责人是勃留索夫，瓦列里·雅科夫列维奇。

杜：您说的这个文学部……也就是勃留索夫主管的人民教育委员会文学出版处就在这幢楼里吗？

巴：是的，就在这幢楼里。

杜：那是 1920 到 1921 年吧。

巴：对，是那个时候。1920 到 1921 年。我去过那儿。有一次，我听说那里要举办一场诗人晚会。我就去参加了这场诗人晚会。我顺便走进了勃留索夫的办公室。勃留索夫不在。办公室里只有他的副手，库兹科。[①] 库兹科在人民教育委员会文学出版处做勃留索夫的副手，可以说，他是一名老布尔什维克，尽管那会儿他还相当年轻。他是个棕发的美男子，非常英俊，非常可爱。我和他坐那儿聊了聊。我以前曾跟他打过照面的，在哪儿可记不清了。好像是在艺术科学院和他头一次见的面。但同他不是太熟。我们就这样聊了起来，他讲了许多，其中还讲到了他与维亚切斯拉夫·伊凡诺夫的交往。然后讲了许多有关勃留

_____

① 彼得·阿夫杰耶维奇·库兹科(1884—1969)：作家。——原编者注

索夫的事。而且，在谈到作为诗人和学者的勃留索夫时，对他尊重有加。库兹科本人是一个读书很多的人，掌握了不少知识，但绝不是学者。不过为人谦恭，非常可亲，极富自由思想，尽管他是党派到勃留索夫身边的。

杜：他好像是勃留索夫身边的政委吧？

巴：是——的，确实是勃留索夫身边的政委。

杜：而勃留索夫刚刚入党。

巴：对，刚刚入党。他讲道，在他看来，勃留索夫就其品格而言是个相当卑微的人，这么说吧，他非常……胆小……库兹科说："他特意来找我下棋，一边下着，一边从我这里探听党里的情况，打探人们对他的看法，他的前程如何：是留下巩固自己的地位，还是相反，最终会被赶出去，如此等等。"总之，他表现出了渺小者的情感，以及某种程度的恐惧。这些他根本是无法超脱的。

我们就这样等着勃留索夫。可最后我还是没有等到勃留索夫。总是有人来办各种事情，因为他代理勃留索夫的职位。这时，来了一位高个子。我立刻认出这是马雅可夫斯基：我见过他的肖像，甚至也许以前曾经见过他本人。那个时候，人们的穿着很差，而他则穿得很时髦。他有一件宽下摆的大衣。在当时是很时髦的。总的说来，他身上穿的全都是新式的，时髦的。感觉得出他时刻都意识到这一点——自己打扮得像花花公子，像花花公子。（黠笑。）其实花花公子才不会在意自己的穿戴呢。这可以说是花花公子的第一个特点，即他的穿着打扮让人感觉，他对此是完全不在乎的。而马雅可夫斯基给人的感觉是，他总是惦记着他穿的是一件宽摆大衣，一身时髦的打扮，身段也不错，如此这般。总之，这一点我很不喜欢。

然后库兹科给了他一本装订好的小册子（正巧是刚刚出版的）——我记得是这样。我觉得是文学出版处专门出的一本杂志（那时杂志的境况很糟糕），上面登了马雅可夫斯基的诗。他一把抓过这本杂志，径直沉浸在他那刚刊出的诗歌当中。这似乎又让人感觉到，他在细细品尝着自己的诗作，最让他得意的是诗被刊出这一事实。看！登出来啦！总之，这给我留下了很不好的印象。

不过也应该说，所有的人一般都会这样，但尽管如此，马雅可夫斯基毕竟是狂欢式人物，故而理应超越这一切，所以我期待的多半是他对时髦打扮和发表诗作的不屑态度。可事实恰好相反：像个小人物，最为渺小的人物，只因发表了作品就沾沾自喜，尽管他早已出了名，早已发表作品了。这就像契诃夫小说里的一个小官吏，还记得吗？他失足滑倒在马旁，还被马拖行了一段距离，但他却因报上登了他的事而欣喜若狂。您瞧。这一点我很不喜欢。至于他当时说了些什么，我根本不记得了。他好像说了些什么，但不是对我，而是对库兹科说的。后来他走了，我也离开了。

　　杜：这是唯一的……

　　巴：不，后来我又一次见到了他，如果没记错的话，也还是在那里——诗人晚会上。那一次诗人们作了表演，而且每一位诗人都是作为某个流派的代表来表演的。您知道，那时这些流派真是太多啦。不管什么人都要表演一下！那次表演的也有……瓦列里·勃留索夫。我没有再单独见过他，他……我只是看到他登台表演了。他朗读自己的诗作，我这会儿不记得题目了……不过，我记得里面有这样的诗句：

　　　　也许在苏维埃的莫斯科

　　　　要举行 Klassische Walpurgisnacht……

等等。①

　　Klassische Walpurgisnacht——就是"古典式狂欢聚会"。是这样。上台表演的还有一些我完全不认识的诗人。上台表演的还有其他艺术的代表们。我记得，那时雕塑界成立了一个新现实主义者团体。他们用报纸做成了一些不大的半身雕像。我觉得非常有趣，那儿所有的人都很有才华，不过，当然这一切都没有能够继承下来，没有获得进一步的发展，没有。依我看，全都半途而废了。马雅可夫斯基在那儿也朗读了那首……《不寻常的……》之诗。

　　杜：《不寻常的遭遇》。这是与太阳的对话。

　　巴：是的。这一次我可是很喜欢他的。我喜欢他站在台上的样子。在台上他反倒很谦虚，比较朴实。他朗读得棒极了！朗读得棒极了！他的动作很有节制……别人说他的动作太过分。不对，他很有节制。"于是我说，请坐吧，太阳……"；瞧——"请坐吧，太阳"，他的动作非常

---

　　①　引自勃留索夫的诗歌 *Klassische Walpurgisnacht*（《古典式狂欢聚会》，1920 年版）。——原编者注

舒展,似乎要……

　　杜：请客人坐下……

　　巴：是的。我很喜欢这样。那次我很喜欢他,也喜欢他的作品。

　　杜：那时您是不是很少读他的诗?

　　巴：不,还是读的,读得还真不少。那时我们读书很多,简直是囫囵
吞枣,其中也读了不少乱七八糟的东西。可马雅可夫斯基我还是了解
的,自然不是……

　　杜：那《穿裤子的云》您知道吗?《穿裤子的云》、《战争与世界》,还
有《人》?

　　巴：这些我是知道的。我是知道的。我记得,我很喜欢他的……
《战争与世界》。里面有些诗节很有意思,非常好。当然也有一些做作
的、杜撰出来的、生硬的诗句。不过,应该说,他一直到最后都没能摆脱
杜撰和生硬的毛病,甚至在长诗《放声歌唱》里面也有……不过,那里有
精彩的诗句,非常精彩!

　　杜：那在《放声歌唱》里什么东西让您觉得是杜撰和生硬的呢?

　　巴：那样的诗句我偏偏是不记得的。但其中有许多……您来听听
这一段。

> 我知道词语的力量,我知道词语的警示,
> 这不是包厢里拍手叫好的词语……

接下来很精彩:

> (齐声)
> 听到这样的词语棺材不胫而走,
> 迈开那四条细小的橡木腿。
> 有时,词语会被抛弃,未被刊登和出版,
> 但它们却会勒紧马肚带,一路骋驰……

　　巴：
> 时代之钟轰然鸣响,列车爬行而来,
> 想要亲吻诗神……

　　杜：应是"舔舐"。

　　巴：什么?

　　杜：不是"亲吻",这在……修辞上……

　　巴：对不起,是"舔舐诗神……"不—对,我记得是"舔舐……那长满
老茧的双手"。他在这里指的是什么,您怎么看?

杜：这些诗句您喜不喜欢？

巴：这个地方恰恰是我喜欢的。

杜：且听："……列车爬行而来，想要舐舐诗神那……"——这正是全世界目前所关注的中心问题，是 15 年前，这么说吧，斯卢茨基用极为庸俗的表述概括出来的问题（讥笑地）："物理学者与抒情诗人"。这不，马雅可夫斯基还是断言：诗歌高于一切！列车将要舐舐……

巴：这恰恰是有力的。接下来是："……微不足道……""……看起来微不足道……"

杜：这一小段是：

> 我知道词语的力量：看起来微不足道，
>
> 就像飞飘在舞鞋旋风中的一片花瓣，
>
> 但人可以用心灵、嘴唇和躯干……

这里没有写完……

巴：这句写得真好："……人可以用心灵、嘴唇和躯干……"没有写完也不错。完全可以读懂。无需把话说尽。这样才好呢……

杜：您所认同的自然是另一种全然不同的（这么说吧）修辞格调，尽管您兼收并蓄。

巴：是的，是另一种修辞格调。不过，您发现没有，这里还要考虑到另一种因素：那个时候我对西方的左派诗歌十分熟悉，其中也包括法国的。他们走得很远，绝不亚于我们的未来派。与他们相比，我们的未来派还是孩童，他们是早期的模仿者。马雅可夫斯基在一定程度上也是，但也只是在一定程度上。

杜：这很有意思。

巴：他发明的那种诗体当然是他的创造。

杜：您认为马雅可夫斯基发明了某种新的诗体？

巴：是的，我认为他发明了新的诗体。不过您说的"诗体"是指什么？

杜：我是指……不是诗律层面上的……而是指诗歌创作原则上的。

巴：是的。毫无疑问。我认为，他发明了……

杜：他给俄罗斯诗歌提出了新的原则？

巴：是的，是的，毫无疑问。

杜：您从哪里看出……您如何界定这一原则？

巴:您要知道,这是很难的,我可不是诗律理论家。不过,一般都界定为一种新的重音律,不是原先的那种音节重音律,而是一种新的重音律。

杜:如果过去的诗体叫音节重音律,那么这种则是语调重音律……

巴:是的,是语调上的……这是一新的音律,此外,他最大限度地使得诗歌的语言接近于另一种语言……即演说的语言,不过是那种过于随便的演说语言,就像巴黎公社时期演说者那样所用的语言。呼喊,几乎是呼喊。总的说,就是把诗歌与广场呼喊(其实就是呼喊)独特地结合起来。① 他本人讲到自己时也几乎总是说:"我在叫喊","我在叫喊"。不是"我在写诗",也不是"我在歌唱",而是"我在叫喊"。这是一种独特的呼喊,他成功地将这种叫喊变成了诗行和某种诗律。

杜:这又是您心爱的狂欢思想吧……其实您赋予了这个术语非常多的内涵。

巴:是的。

杜:一开始我不明白,但我在三年前还是用心拜读了您写拉伯雷的那本著作。那时还是本新书呢。刚开始我弄不明白,这通篇的狂欢是什么意思……狂欢性在您的著作中是艺术的某些普遍原则之一,是大艺术的原则之一。

巴:是一的,没错。

杜:所以您就选择了拉伯雷,后来……再反过来……写陀思妥耶夫斯基……这是矛盾的统一体……从这个层面上看,马雅可夫斯基完全是一个举足轻重的作家。

巴:他那里总有许多狂欢性的因素。

杜:"宗教神秘剧"和"滑稽戏"——在他那里到处都是。

巴:是一的,到处都是。

杜:您知道吗,就连他制作的带有狂欢色彩的各种小玩意儿,我指的是广告之类的东西,也往往会突然闪现出某些严肃的形象,有时情况

---

① 在 20 年代末关于马雅可夫斯基的讲稿中(这个讲稿作为俄国文学史家庭教程的一部分被 P. M. 米尔金娜记录了下来),巴赫金谈到了马雅可夫斯基的诗歌是如何再现公共演说语调这一问题,并把这一点同古希腊—罗马传统联系起来:"他的修辞术与古希腊—罗马传统具有共同点……蛊惑性对他来说也是一个特点;他不怕蛊惑性,总是在寻找蛊惑性。因此,马雅可夫斯基在另一个环境下——在俄国的土壤上,以一种新的形式,使诗歌获得了雄辩术的特点,而这一特点在他之前诗歌中是非常少见的。"(《对话·狂欢·时空体》,维捷布斯克,1995 年第 2 期,第 112 页。)——原编者注

也恰好相反。我很高兴能听到您如此准确而公正地……这与通常的一些评价是尖锐对立的,不过……至于说到他是如何对待……要知道这一切都是有具体情况的……我非常理解……这完全是可能发生的……这么说,这是 1921 年啰?

巴:是的。

杜:不会在 1922 年之后吧?

巴:不会。不会。

杜:如果是在 1922 年秋天,那就已经是在他首次出国去拉脱维亚之后的事了。

巴:我觉着,是在这之前吧。

杜:可能是在这之前。不过也就是说,1920 年到 1921 年,他是在罗斯塔社工作,在罗斯塔期间,他穿的是棉袄,戴的是羊皮帽……

巴:可不,天气很冷。

杜:……脚上穿的是毡靴,还有套鞋什么的。

巴:那时是夏天吧。要不就是春天……

杜:其实在青少年时代他的穿着倒是很寒酸的。不过,不止一个人有这样的回忆,也有专门的照片……说是他那时也是一副别出心裁的打扮……不是花花公子的派头,而正是狂欢气质……后来他戴起了高筒帽。

巴:要知道,布尔留克也戴一顶高筒帽。

杜:布尔留克也让他戴上了。在这之后就有了那篇《给社会趣味一记耳光……》,于是整个国立高等美工实习学校……美术、雕塑和建筑学校的师生都跑来看马雅可夫斯基——这位被开除了的学生再次返校……大家都已习惯看到他穿一双破旧的皮鞋,可……突然间却看到他穿戴一新地走了进来。我这里有一份记录。所有楼层里的人都跑出来看:"天哪,那是谁呀?是马雅可夫斯基?!""戴着高筒帽!""一副乞丐打扮!"他很喜欢这样……是的,他有时会这么做……这当然不是花花公子的派头。他身上完全没有花花公子气。

巴:不,这不是花花公子气,不—是。

杜:您说得完全正确。这是他一贯的……一种戏谑的成分。

巴:戏谑的成分?是的,归根结底是这样。

杜:在他身上这就成了戏谑成分。

巴:我总归看到了这个因素,尽管它不是一系列因素中的一个。那时我自然立刻就看出了这一切所含有的狂欢性。

杜:这就像墙上的一个小斑点。

巴:是—的。

杜:的确,在这方面他那里各种情况都有可能出现。他总是在游戏。他是一个极度狂热的人。

巴:是的,是一个狂热者。

杜:瞧他那副打牌的样子! 太疯狂了!

巴:是吗? 他很会玩吧?

杜:太疯狂了! 真叫疯狂。您知道吗,他们坐下来开始打牌,最后身上仅剩一条裤子了! 所有东西都押在赌桌上了! 这是沃尔平①告诉我的。要钻十次桌子! 这是他提出的要求,自己也照做不误。

巴:要知道打牌也是……纸牌赌博也是一种内涵深刻的狂欢现象。

杜:好了,马雅可夫斯基可算一个小插曲。而您的生活和文学成长同他很少有交叉点。

巴:是的,不多。

杜:我的感觉也正是如此。不过我这样推断是有所根据的:我以前听说,您曾经与列宁格勒的一个青年团体有交往,这个团体在某种程度上是以马尔夏克为中心的,它构成了"现实艺术协会"。老实说,刚一得知您的消息,我首先想到的是:"我终于可以从一个人那里来了解现实艺术协会成员的事了……"是的,首先,这段时间您扮演了什么样的角色? 您算是一个自由的文学工作者吗?

巴:这段时间? 是的。在这段时间——是的。

杜:大学毕业以后?

巴:不完全是。大学毕业之后……

杜:在彼得堡,1918 年、1919 年、1920 年、1921 年这几年谁给您伙食费呢?

巴:不,我在 1918 年就离开了彼得堡。是这么一回事:我有位挚友——还是在青年时代就成了朋友,他叫列夫·瓦西里耶维奇·蓬皮

---

① 米哈伊尔·达维多维奇·沃尔平(1902—1988):诗人,画家,电影剧本作家。B. Ⅱ. 杜瓦金 1967 年 11 月和 1975 年 12 月两次录制了他的回忆(莫斯科大学科学图书馆馆藏)。——原编者注

扬斯基,我已经对您提过了,他当时在部队里服役,驻在小城涅韦尔。是的……那里的自然风光令人陶醉……简直是一个迷人的地方。他在那里服役,他认识那儿所有的人,人家也都知道他。碰巧他来到彼得格勒,正赶上饥荒,几乎没有吃的。他就说服我去他那儿,去涅韦尔,说那儿既可以挣钱,还可以大饱口福,等等。于是我就照办了。这是在1918年。

杜:您在那里干的是什么工作?

巴:是的,后来是这样。新斯文坚中学搬迁到了那里。在这所学校里当校长的原来是我过去的数学老师。这时他已是校长了,已经是个白发苍苍的老人了。我便在这所斯文坚中学任教。不过我在过去的斯文坚中学,新斯文坚中学(后来学校撤到了后方,因为那里被德国人占领了)教书的时间并不长,两三个月的样子。之后学校更名为统一劳动学校。不过这所学校的一切都保留了下来:学生留下来完成学业,教师也留下来,校长就是我的朋友,我的长辈朋友,我的老师帕维尔·阿达莫维奇·扬科维奇①也留了下来。他留下来却不再当校长了。我不记得谁担任了校长。但事实上他仍在继续工作。

杜:这么说,整个1918年您都在那里? 还是居住的时间更长一些?

巴:还有1919年。我在那里住了两年。

杜:啊,这下我终于明白了……当初我就是不明白,为什么在您那里会有那么一段空缺,为什么您记不得咖啡馆了……要知道,这一切在那个时候都是明摆着的事情。原来您离开了彼得堡,在涅韦尔那里度过了最饥饿的时期。

巴:是最饥饿的时期。我在那里大约住了两年……后来我同我的朋友蓬皮扬斯基一起去了维捷布斯克。不过这座城市并不远,附近什么都有——毕竟是座省城。那时的维捷布斯克,文化很繁荣,因为许多列宁格勒人为了逃避饥荒迁到这里——维捷布斯克,当然是暂时的。

杜:夏加尔也在那里。

---

①　帕维尔·阿达莫维奇·扬科维奇"自1893年7月6日至1913年7月1日在斯文坚男子中学担任数学教师",而从1913年7月1日起任这所中学的校长(见《斯文坚男子中学教育委员会1918年4月30日会议纪要》,普斯科夫州国家档案馆大卢基分馆,储存编号:P—608,编号:1,第4号卷宗,第80页)。M. M. 巴赫金在涅韦尔统一劳动学校里教授历史、社会学和俄语(同上,编号:1,第4号卷宗)。——原编者注

巴：夏加尔也在那里，不过夏加尔是当地的居民，是当地人，他的腿很长……

杜：您认识夏加尔吗？

巴：是的，认得，但不熟。我与他不太熟悉；我不记得我去了之后，他在那里待了多久。后来他恰好离开了那里，去了别处。

杜：这么说，1920 年您已到了那里？①

巴：已经在那里了……1920 年、1921 年、1922 年。

杜：对不起，那您 1921 年怎么会在那里呢？……

巴：啊，我来过莫斯科和列宁格勒。来过。莫斯科……我压根儿没在这住过。我从列宁格勒来到这里，然后又回到列宁格勒。而莫斯科我则是偶尔去一去。

杜：这下清楚了。

巴：我一向不喜欢莫斯科。

杜：您不喜欢去莫斯科？

巴：我以前当然也去过莫斯科，我是奥廖尔的，奥廖尔人。

杜：您不喜欢莫斯科？

巴：是的，不喜欢莫斯科。是这样。我在涅韦尔大约住了两年……那儿有一些独特的东西，在那个年代也是很有特点的：有一个涅韦尔科学研究会②。那可不是随便玩一玩，绝不是。顺便说一句，研究会主席就是我。成员有蓬皮扬斯基、马特维·伊萨耶维奇·卡甘（哲学家）、化学家科柳巴金③；可惜，后来他……

---

① 根据保存在 M. M. 巴赫金档案中的文件资料，他从涅韦尔迁至维捷布斯克的时间不会早于 1920 年秋天。——原编者注

② 关于涅韦尔科学研究会详见 Л. Л. 马克西莫夫斯卡娅：《M. M. 巴赫金口述中的涅韦尔（一个方志学专家的注解）》，载《哲学科学》1995 年第 1 期，第 98—102 页；Н. И. 尼古拉耶夫：《涅韦尔哲学流派（M. 巴赫金、M. 卡甘、Л. 蓬皮扬斯基在 1918—1925 年）：根据 Л. 蓬皮扬斯基的档案材料》，载《M. 巴赫金与 20 世纪的哲学文化：巴赫金研究中的若干问题》，圣彼得堡，1991 年版，第 1 辑，第 2 期，第 39 页。——原编者注

③ 格奥尔吉·亚历山德罗维奇·科柳巴金(1892—?)：化学家、自然科学家。1919 年在涅韦尔统一劳动学校教授自然历史和化学，并担任涅韦尔医院的药房负责人。1919 年 8 月 19 日在涅韦尔举办的俄罗斯文化学术辩论会上，他作为报告人之一作了题为"俄罗斯的生物学与医学"的报告（见《俄罗斯文化学术辩论会》，载《铁锤》，涅韦尔，1919 年版，第 128 期，8 月 18 日，第 1 页）。在 1919 年 9 月 12 日的《铁锤》报上刊有一则题为"在艺术工作者联盟"的简讯，其中写道，在培训班里"库列比亚金同志(笔误——应为 Г. А. 科柳巴金)即将开设有关化学和生物学方面的系列课程"。——原编者注

杜：去世了？

巴：是的，大概去世了，情况我不清楚，但当我最后一次见到他的时候（他是个天赋极高的人），他已是一个重度咖啡瘾者，是一个无可救药的咖啡瘾者。这就是研究会的大致情况。那里我们是拿报酬的，有酬金，规定了工资。不过，工资自然是……不怎么够用……

杜：领到什么口粮吗？

巴：口粮是有的。领口粮。是这样。而且应该说，我在涅韦尔住的这一年半到两年间，吃得很好。想吃什么都有。

杜：这么说，您没有完全体验到彼得堡的苦难？

巴：没有完全体验到。我还从涅韦尔给家里人寄过东西。

杜：那时您已结婚了吗？

巴：那时没有。还没有。

杜：那么您所说的"家里人"是谁？父母亲？

巴：家里人？父亲、母亲、姊妹。要说一句，我的母亲和三个姐妹死于列宁格勒围困时期。[①]

杜：是饿死的吗？

巴：是的，饿死的，也死于抑郁症……围困时期的抑郁症……母亲已是老太太了……

杜：父亲那时还活着吗？

巴：他死得早。是善终，当然是相对而言的。

杜：那在维捷布斯克您待了多久？

巴：维捷布斯克是一个很有意思的地方。为什么呢？因为那里集中了彼得堡（也就是彼得格勒）的许许多多的知识分子的代表，都是些极有名望的代表。他们在那里创建了一所非常好的、高水准的音乐学院。[②]

---

① 请见第一次谈话的相关注释。——原编者注

② 人民音乐学院由玛丽娅剧院指挥家 Н. А. 马利科（1883—1961）于 1918 年组建。1918—1921 年间他在维捷布斯克生活和工作。关于马利科在维捷布斯克的工作情况，请见 Н. А. 马利科：《过渡时期》，载 Н. А. 马利科：《回忆·文章·书信》，列宁格勒，1972 年版。另见 Г. Я. 尤金：《超越往日岁月：一个指挥家的片断回忆》，莫斯科，音乐出版社，1977 年版，第 5—35 页。从 1920 年 12 月起，巴赫金在维捷布斯克的人民音乐学院担任美学和音乐哲学的任课教师。后来当人民音乐学院改称为维捷布斯克音乐专科学校之后，他继续在那里从事教学活动。——原编者注

我在这所学院里教过书。① 学院的领导——院长是马利科。马利科是位指挥家,是玛丽娅剧院的首席指挥。

杜:噢!

巴:他是个大人物。优秀的音乐家,优秀的音乐家。另外,还有杜巴索夫,也是位大人物。② 他主管钢琴班。他是位极其出色的教育家。后来的许多音乐家都曾得到过他的教海。

普列斯尼亚科夫也在那里。③ 他是玛丽娅剧院的芭蕾舞导演。他在涅韦尔县有一小块田产。他也在那里。还有不少其他的人。这是那所音乐学院。简直是一所非常出色的音乐学院……

此外,那里还有一所艺术学校。校长不是别人,就是卡济米尔·马列维奇。④

杜:是吗!

巴:是的……至上派的创始人。

杜:这正是"黑方块"时期吗?⑤

---

① 1954年,巴赫金致函维捷布斯克音乐学院院长,请求出具一份关于他曾在音乐学院工作的证明,并提供了以下信息:"本人于1920—1924年间为国立维捷布斯克音乐学院在编教师,讲授美学课程。本人参加学院工作时,院长为 H. A. 马利科;在普列斯尼亚科夫担任院长期间继续留任;在波斯特尼科夫担任院长期间离职。在此期间,与我在音乐学院共事的同仁包括杜巴索夫教授、B. Γ. 伊凡诺夫斯基教授、施泰恩教授、济明教授、克赖斯勒教授等人。我是自愿离职的,因为我要回列宁格勒。临行前,我把授课讲义转交给了 A. O. 茨绍赫尔。"(M. M. 巴赫金档案)——原编者注

② 尼古拉·亚历山德罗维奇·杜巴索夫(1869—1935):钢琴家、教育家。曾于1890年在第一届 A. Γ. 鲁宾斯坦国际钢琴与作曲比赛中获奖。1894—1917年间任教于彼得堡音乐学院,1912年起担任教授,1918年起任教于维捷布斯克人民音乐学院,并从1919年起担任该校钢琴专业负责人。1923—1935年间任教于列宁格勒音乐学院。——原编者注

③ 瓦连京·伊凡诺维奇·普列斯尼亚科夫(1875—1956):芭蕾舞演员、音乐家。1914年起任彼得堡音乐学院教授,负责教造型术和舞台动作班。1921年起任维捷布斯克人民音乐学院(后改称为维捷布斯克音乐专科学校)院长。——原编者注

④ 维捷布斯克人民艺术学校是1918年秋天由马克·夏加尔组建起来的,他是维捷布斯克州艺术事务特派员。学校的首任校长是 M. B. 多布任斯基;1919年春天他离开了维捷布斯克,此后学校的领导权就转到了夏加尔手中。学校于1919年1月正式开始授课。学校的教师有夏加尔一家、Л. M. 利西茨基、B. M. 叶尔莫拉耶娃、H. O. 科甘,他们都住在这里。在布哈林街10号的房子里还住有卡济米尔·马列维奇。1920年夏天夏加尔去了莫斯科,此后,担任维捷布斯克人民艺术学校负责人的是画家 B. M. 叶尔莫拉耶娃(1893—1938),她后来又成了维捷布斯克艺术实验学院的院长。K. C. 马列维奇(1878—1935)从未担任过大学校长一职,他当过教授委员会主任。但根据实际情况来看,他是学院里所有艺术过程的真正领导人。——原编者注

⑤ 画作《黑方块》(藏于国立特列季亚科夫美术馆)完成于1915年,马列维奇由此开启了艺术中的一个新纪元——至上主义。这幅画当时是在彼得格勒的"最后一次未来派画展'0.10'"展出的。在马列维奇创作生涯中,至上主义时期一直持续到1927年。——原编者注

巴：大概是吧。就这样。他是校长。校舍很阔气。从前有位名叫维什尼亚克的大银行家[1]，这就是他的房子，盖得非常有特色，分给了艺术学校。艺术学校……马列维奇就是这所学校的灵魂。他是一个极为有趣的人。

杜：您认识马列维奇吗？

巴：认识。那几年当我和他都在维捷布斯克的时候，我们来往密切，很熟。是这样。我妻子很喜欢他，她对他——马列维奇很有好感。所以我们常常在去他那里，去学校聚一聚。[2]

杜：妻子？您那时已经结婚了吗？

巴：那时我已经成家了。

杜：您是在哪里结婚的？是在涅韦尔吗？

巴：不，在维捷布斯克。我妻子是维捷布斯克人。是这样。除此之外，他还研究天文学。

杜：马列维奇？

巴：是的，马列维奇。他有一台不大的……

杜：也许是赫列勃尼科夫的影响吧？

---

① И. В. 维什尼亚克：维捷布斯克银行家和房东。这位银行家府邸的建筑工程于第一次世界大战前在维捷布斯克的沃斯克列先斯克街 10 号竣工。1918 年这座私邸被苏维埃政府征用，并于 11 月被交给维捷布斯克人民艺术学校用作校舍；1918 年 11 月间沃斯克列先斯克街更名为布哈林街（如今这所学校的旧址在真理街 5 号）。——原作者注

② 巴赫金与马列维奇的相识，以及他们最为密切的友好交往很可能是在 1921—1922 年之交的那段时间。巴赫金自 1920 年秋天起定居在维捷布斯克，而马列维奇则是 1919 年 11 月来维捷布斯克，1922 年春末离去（关于他在这座城市的生活与工作详见 A. 沙茨基赫：《马列维奇在维捷布斯克》，见《艺术》1988 年第 11 期，第 38—43 页）。1921 年头几个月，巴赫金身患重病，动了手术。而马列维奇从该年的 4 月至夏末这段时间几乎都是在莫斯科度过的。他们之所以得以相识，其直接原因是巴赫金夫妇来参观位于布哈林街 10 号的维捷布斯克艺术实验学校。而促成建立这所学校的则是马克·夏加尔。除此之外，他还筹建了现代艺术博物馆，馆内收藏了 20 世纪初期丰富多彩的俄罗斯艺术展品——从"艺术世界"的社员到极端右倾艺术家所创作的各类艺术品。博物馆始终未能分得一块专用的场地，1919—1923 年间（即博物馆的开办期间）一直坐落于布哈林街的那幢建筑物里。从会面情形的描述来看，巴赫金夫妇是来参观博物馆展品的——展品分布在学生上课的那些房间里。宣传新生的艺术一直是马列维奇的主要活动范围之一。需要指出的是，马列维奇在维捷布斯克的这段时期整个都用于撰写理论和哲学论著，他在为大学生开设的讲座中，在维捷布斯克发表的一系列文章中不断完善其中的一些论点。1920 年在学校的墙报上出现了成立新艺术拥戴者联合会的有关信息，其会员是追随马列维奇、热衷于鼓吹至上主义思想的青年学子。巴赫金夫妇同样也体会到了信念的力量——"这位优秀的鼓动者、宣传者、至上主义信念的提出者"所具有的信念力量（H. H. 普宁：《第 5 号住宅：回忆录选篇》，见《艺术全景》第 12 期，莫斯科，1989 年版，第 183 页）。——原编者注

巴:……一台小的望远镜……当然,有一部分是赫列勃尼科夫的影响①……每天夜里他观察星空,而且……像赫列勃尼科夫那样醉心于宇宙。他善于像艺术家和独特的思想家那样很好地、颇有说服力地说出自己的观点,尽管他没有受过这方面的教育。当然受过艺术教育,但这方面的教育则是没有的……他是位知识渊博的饱学之士……②

杜:这么说,他有一套自己的美学纲领?

巴:是的,他经常讲这些。他甚至写了个小册子,但后来却不见了。③

杜:不管怎么说,他其实就是在我们俄罗斯土壤上被称为抽象主义这个流派的创立者,是吧?

巴:是的,不过这是一个特别的形式。

杜:这个至上主义的实质是什么?"至上"就是最高级的意思。④

巴:至上主义?不。这里的意思是艺术领域中最高的、终结性的思想。

杜:至上。

巴:是的,至上,至上主义。其实是这样的:与抽象主义者所不同的

---

① 马列维奇与赫列勃尼科夫的联系是从 1910 年代初建立起来的。这位画家为以下几本书画了插图:B. 赫列勃尼科夫、A. 克鲁乔内赫和 E. 古罗:《三人》(圣彼得堡,1913 年版),A. 克鲁乔内赫、B. 赫列勃尼科夫:《词语本身》(插图:K. 马列维奇和 O. 罗赞诺娃,1913 年版),A. 克鲁乔内赫:《战胜太阳》(序文:B. 赫列勃尼科夫,圣彼得堡,1913 年版);克鲁乔内赫—赫列勃尼科夫:《地狱里的游戏》(插图:K. 马列维奇和 O. 罗赞诺娃,增订版,圣彼得堡,1914 年版);B. 赫列勃尼科夫:《吼叫!手套》(圣彼得堡,1914 年版)。1917 年春天,马列维奇被赫列勃尼科夫吸收为地球政府成员,并担任政府联合主席。赫列勃尼科夫在马列维奇的"阴影图"(诗人这样称呼 1916—1917 年的至上主义绘画作品)中发现了神圣的数字 365 的比例和倍数——它们力图表达出人类新的宇宙经验。赫列勃尼科夫在《宇宙之首,空间中的时间》这篇论文提纲中对此进行了分析(俄罗斯国立文学和艺术档案馆,储存编号:665,编目号:第 1 宗,收藏单位:32 件)。多年从事这项研究的两位国外学者在他们合写的那本书里对至上主义者和布杰特里亚宁(或称"希列亚人",意即"未来人"。——译注)之间在创作上的相互联系给予了相当的关注(见 R. 克罗内、D. 穆斯:《卡济米尔·马列维奇:揭发的极点》,伦敦,1991 年版)。——原编者注

② 1890 年代上半期,马列维奇在靠近别洛波利耶的帕尔霍莫夫卡村镇毕业于五年制农艺学校。1905—1910 年间他就读于莫斯科的 Ф. И. 雷贝格私人艺术学校。1905 年、1906 年和 1907 年,他试图考取莫斯科美术雕塑与建筑学校,但三次均告失败。在各种履历表中,马列维奇都自称为自我教育者。——原编者注

③ 马列维奇生前一共出版了七部理论著作的单行本,其中有五部是在维捷布斯克时期出版的。巴赫金很可能指的是石印本《论艺术中的新体系》,该书 1919 年 12 月在维捷布斯克出版发行;不排除作者曾将这本小册子赠送给巴赫金的可能性。——原编者注

④ 源自画家母语——波兰语的术语"至上主义"起初意为绘画发展的最高阶段。在这一阶段,颜色的能量君临其他所有元素之上。后来,随着理论依据的发展,马列维奇所发明的这个词汇具有了哲学内涵。他在维捷布斯克时期所完成的几部著述中有一部就定名为《作为纯粹认识的至上主义》。——原编者注

是,他毕竟……在这方面他继承了赫列勃尼科夫的传统,具有宇宙观……

杜:啊……具有国际主义观念和宇宙观……

巴:……是的,具有宇宙观。大宇宙,他关注的是宇宙。

杜:……他非常关切……

巴:他是这么说的:我们的艺术实际上局限在一个很小的角落里——三维空间里。这仅仅是一个小小的角落而已,可以说……是一间小小的茅房,仅此而已。而广大的宇宙是无法纳入进来,也无法……容纳不下。身处这个小小的角落,也就无法理解这个宇宙。于是,他便力求深入到宇宙中去。

我记得与他初次相识的情景。我和某个人一起去他那里,不记得是同谁去的了,只是与他认识一下,并参观一下他的学校。他接待了我们,非常热情,领我们参观教室,介绍情况。我还记得他最开始的解说。他走近一个雕塑作品,说:“瞧,这是一件雕塑。它像是有三个维度,这不……”说着,就给我们比划了一下……他能够把这一切都表现得非常具体。“我呢,就是完成这件作品的艺术家——那么我身在何处呢?我是处于我所创作的三维之外。你们会说我也处于三维之中。但这已是另外一种不同的三维了。我在观察这个三维,并作为一个默默静观的艺术家把自己的眼睛投向三维的另一边,如果按算术来计数,那应是第四维。但不能用算术来计数。不能说只有三个维度。维度有 33 个、333 个,如此等等,是无穷的。在这些维度中,在这些世界的、太空的、宇宙的维度中,我只是作为艺术家放置自己的眼睛。我自己作为人,当然……您可以打我,可以把我怎么着,但作为艺术家的我,您来打我试试……我的眼睛不在你们的……”①

---

① “多维度性”的思想曾在俄国先锋派圈内盛行,它发端于“第四维度”的观念,而后者则是由唯心主义哲学家 П. Д. 乌斯宾斯基(1878—1947)在其著作《第四维度》(圣彼得堡,1909 年第一版;1911 年第二版)和《第三工具:开启世界之谜的钥匙》(圣彼得堡,1911 年版)中所极力倡导的。马列维奇及其圈内人都赞同这位哲学家的观点,即认为人们有可能领会到“更为高级的空间的思想,这一空间比我们的空间有着更多的维度”(《第四维度》,第二版,第 93 页)。然而马列维奇对多维度性的认识在 1910 年代的后半段发生了重大变化;例如,在维捷布斯克时期出版的著作中,节余被宣布为第五维度,请见马列维奇所著《论艺术中的新体系》(维捷布斯克,1919 年版)一书的最后一章《规则A》;也可参见《K. 马列维奇文集(五卷本)》第 1 卷,莫斯科,热带雨林出版社,1995 年版,第 183—184页。20 世纪艺术(包括俄国先锋派艺术)中与“第四维度”相关的一系列问题,在 L. 亨德尔森所著的《现代艺术中的第四维度和非欧几何》(普林斯顿大学出版社,1983 年版)一书中都得到了阐述。——原编者注

杜：我用以观察事物的眼睛不在你们的影响范围之内……是这个意思吧？

巴：是——的，正——是。您拿我一点没有办法。就是这样。而且他说的这一切很有说服力，因为他是人……他从不装腔作势，也不装模作样，没有这些东西。他真诚地相信这一点。但他有点儿躁狂状态。顺便说一句，他最后死在了疯人院里。①

杜：是吗？

巴：他死在精神病院里，一贫如洗……

杜：在什么地方？

巴：好像是在莫斯科。

杜：他没有去别的地方？

巴：没——有，他没有去别的地方。他的作品自然传播到了各地。还是在他生前，他的创作即所谓至上主义作品，就已在美国大获成功。只是他说，这些至上主义的画作位置摆放得不对：应当平放，而不是竖放。不过，他也说了，当然至上主义绘画总归还是至上主义绘画，这样的摆法并不会破坏这些画作的艺术内涵，但不管怎么说，平摆才能展现其全部内涵。那时在美国……他就取得了极大的成功。②

杜：那时就有名气了？

巴：那时就有，那时就有了。他的画作在美国用于……它们被用作……

---

① 被流放的巴赫金在库斯塔奈担任会计期间，显然听到了有关马列维奇患病的不实传言；其实画家死于另一种疾病——前列腺癌；马列维奇于 1935 年 5 月 15 日在列宁格勒的住宅里(住宅位于原先的国家艺术文化研究院的房子里，即邮电协会街 2 号)去世的。画家晚年时在俄罗斯博物馆里工作。——原编者注

② "至上主义作品"是巴赫金个人使用的新词，显然可以从中听出马列维奇构词的泛音。该词指的是一些结构，至上主义的一些三维立体模型，它们都是马列维奇于 20 年代中期在国家艺术文化研究院(1924—1926)设计的(院长就是他本人)。这些结构具有各种不同的构造，包括垂直构造。当马列维奇在国家艺术史研究院的艺术文化实验研究委员会工作时(由于国家艺术文化研究院 1926 年被取缔，他的部门就转到了国家艺术史研究院)，他仍在继续创作这些艺术品。巴赫金作为国家艺术史研究院的编外讲课人，可能在院里碰到过马列维奇，也可能见到过这些结构；显然，在这些年里仍旧延续着这样一个传统，即同事在短暂的碰面之际相互交流一下意见。马列维奇的至上主义创作在 1920 年代的美国尚无人知晓；然而，巴赫金的观察非常准确，因为马列维奇本人和受到至上主义流派影响的画家(首先是埃利·利西茨基)在美国的摩天大楼的建筑中发现了一些证据——可以证明艺术和建筑发展中的至上主义阶段的真实性和客观性。因此，马列维奇有一幅拼贴画很有名，这幅画就是曼哈顿摩天大楼的一张照片，还有一张垂直结构的拼贴画，这一结构在风格上与这座城市的景物是完全和谐的。——原编者注

杜：那在我们这里呢？……这么说，他在那里教书，然后呢？

巴：他过着苦日子，后来被送进了精神病院。这是在他离开维捷布斯克后不久发生的事情。我甚至不知道，他得的是什么病，不知道。也许，谁知道呢……那时没怎么……

杜：没怎么弄清楚。

巴：……严重的精神病……严重的神经官能症，可能不是精神病。此外，他变得极度虚弱。

杜：极度虚弱？

巴：我们住在维捷布斯克那会儿还不是这样，因为那儿伙食很好，想吃什么都能买到。要我说，他长得很结实，很结实……他的脸上……有一股刚毅的神情……

杜：他差不多是马雅可夫斯基那一辈人吧？

巴：是的，他是 90 年代的人，是的。是一的，他年纪不大。恐怕比马雅可夫斯基还是要大一些，我记不得了。我并不知道他的确切年龄。反正他年纪要大一些。而且，需要说一下，他的男女学生对他佩服得五体投地，五体投地。他们都醉心于对宇宙奥秘的一种半神秘性的观照。他们在自己的画作中都越出了常规的空间。他们全都虔诚地相信这一点。事实上确实如此，我再说一遍，这里没有虚假，没有游戏。[①]

杜：这又是一幅出人意料的人物肖像。

巴：是的，如您所见，的确如此。总的说他这人非常有意思，同他谈话非常有趣。但同时，他又是绝对无私的，绝对是这样。他从不去追逐功名、地位、金钱和美味佳肴——这一切他都不要。不妨说，他是痴迷于自己思想的苦行主义者。他虔诚地坚信，自己在开拓一种全新的东西，并已成功地深入到、窥探到宇宙的奥秘，而别人却是窥探不到的。

杜：那么，在维捷布斯克当时还有哪些人呢？这所艺术学校……校长是马列维奇，对吧？

巴：是的，校长是马列维奇。不过在那里，这么说吧，最好的教授是

---

① 在维捷布斯克，马列维奇周围有一个小圈子——由一批忠实的男女学生组成的。这个小圈子以"新艺术拥戴者联合会"之名被载入历史［请见 A. 沙茨基赫：《新艺术拥戴者联合会——"新世界的摇篮"》，载《伟大的乌托邦：1915—1932 年的俄罗斯及苏维埃先锋派（展品目录）》，莫斯科，1993年版，第 72—83 页］。——原编者注

佩恩。① 佩恩是位画家,很有名。但其实也很一般。

杜:他是个普通的人物?

巴:是的,很一般的人物。他就是个一般的现实主义派、巡回派的继承者。所以并没有什么。当然,他掌握了一些……

杜:我想,夏加尔跟他学过吧。

巴:可能。当然,在那里也只有跟他才能学到点儿东西。

杜:我是从亚历山德拉·韦尼阿米诺芙娜·阿扎尔赫②那里知道夏加尔的:她跟我说起过他。您认识亚历山德拉·韦尼阿米诺芙娜吗(即亚历山德拉·韦尼阿米诺芙娜·阿扎尔赫,后来改姓为格拉诺芙斯卡娅,尽管可能还有另外一个娘家姓)?

巴:不记得了。

杜:就是她告诉了我有关夏加尔的一些情况……还说到了米霍埃尔斯!他也在那里吗?

巴:是的,米霍埃尔斯也在那里,但那时我不认识他。

杜:那里没有戏剧学校吗?

巴:那里没有戏剧学校。没有,不过在那里成立了一个附属于音乐学院的戏剧小组……

杜:这当中就有米霍埃尔斯。

巴:米霍埃尔斯?可能是吧,他也在那里。

杜:看来,虽说城市不大,却没有一个统一的团体。

巴:没有。不过,这可完全不是一座小城。它毕竟是座大省城,文化氛围很浓。过去维捷布斯克也出过许多人才,非常之多,非常之多……

杜:比如卡甘夫妇——布里克,莉莉娅·尤里耶芙娜就在那里读的中学。③

① 尤里·莫伊谢维奇·佩恩(1854—1937):画家,M. 夏加尔的第一位老师。——原编者注
② 亚历山德拉·韦尼阿米诺芙娜·阿扎尔赫—格拉诺芙斯卡娅(1892—1980):演员和导演,国家犹太剧院导演 A. M. 格拉诺夫斯基的遗孀。B. Д. 杜瓦金在 1968 年版、1972 年和 1973 年数次录制了她的回忆(莫斯科大学科学图书馆馆藏)。谈话刊登在 A. M. 阿扎尔赫—格拉诺芙斯卡娅所著的《回忆录:与 B. Д. 杜瓦金的谈话》(耶鲁撒冷—莫斯科:格沙里姆—文化之桥,2001 年版)一书中。——原编者注
③ Л. Ю. 勃里克(卡甘)毕业于莫斯科 Л. И. 瓦莉茨卡娅中学。她本人在 1973 年 5 月 8 日同 B. Д. 杜瓦金的谈话中讲到了这一点(莫斯科大学科学图书馆馆藏)。——原编者注

巴：是的。哲学家洛斯基也是在那儿念的中学，洛斯基教授是我的大学老师。

杜：就是一直活到 1965 年的那位洛斯基吧。

巴：是的。不久前我听说，普希金的那个杰利维格，他的父亲就在那里住过很长一段时间，杰利维格是去维捷布斯克看望父亲的。那儿还有一大批这样的人物……

杜：这么说，可以把维捷布斯克看做是一个文化……

巴：……摇篮。对，毫无疑问。那时它是……当然后来情况又变了……当一切都稳定下来了，人们就各奔东西了：马利科走了，普列斯尼亚科夫走了，其他人也都纷纷离开了。这一位离开后就去世了……我说的是马列维奇。

杜：这么说，那里本来就已经是一个摇篮了，而且已壮大成……像夏加尔这样的一股力量，在彼得格勒遭受贫困之际，相形之下，那里却是一片繁荣景象。

巴：是的，那儿是一片繁荣景象。

杜：您在维捷布斯克住了多久？

巴：我在那里住了很久，几乎到……1923 年，也就是说，差不多整整三年，我是在第四个年头才离开那里回到了……①

杜：也就是说，您是 1918 年或 1919 年过去的，在那里度过了 1920 年、1921 年和 1922 年？

巴：是的。我们正是在 1921 年结的婚，是在 1921 年 5 月。②

杜：她是当地人吗，您的夫人？

巴：不能完全算作是当地人。

杜：她叫什么名字？

巴：她父亲在革命前曾是省里的一位非常显要的大官员。此外，她家还拥有一块不大的田庄，在波洛茨克附近。③ 我曾在那里住过，在她那里住过两三个夏天——那时她父母还都健在。是这样。她就是在波

---

① 根据档案资料，巴赫金在维捷布斯克一直住到 1924 年 5 月。——原编者注

② 结婚登记的日期为 1921 年 7 月 16 日；在婚姻登记的证明文件里，E. A. 奥科洛维奇(1901—1971)被称做"波洛茨克城的姑娘"(M. M. 巴赫金档案)。——原编者注

③ 指位于维捷布斯克省波洛茨克县城的别申科维奇。田庄(或小城镇)的名称是尼娜·阿尔卡季耶芙娜·沃洛希诺娃，即 B. H. 沃洛希诺夫(1894—1936)的遗孀于 1971 年 4 月在与本注释作者的谈话中披露的。——原编者注

洛茨克附近的这个田庄出生的。离维捷布斯克也很近。

杜：您夫人的姓名和父称是什么？

巴：叶莲娜·亚历山德罗芙娜·奥科洛维奇。

杜：奥科洛维奇？

巴：是的，奥科洛维奇。别尔什-奥科洛维奇。

杜：别尔什？这是犹太人名吗？

巴："别尔什"——这就相当于……相当于"冯"或"德"（嘿嘿地笑着），法国人名字中的"德"或"冯"。是加在贵族头上的。"别尔什"不是姓。所以叫别尔什-奥科洛维奇，其原因是……我这会儿都记不太清了……她有保加利亚血统。但保加利亚血统是很早的，所以她的父母都完全是俄罗斯人了，完全是俄罗斯人。

杜：是—的。那我现在就明白了。莫斯科只是暂留之地……后来，1923 年您迁居彼得格勒？在那里一直住到 1929 年？

巴：在那里住到 1929 年。

杜：您……我记得您写的那本书，可是……您当时名声并不大……

巴：是的，我当时只是在很小的圈子里有点名声。我周围有个圈子，如今人们称作"巴赫金小组"……近来常有人写到这个小组。这个小组首先包括蓬皮扬斯基、梅德维杰夫（帕维尔·尼古拉耶维奇[1]）、沃洛希诺夫。顺便提一下，他们也都曾在涅韦尔呆过，当然梅德维杰夫除外。

杜：就是后来也写过勃洛克或勃留索夫的那个梅德维杰夫吗？

巴：是的，他写过勃洛克。他的第一本书就叫《勃洛克的创作道路》。[2]

他们三人都在维捷布斯克呆过。实际上这个小组是在那里打下的基础，后来在列宁格勒才正式形成的。在这个小组里，我讲过课，开过

---

① 帕维尔·尼古拉耶维奇·梅德维杰夫(1892—1938)：文学理论家、教师、社会及文化活动家，从维捷布斯克时期起就是 М. М. 巴赫金的朋友（请见 Ю. П. 梅德维杰夫撰写的关于他的文章：《独木舟上有我们很多人……》，见《对话·狂欢·时空体》1992 年第 1 期，第 89—108 页）。以他的名字出版的《文艺学中的形式主义方法》（列宁格勒，1928 年版）一书是有关作者权问题的争论议题，涉及这一问题的还有 В. Н. 沃洛希诺夫的另一本书和一些文章（请见第二次谈话中的相关注释）。巴赫金从库斯塔奈流放地回来后，梅德维杰夫帮他安置到萨兰斯克的教师岗位上——关于这一点他在第五次谈话中做了陈述。此后不久，П. Н. 梅德维杰夫就被迫害致死。——原编者注

② 《А. 勃洛克的创作道路》是 П. Н. 梅德维杰夫在其编纂的《纪念勃洛克文集》（彼得格勒，1922 年版）中的一篇长文。——原编者注

纯属私人性质的讲座,就在自己家里……讲过哲学课,一开始讲的是康德(我曾是个铁杆的康德主义信徒),后来题目范围就更为广泛了。[①]

　杜:您没有在彼得堡大学、列宁格勒大学教过书吗?

　巴:我——没有,没有教过书,没有来得及。本来是应该可以任教的,但没赶上。

　杜:那么您与博加特廖夫、什克洛夫斯基的小组是否有重合?

　巴:没一有。

　杜:甚至没有接触吗?

　巴:没有接触,我记得没有任何交往。是的。

　杜:博加特廖夫、什克洛夫斯基、维诺库尔、雅可布森……

　巴:是的,不过其实,维诺库尔……您说的是维诺库尔吗? 是的,维诺库尔……是的,我认识维诺库尔。

　杜:这些人可都属于诗语研究会的……

　巴:是的,不过维诺库尔与这个研究会没有任何关系,没有,我记得没有任何关系……

　杜:维诺库尔可以说是乌沙科夫的学生,而乌沙科夫则是福尔图纳托夫的学生。

　巴:是一的,是著名的福尔图纳托夫的继承者……是莫斯科学派的,而不是彼得堡学派的……

　杜:不是博杜安·德·库尔特奈的继承者。

　巴:……可不,博杜安·德·库尔特奈。

　杜:您有没有同这个博杜安·德·库尔特奈打过照面?

　巴:有过,当然有过。我听过他的课〈……〉

还有一点也可以说一说。我离开时是彼得格勒,回来时已经是列宁格勒了。

　杜:怎么会呢? 1924 年已经改名了吗? 1923 年还叫彼得格勒来着。

---

　① Л. В. 蓬皮扬斯基在听巴赫金在小组会议上的发言、报告和系列讲座时都做了笔记,这些笔记登载在《作为哲学家的 M. M. 巴赫金》(莫斯科,1922 年版)一书中,见该书第 221—252 页(刊发者为 Н. И. 尼古拉耶夫)。讲座的题目有康德哲学和现代新康德主义,以及"更为广泛"的范围,主要是关于宗教哲学的问题。巴赫金于 1928 年 12 月 26 日和 28 日在国家政治安全总局列宁格勒分局的审讯记录中列举了专题讲座和学术报告的一些题目(见 С. С. 孔金、Л. С. 孔金娜:《米哈伊尔·巴赫金》,萨兰斯克,1993 年版,第 180—183 页)。——原编者注

巴：可后来一下子就成了列宁格勒。

杜：是在 1924 年 5 月才成为列宁格勒的。

巴：是的,1924 年。不管怎么说,这之后我就生活在列宁格勒了。是这样的,当时那里……有几个沙龙……文学沙龙。其中有一个是谢普金娜—库珀尔尼克的沙龙——已在勉强支撑了。在这个沙龙的最后几年里,我常去参加。①

杜：那么,这个谢普金娜—库珀尔尼克沙龙有什么吸引人的地方吗?

巴：没有,我不太喜欢那里的氛围。那里全是些……有点儿陈腐守旧的人物……

杜：同她本人一样。

巴：是的,同她本人一样。来这里的有旧时的俄国将领、律师——上了年纪的很有名望的首席律师。那时这个沙龙实际上不是谢普金娜—库珀尔尼克的,而是她丈夫波雷诺夫的。尼古拉·鲍里索维奇·波雷诺夫。他是波雷诺夫院士的兄弟。② 他是著名的律师……一个非常可爱、很有修养的人。他酷爱哲学、艺术和诗歌,尤其是美学。我也在那里做过各种报告,讲过课,等等。

杜：您也上台讲过?

巴：是的,讲过。

杜：全是哲学问题吗?

巴：是的,哲学问题,主要是美学问题,哲学美学问题。

杜：作为一名康德主义者?

巴：是的。

杜：您居然敢做这样奢侈的事情(我这当然是讽刺),居然敢做这样奢侈的事情——在 1924 年的列宁格勒作为一个康德主义者做哲学讲座?

巴：是作为一个康德主义者。

杜：这显然后来导致您被发配到了边疆?

---

① 塔季娅娜·利沃芙娜·谢普金娜—库珀尔尼克(1874—1952):戏剧家、诗人、翻译家。在 12 月 28 日的审讯记录中,据巴赫金所称,谢普金娜—库珀尔尼克的住宅是他做哲学和美学报告的场所之一(同上,第 182—183 页)。——原编者注

② 鲍里斯·鲍里索维奇·波雷诺夫(1877—1952):土壤学家和地球化学家,科学院院士。——原编者注

巴：是的,导致了这个结果。当时觉得……没什么可怕的……后来出现了一篇文章……是图尔兄弟的文章,是未署名的……

杜：未署名的?

巴：是的。也就是说,没有作者署名,但知道是图尔兄弟写的,是根据一些材料……

杜：是讽刺小品文吗?

巴：是根据一些材料写的……是的,很像这类文章……是讽刺小品文……

杜：是根据您所参加的这个沙龙的材料吗?

巴：这宗案件……送交国家安全部了。

杜：这是后来的事吧?

巴：是国家政治保安局。不,当时很快就送交了。

杜：等一等,可那时还只是 1924 年呀!

巴：不,那当然是在 1929 年或 1930 年了。是在 1929 年。是的。有人把我的老账给翻出来了,说我做过关于康德的讲座,如此等等。其实我的罪名是,未经批准私自开设这种唯心主义性质的讲座。说实话,没有给我定任何罪就……只传讯过一次……应该说,那时国家政治保安局还延续着捷尔任斯基的传统,还保留着捷尔任斯基的传统。所以我没什么好抱怨的:对我的态度,可以说,在各方面都是极有分寸的。

杜：对您没有辱骂、殴打?

巴：没一有,没一有!一点儿也没有。那时第二处的处长叫什么伊凡·菲利波维奇·彼得罗夫——他过去曾经是个小作家。是的。他对我很有礼貌,很显然是同情我这个搞文学理论的人。侦查员是斯特罗明—斯特罗耶夫,也是位正派人。[①] 后来他们两人都被枪决了——与

---

① 亚历山大(阿尔贝特)·罗伯托维奇·斯特罗明(1902—1938):作为 20 年代末 30 年代初国家政治保安总局列宁格勒分局的侦查员,专门调查知识分子案件;除了巴赫金之外,A. A. 迈尔、H. Ⅱ. 安齐费罗夫、E. B. 塔尔列、Д. C. 利哈乔夫都被他调查过。1938 年他被"清除"时,已担任内务人民委员部萨拉托夫局局长。1974 年 11 月 21 日,巴赫金对本注释的作者讲道:"我是 1928 年圣诞节前夕遭到逮捕的。来抓我的两个人,一个令人讨厌,另一个是位犹太人,十分招人喜欢。他看到了德文版的黑格尔著作,带着敬意问我:您是哲学家? 后来我就被带进了判决前的关押所,又被关进了牢房。那里的条件还行。允许我写东西。偶尔审问一下,次数不多。办案的侦查员是第二处的处长伊凡·菲利波维奇·彼得罗夫,以及斯特罗明—斯特罗耶夫。他们同我谈话时都很客气。后来,他们自然就被清除了。我记得,塔尔列曾得意洋洋地写信告诉我:'您知道吗,审讯我们的那两个人被清除了。'但我却无法分享这一胜利的喜悦。"——原编者注

基洛夫被刺案有牵连，因为他们都知道些内情，所以就必须除掉他们，于是就除掉了，消灭了。

杜：明白了。

巴：是的，那时出现了一篇文章，标题是《橡树的灰烬》。

杜：《橡树的灰烬》？

巴：是的，"橡树"。《橡树的灰烬》。"橡树"就是康德，就是弗拉基米尔·索洛维约夫等人，而我们……

第四次访谈（1973 年 3 月 15 日）

杜：那我们就继续吧，米哈伊尔·米哈伊洛维奇。上次我们是在谈到某篇文章时停下来的，那就请您说完吧。

巴：好的。那时在一份叫做《红色报》的晚报上刊登了图尔兄弟的一篇文章，题目是《橡树的灰烬》。① 当时人们把这份报纸称为《证券交易报》，因为它的确很像革命前的那份旧报纸《交易所通讯》。文中描述了一些人……一群人，他们当时都遭到了……国家安全局的迫害。这群人里有好几代人的代表，他们实际上也是不同派别的代表人物。这么说吧，文章把这些派别统统包括进去了，指出有哪类人哪类人，不过没有指名道姓。首先针对的是老一辈的代表人物：普拉托诺夫院士……②

杜：普拉托诺夫？就是后来在工业党案件中提到的……内定为外交部长的那个人？

巴：是—的，外交部长。是的。

杜：（讥笑地）不过照我看，这是背着他本人指定的。他可能毫不

---

① 图尔兄弟的讽刺小品文发表在 1928 年 6 月 14 日的《列宁格勒真理报》（而不是《红色报》）上（即巴赫金被捕前半年），文章谈的是两个哲学宗教小组——"宇宙科学院"和"谢拉菲姆·萨罗夫斯基兄弟会"，它们在这一年的春天遭到取缔；文中的这两个小组被认定为反革命的君主主义组织。在巴赫金所提及的他的小组成员中，文章点到了两个人的名字：И. M. 安德烈耶夫斯基和 B. Л. 科马罗维奇。——原编者注

② 科学院院士 С. Ф. 普拉托诺夫和 E. B. 塔尔列应是国家政治保安总局所立"科学院院士案件"或"历史学家案件"中的两个主要人物。两人被捕于 1930 年初。虽然并未启动诉讼程序，但在 1930 年末对工业党的诉讼程序中时常提到两位院士的名字：说他们是帝制派阴谋的领导人物，一旦阴谋得逞，普拉托诺夫就会担任未来政府的总理，而塔尔列则为外交部长（见《记忆：历史文集》，莫斯科—巴黎，第 4 辑，1981 年版，第 130—135 页，469—495 页）。——原编者注

知情。

巴：全是扯淡，胡扯淡！说不定是哪个人喝醉了酒，在巴黎的某家小酒馆里编了份名单，说布尔什维克一旦垮台，那就让什么人来当……就是这么回事，无奇不有！

杜：不—不。这是……就是那个工业党，拉姆津的……

巴：是的，我知道。

杜：报纸上就是这么写的，还指定了内阁。这不是侨民干的。那里面我记得（我刚弄错了），总理好像应该是由普拉托诺夫出任，拉姆津也有一个职务，塔尔列是外交部长。

巴：对—对。不过问题是，最初传出来的情况完全不是这样的：说这份名单是国外侨民拟定的，是侨民拟定的。说拉姆津好像是从那里拿来的。

杜：可能是这样吧，我不太清楚……

巴：不过，随他们的便吧，好在这并不重要。

杜：与此并没有直接的关联。

巴：这一切完全是杜撰出来的。无论是塔尔列，还是普拉托诺夫，对自己被任命为部长的事情当然毫不知情。对了，名单上还有宗教哲学研究会会长卡尔塔绍夫，出任祭祀和宗教事务部长。他的确在政府部门担任过这一职务……

杜：……是在克伦斯基的政府里……

巴：是—的。是临时政府的首批部长之一。我还参加过宗教哲学研究会的最后一次会议。他在会上发了言，不过是以部长的身份，而不是作为会长。

杜：还是把这篇文章说完吧。

巴：好的。是这样。这篇文章指出，某些苏维埃知识分子的代表却抱着革命前的旧传统，诸如……康德、黑格尔，还有……弗拉基米尔·索洛维约夫等学者的传统。

杜：总之，继续维护唯心主义哲学。

巴：是唯心主义哲学，还有宗教的愚昧势力，等等，等等。可他们当然已经失去了根基。没有了生存的土壤。康德等人是橡树，而这些知识分子只是橡树的灰烬，因为这些人除了灰烬什么也没能流传下来：这些橡树赖以生长的土壤早就没有了。这就是这篇文章的大意。

杜：灰烬实际上就是指这些思想？

巴：是指……对，就是这些思想，不过他们是想说，那些思想……其实也已经失去了任何基础，没有任何土壤了。所以宣传这些思想的人，已经不是橡树了，而仅仅是橡树的灰烬。是这样。

杜：文章是图尔兄弟写的吗？

巴：是图尔兄弟写的，是的，图尔兄弟。他俩现在好像还活着，时常还能见到他们的名字。他俩根本就不是亲兄弟，也许是什么别的兄弟，总之，其中一位是图别利斯基，另一位是雷热伊。图尔就是他们这两个姓氏的首字母。

杜：噢，这个我还不知道。笔名的含义就是这么解释的？就像库克雷尼克斯兄弟？

巴：是的，就像库克雷尼克斯兄弟。他们是奥德萨人，不过那时自然已经不能算是奥德萨人了，而是彼得格勒人，他们与国家政治保安局挂上了钩。他们还有一些文章，是根据国家政治保安局的材料写的。这么说吧，国家政治保安局当时很乐意把某些案宗材料透露给像图尔兄弟这样的"先进"、"进步"记者（黠笑）。就是这样。

在这之后，于是就有一大批人，包括我在内，就离开了那里……发配的发配……流放的流放。

杜：就是说，文章提到的所有人……但还是没有指名道姓……不过所指的那些人在文章发表之前早已被捕了呀？

巴：已经被捕了，甚至据我了解的情况，已经走了一部分。

杜：被判了刑。

巴：是的，被判了刑，甚至有人是根据判决书离开那里的。

杜：这么说，在那里已经蹲了很久了？在卢比扬卡蹲了很久了？

巴：不，不是在卢比扬卡，是在判决前的关押所。在列宁格勒的什帕列尔街。什帕列尔街有个判决前的关押所，而戈罗霍夫街上则是国家安全部本部。

杜：也就是国家政治保安局。

巴：是一的，就是国家政治保安局。没一错，在戈罗霍夫街上。是这样。不过我要说，国家安全部（纠正道），国家政治保安局对待我们（包括我在内）的态度，是很好的。顺便讲一个笑话（笑），这就不必录了。那里……简而言之，有位女性，女服务员，她说"老爷？老爷不在。

老爷总往美国跑：一会儿去芝加哥，一会儿去格普戈"①等等，也就是说（笑），她家老爷时常遭到关押。是的……

杜：那就这样吧，笑话也讲了。请继续谈我们的话题吧。

巴：好的……他们对我们的态度很有分寸：没有用任何强迫的手段。他们相当有教养，业务素质也很高，也是懂文学的。（停顿。）我们就不说他们的名字了。

杜：那还是……讲吧。为什么不讲呢？可以的。那还是捷尔任斯基当头儿的时候吧？

巴：不，已经是缅任斯基了，不过捷尔任斯基的传统还是保留了下来，您知道的，当年他是不允许虐待犯人的。总的说他待人非常礼貌客气，彬彬有礼。

杜：那么，你们都判了什么罪？

巴：判的不一样……最主要的是……

杜：都有谁？请列举一下这些人的名字，这些"灰烬"。都有些什么人？这真的是个小组吗？

巴：没有，没有这么个小组。各种圈子是有的，仅此而已……总之，不存在任何的组织，②而且……国家政治保安局也没有查明存在这一组织的事实，否则就会是另一种判法了。当时对是否存在组织这一条是很重视的。他们没有找到任何的组织。有一些小圈子，只有一些联系，朋友间的联系而已。况且，我们是在家里作了些报告，比如我在家里就讲过许多次。

杜：那么都是谁呢？您讲到了塔尔列、普拉托诺夫……

巴：塔尔列，普拉托诺夫，接下来……伊戈尔·叶甫盖尼耶维奇·阿尼奇科夫，还有……

杜：卡尔塔绍夫？

巴：不，没有卡尔塔绍夫。卡尔塔绍夫已经在国外了。还有……科

---

① 芝加哥与契卡（肃反委员会）在俄文中为谐音词。女服务员以为，"格普戈"是美国的一座城市，其实是俄文"国家政治保安局"的缩写。——译注

② 在起诉意见书中，巴赫金被指与"右翼知识分子"的非法组织有染，该组织取名为"复活"，曾在列宁格勒活动多年。在列宁格勒市法院主席团 1967 年 5 月 30 日作出的关于撤销 1929 年原判的决议中承认，"被告人未建立任何正式的组织"（见《文学问题》1991 年第 3 期，第 128—141 页）。——原编者注

马罗维奇。[①]

　　杜：他是谁？历史学家？

　　巴：他是……不，他是文学研究者，文学研究者。他很有才气，很有才气。他用德文写过一本书——《〈卡拉马佐夫兄弟〉的由来》。[②] 这是本大部头的著作，是在德国出版的。此外，他还写过一本书，国内出的，也很好，叫《基捷日传说》。[③] 他详细研究了基捷日传说产生的历史和各种不同的版本。另外，他还有一些谈陀思妥耶夫斯基的文章，这些文章很有价值，收在当时多利宁编辑出版的陀思妥耶夫斯基研究文集中。里面有一篇他谈《少年》的文章——《陀思妥耶夫斯基长篇小说〈少年〉的结构》。[④]

　　杜：这我知道。

　　巴：看来，您是知道的，当然是知道的。后来他回来了，回来得很早；好像只判了他 3 年，遣送他去高尔基市待了三年，当时还叫……尼日尼市。他的父亲正好住在那里，是高尔基市的名医，所以他实际上（黙笑），是回了家。后来他回来继续工作，在研究所工作。发表过一些文章。我手头就有，是哪位热心人给我寄来的，是文章校样，还有他所有著作的目录。我甚至都不知道究竟是谁从列宁格勒给我寄来的，这是很久以前的事了，当时还是另一种气氛。就是这样。后来他死于……围困时期，同恩格尔哈特一样，后者也死于围困时期。

　　杜：恩格尔哈特也在这里面吗？……

　　巴：不，恩格尔哈特不在这一批人里。恩格尔哈特稍晚些才受到迫害的。[⑤]

　　杜：噢，他也受过迫害？

　　巴：是的，也受过迫害。并且，他被捕时发生了一件可怕的事情：他

---

　　① 瓦西里·列昂尼多维奇·科马罗维奇（1894—1942）因"宇宙科学院"和"谢拉菲姆兄弟会"案件而遭到起诉。——原编者注

　　② 《Ф. М. 陀思妥耶夫斯基：〈卡拉马佐夫兄弟〉的原始形式——陀思妥耶夫斯基史料（草稿和片断）》（德文版），В. 科马罗维奇编注，慕尼黑，1928 年版。——原编者注

　　③ В. 科马罗维奇：《基捷日传说》，莫斯科—列宁格勒，1936 年版。——原编者注

　　④ В. 科马罗维奇：《作为艺术统一体的长篇小说〈少年〉》，见《陀思妥耶夫斯基（文章和资料汇编）》，А. С. 多利宁编，第 2 辑，列宁格勒，1924 年版。——原编者注

　　⑤ 鲍里斯·米哈伊洛维奇·恩格尔哈特（1887—1942）：文学理论家和哲学家，1930 年 11 月因与"科学院院士案件"有牵连而被捕。他的妻子纳塔莉娅·叶甫盖尼耶芙娜·迦尔洵娜—恩格尔哈特（作家弗谢沃洛德·迦尔洵的侄女），在丈夫遭逮捕时自杀身亡。——原编者注

的妻子,恩格尔哈塔,娘家姓是……迦尔洵娜。她原来姓迦尔洵娜。

杜:是迦尔洵的女儿还是侄女?

巴:我想是侄女,是侄女。但也姓迦尔洵娜。她也……患有迦尔洵的那个病:时常会发作,她控制不住。那天,丈夫被带走时(他们住在五层,好像只有一个楼梯,因为那时楼房里的正面主楼梯都被封死了),来人把她丈夫押着走下去的时候,她就从五楼跳下去,摔死了。所以当他与押解人员走到楼下时,看到了她的尸体——面目全非,惨不忍睹。

杜:太可怕了!

巴:这件事情太可怕、太吓人了。后来,当恩格尔哈特回来以后,他又找了一个妻子,是他过去的一个大学生,他后来在围困期间去世了。

杜:是这样……那里面还有普拉托诺夫、塔尔列……科马罗维奇、阿尼奇科夫……这些人……他们倒全是莫斯科人……可没有人被列入这个"橡树的灰烬",被当做唯心主义哲学家……还是说他们当时已经被赶走了? 弗兰克和伊林这些人……

巴:没有他们,因为他们已经在国外了。

杜:这么说,他们比这早一年,在 1923 年就被驱逐出境了。[①]

巴:是的,早一年,是 1923 年。不对,不是早一年,哪能呢! 我们这个案子不是 1924 年,而是 1928 年的事情。

杜:哦,是的,是—的!

巴:所以他们早在国外定居了。

杜:这么说,在 1923 年……还用驱逐出境的方式。而这时要不就是流放,要不……就是去集中营? 去的是索洛夫基吧?

巴:我们这拨人去的是索洛夫基……也不光是索洛夫基,还有凯姆、哈萨克斯坦这些地方。我到了北哈萨克斯坦,塔尔列则去了南哈萨克斯坦。[②] 而安德烈耶夫斯基……是的,安德烈耶夫斯基去了索洛

---

① С. Л. 弗兰克和 И. А. 伊林于 1922 年被驱逐出苏维埃俄罗斯。——原编者注

② 巴赫金在 1930—1934 年被流放到库斯塔奈,塔尔列则于 1931—1933 年被流放到阿拉木图。——原编者注

夫基,①这拨人里,我的朋友当中有人也去了索洛夫基,是的。

　　杜:这么说,这都发生在 1928 年底。

　　巴:1928 年底到 1929 年初。②

　　杜:现在还是让我们回过头来谈主要的话题吧。

　　巴:好的。〈……〉

　　杜:这么说……您是 1924 年回到彼得格勒的。是在列宁去世之前还是去世之后?

　　巴:去世之后。他是年初去世的,在 1 月份……

　　杜:1924 年 1 月。

　　巴:是的,而我们是早春回来的。

　　杜:也就是在 3、4 月份?

　　巴:大约是在 4 月份。好像是在 4 月。

　　杜:就算 4 月吧。这么说,从 1924 年 4 月到 1928 年 12 月您已是生活在苏维埃的……列宁格勒了。彼得格勒刚刚更名为列宁格勒。

　　巴:是的,彼得格勒刚刚改名。

　　杜:1924 年才改名的。您回来时已是列宁格勒了。

　　巴:我回来时,好像已经是列宁格勒了,是列宁格勒。

　　杜:是的。这个名字听起来觉得很突然很新鲜。您来了,就进入了一种文学的氛围,参加到文学生活当中,开始撰写最初的学术著作,结识一批大人物……也许当时还不是大人物,但后来展现了自己,成了大人物和大诗人,比如现实艺术联合会的那些成员,康斯坦丁·瓦吉诺夫,也许,您还记得扎波洛茨基吧。总之,我这里不再进一步细问什么了。还是请您给我谈一谈这五年的情况,差不多整整五年的情况。我

---

　　① 伊凡·米哈伊洛维奇·安德烈耶夫斯基(约 1890—1976):精神病医生和宗教活动家,女诗人玛丽娅·什卡普斯卡娅的兄弟,"谢拉菲姆·萨罗夫斯基兄弟会"和"宇宙科学院"小组的创建者和领导人。他获刑流放索洛夫基十年。"兄弟会"的历史详情和 И. М. 安德烈耶夫斯基的活动介绍,请见 B. B. 安东诺夫:《圣谢拉菲姆·萨罗夫斯基兄弟会:关于彼得格勒东正教运动的历史》,载《圣彼得堡教区通讯》1996 年第 16 辑,第 44—49 页;同上,1996 年第 17 辑,第 93—99 页。在国家政治保安总局列宁格勒分局的《起诉意见书》中,有一部分叫做《"谢拉菲姆·萨罗夫斯基兄弟会"的残余势力》,篇幅很长(见《对话·狂欢·时空体》1999 年第 4 期,第 106—113 页)。Д. С. 利哈乔夫在关于集中营的回忆文章中称安德列耶夫斯基为"索洛夫基岛上 A. A. 迈尔圈子里的人",并说他是一个"狂热的宗教人士"(见《哲学问题》1992 年第 7 期,第 92 页)。50—70 年代,他是(美国)约旦维力神学院教授,以"И. М. 安德烈耶夫"的名字出版了一系列关于宗教史和俄罗斯文学史的书籍。——原编者注

　　② 巴赫金 1928 年 12 月 24 日被捕,1929 年 7 月 22 日被判决,1930 年 3 月被流放到库斯塔奈。——原编者注

洗耳恭听。

巴：好吧……在列宁格勒我认识了几位老一代的人，其中包括费奥多尔·索洛古勃。那时费奥多尔·索洛古勃是作家协会列宁格勒分会主席。

杜：不是诗人协会吗？

巴：不是，是作家，作家协会。

杜：是有这么个协会。

巴：是——的，是这个协会……协会里有小说家，而索洛古勃本人更应当算是小说家，而不是诗人。

索洛古勃那会儿心情相当沉重，可以说，心情沉重。能感觉得出他有股怨恨，这股怨恨多半是个人方面的，不是政治上的，不是……不是这个原因。他失去了妻子。大家都知道，他妻子投水自尽了……

杜：您不知道是什么原因造成的吗？是精神失常还是……

巴：也许吧。至少她……不，她没有发疯，绝对没有，但处境极为糟糕，她就投水了……而且，好长时间都没有找见她的尸体。后来，是被水冲上来的……尸体被冲到了一个地方。总之，他去认尸，认出来了。他同她感情很好，看来很爱她……

杜：是叫切博塔廖芙斯卡娅吧？

巴：是的，切博塔廖芙斯卡娅。

杜：她是在涅瓦河投水的吗？

巴：是的，好像是涅瓦河，涅瓦河。[①] 所以他就有了这样一股怨恨的情绪。此外大家都知道，他是个悲观主义者，是死亡的歌手，正如有人称他为斯梅尔佳什金[②]……

杜：……是高尔基吧。

巴：是——的，是高尔基。尽管如此，他在自己的周围团结了一些年轻作家和文学研究者。有的甚至在他的住宅里作报告，比如我的朋友蓬皮扬斯基，好像在他的住宅里作过两三次报告。我记得，他非常喜欢讲三个"纪念碑"的那场报告。这是列夫·瓦西里耶维奇的报告，没有

---

① 阿纳斯塔西娅·尼古拉耶芙娜·切博塔廖芙斯卡娅(1876—1921)：翻译家和评论家，1921年9月23日在小涅瓦河或日丹诺夫卡河溺水身亡。她的尸体直到1922年5月2日才被发现。——原编者注

② 该姓氏的词根意即死亡。——译注

发表过。① 所谓三个"纪念碑",是指贺拉斯、杰尔查文和普希金的三首诗,他作了历史—文学的比较。

尽管……那时他的心情沉重,情绪悲观,但他对年轻美貌的女子绝不是无动于衷的,要不,这一句就不录了吧?

杜:到底是不是无动于衷呢?

巴:不是无动于衷。还不是无动于衷的。别看他是死亡的歌手,但却不想死,并不想死。

杜:可他偏偏不久就死了。

巴:是的,不久就死了。

杜:在 1927 年。

巴:是—的,很快就死了。作为协会主席,他行事非常独立,非常独立;那时像共产主义的、马克思主义的批评家们都已开始申请并加入作协了……戈尔巴乔夫就是这类人,当时是很走红的一位批评家。②

杜:当时拉普已经存在了吗?

巴:是的,已经有了。是的。我记得接受戈尔巴乔夫进入协会的情形。那时,索洛古勃对待自己的理事们非常友善,很有礼貌:"同志们,同志们……"而说到戈尔巴乔夫时却说:"现在戈尔巴乔夫先生,戈尔巴乔夫先生(用一副瞧不起他的口气)提交了申请。怎么办,同志们? ……"瞧,他就是以这种口气说话,非常特立独行。

杜:这已经是一种挑战了。几乎就是挑衅了。(笑。)

巴:是的。(黯笑。)可是……

杜:那么戈尔巴乔夫对此有何反应呢?

巴:戈尔巴乔夫当时不在场。戈尔巴乔夫不在场,没—在。他提交了申请,然后就……讨论这份申请……接下来就很清楚了:假如要接受戈尔巴乔夫的话,那就要请他出席了。您瞧,他就是这样特立独行的。当然,也没有动他。那会儿对他这样的人还是重视的,不去触动他们。虽然也了解他的情绪,但也许更加清楚他这个人不问政治,本质上完全是这样。他不过是发泄自己的愤恨,但对政治他完全是不闻不问的,完

---

① 首次刊登于《文学问题》1977 年第 8 期(Н. И. 尼古拉耶夫编)。另可参见:Л. В. 蓬皮扬斯基:《古典传统》,莫斯科,2000 年,第 197—209 页。——原编者注

② 格奥尔吉·叶菲莫维奇·戈尔巴乔夫(1897—1942);评论家、共产党员、拉普分子。——原编者注

全中立。他举行过公开的晚会,沃伦斯基还在晚会上讲了话。

杜:他还活着?

芭:是,沃伦斯基还活着,我见过他。

杜:是阿基姆·沃伦斯基?

巴:是的,阿基姆·沃伦斯基。① 我是在某一个沙龙里遇见他的。那儿有他的一个开场白。我记得他是这么说的,"费奥多尔·捷捷尔尼科夫还是个教师,还是个教书匠的时候,总是穿着一件又脏又旧的礼服⋯⋯"②

杜:阿基姆·沃伦斯基是这么说的?

巴:是的。他还说:现如今他可是位了不得的人物⋯⋯可⋯⋯这位⋯⋯就回敬了一句,当然不是冲着听众,而是在幕后(我也在那里)。他是这么说的(轻声地):"我什么时候穿过又脏又旧的礼服了?! 他这不是在说谎吗?! 我一向穿戴整洁,注重仪表。"(两人笑。)可那一位这么说⋯⋯是为了表现自己的民主作风(微笑着)。阿基姆·沃伦斯基年事已高,生活很困难。他总是抱怨说:"不喝浓茶我无法工作,喝浓茶必须加糖,可糖又没有。"就是这样,大差不离吧。(黙笑。)这就是沃伦斯基。于是他就尽力想稍稍迎合一下潮流。

杜:可不,阿基姆·沃伦斯基当时写了一本关于芭蕾舞的书。③

巴:是的,但我不知道是那时写的。

杜:而索洛古勃这时候出了几本书:《魔杯》⋯⋯《单恋》⋯⋯④

巴:是一的。后来他还写过一些诗歌,现在只留有手稿,当时没有发表⋯⋯

杜:您是否知道,这是真的,还是假的,抑或是谣传,说索洛古勃正是在 1926—1927 年,也就是在他临死之前,曾经请求过⋯⋯出国,请求批准他出国?

巴:是的,有这么回事。可我觉得,他申请出国的事情更早一些,在他妻子去世之前。但这一要求遭到了拒绝,或者说得确切一些,是被拖

---

① 阿基姆·里沃维奇·沃伦斯基(弗莱克瑟;1861—1926):评论家、随笔作家、艺术理论家。——原编者注

② 是 Ф. К. 索洛古勃(1863—1927)的真实姓氏(索洛古勃是写家笔名)。索洛古勃年轻时候曾多年任中小学教员。——原编者注

③ 《欢愉之书:古典舞蹈入门》,列宁格勒,1925 年版。——原编者注

④ 1921 年和 1922 年出版的索洛古勃诗集。——原编者注

延了,这恰恰是导致他妻子去世的原因之一。①

杜:怎么,她非常想走吗?

巴:是的,她很想走。这件事是他妻子的死因之一。不过后来我就不清楚了,我想不是。我想不是,我没有听说他后来申请过出国这件事。

杜:这么说,他是 1927 年去世的,而妻子早死两年……

巴:至少,我当时不在那里,当我认识他,第一次见到他的时候,他的妻子已经不在人世了。

杜:您是 1924 年同他相识的吗?

巴:不,要稍晚一些。

杜:这么说,是 1925—1926 年了?

巴:是的,大约是在 1926 年……

杜:我见过他妻子的姐姐。她后来在文学之家工作,负责管理图书馆,也是姓切博塔廖芙斯卡娅……只是名字不叫阿纳斯塔西娅,好像是安娜,我不记得她的名字了。②

好吧。您这是说了老一代的人……这些人您都说得很好,很有意思……那么,您能对索洛古勃——作为个人和诗人,总结一下吗?……

巴:对索洛古勃?您要知道,我一向认为索洛古勃是个天赋极高的诗人,我非常推崇他的诗。不仅如此,我认为他的长篇小说中像《卑微的魔鬼》这样的作品是 20 世纪最好的长篇小说之一。这是一部极好的小说,写得非常深刻,非常有趣,并且……几乎是部预言性的……③

杜:不过太令人厌恶了……

巴:是—的,是这样……但我觉着,更差、更叫人厌恶的是他的最后一部小说《鬼魂的诱惑》。④

杜:是的,这完全是一部……

----

① 索洛古勃从 1920 年起就开始张罗与妻子一起出国的事情。A. H. 切博塔廖芙斯卡娅自杀时,实际上已经批准他们出国了(见 В. Ф. 霍达谢维奇:《名人墓地》,莫斯科,1991 年版,第 121 页)。——原编者注

② 亚历山德拉·尼古拉耶芙娜·切博塔廖芙斯卡娅(1869—1925):翻译家。同她妹妹一样,也是自杀身亡;1925 年 2 月在 М. Г. 格尔申宗的葬礼之后,她从大石桥上投入莫斯科河(同上,第 189 页)。——原编者注

③ 见巴赫金于 20 年代所开设的俄国文学史口授家庭教程中关于 Ф. 索洛古勃的讲稿记录(Р. М. 米尔金娜记录):《对话·狂欢·时空体》1993 年第 2—3 期,第 146—155 页。——原编者注

④ 索洛古勃的这部长篇小说最初取名为《创造的神话》(1907—1914 年)。——原编者注

巴:第一部长篇小说《噩梦》是本不错的小说,写得不错。而《卑微的魔鬼》则很好。别列多诺夫的形象是我国文学中最精彩的形象之一。

杜:是的,那就应当重温一下。这渊源于……您是怎么看的? 当然,一方面来自陀思妥耶夫斯基,但同时也源自谢德林。

巴:可能是吧,有一小部分源自谢德林。

杜:来自犹杜什卡。

巴:是的,来自犹杜什卡。不过我要说……毕竟犹杜什卡完全是另一个时代的人。可在今天像别列多诺夫这样的人真是多了去了。这不……也都是教师……就在前不久,我们几乎每一位中学教师都还是别列多诺夫,还有不少人至今还是别列多诺夫。别列多诺夫现象似乎已成了一种气候……小说里别列多诺夫是作为一个例外来写的,校长赫里帕奇很不喜欢他,很想尽快摆脱他。是这样。可在我们这里,别列多诺夫这样的人却会得到重用和推崇,他们是学校教师们的榜样,尤其在外省中学里,其实在莫斯科和列宁格勒也不例外……

杜:是的,应当再重温这部作品。您看见没有,作者的立场本身就是……别列多诺夫毕竟只是一个人物形象,这是其一,他就是犹杜什卡·戈罗夫廖夫,另一方面,他又是个小人。

巴:是的,是个可怕的小人。索洛古勃就是把他当做一个小人来写的。

杜:索洛古勃在某种程度上也是欣赏他的。

巴:不对。要知道,索洛古勃非常了解这个环境,因为他自己就当过大学教师,还做过其他学校的教师……工艺学校——好像是工艺学校的教师,就在列宁格勒。有一阵子他当过学监……

杜:我想他是在大卢基那里吧。

巴:那是一开始,后来已是在彼得堡了。那时他已经是个著名诗人了。有固定的日子在他那里聚会,好像是星期三,作家、诗人、戏剧活动家,包括梅耶霍德等人都去他那里。就是这样。这是后来的事了,不过在革命之前。他对这个环境氛围很了解,他就属于这个环境,在某种程度上也许他也受到这一环境的感染,不过,他自然没有变成别列多诺夫。他只是一个性格阴沉的人,当然就不会招人喜欢,不会的,虽然大家都能够感受到他的智慧、他的才气,以及某些超越他人的东西。决不能说他是个庸人,却毫无疑问可以称他是个聪明人,有价值的人。只要我们一接近他，就能感觉到他的巨大价值。虽然他没有什么吸引力，没有。他是个心情沉重的人。这就是索洛古勃。但他特立独行，我已说过了，当然，这赢得了别人的尊敬。此外，他的诗写得很好，写得很好。他是个写诗的大家。这一点您当然是知道的。这就是我对索洛古勃的看法。

杜： 我的老友，我忠实的魔鬼
为我吟唱了一支歌：
"海员在汪洋里游了一整夜，
黎明时却沉入海底。

他面前掀起了灰色的浪涛——
浪涛在他脚边化作了泡沫。
他那伟大的爱情，比浪花还洁白，
却从他面前漂流而过。

他在浮游时听到了呼喊：
'喂，相信我，我决不骗你。'"
聪明的魔鬼又唱道："但要记住，
他在黎明时却沉入海底。"

这是索洛古勃的诗。[①]

巴： 是的，还有这首：
死神啊，我属于你。你的身影
无处不在。我憎恨
俗世的各种魅惑……

这也是一首精彩的、很有力量的诗。结尾是：
你那不同凡俗的美颜之谜
充溢着我的整个身心（好像是这么写的）……
但我不会拜倒在它的脚下。

也就是"拜倒在生命的脚下"……往下：

---

① В. Л. 杜瓦金记错了：他背的是古米廖夫的诗《聪明的魔鬼》(1906年)（请见 Н. 古米廖夫：《诗集》，列宁格勒，1988年版，第88页)，这是根据索洛古勃《当我在惊涛骇浪的大海上航行……》(1902年)一诗的主题写成的(Ф. 索洛古勃：《诗集》，列宁格勒，1975年版，第278页)。——原编者注

> 此刻你那冰凉的泪珠
>
> 比纯净的水晶还要透明，
>
> 簌簌滴入我的眼眶。①

美妙的诗句。十分忧郁，但却美妙。

还有一首是写死亡的，看来他自己也有过念头想死，想……自杀。诗是这么写的：

> 过去的事还要再来。
>
> 过去的事将不止一次地重现……
>
> 我给干渴难耐的嘴唇
>
> 倒进掺血的水。

然后有这么两行：

> 后来有人生起火炉，
>
> 你便静坐在浴室边等候……

还有：

> 懒洋洋地进入我那空空的脉管……

结尾又是：

> 过去的事还要再来。
>
> 过去的事将不止一次地重现……②

这也是一首美妙的诗篇，当然也很忧郁。

杜：您知道吗，索洛古勃其实就是"颓废派"这个概念最集中的表现。当然是指艺术上的"颓废派"。

巴：是的。要知道，这一概念本身……他不认为自己是颓废派，不是的。

杜：那什么人还能算呢?!

巴：作为个人来说，他与颓废派似乎毫不相干。可以说，他是一个稳重正派的人：做过教师，还是一所很大的中学的学监，这所学校实际上是由他掌管的。他甚至还在学校里，好像就在学校的大礼堂里举办过一些小组活动，也就是把客人们召集过来等等。那时他还没有和切

---

① 同上，第 120 页。——原编者注

② В. Д. 杜瓦金记错了：他背的是古米廖夫的诗《聪明的魔鬼》(1906 年)(请见 Н. 古米廖夫：《诗集》，列宁格勒，1988 年版，第 88 页)，这是根据索洛古勃《当我在惊涛骇浪的大海上航行……》(1902 年)一诗的主题写成的(Ф. 索洛古勃：《诗集》，列宁格勒，1975 年版，第 345 页)。——原编者注

博塔廖芙斯卡娅结婚呢。

杜:不,索洛古勃作为诗人的形象是……其实"颓废派"一词就是从他身上延伸开去的。因为别人都不像他这样明显,用这个词来说他是最合适的。

巴:总之我要说的是,在所有的诗人中,在当时的颓废派和象征派诗人中,包括像勃留索夫、维亚切斯拉夫·伊凡诺夫这样的在内,最不像颓废派的人,最稳重正派的人就是索洛古勃。您想要看到什么呢?从他身上看不到任何颓废的举动,当然,也看不到任何不体面的事,以及诸如此类的东西。他是一个稳重得体的人。

杜:不过这是另一回事,要知道……

巴:说到他的诗歌,那确实是真正的诗歌,绝对是纯粹的诗歌。不能说这是颓废主义,不是的。

杜:也就是说,颓废主义……就拿法语来说吧。正是按照法语的理解,那才叫颓废主义……

巴:是的……

杜:……也就是那种诗——衰落的、消逝的、死亡的诗。"颓废主义"这……只不过……是个术语……

巴:这……其实,应当这么说:我作为一个从事理论和文学史工作的人,并不接受这个术语。提出这个术语,并且热衷此道的都不是什么大诗人,而是些卖弄诗文的人,在他们看来,"颓废主义"是一种姿态,一种有利的漂亮姿态;他们的穿着打扮一定是黑色的,如此等等。例如,有个叫杜勃罗留波夫的,他那时也是一个非常鲜明的代表人物……①

杜:名字叫亚历山大?

巴:对,自然是这位……诗人。

杜:是—的。

巴:他总是戴副黑手套,一定是这样的。即便坐在客厅里也不肯摘下来,就这么一直戴着。

杜:我也听说过,记不清是从哪儿听到的,反正有人告诉过我。

巴:是—的,这事大家都知道……真是令人咋舌。这才叫颓废派,

---

① 亚历山大·米哈伊洛维奇·杜勃罗留波夫(1876—1945?):诗人和宗教探索者、宗派主义朝圣者。关于他的情况请见 E. B. 伊凡诺娃:《亚历山大·杜勃罗留波夫:时代之谜》,见《新文学评论》1997 年第 27 期,第 191—236 页。——原编者注

这才是颓废派呢。大诗人在这方面则根本就不是什么颓废派,不是的。对他们用这个术语是不恰当的,它带有故作姿态的意味,很容易让人联想到黑手套之类的东西。可他们身上是没有这些的!

杜:这是个非常有趣的问题。您瞧,这个词里有两种……这个词已成了一个用语。

巴:是的,成了一个用语。

杜:还有,现代派可以说更多是针对修辞特点而言的。

巴:这已经完全是……这个术语根本就不可取。因为我们称之为现代派的这些人……对我们来说,"现代派"是骂人话,骂人的话。其实我们正应该把"现代派"颠倒过来理解,把它当做赞语……

杜:不,我们还是拿"颓废派"这个词来说吧。倘若这样去理解……倘若按照您现在所讲的去理解……不妨回忆一下契诃夫的话……您还记得吧? 好像蒲宁写过:"安东·巴甫洛维奇,您怎么看颓废派?""颓废派? 他们也能叫颓废派?! 他们都是壮汉。应当把他们送进苦役队才对。"①

巴:可您知道,这是……

杜:就是说,这只是一种个人的评价……

巴:是的……

杜:……就是说,颓废派被看做是一种纯粹的姿态。这也许可以用到,比方说……梅列日科夫斯基身上。您说呢?

巴:也很牵强。

杜:是吧。那按照您的评价,可以用到吉皮乌斯女士身上。

巴:她嘛,也许可以吧……

杜:用在杜勃罗留波夫身上也挺合适。

巴:用在杜勃罗留波夫身上很合适。再说,他其实最不像颓废派了,他是个宗教探索者。

杜:但从另一方面说,可以往"颓废派"一词里注入更加严肃的、世界观上的含义,也就是说,接近"悲剧的"一词但又不完全与之相同的含义;也就是,在文学中是从明斯基那里引发的东西,可以说是从空无、崩溃生发出的东西,亦即某种哲学的……不是哲学理论,而是哲学上的某

---

① И. А. 蒲宁:《回忆录》,巴黎,1981 年版,第 91 页。——原编者注

种情愫。

巴：不错，是一种世界观，可您是否知道，对他们来说这些都不合适……或者也有许多东西是合适的，因为过去的确有许许多多的伟大诗人都具有这种忧郁悲观的世界观，比如说，有衰亡、末日的思想等等。或许可以说，莱奥帕尔迪确实是最鲜明的颓废派了。拜伦也要成为颓废派了，拜伦甚至会成为最鲜明的颓废派了……

杜：不，在 20 世纪，颓废派诗人当然还是源自于波德莱尔的《恶之花》。

巴：这也不对。不过，倒也可以这么说，因为波德莱尔身上，除了的确是位伟大的诗人，卓越的诗人之外，还有点儿故作姿态的成分，这在当时的整个潮流中，在波德莱尔所属的那个圈子里都是普遍存在的。可泰奥菲尔·戈蒂耶也属于这个圈子，但却不能称他为颓废派，虽然他在晚年〈……〉——圈内人都称他为泰奥——在晚年异常忧郁，是个地地道道的悲观主义者。但没有人把他叫做颓废派。因为这是另一回事！

杜：在俄国的土壤上，如果使用这个词……不过从另一方面说，它当然适用于这个时代诗歌的所有代表性人物。比如，就说勃洛克吧，您还记得吧，好像在写给别雷的信中，也许是在自己的日记中，我记不太清楚了，有这样精彩的语句："我憎恨自己的颓废，我也鞭笞他人的颓废……即使他们在这方面的过错或许比我还少。"①不过在那里是指……

巴：是的，不过这里勃洛克……部分地是指他那个时代的颓废派、诗人，而且他用这个当时已成了用语的这个术语，表示稍稍有点儿不同的含义，即指尼采的含义。尼采一直在说颓废派，而且总是在揭露颓废派，认为这是一种消极现象，用未来的真正的超人来与他们——颓废派抗衡。正如您所知道的，他把瓦格纳也称作颓废派，尤其因为他的那部作品《帕西法尔》——他就成了颓废派。他揭批自己身上的颓废主义，还努力战胜自己身上的颓废主义，努力战胜颓废主义。他歌颂的正是生活中无穷的快乐，歌颂的正是接受存在，而非接受生活，是接受存在。

----

① 摘自勃洛克 1906 年 6 月 25 日致 Е. П. 伊凡诺夫的书信（见 А. 勃洛克：《作品集》第 8 卷，莫斯科—列宁格勒，1963 年版，第 156 页）。其中的一处有误，勃洛克的原文是："……周围的人也鞭笞他。"——原编者注

其实《永恒的回归》这首诗首先具有的是一种情感意义：我接受一切，而且准备无数次地体验自己的生命。这就是颓废主义，但这完全又是另一种颓废。这是尼采的颓废主义。尼采本人当然指的是（他是个古典主义者）古希腊—罗马颓废主义时代，首先是罗马的颓废主义。顺便说一下，有首诗（一边回忆，一边激动起来）……鬼知道这算什么……是安宁斯基写的：

> 我——阿波斯塔特时代的可怜罗马人，
> 趁着我的门廊远离屠杀的喧嚣而沉寂无声，
> 我用慢调谱写着贯顶诗，
> 最后落日的余晖在诗中渐渐消逝。
> 堆满胸口的不是玫瑰，而是惆怅……①

等等。

这里写的是关于衰败、颓废的概念，也就是尼采所指的那一类东西。就是这个意思……就是这样。可是，这与亚历山大·杜勃罗留波夫有何相干呢？与索洛古勃等人有何相干呢？没有。他的世界观非常悲观——那是另一回事，是另一回事，不过这是另一种悲观……这是诗意上的悲观，在某种程度上也是哲理上的悲观。是这样。是诗意上的。应当直截了当地说……正如我们有位作曲家所讲的："您知道有快乐的音乐吗？我可不知道快乐的音乐。"好像是柴可夫斯基说的。您瞧。不妨说，快乐的诗歌其实是没有的，也不可能有。倘若没有以某种形式表现出的终止和死亡的因素——哪怕是某种预感，那也就没有诗歌了，因为诗歌在某种程度上毕竟是有的……否则就不是诗歌了，而是像牛犊那样莫名其妙地撒欢儿了，可这一点诗里是不能有的，也不可能有。

就拿勃洛克来说吧。他非常清楚什么是欢欣——不是像牛犊那样莫名其妙地撒欢儿。

> 会歌唱的心灵才能获得
> 世上那无穷无尽的欢乐……

不过接下来："欢乐——痛苦——是一回事儿……"等等。死亡，死亡，接下来还是死亡。"反正我会接受你的。"

---

① 出自魏尔兰的诗作《痛苦》（见 И. 安年斯基：《诗歌与传统》，列宁格勒，1990 年版，第 256 页）。安年斯基是这么写的："我用金色的格调"，"紫色的落日余晖"，"堆满胸口的不是沉甸甸的铜钱，而是惆怅"。——原编者注

> 我知道,反正我要接受你,
>
> 为这败落,为这衰亡。①

这是他的那首著名诗篇《噢,春天无边无际……》。这是什么呢?难道是颓废主义?!

巴:(接着往下背):

> ……春天无边无际!②

巴:是颓废主义?

杜:　　我认识你,生活,我接受你,

> 敲响盾牌把你欢迎!

巴:是的。这才是诗!不妨说,一切诗歌概莫如此,只是形式不同而已。诗歌接受生活,但不是像牛犊那样,而是像懂得、理解生活的人们那样——生活总归要包含死亡这一必不可少的因素,"无边无际"中的边际、终结、结尾是非常重要的。是这样。

罗马人说:Respice finem,意为"请尊重终结","关注终结"。俄语中有个说法:"有始有终,就是成功。"是的。所以说,这个因素是要有的。在这方面一切诗歌本身,如同一切音乐那样,是……

杜:也就是说,您是想说所有的艺术?

巴:是的,包括颓废派……恐怕所有的艺术都是如此,是的。恐怕是所有的艺术。归根结底,所有的艺术在一种程度上,据我们所知,总要追忆祖先和故人,总要同坟墓、哀泣等相联系。因为活着的东西是需要巩固的,但……终结不需要追忆,不需要巩固,也不需要歌颂。等这东西离去之后,我们才去歌颂它。

> 要想永远被人们所吟唱,
>
> 那就必须在现今生活中倒下……

这是茹科夫斯基笔下的诗句。茹科夫斯基笔下的诗句。出自他翻译的《希腊的神祇》。③ 当然,席勒的原诗稍有不同,但这无关紧要。

杜:米哈伊尔·米哈伊洛维奇,可反过来说也是……您坚定不移地

---

① 勃洛克的原句为:"为这苦难,为这衰亡……"(见 A. 勃洛克:《作品集》第 2 卷,莫斯科—列宁格勒,1960 年版,第 272—273 页。)——原编者注

② 勃洛克的原句为:"……理想无边无际!"(同上。)——原编者注

③ 记忆有误:巴赫金所引用的席勒的《希腊的神祇》是费特的译本(1878 年),而不是茹科夫斯基的译本。费特的译文是:"要想在吟唱中获得永生……"(A. 费特:《诗集》,列宁格勒,1986 年版,第 555 页)——原编者注

相信,我明白……

巴:是的。

杜:但反过来也……您是想说,倘若不去回顾坟墓……

巴:是的。

杜:……便没有艺术。是这样吧?

巴:是的,不妨这么说吧。只是不要作粗浅的理解。

杜:是的,但反过来也不要作粗浅的理解——说成是像牛犊那样撒欢儿。说不可能有快乐的诗歌,这我不敢苟同。您要知道……当然是有的——但我并不了解——应该是有的,比如就是那些缺乏才气的作品……那些诗里就有一些,举例说……瓦西里·卡缅斯基有一首长诗,起了个讽拟性的名字,叫做《浇不透的乐观主义》。这简直就是自我讽拟。比如说有这样两行:

　　我几乎走遍了整个地球——

　　生活真美好,活着多快意!

这是一个整天想着死亡的人写下的诗句。这就是诗,因为对读者来说……留下的主要是诗的结果……

巴:是对现实生活的肯定……

杜:对,这就是结果,您知道……马雅可夫斯基在另一处说得十分精辟:"乐观主义者与悲观主义者的永恒争论是:大厅是空了一半,还是坐满了一半。"

巴:是的,这话说得很精彩。

杜:所以艺术,包括悲剧艺术,只要是伟大的艺术,它总是说,它"坐满了一半",而生活还在继续等等……您刚才所说的那些……似乎不像是……您这位行家说的话……

巴:不像。

杜:……双重性和净化作用。在我看来,颓废派是缺乏净化作用的悲剧。

巴:是的。

杜:在勃洛克的诗中有的地方还是有净化作用的,有的地方则没有……

巴:那当然!但不管怎么说净化作用……

杜:……毕竟还是有的……而在索洛古勃的诗中(也许我对他不够

了解)我却完全看不到这种净化作用，因为一旦空虚无物，也就没有力量了。

巴：是的……但也不能这么说他。凡是空虚无物而没有力量的诗就不大可能是真正的诗歌了。至于说到的那种乐观主义，也就是您所引用的马雅可夫斯基的诗行："生活真美好，活着多快意"等，以及"置身于我们的喧腾中"……某种……"越热闹越好"，这里面有许多官腔和虚假的东西。太多啦！在马雅可夫斯基的诗中……还是悲观主义占据上风。是这样。不过，在他的晚期，他自然就成了……一个歌功颂德者了……当然这里就有虚假的东西了……有这么一行诗："我的民警会来保护我"，好像是吧？

杜：等一等，等一等，这里可是有狂欢性的东西呀！

巴：不，"我的民警会来保护我"——这里没有任何狂欢性可言。太好了……

杜："保护……""大街是我的，房屋是我的……"

巴："我的房屋"。可实际上他却无法在自己的房屋里得到一套像样的住宅，更不能为自己的朋友们提供住宅……（笑。）

杜：最后他没有得到！

巴：是的，没有拿到……

杜：这也就说明，他恰恰没有说假话。因为假如他说的是假话，他就会得到这一切的。在这个环境中……实际情形恰恰都是相反的。

巴：是的，但他在这里毕竟还是说了假话的。只不过人们没有发现他说的是假话，他总归不是自己人，对于当权者来说，他不是自己人，当权者(黠笑地)倒的确可以这么说自己："这是我的房屋。不错，它们是别人的，但实际上是我的……"

"我的民警会来保护我……"这算什么?! 阿赫玛托娃说得好："这么说吧，就拿丘特切夫来说吧。看起来，好像很难找到比他更坚定的君主派了，可他从来都不说'沙皇的警察会来保护我'。"

杜："保护……"

巴：是的……他从来都不说这种话。这话在他是难以启齿说出口的。① 可这里却不是这么回事。不是,这里不妨说,可能有讽刺的成分,但这种讽刺也常常是⋯⋯

　　杜: 诗里接下来还有讽刺呢⋯⋯诗里写的是⋯⋯

> 城郊是一片田野,田野里有几个小村。
> 村里的农民——胡须像笤帚。
> 那里坐着老大爷——个个都精明:
> 耕耕地,写写诗。

这可一点儿也不严肃!

　　巴: 这当然不严肃。要知道,总的说,马雅可夫斯基创作中有许多狂欢化的东西,非常多。而且这一点当时恰恰没有给揭示出来,没有引起注意。他诗中最有力的东西就是狂欢的特性,这种特性自然首先体现在他的早期,未来主义时期。

　　杜: 一直延续到最后,贯穿了整个创作!

　　巴: 是的,一直延续到最后。是这个样子。但同时他也害了自己⋯⋯他干吗要这样做呢? 他干吗忽然想要做官方诗人,官方的样板,以及诸如此类的角色?!

　　不幸的梅耶霍德也同样如此,好像他甚至还打算逮捕剧院里的那些与他的思想体系相对立的人。我觉着他还威胁过什么人,是谁我记不得了,他说:"我要逮捕您,因为您反对苏维埃政权!"可实际上那个人反对的并不是苏维埃政权,而是他的理论。就是这样。这真是一个十分狂欢化的人!

　　杜: 可在梅耶霍德身上更多的是⋯⋯您明白吗⋯⋯更多的是精致的颓废主义特征⋯⋯而马雅可夫斯基身上则是另外一些弱点。他也许文化涵养不够,可虚假他却从未有过⋯⋯

　　巴: 但毕竟还是⋯⋯站在这个立场上⋯⋯要知道,他不可能不明白那所发生的一切,不可能不明白。他不可能不明白,无条件地接受这一切无论如何是不应该的。

　　杜: 正因为这样才有了某种诗意,它使马雅可夫斯基与茨维塔耶娃很接近! 还记得她的诗句吧:"我对世上的这种无限的威力有什么办法

---

　　① 阿赫玛托娃的这些话是阿纳托利·奈曼在其回忆录中转达出来的(见 A. 奈曼:《安娜·阿赫玛托娃的故事》,莫斯科,1989 年版,第 96 页)。想必在 70 年代初有人把这些话口头转告给了巴赫金。——原编者注

呢?!"当然，他无法接受……您说得对……他作为诗人这样说："这是我的革命"，并且完全接受了它。

巴：是的，他完全接受了——这一点我明白。

杜：他完全接受了革命。可以说，这是普通……哲学上的过错，即目的为手段提供了理由。他与世界上许许多多的大人物共同分担了这一过错。

巴：是的。

杜：自然，他的结局也当然会……

巴：应当说，在他所了解的那场革命中（当他写下"我的革命"时）……的确有许多狂欢性的东西。他也听出来了。可是当……

杜：毕竟还是有庄严之处的吧！

巴：有的，某种程度上是有的……

杜：于是他就成了这种庄严和这种滑稽的浓缩体。而且他从这种滑稽中提取出了诗歌……他的确在做游戏……在做文字游戏，他说："我认为《只有在莫斯科农产品加工托拉斯》是最高水准的诗篇，尽管含有诗的公然嘲弄。"为什么呢？因为诗歌是对语言的加工，任何材料都可以成诗，任何材料！这就是他的立场，并且贯穿……

巴：……贯穿始终。是—的。

杜：……贯穿始终。他不可能走完大半路程就停了下来，所以关于他的一些议论让他感到十分委屈，当时有人说："这不，你们看见了吧……""他是因为加入了拉普才开枪自杀的。"还有人这样议论他："他走的是一条无产阶级诗歌的道路。可他是否已完全成为一个无产阶级诗人了呢？还只是三分之二？抑或四分之三？……"其实根本不是那么回事。他是一个有着鲜明个性的人；作为一个有着鲜明个性的人，他是多面而复杂的。作为一名诗人，他不可能……他可不是半调子诗人。

不可能有快乐的诗歌——这种说法我是绝不能同意的。至于音乐么，我就说不准了……

巴：不错，可快乐的……快乐的诗……确实……不过快乐的诗……还是很难的……反正快乐的诗不可能有……这里只有"冰凉的泪水"……

杜：　　玛祖卡舞曲轰鸣响，

　　大厅里顷刻如山摇，

> 鞋跟笃笃把木板敲，
> 门窗晃动哗啦啦叫。
> 现今我们也像淑女，
> 在漆板上翩翩滑动。
> 无论乡村还是城市，
> 玛祖卡舞还保留着
> 最初的风采和美妙：
> 蹦跳、脚后跟、八字胡，
> 坏时尚——我们的暴君，
> 新俄罗斯人的顽疾，
> 都未能把它们改变。①

我认为，这是快乐的诗！

巴：是的，可这只是快乐的诗而已……这只是些成分……

杜：这才是诗，这才是快乐的诗。

巴：是些成分而已！ 没—错。但不是快乐的诗……因为快乐的诗……

杜：难道这不是诗？ 当然是诗！ 难道这里没有快乐？ 当然快乐！

巴：也许这是十分快乐的诗，是的。可是诗歌就其本身而言（从总体上说），诗人的创作（也从总体上说），不可能不包含这种……

杜：啊!!! 这不！ 咱们终于谈通了。

巴：那又怎么样？ 归根结底……

杜：那咱们就谈通了。那我还是用马雅可夫斯基的诗来回答您：

> 纷乱的思绪，回你的家去吧。
> 让我的整个心灵拥抱深邃的大海！
> 谁要总是把问题想得清清楚楚——
> 我看他简直愚不可及。

正是这样。因此在这个意义上我们达成了某种共识。

巴：是—的。

杜：正好该换一下话题了……我们只谈了索洛古勃一个人。

（录音中断。）

---

① A. C. 普希金：《叶甫盖尼·奥涅金》第 5 章第 42 节。——原编者注

杜：……您现在谈谈勃洛克？

巴：好的。这个人……不是一般的人，完全是用另一种材料做的。我们都不是用勃洛克那种材料做的。勃洛克是一个特例。只要他一出场，他的外表，他的诗朗诵——所有这些都让人感到有一种特别的东西，可说是一种非人间的东西，尽管从专业角度来看，他的诗朗诵并不好，甚至连朗诵都谈不上。非人间的，这里是指……总之一句话，我们都是微不足道的小人，而这个人就完全不同啦——他是个大人物，是用别的材料做出来的，有着与我们完全不同的嗓音。我们说的那些话一经从他口中说出来，就完全是另一个样子，就有了另一种意义。这就是我对他的印象。不过，后来我未能继续与他交往。我已经不在那里了……当我迁回列宁格勒常住的时候……

杜：他已经不在人世了。

巴：……他已经不在人世了。我只是还记得有过这么一件事。那时我们在维捷布斯克听到消息，勃洛克的物质生活状况很糟糕。看来，在一定程度上，他的确是被饿死的。可怎么会就连这样一个人都养不活的呢?! 岂有此理! 真是岂有此理! 可克里姆林宫里的人一个个都酒足饭饱。不光是在克里姆林宫，到处都一样。我记得，就在我住的维捷布斯克，也没有谁饿着肚子。大家都吃得饱饱的，没人挨饿。

杜：这么说，当初在维捷布斯克日子过得……

巴：难道真的就不能帮一帮像勃洛克这样的人吗?! 可怕的冷漠，不体谅人，这冷漠既来自于同事们，也来自于当局，首先是当局的问题。

这不，我们听到了一些传闻……于是我们就举办了一个救援勃洛克的晚会。就是这样。在这个晚会上讲话的有一个从彼得堡，从彼得格勒赶来的……记者……一位相当有影响的名记者……后来他遭到了流放，就在此后不久……我这就告诉您，他叫……

杜：是革命前的记者吗？

巴：是—的，革命前就当记者了，是革命前的记者。他是一位上了年纪的人……就是他讲了话。接下来发言的是梅德维杰夫，帕维尔·尼古拉耶维奇……

杜：这位记者，他是谁？ 他在苏维埃报刊上写过文章没有？

巴：写过，写过。

杜：写过？

巴：是一的，写过。他还同作家协会有联系呢。

杜：是奥利舍夫斯基吗？

巴：不一是。

杜：有一个叫奥利舍夫斯基的，还有一个人叫图根德霍尔德，另外还有……都是老一辈的……

巴：是一的，不对。他总还算是比较年轻一代的人，但革命前就开始出名了……

他（指勃洛克。——编者）死于心脏病。他的心脏病之所以恶化，是坏血病引起的。众所周知，坏血病是营养不良导致的结果。

杜：您说他死于坏血病，有这方面的记录吗？

巴：死于坏血病？他得了坏血病？这方面的记录，我觉得到处都可以看到。

杜：可我却没有见到过。

巴：是吗？我记得甚至在他的日记里也提到过坏血病——坏血病现象等等。

杜：坏血病有明确的临床征兆。

巴：是的。看起来他的确有这些病症。是的。我们听到这一消息后，就举办了一个晚会。

杜：你们是在维捷布斯克得到的消息，是吧？

巴：是的，在维捷布斯克。大厅里挤满了人，募集了不少钱，本来应当把这些钱寄给勃洛克的。好像还决定在维捷布斯克购买各种食品，在维捷布斯克什么吃的都能搞到。此外，这毕竟是一座犹太人的城市。而犹太人凭借自己的一些老关系，凭自己的精明和顽强，在最困难的时候总能想办法搞到想要的一切。这不，就决定给他寄去。就在这当口得到了他的死讯。迟了一步！就没有寄出去。

杜：那这些食品是怎么处理的呢？

巴：我已经不记得是怎么处理的了。也许寄给他的家人了，可能寄给柳鲍芙·德米特里耶芙娜了。这已经不是我关心的事了。

在那天晚会上我作了诗朗诵……不，也许是作了报告……好像报告不长，是讲《夜莺园》的，我说了说《夜莺园》。之后朗读了他的诗作……是这一首……①我这就念给您听……

> 当你被人们、被忧虑和愁苦
>
> 折磨得疲惫不堪的时候；
>
> 当诱惑你的一切
>
> 在墓碑下沉睡的时候……

等等。多好的诗呀！

杜："那时你就可以为自己的幸福而骄傲……"②这句是在这儿吧？

巴：不。不——是，不在这儿。应该是这样的：

> 当你被人们、被忧虑和愁苦
>
> 折磨得疲惫不堪的时候；
>
> 当诱惑你的一切
>
> 在墓碑下沉睡的时候；
>
> 当你穿过城市的荒漠，
>
> 带着一副绝望的样子，
>
> 病恹恹地往家里走去，
>
> 白霜打湿了睫毛的时候，
>
> 此刻——你且停下脚步，
>
> 听一听夜晚的寂静：
>
> 你会领略到……另一种生活，
>
> 是你未曾了解过的；
>
> 你会用新的眼光打量
>
> 远处的雪街，篝火的轻烟，
>
> 笼罩着银色荒园、
>
> 静待黎明的夜晚，
>
> 还有那天穹——如书中之书；

---

① 关于巴赫金在救援勃洛克的晚会上所做的这一报告，存有两份回忆资料：一份是指挥家 Г. Я. 尤金的回忆，他将巴赫金的这场报告视为巴赫金在维捷布斯克所做的众多演讲中"最为难忘的"的一次（这场报告还是在诗人在世时举行的，报告人在结束时朗诵了《夜莺园》一诗。请见 Г. Я. 尤金：《超越往日岁月：一个指挥家的片断回忆》，莫斯科，1977 年版，第 70 页）；另一份是 Р. М. 米尔金娜的回忆（请见《新文学评论》1993 年第 2 期，第 66 页）。——原编者注

② "请相信吧：那时你还可以尽情地／为自己的幸福而骄傲！"——出自勃洛克诗作《当踏入大千世界……》（1909 年）（见 A. 勃洛克：《作品集》第 3 卷，莫斯科；列宁格勒，1960 年版，第 73 页）。——原编者注

> 你那空落落的内心
>
> 将重现母亲俯身的影像，
>
> 在这难以忘怀的时刻——
>
> 路灯玻璃上的冰花，
>
> 凛冽刺骨的严寒，
>
> 你那冷冷的爱意——
>
> 一切都消融于感激之情，
>
> 此刻你会祝福一切，
>
> 你已领悟，生活的博大无垠，
>
> 是布兰德的随意①所不及的，
>
> 而世界依然美丽如故。②

好诗！好极了……

杜：是首好诗。您朗读得也很好。

巴：哪里，说到朗诵……过去我诗朗诵得还行，现在不成了。嗓子不行了，胸口也……

杜：不管怎么说，您的语调……很好。

巴：我记得，这首诗我那时也朗诵过。

杜：这一点在您说维捷布斯克时忘提了。

巴：是的。现在还是谈勃洛克吧。我的一个朋友，也是个挚友，帕维尔·尼古拉耶维奇·梅德维杰夫，他几乎就在此后即刻也回到了列宁格勒。他回得比我早一些。他和蓬皮扬斯基在一种程度上，是为我们的返城做了准备。就是这样。他同勃洛克的遗孀关系密切。您知道吧，有流言说他是她的情人。更有甚者，我不久前还听说，好像他……

杜：谁，是梅德维杰夫？

巴：是的，梅德维杰夫。说他成了她正式的丈夫。全是瞎说。我对梅德维杰夫非常了解，非常之了解。当然，至于他和她有没有不当行为，这个我不清楚，不敢打保票，但至少他没有成为她的丈夫。她让他

---

① 随意：该词为拉丁文(quantum satis)。——译注

② 勃洛克长诗《报复》的最后部分。勃洛克的原诗分别为："沉重的白霜挂满了睫毛……""你会听懂……另一种生活，/是白昼里闻所未闻……""在这绝妙的时刻……"*Quantum satis* (拉丁文)意为"随便量"，是布兰德(易卜生的同名剧本主人公)的格言(见 A. 勃洛克《作品集》第 3 卷，第 244 页)。——原编者注

看了勃洛克的文稿资料。他是第一个研究勃洛克文稿资料的人。勃洛克的笔记,勃洛克的日记都是他给出版的,这些东西是他首次出版的。当然并不完善,不完善。①

杜:是的,非常粗糙。

巴:没错,非常粗糙,不过总算是出版了。他还写了一本关于勃洛克的书,叫什么《勃洛克的创作道路》。这本书没有什么价值。

杜:没什么价值。

巴:没错,没什么正经内容,全是瞎扯。不过有一点很有趣。是关于勃洛克坟头上十字架的争论。您听说过吗?

杜:这我倒没听说过。

巴:是吧……现在勃洛克坟头上什么十字架也没有。不过这个坟已经迁过了,这是大家都知道的事情。在原来的坟头上,在迁坟之前,也就是还没有掘尸检验的时候,那里是否有十字架呢?

杜:不知道。那么是什么时候迁的坟? 为什么要迁?

巴:勃洛克的墓挪到了作家(文学家)的坟地上。

杜:也就是沃尔科夫公墓。

巴:是—的。迁到那里去了。

杜:他是被安葬的吗?……

巴:安葬在斯摩棱斯克公墓,斯摩棱斯克公墓。

杜:这是在彼得格勒,但这是另一个公墓吗?

巴:是的,是另一个公墓。主要是没有跟文学界的人葬在一起,而是在别的墓地里随便选了地方。因此就这一点发生了争论,当然是在国外,不是我们国内。就是说勃洛克的坟头上有没有十字架?② 因为我们国内多数人认为,勃洛克几乎是位无神论者。是这样。不过也有人确信,勃洛克从来就不是什么无神论者;他是反抗上帝的人,世上没

---

① 指《A. 勃洛克日记》(两卷本,列宁格勒,1928 年版)和《A. 勃洛克札记》(列宁格勒,1930 年版)。两书均由 П. Н. 梅德维杰夫编纂。——原编者注

② 巴赫金说的是 B. B. 魏德列的长文《〈十二个〉之后:祭亚历山大·勃洛克墓上的十字架》。该文刊登于《俄罗斯大学生基督教运动通报》(巴黎—纽约,1971 年第 99—102 期),他在这一时期读到了该文。该随笔的开篇是一段侨居海外的作者与一位来自苏联的交谈者的虚构对话:"你忙活什么? 什么十字架也没有。怎么,你忘了? 我们这儿可是苏联,而不是俄罗斯。""我知道:没有十字架;但我也知道,曾经有过的。我亲眼见过。我亲自去斯摩棱斯克公墓为勃洛克送的葬。"(同上,第 99 期,第 85 页。)——原编者注

有哪位大诗人不是反抗上帝的,他们都是纯正的,而且是自然科学上的
无神论者。这当然是一派胡言!您瞧……这些人要证明,勃洛克临死
之际,当然还不是无神论者,他的坟头上有个十字架,竖这个十字架,是
根据他临终遗嘱而办的。哪种意见更正确,我不清楚。所以我就想检
验一下。帕维尔·尼古拉耶维奇·梅德维杰夫去过勃洛克的旧坟。他
一到列宁格勒就先去坟上拍了照。他的这本《勃洛克的创作道路》……
就有勃洛克墓的照片。不过我记不清,那上面是否有十字架。好像是
有的,但我也没有把握。①

杜:既然有照片,那还争论什么呀?

巴:这本破书大家都忘了呀,全是瞎写的。

(录音中断。)

杜:米哈伊尔·米哈伊洛维奇,关于勃洛克我们上次也已谈过一些
了。今天我们提了个新的话题:索洛古勃,以及与他相关的一些事情。
在我们这段时期,还有哪些重大的印象深刻的文学事件您现在还能说
一说?

巴:在谈这一时期我在文学界的一些交往和会面之前,我想简单说
几句这些会面的地点。可以说……这么几点。第一,是一些沙龙,或小
组聚会。当然,严格意义上的沙龙在那个年代里已经不存在了,也不可
能存在了,但与它的作用相差无几的,则是一些小组——观点相同、趣
味相投、私交相厚的一些人形成的圈子。那么,我当时参加过哪些沙龙
和小组聚会,又是在什么地方认识了这些文学界的代表人物呢?

首先,是鲁戈维奇夫妇小组。是的。女主人安娜·谢尔盖耶芙
娜·鲁戈维奇②本人并不是文学家,她是医生,但与文学界和艺术界,
尤其是音乐界过从甚密,因为她是已故的安东·鲁宾斯坦的孙女,也是

---

① 竖有十字架的勃洛克墓穴照片请见《纪念勃洛克》(П. Н. 梅德维杰夫编,彼得格勒,1923 年
第 2 版,第 122 页)。——原编者注

② 安娜·谢尔盖耶芙娜·鲁戈维奇(1887—1958):巴赫金一家最亲密的朋友之一,安东·鲁
宾斯坦的孙女,传染病医生,1933 年担任列宁格勒博特金医院的科室负责人。关于 А. С. 鲁戈维奇及
其丈夫弗拉基米尔·季诺维耶维奇·鲁戈维奇的情况(他们俩是 1920 年在涅韦尔相识的,巴赫金也
是在那里同他们亲近起来的),在安娜·费奥多罗芙娜·莫然斯卡娅的文章《安东·鲁宾斯坦后代们
的命运》中有所介绍,该文载于《音乐生活》(1994 年第 11—12 期,第 51—54 页);文章的作者系彼得
堡牧师——神父费奥多尔·安德烈耶夫(1887—1929)——的女儿。她的父亲是神父帕维尔·弗洛
连斯基的学生和同道人,M. M. 巴赫金 20 年代在彼得堡以及列宁格勒期间经常与之交谈。——原编
者注

这位已故的安东·鲁宾斯坦的遗产继承人之一。只要上演《恶魔》，她总能拿到一笔钱。总之，在俄国她是鲁宾斯坦遗产的唯一继承人。

她丈夫鲁戈维奇的职业是工程师，也是一位受过良好教育、有修养的人。他的父亲好像是副部长……财政部的副部长，是革命前的。叫鲁戈维奇。那是个波兰人，后来去了波兰，在波兰共和国里担任了同样的职务。

就在他们家常有小组聚会，这些人都与文学、音乐和其他艺术有关。在这里我首先认识了像克柳耶夫这样的诗人。

是的。克柳耶夫。起初他给我留下了强烈的、非常好的印象。不过我第一次听他朗诵诗歌，还是 1916 年……不对，是 1917 年，二月革命之后，十月革命之前，在宗教哲学研究会里。他是在安德烈·别雷报告之后表演的。他当时朗诵了自己的诗作《俄语字母》——解释各个字母的含义，给每一个字母想出具有诗意的隐喻。当时我并不喜欢他，不喜欢他。当时他太爱仿效别人的风格：油头粉面的，所以给我留下的印象不好……后来再见到他时已是在另一种环境中了，是好几年之后，这次我却很喜欢他了。首先，他非常出色地朗诵了自己的诗作，而且诗写得好极了。

杜：《铜鲸》已经出版了吗？还是在这之前？《铜鲸》是他写的一本书。[1]

巴：啊……大概是之后吧；《铜……》——对不起，叫什么来着？

杜：《铜鲸》，是他的一本书。

巴：是的。我现在都不记得这本书了。那么，我还喜欢他什么呢？他的长诗，就在那个时代……出了一部长诗——《凡人琐事的天使》：

> 凡人琐事的天使
>
> 　云雀般飞进了我的茅屋……[2]

接下来很朴实地描写了俄国农舍、遍地都是农舍的罗斯，还介绍了对永恒的俄国乡村生活的一般印象。顺便提一下，在这方面像别洛夫这样的当代作家……

杜：噢，就是写旧要塞的那个作家吗？

---

① 尼古拉·克柳耶夫的诗集《铜鲸》(彼得格勒，1919 年版)。——原编者注

② 长诗《母亲安息日》(1922 年)的头几行(见 H. 克柳耶夫：《诗集》，列宁格勒，1977 年版，第 457 页)。——原编者注

巴：不，是沃洛格达的作家。别洛夫。① 农民作家。我记不得他的那些作品都叫什么来着了……

杜：噢，我把他同别利亚耶夫弄混了。而别洛夫……

巴：不是别利亚耶夫，是别洛夫。他……还有不少写二月革命的诗。十月革命他没有写过。

> 心儿——婚礼车轭下
>
> 摇晃的铃铛——
>
> 贪婪地听着叽叽喳喳的……鸟叫，
>
> 吞噬着……金灿灿的空气……——

等等。②

已经到十月革命之后了，就是在十月革命之后，他写过这样的作品："东方开来了商队……"，"东方开来了商队……"我忘了……"驮着绿松石……""踏着我们的伤口……"③——这支商队……我忘了……

自己的诗作他朗诵得很精彩。应该说，当我后来读到这些刊登出来的诗作时，它们留给我的印象不如我当初听他朗读的那么深刻了。

杜：您瞧，关于马雅可夫斯基人们也是这么讲的：当他朗读……不过他的情况刚好是倒过来的：如果用眼睛去看他的诗，会觉得不习惯，什么也看不懂，前言不搭后语。但如果用耳朵去听，那印象可就不同了。但倘若在听他朗读之后再回过头来看，那我没听到有谁说过先前听诗所获得的印象已暗淡不清，我自己……恰恰……是对马雅可夫斯基既不了解，也不喜欢的时候，听到过他朗读……《塔玛拉和恶魔》，后来当我在杂志上读到这首诗时，便豁然开朗了。而像这样经过诗人自己朗诵过的诗……

巴：……很好，可事后觉得不好？

杜：是的。

巴：也不是不好，但有些逊色……

杜：……那种诗当时写得很多。

---

① 瓦西里·伊凡诺维奇·别洛夫（1932 年生）。此次谈话之前别洛夫已出版的书有《习以为常的事情》、《木匠的故事》、《沃洛格达的谎言》。——原编者注

② 此处出自《铜鲸》一书中的诗作《理智之共和国，心灵之母亲罗斯》（第 59 页）。——原编者注

③ "商队开来了，驮着番红花，/还有丝绸和绿松石，/踏着我们的伤口，/踏着血迹斑斑的浅滩……"——此诗作于 1921 年（见《诗集》，第 409 页）。——原编者注

巴:是的,写得很多。所以我觉得,克柳耶夫就是这样。但他还是一名真正的诗人。是名真正的诗人。尽管他的诗中有不少虚假的、程式化的东西……

杜:正是这样——有不少程式化的东西。

巴:……有不少装腔作势的成分。比如,在我结识他的最后阶段,他装作是一个好像与城市知识分子文化格格不入的人。例如,有一次他走近书橱,问我:"你这些书都是用什么语言写的?"就这样。那都是德文书。而他德文阅读能力是很强的。不过,他发音不好,那是另一回事,而阅读是没有问题的,能够读懂,却偏偏要装作根本就认不出这本书是用哪种文字出版的。他当然是在撒谎。①

杜:当然,他这是在撒谎。

巴:是在撒谎,在撒谎。

杜:连勃洛克也当真以为他是农民呢。

巴:是的。事实上,他当然不是……

杜:那当然!

巴:……他不是这样,不是这样。他完完全全是个知识型的,并且……是个学识广博的人。

杜:……他是一个读死书的庄稼汉,尽管已成了知识分子,但还极力要维护老样式。

巴:是的,还想维护老样式。

杜:我见过他一回。

巴:但他真诚地相信,这才是真正的形式,而现在这个样子不是真正的东西,是杜撰出来的,是外加的,只能是昙花一现。他真心相信这一点。是这样。但我不认为他真的相信可以回到他所说的真正的罗斯,遍地都是农舍的罗斯。他认为会出现另一种样式,它更接近那个古旧的罗斯,而不像现代生活向他呈现的这种知识型大杂烩。

此外,他有非常强烈的好恶。他敌视勃留索夫……

杜:敌视勃留索夫?

巴:敌视勃留索夫。"勃留索夫用被强暴的笔吓唬人"——这就是

---

① 关于克柳耶夫阅读海涅原文版作品一事,请见格奥尔吉·伊凡诺夫的回忆录(Г. 伊凡诺夫:《诗集·第三罗马·彼得堡的冬天·中国皮影戏》,莫斯科,1989 年版,第 333 页);Г. 伊凡诺夫:《选集(三卷本)》第 3 卷,莫斯科,和睦出版社,1994 年版,第 68—69 页。——原编者注

他对勃留索夫的看法。

杜：勃洛克他喜欢。

巴：是的，勃洛克他是喜欢的。大家都知道，他们有书信往来，信很多，具体数字不清楚，但很多。有一段时间，勃洛克热衷于这种民众性，他作了思考，后来写出了《知识分子与民众》一文，是这样。克柳耶夫在他看来就是民众的代表。但完全不是这样。后来勃洛克自己很快也就明白过来了。

杜：对。克柳耶夫也敌视马雅可夫斯基。

巴：当然，克柳耶夫也敌视马雅可夫斯基，没错。他有许多……

杜：这么说，您见到过他同克雷奇科夫在一起，是吧？

巴：我想，克雷奇科夫他是认识的，但对此人是什么态度，我就不清楚了。

杜：这是一个……您记得叶赛宁的诗句吧："温顺的米古拉取了个绰号——克柳耶夫……"①

巴：是的。但我同他没有说起过克雷奇科夫。

杜：您没有见到过克雷奇科夫吗？

巴：没有，我不记得克雷奇科夫了。

杜：难道他们不是一伙的吗？

巴：我想是的。不管怎么说，他们很接近。但我不记得他了。

杜：他们您都不记得了吗？

巴：他们我都不记得了。至少在那里……

杜：在这个鲁戈维奇小组里……也有克柳耶夫，但没有……克雷奇科夫。

巴：是的。他有类似的好恶。

杜：这么说，这个小组总的来讲还是庄重正派的，没有名士的放浪不羁？

巴：是庄重正派的，没有名士的放浪不羁，一点儿也没有。就拿克柳耶夫来说，他是一个讲民间故事的好手，他讲的都是没有记录过也没有出版过的……他是在自己的故乡奥洛涅茨省听到类似的东西，后来

---

① "温顺的米古拉取了个绰号——/克柳耶夫……"出自叶赛宁的诗作《噢，罗斯，扇起你的翅膀……》(1917 年)[见 C. 叶赛宁：《作品集(六卷本)》第 1 卷，莫斯科，1977 年版，第 138 页]。——原编者注

自己就重新加工了一番。应该说，他故事讲得非常精彩。是的，非常精彩！这个已经是某种真正的艺术了，是更真的艺术，比起他的……

杜：比起他的诗来。

巴：……是的，比起他的诗来。不过都是口述的故事，是他口头讲述的，坐下来便开始讲述。讲得非常精彩。

杜：那么，他真的是出生在一个殷实的农民家庭吗？……

巴：没错。是—的。

杜：您知道他是在哪里上学的吗？

巴：不知道。他就这样一直装扮为一名普通的农民，我的印象中他从来就不提这些话题。有一次我问了他，他说："我没有上过学。我是跟民众学来的，是从书本上看来的。"他就是这么对我说的。

杜：那儿还有谁？

巴：我现在就把他……说完，马上就完。就是说，他故事讲得很精彩……

杜：这是事实。

巴：是的，可后来有一次，他在鲁戈维奇夫妇的沙龙里讲了一个故事，极其下流的故事。他讲得绘声绘色，但故事却极其下流。

杜：说来听听！

巴：从那以后就不再邀请他了。这其实不大公平，是这样。

杜：那个故事真好吗？

巴：很好。

杜：像一个真正的故事。

巴：是的。

杜：那就说来听听吧。

巴：我这会儿不记得他是怎么讲的了……他讲得很特别，如果别人用自己的方式来转述，而不用他的语言，那就不会有什么效果了。而且，有必要时他还吹口哨，发出各种各样的声音，尤其是讲到林妖、美人鱼之类的时候……

杜：这太有趣啦！

巴：是的，这一切都很精彩。很精彩。是的。可不再有人邀请他了。

现在我来说一说第二个沙龙。在那里我又遇见了他。这里当然没有撵他,绝对没有。① 其实前面也没有赶他走,只是不再邀请他而已。既然那里同他一道参加聚会的女士中有人消受不了他讲的那些东西……(讪笑。)

杜:是不是非常像基尔沙·丹尼洛夫②笔下的那些下流话?

巴:是—的……现在还是说一说第二个这样的沙龙小组聚会吧。是在帕维尔·尼古拉耶维奇·梅德维杰夫家里,我不止一次对你提到过他了。在他那里聚会的是一群作家,其实都是些小作家。克柳耶夫也去那里。也是朗诵自己的诗作——新创作的诗歌。我还记得他那精彩的朗诵……有一首……是写叶赛宁之死的:

> 鬼怪,用澡堂的肥皂水熬出的蜜粥
>
> 来祭奠叶赛宁的亡灵吧……

您或许还记得这首诗吧? 我好像漏掉了一个词……③

杜:蜜粥?……

巴:"……用澡堂的肥皂水。"

杜:"……用澡堂的肥皂水……"肥皂水……啊哈。这么说,这蜜粥是用澡堂的肥皂水做的。得用它来祭奠……鬼怪来祭奠叶赛宁的亡灵?

巴:是的,叶赛宁的亡灵。

杜:总的说这诗写得很有力!

巴:很有力,很有力。接下来还有非常有力的作品呢。他有一些非常抒情的诗篇。

杜:他长什么样? 外表如何?

巴:他穿的是一件好像是腰上打褶的外衣。我从未见他穿过带领的西装。他大概从不穿成那样。他学庄稼汉的样子,但同时穿的也不是农民的衣服。

---

① 伊凡·伊凡诺维奇·卡纳耶夫(1893—1983):生物学家,科学史家,巴赫金 20 年代时的朋友。他对本注释作者讲述了克柳耶夫在宫殿沿岸街上的 M. B. 尤金娜住所举办晚会的情形,在那次晚会上诗人朗诵了自己的作品《农舍之歌》(见《新文学评论》1993 年第 2 期,第 64—69 页)。——原编者注

② 基尔沙·丹尼洛夫(18 世纪):相传为俄国民间文学作品(如壮士歌、历史歌谣、抒情歌谣等)的编纂者。——译注

③ 出自长诗《哭谢尔盖·叶赛宁》(1926 年)(见《诗集》,第 468 页)。克柳耶夫的原句为:"用木炭和澡堂的肥皂水熬出的蜜粥。"——原编者注

杜：头发是剪成一圈的吗？

巴：头发剪成一圈，是的，剪成一圈，但不是用克瓦斯抹头啦，而是梳得很端庄。

杜：可是……他没有谢顶吗？

巴：恐怕，最后一段时日他是有点儿谢顶的。

杜：这么说，您直到他最后的时日都常见他？直到 1929 年？

巴：是的。直到他最后的时日。

杜：他是在您之前……还是在您之后？……

巴：您是说被流放？

杜：是的。

巴：我记得，比我稍晚一些。

杜：他是被害死的吗？……

巴：是的，他死在那边。

杜：他没有回来吗？

巴：是—的，他没能回来。

杜：您知道他被平反了吗？

巴：这我说不上来。也许被平反了。他被流放还不是作为政治犯，您知道吗，当时开始迫害同性恋者了。[①]

杜：他与此有牵连吗？

巴：是的，有的。大有牵连。

杜：这已经是 30 年代了。

巴：是的，他并不避讳这一点，就像……一位优秀的诗人……

杜：诗人？祖巴金？

------

① 导致克柳耶夫被捕的原因是其同性恋行为——提出这一说法的是 И. M. 格龙斯基。他不仅是事件知情人，而且还认识诗人，曾担任苏联作家协会组织委员会主席（截至 1933 年中期）。他于 1959 年 9 月 30 日在国立中央文学艺术档案馆所作的题为"关于农民作家"的讲话中提到了这一点。请见《往日岁月：历史丛刊》第 8 卷，巴黎，文艺协会出版社，1989 年版，第 150—151 页。讲话稿的刊登说明中有这样一段文字："H. 克柳耶夫是 1934 年 2 月 2 日依据第 10 条第 58 款（富农煽动罪）遭到逮捕的，在度过了四个月的牢狱生活后，他被流放到纳雷姆地区（见 Г. С. 克雷奇科夫、С. И. 苏博京：《尼古拉·克柳耶夫的晚年生活：书信和文件资料》，载《新世界》1988 年第 8 期，第 165、168 页）。看来，强加给克柳耶夫的是政治条款，而不是生活腐化（有关同性恋的犯罪条款是 1934 年才被列入刑法的）。"（同上，第 161—162 页）所公布的内务人民委员部相关文件显示，诗人的流放、逮捕以及最后的处决是基于他犯下的"种种反革命罪行"（《尼古拉·克柳耶夫：世界之形象及命运》，托姆斯克，2000 年版，第 211—223 页）。——原编者注

巴：不是。

杜：那还能有谁有这份荣耀呢？……

巴：不是的，祖巴金是个小小的诗人，这位可是个大诗人。

杜：噢，是库兹明！

巴：当然是库兹明。就是。库兹明。克柳耶夫也不回避这一点，不隐瞒。当然也不总是挂在嘴边，但并不隐瞒这一点。我记得，当时正好有一位这一问题的专家来俄国，我忘记他姓什么了，是个德国人，很严肃的德国人，他自己也有个毛病。他写了一本厚书，我翻阅过，也就对此略知一二……

杜：您说的是……

巴：……说的是这类倒错行为。他的观点是这样的：这种事绝不能等同于某种犯罪，这完全是一种合法行为，从本质上讲，性生活方面没有什么做法是应当被禁止和被追究的。即使强奸之类的行为，也不能……

杜：怎么，连强奸也不应受到追究？

巴：是的，不对，类似的事情——那追究是正确的。但这个则不然，不应受到追究。对此他加以科学的论证，引用了大量的材料，从古希腊—罗马一直到今天。资料显示，同性恋中间原来有许多文化界、诗坛和音乐界的名人。

杜：在音乐界可以从柴可夫斯基算起。

巴：柴可夫斯基自然是其中的一个。他做了一番综述，篇幅很长，用德文写的……

杜：带有德国人的严谨。

巴：很严谨，还有一些优点。他来了。当然，有人把他介绍给了……

杜：……克柳耶夫。

巴：是的，介绍给了克柳耶夫，他们会面了。我当然没有参加这些会面，不过有人告诉了我，他们是如何交谈的。克柳耶夫说，"要知道，我们的上帝，基督也是同性恋者。"

杜：是吗？！

巴：是的。"……他与使徒约翰，自己心爱的弟子，一个有女性的人，就有关系。"是这样。他还说……

杜:难道克柳耶夫……难道会说自己是……

巴:……是基督教徒……

杜:……是基督教徒,东正教徒……

巴:是的。

杜:……不仅说自己是农民……还……

巴:是的,他自称是农民……尽管如此,他还是说了这番话。

杜:我不知道……

巴:您大概读过这位……库兹明的《双翼》吧?①

杜:是的,但记不清了。

巴:总的来说,在艺术上……

杜:我没有这本书。

巴:……在艺术上是很有意思的,是一部杰出的作品。书里他也非常坦诚,从这一点来看绝对坦诚,毫不掩饰……

杜:我不大记得有这本书了。

巴:结果当时有许多人(库兹明已经去世了②)因此而被流放,去了很远的地方。其中克柳耶夫也是因为此事才走的,当然,这是起诉他的正式罪名,是根据这一条判他流放的,其实人们都知道他的总体倾向,他对苏维埃政权的态度,也许,这才是放逐他的主要原因。

杜:好了,已经讲了这两个小组了。那么这两个小组中还有谁是大人物呢?

巴:大人物? 特别大的人物恐怕没有。这得想一想。帕维尔·尼古拉耶维奇家里来过一些作家,但他们后来都被遗忘了。比如,有个科扎科夫,米哈伊尔·科扎科夫。

杜:我记得。是个大小说家,很有名。

巴:是的,有名的小说家。他后来也被流放了。③ 平反之后他回来了,但没活多久,在我印象中,他后来没再写什么。顺便说一下,他也是梅德维杰夫的密友,关系很好。不过最后出了件什么事,导致他俩分了

---

① 长篇小说《双翼》首次刊登在《天平》杂志上(1906 年,第 11 期)。——原编者注
② M. 库兹明于 1936 年 3 月 3 日去世。——原编者注
③ 巴赫金听到的这一传闻并不属实:M. Э. 科扎科夫并未受到迫害。在 1937 年和 40 年代末被抓的是他的妻子;而米哈伊尔·埃马努伊洛维奇本人则开始长期遭受冷遇(见 M. M. 科扎科夫:《片断》,莫斯科,艺术出版社,1989 年版,第 107—113 页)。——原编者注

手。是的……

还有一位作家,当时也相当有名……忘了……如果您想知道的话……以后我能想起来的。

在这儿聚会的还有诗人。在梅德维杰夫圈子里,主要的诗人是弗谢沃洛德·罗日杰斯特文斯基,当时他还完全是个年轻人。他刚在舰队上服完兵役,是潜水兵,当然,军衔很低,只是名潜水兵。是这样。他那时成就斐然。那时就已经有人说,正经有这么一个列宁格勒诗派。

杜:没错!

巴:一般认为这个流派的首领是……

杜:弗谢沃洛德·罗日杰斯特文斯基,没错,是的。

巴:属于这个诗派的,首先是吉洪诺夫,他的全名是尼古拉……有一段时间瓦吉诺夫也在其中(这个人我后面还会讲到),还有别的一些人。

杜:还有吉托维奇。

巴:对,有吉托维奇,是—的。

杜:还有普罗科菲耶夫,萨亚诺夫……

巴:普罗科菲耶夫,萨亚诺夫——不错,都是这个流派的。是这样。

杜:您不认识他们吗——普罗科菲耶夫、萨亚诺夫、吉托维奇?

巴:不,我不认识他们。不认识。

杜:那弗谢沃洛德·罗日杰斯特文斯基您认识的吧?

巴:我很了解他。

杜:他现在还活着呢。

巴:我知道他现在还活着。当时他经常在帕维尔·尼古拉耶维奇·梅德维杰夫家里朗诵诗歌,后来他好像还在谢普金娜—库别尔尼克的沙龙里表演过,如果我没有记错的话。在那里他也朗读了自己的诗作。他朗读的那些诗在那时都是很好的作品。都是些纯正的抒情诗,纯正的抒情诗!可以说,几乎没有任何政治诗。同样,他也朗读得很出色,朗诵得好极了!可等我后来读到印刷出来的那些诗,印象就差多了。

杜:他的诗作,您一点儿也不记得了吗?

巴:他早期的吗?不,您要知道……他毕竟不是那种分量的诗人。我只是记得有这么几首,比如有一首是《勃洛克之死》。一首很好的诗。

杜：他的行为举止如何？就他本人您有什么趣事可以回忆的吗？在梅德维杰夫小组里您经常遇见他吗？

巴：在梅德维杰夫那里，是的。他在那里参与了当时的文坛斗争。今天我当然已想不起来他的诗句了。他好像有一本诗集，叫《大熊星座》。① 其中好像有几首是写俄罗斯的，诗里有这么一行："有过那么一个辽阔而……"（西方会有人这么说）：

> 有过那么个傻大国，
> 但她那昔日的歌喉，
> 你们永远也无法企及！②

很有力的好诗。

杜："有过那么个傻大国，但她的歌喉……"

巴："……但她那昔日的歌喉……"

杜："你们永远也无法企及。"这是针对西方说的吧？

巴：那当然。没—错。还有这么一首……我现在就能记起来……

> 在星光送暖的田野上，
> 我们痛苦艰难地吟唱。
> 因之天使被派来照看诗人，
> 在他们尘世的旅途中。
> 天使像引着盲人或孩童，
> 我们这些不知疲倦的漂泊者，
> 便在自己手上听出可爱的伴侣们
> 那全神贯注的手指弹出的悠扬。

写得很好。

杜：是的。

巴：
> 我的天使，如此之纯真，
> 从来不懂该做些什么，
> 我却知道，你会成为我的爱妻，

---

① Ｂ. 罗日杰斯特文斯基：《大熊星座：抒情诗集（1922—1926）》，列宁格勒，1926 年版。——原编者注

② 出自诗作《俄罗斯没了！在崎岖难行的道路上……》（同上，第 34 页）。巴赫金凭记忆所援引的诗句有误，罗日杰斯特文斯基的原诗是："当你们在整理老地图时，/请告诉孩子们：这就是她。/告诉他们：曾经有过这样一个 /辽阔而荒蛮的国家。/大限已到。一场奇妙的大灾难 /不期而降，/她永远再也不会一展那 /我们曾经听到过的美妙歌喉！"——原编者注

人间花园中心灵手巧的姑娘。

为了体验人间的独特生活

你将告别……琴键的乐音，

在我那杂乱的房间里

擦拭灰尘，整理物品。

而当……——（这里就记不得了）——

你会成为人类的竖琴……①

您瞧，我背错了。

杜：这可以理解。

巴：顺便说一下，我是少许学他的样子来读的，稍微有一点儿，也尽可能用他的语调，当然，现在我已做不到……

杜：这里有那么一点点帕斯捷尔纳克和叶赛宁的诗风。

巴：是的，这两个人的风格都有那么一点儿。好像还有勃洛克的影子，也有勃洛克的……

杜：当然，勃洛克还活着的时候他开始创作的。

巴：勃洛克还活着的时候他开始……

杜：对此他是有回忆的……

巴：当然，他是在勃洛克活着的时候开始写诗的，是的。

杜：应该找到他。您知道他还活着吗？

巴：还活着，还活着。他是普希金专家，专门研究普希金，是的。

杜：他住在……

巴：对，住在列宁格勒，过去也是。

杜：他活了下来？

巴：是的。

杜：您瞧，您有多么宝贵的财富呀。

巴：没—错……还有一些……一些诗句……是写勃洛克的，我记得……

---

① B. 罗日杰斯特文斯基：《诗集（诗人丛书）》，列宁格勒，1985 年版，第 55 页。罗日杰斯特文斯基的原文分别是："那星光送暖的花园"，"纯真而缺乏理智的天使"，"我相信，你会成为我的爱妻"，"你将离开星星和天堂的琴键"。——原编者注

> ……第一次……这样的俄罗斯……
>
> 小车站、电报员、黑夜，
>
> 矿井和霞光……
>
> 第一次……

好像是：

> 深夜……
>
> 你成了他的女友……
>
> 在失去理智的深夜……
>
> 没有十字架
>
> 第一次……犹如（什么）暴风雪……
>
> 永远亲吻你的双唇……

这也写得很好。

杜：这是罗日杰斯特文斯基写勃洛克的诗吗？

巴：是一的，写勃洛克的。这是其中的几句。结尾部分好像是这样写的："永远亲吻你的双唇。"还有："三支烛光的浑浊绿眼……"好像还有："身着这黑色的礼服，胳膊好似折断的双翼……"①等等。这都是些很好的诗，写得好极了。

杜：这么说，这些小组聚会——就是聚在一起朗诵诗歌吗？

巴：是朗读诗歌。当然，在帕维尔·尼古拉耶维奇家里还喝喝茶，有时喝点酒，吃点东西等等。

杜：做报告吗？

巴：有时也做报告。

杜：您在那里做什么了呢？朗读诗歌吗？

巴：不，我在那里主要是作为……在帕维尔·尼古拉耶维奇·梅德维杰夫家里很少有报告。朗读诗歌，小说家就读自己的小说。然后就聊一聊。

杜：您只是参与讨论……

---

① 巴赫金断断续续地回忆起弗谢沃洛德·罗日杰斯特文斯基《纪念 A. 勃洛克》中的一些诗行(1921 年 8 月 7 日)(见 B. 罗日杰斯特文斯基：《大熊星座》，第 35 页："她有幸成了你的友人，/在那没有十字架的不幸之夜，/第一次经受醉人的暴风雪考验，/永远亲吻你的双唇……/三支烛光的浑浊绿眼，/窗外的雨水，还有我看到的锐角般/尖削的肩膀——犹如折断的双翼——/缩在皱巴巴的黑礼服里。")——原编者注

巴：是的，我只是参与讨论，也很少说话，更多是在听。而在鲁戈维奇家里我更积极些。

杜：在鲁戈维奇家您做报告吗？

巴：是的，在那里我做过报告。做过报告。说的是……弗谢沃洛德·罗日杰斯特文斯基……说他的诗。在那里读诗的还有瓦吉诺夫。

杜：请说一说瓦吉诺夫吧，把他说完咱们就结束。

巴：另外，顺便说一下，也就是在那个时候还有一个类似于这样的沙龙——玛丽娅·韦尼阿米诺芙娜·尤金娜的沙龙，弗谢沃洛德·罗日杰斯特文斯基，还有瓦吉诺夫都在那里朗诵过诗歌，还有……瓦连京·尼古拉耶维奇·沃洛希诺夫——是位诗人，当时发表过诗作，但后来完全放弃了，意识到自己是个微不足道的小诗人，就不想继续写下去了，何况他还是个音乐家、作曲家。我得告诉您，那时在玛丽娅·韦尼阿米诺芙娜家里音乐当然是听得很多的。她自己演奏，有时一弹就是通宵达旦。我在音乐会上也听过她的演奏，可这样精彩的演奏我从未听到过！

杜：现在先别谈玛丽娅·韦尼阿米诺芙娜，留给下一次吧。谈谈瓦吉诺夫……

巴：瓦吉诺夫——他嘛，我想最好也留给下次吧。否则加琳娜·季莫菲耶芙娜①马上就要过来了。是吧（笑）……

杜：这么说，关于瓦吉诺夫您是有话要讲的……

巴：是的，有一些吧，我可以讲得详细些，因为他完全被遗忘了，这很不公道。百科辞典也没有把他收进去。什么也没有……

杜：一点都没有提到吗？是指文学百科辞典吗？

巴：根本就没有提到。文学百科辞典没有把他列进去。

杜：那就不公道了。

巴：是的，很不公道。

杜：那罗日杰斯特文斯基……我只是想问您一下……既然您见过他，那就请您稍微说一说他的外表，他的形象……

巴：您知道吗，他个头儿相当高，身材相当匀称，我甚至要说，人长

---

① 加琳娜·季莫菲耶芙娜·格列芙佐娃：巴赫金于 1972—1974 年住在莫斯科期间聘用的保姆。——原编者注

得很英俊,但他的脸上,如同他的部分诗作那样,有种飘忽不定的东西……没有任何的明确性。没有。总之,用福音书上的话来说,就是"随风摇摆的芦苇"。他身上确实有这个问题。在他对待文学斗争的态度上也能感觉到:他总是支支吾吾,躲躲闪闪,模棱两可,摇摆不定,总之,态度不明确,而且依我看,完全缺乏勇气。

杜:勇气?

巴:没有勇气,一点儿也没有。许多人都觉得他非常讨人喜欢,尤其是在他朗读诗歌的时候,而且朗读得很好。每次听他读诗,从来都是聚精会神,其乐陶陶。可当我后来读到他刊登出来的诗作时,给我的印象就总不如当初了,虽然也不能说这些诗不好……

杜:要是拿他和安托科利斯基相比……您认为谁成就更大一些?

巴:这很难说。要知道,安托科利斯基文化修养高得多,也广博得多。

杜:是比罗日杰斯特文斯基?

巴:是的,更有文化修养。安托科利斯基是一个文化涵养很高的人,而那一位,应该说,文化涵养不高。他只是个抒情诗人。而当他转而涉及另一些题材时……比如,公民性的、政治的题材,一部分哲学题材时,他就不再是一个像样的诗人了。

杜:所以他更接近叶赛宁那种类型。

巴:是—的,是—的,他更接近叶赛宁。

杜:那是作为一个写诗的个体。

巴:是的,作为一个写诗的个体。

杜:而在风格上……有人说,在风格流派上这个诗派……即以弗谢沃洛德·罗日杰斯特文斯基为首的列宁格勒诗派主要学习了阿克梅派,这说法对吗?

巴:对,是学的阿克梅派。

杜:确定吗?

巴:在某种程度上还学了勃洛克。

杜:这是我的个人臆测。

巴:是—吧。这是对的,最主要的恐怕还是学的阿克梅派。

杜:学的是古米廖夫、阿赫玛托娃……

巴:是—的。

杜：也学了一些不怎么重要的阿克梅派诗人。比如说洛津斯基、舍尔温斯基、津克维奇，您知道这些人吧？

巴：那当然，都是彼得堡流派的，都是。

杜：您把康斯坦丁·瓦吉诺夫单独挑出来，因为他是一个较大的诗人吗？

巴：倒不是作为一个较大的诗人……或许也是一位较大的作家，但不是作为……——我强调的不是作为诗人，而是作为小说家。

杜：作为小说家？

巴：是的。而且，他是一个完全不该被遗忘的小说家。作为小说家他是很优秀的，也很有意思。是个革新者。而且直到今天还没有得到人们的充分理解和应有的评价。作为诗人，当时在西方就已经获得了赞誉。西方人还说：瞧，苏联有这么一位独树一帜的诗人，可他是不会得到理解和重视的。

杜：原来是这样。那我们现在就剩下瓦吉诺夫了。然后……我还是等您……因为您毕竟与现实艺术协会的成员有所接触吧。您会讲一讲那些会员的情况吗？

巴：不—不。我对他们了解得很少。其实我只知道瓦吉诺夫。就他一个人。

杜：那扎博洛茨基您就不知道了，是吗？

巴：扎博洛茨基——我不知道，只是在他流放回来之后我才知道他的，而且所知甚少。那时他与玛丽娅·韦尼阿米诺芙娜住得很近，都在别戈瓦亚街上的这些单幢小楼里。

杜：是—的，我知道，就在霍罗舍沃公路上。〈……〉虽然看起来，我们今天的形式主要不是回忆，而是交谈，但却很有意思。

巴：是—的，是—的。

杜：米哈伊尔·米哈伊洛维奇，您累了吧？

巴：没有，我一点儿也不累。

杜：非常感谢您，米哈伊尔·米哈伊洛维奇。

巴：不必客气，不必客气。

杜：我这就关机……虽然磁带还没有用完……

巴：我们就剩玛丽娅·韦尼阿米诺芙娜还没有讲了，下一次吧。

杜：不，我们还剩好几个人呢……像瓦吉诺夫、扎博洛茨基（包括他晚年的情况),另外还有您那所记得的现实艺术协会成员的一些情况,以及您对他们的态度。然后再单独谈谈玛丽娅·韦尼阿米诺芙娜。好吧,那我就关机了。

第五次访谈(1973 年 3 月 22 日)

杜:米哈伊尔·米哈伊洛维奇,那就开始吧,这是我们的第五次,也应当算是最后一次谈话了。

巴:最后一次,当然是最后一次。那好吧。

杜:(笑着说):您瞧,您以为讲一个小时就够了。我凭经验知道,您了解很多东西。上次咱们说定,最后要谈谈尤金娜,现在就请您补充讲一讲……

巴:……瓦吉诺夫。

杜:……列宁格勒 1924 年到 1929 年的诗人和作家。

……康斯坦丁·瓦吉诺夫。我也记得这个名字,他有本小书《山羊之歌》——好像我是有过的,不过说老实话,对这个诗人我一点儿印象也没有。

巴:不会吧。是这样的,康斯坦丁·康斯坦丁诺维奇·瓦吉诺夫是列宁格勒诗派中最有趣、最杰出的代表之一。那时他还很年轻,刚从列宁格勒大学毕业。念的是语文系,书读得很多,是个书痴。他爱好藏书,他收藏的图书很有意思,主要是 17 世纪意大利诗人的作品。

杜:是吗!

巴:总的说,他非常喜欢……首先,不是古典希腊时期,而是希腊化时代①,是希腊化时代。他甚至还写过一首诗叫《希腊化文化爱好者》,有这么一句:"我们是希腊化时代的文化爱好者"等等。② 其次,他喜欢17 世纪,巴洛克,意大利的巴洛克,比如萨尔瓦多·罗萨和其他人。他还有这些作者 17 世纪出的书呢。这是非常珍贵和稀有的……

---

① 希腊化时代:指公元前 323 年至前 30 年之间东地中海国家的一个历史阶段。这些国家的政治制度结合了古代东方君主政体与希腊城邦的特点。希腊化时代的文化是希腊与当地东方文化的综合。——译注

② 见康斯坦丁·瓦吉诺夫:《借助节奏连缀词语的尝试》,列宁格勒,1931 年版,第 45 页;《现实艺术协会的诗人们》,圣彼得堡,1994 年版(大型系列诗人丛书),第 442 页。——原编者注

（录音中断。有干扰声。）

杜：请说吧。

巴：这都录下了吗？

杜：没有。关于文艺事业的资助人那段也没有录下来。

巴：是吗？那好吧……是这样，有些资助者请他去吃饭。

杜：他有许多资助者吗？

巴：是——的。当时……有一些资助者……比如……伊利亚·格鲁兹杰夫……①

杜：是高尔基的传记作者吗？

巴：是——的，是高尔基的传记作者。那时他在国家出版社列宁格勒分社工作，写了不少东西。他有一篇文章是谈作者面具的，写得很有意思，在当时是富有新意的……在文学研究领域。他……仪表堂堂，很会安排自己的生活，同时，他也给吃不饱肚子的年轻作家（这样的人不在少数）提供帮助。年轻作家们吃不饱肚子——是那一时期相当典型的一种现象。他们通常都会去国家出版社，在那里聚会，相互走动。如果有哪个人弄到了西红柿，他就会说："我有西红柿，过来一起吃吧！"于是其他人就过去吃西红柿。这已经算是美食了，因为许多人连西红柿都没有。应当说，有一个人实际上也处于这种状况，只不过还没有饿成这样，他叫尼古拉……姓什么来着……

杜：吉洪诺夫？

巴：对，吉洪诺夫。他总穿件旧的军大衣……他过着一种……纯粹名士派的生活方式。他有一只茶壶，用它招待笔友之类的人喝茶，有时还配有面包，有时则没有面包。

可这位吉洪诺夫，我已说过，却相当孤单。他与所有这些作家都没有什么密切的交往。他靠写诗糊口，后来靠给青年作家们帮忙：校改他们的书稿，为他们提供咨询服务。他发表了一些诗歌，在一本叫《巡回剧团纪事》杂志上写过短评。

巡回剧团在当时是很有名气的。团长和创建人是盖杰布罗夫

---

① И. 格鲁兹杰夫：《论艺术叙述的方法》，载《П. П. 盖杰布罗夫和 Н. Ф. 斯卡尔斯卡娅巡回剧团纪事》1922 年第 42 期；该文以《面孔与面具》为标题登载于柏林出版的丛刊《谢拉皮翁兄弟》（1922年）；И. 格鲁兹杰夫：《论作为文学方法的面具》（对 Ю. 蒂尼亚诺夫《陀思妥耶夫斯基与果戈理》一书的评论），载《艺术生活》1921 年第 811、817 期。——原编者注

和……斯卡尔斯卡娅。盖杰布罗夫是位演员，当时已经是一位相当有名气的演员了。斯卡尔斯卡娅也是位演员，她是维拉·费奥多罗芙娜·科米萨尔热芙斯卡娅的妹妹。[①]

杜：是吗！是亲妹妹吗？

巴：我看是亲妹妹。斯卡尔斯卡娅这个姓我觉得应该是她的艺名。您知道这个剧团吗？

杜：不知道。

巴：是呀，看来这个剧团被人们忘得一干二净了，可当时是很有名气的。

杜：这么说，是彼得堡的一个剧团……

巴：是的，是彼得堡的巡回剧团。

杜：去哪里巡演？

巴：您看，巡回剧团这一名称和这个主意当然是从巡回派画家那里借鉴过来的。当年巡回派画家们就是把自己的画作带到地方各省去展出。虽说是……莫斯科和彼得堡的画家，却为如今所称的外省服务。盖杰布罗夫的剧团也是如此。其主要目的是，身为首都剧团却为地方省份服务，向地方省份介绍戏剧生活中的新生事物。这一点他们基本做到了。

杜：从风格流派上来看，这家剧团有什么特点？是像小剧院，还是更像莫斯科艺术剧院？……

巴：噢，这是……不过，这里主要还是……左翼流派：象征派的戏在这里上演过，其次他们选演一些不怎么有名的剧本。比如他们演过斯堪的纳维亚剧作家的许多剧本。

杜：这在当时是很时髦的。是易卜生戏剧之后开始兴起的。

巴：正是！是在易卜生戏剧之后开始兴起的。易卜生的作品他们当然也演了。不过上演的主要剧目还是那些不太有名气的剧作家的戏。在当时这自然是个挺不错的剧团，很不错的剧团。剧团十分活跃，因为盖杰布罗夫本人就很活跃，斯卡尔斯卡娅也是。他们出了一本杂志，名叫《巡回剧团纪事》。杂志主编是帕维尔·尼古拉耶维奇·梅德

---

① 帕维尔·帕甫洛维奇·盖杰布罗夫(1877—1960，演员、导演)和娜杰日达·费奥多罗芙娜·斯卡尔斯卡娅(1869—1958，演员、В.Ф.科米萨尔热芙斯卡娅的妹妹)：巡回演出话剧团(1905—1928)的创建人。——原编者注

维杰夫。他是我当时最要好的朋友之一。

杜：是—的。您已提到过他。

巴：他负责编辑这份杂志。他这个人非常……能干，不管遇到什么样的暗礁险阻，他总能设法躲过，当时在文学艺术界可谓暗礁重重，他这个人相当勇敢，富有开创精神。是他发表了瓦吉诺夫的作品。而别的杂志都不登瓦吉诺夫的东西。他刊发的一些诗作，现在都难以想象当时是怎么可以刊登出来的。当时发表了一首诗，是瓦吉诺夫的，恰好具有其自传性质……

> 我独自隐居——叶卡捷琳娜
>
> 临渠街，105 号……
>
> （准确无误的地址）
>
> 窗外长着母菊和野生三叶草，
>
> 透过砸坏的石门，
>
> 我听见格鲁吉亚、阿塞拜疆的呼喊。
>
> 有形体的圣殿被毁坏。
>
> 一大群乌合之众草原上高唱，
>
> 顺从地跟随红旗奔跑……
>
> ……顺从地飞也似的疾驰而去……
>
> 罗斯，你今天发出的气味实在难闻，
>
> 在克里姆林宫你的穆罕默德拾级而上。
>
> 拾级而上的是穆罕默德—乌里扬：
>
> "如此这般，拉赫曼！"
>
> 于是各团整队，驰骋而去……
>
> ……呼唤中国高举勇猛的大旗……

（停顿之后恢复常态。）

> ……不停地飞奔，
>
> 呼唤中国高举勇猛的大旗。

再往下是……您看,就是这些诗……居然在杂志上发表了。①

杜:是 20 年代……哪一年?

巴:大约是……20 年代的……

杜:大概是 1923 年?

巴:不是。

杜:这里提到的乌里扬,像是活着的。是在他活着的时候吧?……

巴:不,是在他死后。

杜:那为什么他还拾级而上? 要不是指陵墓?

巴:是的……也许是在他还活着的时候。大约是 1924 年吧,就是我们来的那一年。

杜:正是! ……这就不奇怪了,为什么把他……

巴:是的。还有:

> 我还年轻,怀着一颗不安分的心。
> 眺望广袤的伟大帝国的落日,
> 那是我的生命……

这是他的基本主题之一——伟大帝国的陨落。

杜:"……那是我的生命……"——什么意思? 是指"映照出我的生命"? 还是别的意思?

巴:就是指他的生命便在其中。其实这里不需要动词。

> 眺望广袤的伟大帝国的落日,
> 那是我的生命……

您看,他的诗非常独特,很特别。有地址——十分准确的地址。他当初确实住在那里……

杜:对,那是。

---

①　这首诗在诗人生前只发表过一次,但发表的不是全文,省略了四行,刊登在《巡回剧团纪事》上(1923 年第 60 期,7 月 3 日,第 3 页)。此诗全文如下(杂志刊载时所省略的诗行标以符号"[……]"):"我独自隐居——叶卡捷琳娜临渠街,105 号。/窗外长着母菊和野生三叶草,/透过砸坏的石门,/我听见格鲁吉亚、阿塞拜疆的呼喊。/吃的是玉米面包,喝的是变质水。/有形体的圣殿被毁坏。/一大群乌合之众草原上高唱,/顺从地跟随红旗奔跑。[我无事可做:就去祈祷,/去亲吻那枚柏木十字架。/罗斯,你今天发出的气味实在难闻,/在克里姆林宫你的穆罕默德拾级而上。]而在克里姆林拾级而上的是穆罕默德—乌里扬:/'如此这般,如此这般,拉赫曼!'/于是各团整队,又驰骋而去,/呼唤中国高举勇猛的大旗。/我什么也不要:我还年轻,/怀着一颗不安分的心。/眺望广袤的伟大帝国的落日,/那是我的生命。"该诗全文首次发表于 K. 瓦吉诺夫:《诗歌选集》(JL. 切尔特科夫选编、撰写后记和注解,慕尼黑,1982 年版,第 71 页)。——原编者注

巴：其次是列宁格勒在那一时期的特有标志：砸坏的石门、格鲁吉亚人和阿塞拜疆人的呼喊，所有这些……少数民族的人那时充斥了彼得堡。

杜：为什么？

巴：是因为他们待在那里逍遥自在。他们在那里很会折腾。俄国人对现有条件的适应能力要差得多。更不用说这些少数民族还享有诸多特权，如此等等。

还有，那里的确长有母菊和"野生三叶草"。我到他那儿去过多次，的确可以证明……

杜：不过这还是遭受破坏时的列宁格勒，也就是彼得堡。在这里我似乎没有感觉到施行了新经济政策。

巴：那时这里其实还没有新经济政策呢。就是说新经济政策是有的，但还没有显现出来。①

杜：完全没有显现出来……而这一手段已经有了。首先，马雅可夫斯基用过了，在马雅可夫斯基之后也有人用过："我住在大普列斯尼亚街 24 号。这是个清静、安宁的地方。是吧？……"

巴：对，总的来说是这样。可我觉着，这是在瓦吉诺夫之后。

杜：根本不是！ 要早得多……

巴：对—对，没错，没错。没错。

杜：这还是在战争之初写的。②

巴：是—的，在战争之初。

杜：然后其他人也来跟风。再晚一些，卢戈夫斯科伊也用过，还有一些人。

巴：是的。这是主要的因素……

杜：那么，除了这首应该说彻头彻尾的反革命诗之外，他还有比较中性一点的东西吗？ 既然他还活着，总要发表作品的吧。

巴：是的。不过您知道吗，完全中性的东西是没有的，因为生活本身就不是中性的，几乎不存在什么中性的角落。就是这样。总的说，他是个孤独的人，作为一个人他骨子里是中性的，他为人如此，可生活却

---

① 根据瓦吉诺夫诗歌的研究者和出版者 В. И. 埃尔利的说法，该诗作于 1921 年。——原编者注

② 这是马雅可夫斯基《我与拿破仑》(1915 年) 一诗的开篇。——原编者注

不是中性的。

那他还有什么重要作品呢？……

杜：您背不出来吗？我倒是很想听一听……

巴：那好，有一首诗开头是这么写的。我这就，这就……

> 噢，请把我的躯壳
>
> 铸成铿锵的塑像！
>
> 让它在松绑后
>
> 挺立歌唱，
>
> 唱我那亲爱的生活，
>
> 唱我那站在巴比伦墙壁
>
> 大门旁的害羞女伴……①

顺便说一下，他有许多像这样借用神话内容的诗作，这些借用……

杜：这是对借用的借用。

巴：对。这是……

杜：这里能感觉得出勃留索夫。

巴：不，这里感觉不到勃留索夫。更像是维亚切斯拉夫·伊凡诺夫。这里指的是门农的塑像。

杜：不，我指的不是具体的引用，而是总的……

巴：对，是总的情调。

杜：是的，总的情调。是勃留索夫的情调。只有勃留索夫将这个转向了革命，而这里恰恰相反。

巴：这里——确实如此。

杜：除了这本小书《山羊之歌》，他还有什么？

巴：我们说的不是《山羊之歌》，而是他的诗作。他有两本诗集。书名我不记得了……②

杜：他有没有被收进文学百科，即现代简明文学百科辞典？

巴：根本没有。搞不清为什么不收他。他完全被遗忘了。我们说

---

① 请见 K. 瓦吉诺夫：《诗选》，列宁格勒，1926 年版，第 34 页。瓦吉诺夫的原诗为"……娇丽女伴"。——原编者注

② 请见本次谈话的前面两条相关注释。——原编者注

的是他的诗歌。①

　　杜：那小说呢？

　　巴：他的小说则重要得多。尽管他的诗歌也很重要，很有特色。可他的小说……他写过两部长篇，篇幅相当长。第一部叫《山羊之歌》，第二部叫《斯维斯托诺夫的生活和劳作》。②

　　杜：对不起，《山羊之歌》不是诗集？

　　巴：不——是，是小说。长篇小说。

　　杜：那么诗集叫什么名字？

　　巴：书名我不记得了。

　　杜：两本诗集都不记得了？

　　巴：两本都不记得了。两本都忘了。

　　杜：那么《山羊之歌》写的是什么内容？ 也是历史小说吗？

　　巴：不，根本不是历史小说。这不，"山羊之歌"这一名称本身就是对古希腊语"悲剧"一词的直译。也就是山羊唱的歌，是山羊唱的。这部小说的主人公是个不同寻常的独特人物，叫捷普捷尔金。捷普捷尔金在他的诗歌里也出现过。这是他所选用的一个姓。

　　杜：悲剧人物捷普捷尔金。

　　巴：对，悲剧人物捷普捷尔金。

　　杜：这已经说明了某种风格上的……

　　巴：是的。这个悲剧人物……既是悲剧性的，又不是悲剧性的，也就是说，既可笑，也有点儿古怪，而且还莫名其妙，同时又具有深刻的悲剧性。这就是捷普捷尔金。

　　这部小说对这位捷普捷尔金的生平也有所交代。不过其生平自然不是从童年，也不是从青年，而是从十月革命开始写起的。这位捷普捷尔金是一个特别有学问的人，一心做科学研究。在闹饥荒时他去了外省，小说描写了他的外省活动。这位学者对周围的生活不闻不问，只知道埋头做学问。接下来写的就是他在列宁格勒的生活。他在那里教课，他一整天都排得满满的，几乎不睡觉，自己既要工作，又要上课。他

---

　　①　瓦吉诺夫只是被收入《简明文学百科辞典》第 9 卷，即补充卷中（词条撰写者 T. Л. 尼科利斯卡娅，莫斯科，1978 年版，第 169 栏）。——原编者注

　　②　长篇小说的标题为《斯维斯托诺夫的劳作与生活岁月》（列宁格勒，1929 年版）。《山羊之歌》发表在 1927 年的《星》杂志上，其单行本 1928 年问世。——原编者注

教课不收费,各种专业课程和外国语(意大利语、西班牙语)课程他都
教。此外,他还教……埃及语,古埃及语。不管谁,只要想学这些语
言——那就请吧,我们欢迎。他义务授课,目的就是努力把俄罗斯文化
和语文学的素质保持在一个高水准上,不使它们完全萎缩和衰败。其
次,他完全……

杜:那他还是关心现实的。

巴:……他不懂得、也不接受,他不懂得、也不接受现代社会的这种
技术观念和务实作风等等。

杜:您说的他,是指捷普捷尔金?

巴:对,捷普捷尔金。这些同他都格格不入。他生活在这样的世界
里——一个与生活完全脱节的语文学家的世界里。其次,还有什么呢?
还描写了他想发表作品、从事文学活动的种种尝试。他的作品没能发
表出来,因为谁也不理解他,不愿承认这种创作倾向。接着写到了他的
婚姻。写了一个不能理解他的女人,如此等等。可见,捷普捷尔金这个
人一方面很重要、很严肃,具有悲剧色彩,因为生活可说是处处为难
他……

杜:无法接受他。

巴:生活无法接受他。他也不接受周围的生活。不过,他对这种生
活却非常友善,非常友善,并没有横加指责,他一点儿也没有那种批判
的冲动,没有。

接下来就描写他的各种乖张行为。比如他住在一个塔顶上。彼得
戈夫旧式别墅区有座木质塔楼。他租下了这座完全不能住人的塔楼,
并住了下来,每天都爬上去。上面有间他的塔顶小屋,他在那儿工作。
需要说明一下:这位捷普捷尔金是有……其……原型的。

杜:显然就是作者本人,是自传性的。

巴:不,根本不是作者。不是作者,完全是个真人,此人当时就住在
彼得堡,他的生活事件和习惯等,都相当准确地写进了小说。这就是列
夫·瓦西里耶维奇·蓬皮扬斯基。想必您是知道他的。

杜:我听说过他,也听您讲过。

巴:听说过,是吧。他写过一些文章,发表过许多文艺理论方面的
文章……他的确是个很博学的人,几乎可说是异乎寻常的博学。他知
道很多东西,通晓多种语言;所有这一切,还包括他免费授课,都表明他

在最不适合文化发展的条件下努力维护着语文学的素养。再有是他的日常生活。他总是缺衣少食,自然也经常挨饿,尽管可以说他是一个有学问的人,可没人来帮助他。他的周围有各式各样的人,他们的形象在瓦吉诺夫笔下刻画得很好。其中也有人当时就住在列宁格勒……

是的,这里也有一位自传式人物,是位不知名的诗人。小说里一直都有他的身影;这位不知名的诗人是捷普捷尔金的朋友。再有是科斯佳·罗季科夫。从某种程度上讲……他的原型恰恰就是帕维尔·尼古拉耶维奇·梅德维杰夫,他研究勃洛克,写过几本关于勃洛克的书,比如《勃洛克的创作道路》……

杜:我有这本书。这本书没有什么非常独到的见解,意义不大。

巴:总的说,这本书完全没有什么分量,写得很糟糕。

杜:看来,他好像是江郎才尽了——这位梅德维杰夫。开头写得倒还有趣,但后来……他有一本写勃留索夫的书,还是蛮有意思的。实际上,这是第一本有条理地论述勃留索夫的书。

巴:是写勃留索夫的? 我这会儿记不得了。

杜:是这样的……而关于勃洛克就写得差一些了。所以我一直把他看作是勃留索夫研究专家,推荐他写的书……关于勃留索夫我们没有什么研究成果……

巴:他是个文学理论家。

杜:对,也算是理论家,但不完全是。

巴:这不,他研究勃洛克,也确实熟识勃洛克的妻子,看来还是她的情人。

杜:您是说柳鲍芙·德米特里耶芙娜?

巴:对,是柳鲍芙·德米特里耶芙娜的情人。

杜:那是在勃洛克去世之后吧?

巴:那当然。她把勃洛克的文稿资料给他看了。他这才能拿去出版。还出版了勃洛克的日记,出版了勃洛克的札记。后来又出版了勃洛克未写完的、未完成的剧本片断。勃洛克的遗稿,他发表得相当多。

小说里描写的那位科斯佳·罗季科夫也在研究某位诗人(他所研究的这位诗人指的是古米廖夫),他试图查出这个诗人的所有情人,并一定要与她们每个人都有那种关系。[①] 他认为，要了解这个诗人，了解他的经历，总之要打开他的心扉，他必须可以说用最亲密的方式来了解所有的情妇。应该说，这是个独特的人物，非常典型。

杜：这是科斯佳·罗季科夫吧。

巴：对，是科斯佳·罗季科夫。

杜：他的原型是梅德维杰夫吗？

巴：对，是梅德维杰夫。

杜：那蓬皮扬斯基是谁的原型呢？……

巴：是捷普捷尔金的原型。

杜：正是捷普捷尔金的原型。那么带有自传成分的又是谁呢？带有自传成分的就是那个不知名的诗人。

巴：对，就是那个不知名的诗人。小说里全是这样，都与特定的人物和特定的现实有关联。正如我说的那样，这里展现出瓦吉诺夫那非常鲜明的特点：一方面描写得很具体，细致入微，而另一方面，视野异常广阔，简直像宇宙似的广阔。这一点他在小说中表现得很突出。这种特性也反映在捷普捷尔金身上。开篇描写的是列宁格勒。"这时城里住着一个名叫捷普捷尔金的古怪人物。"[②]一个怪物。接下来讲了这位捷普捷尔金的日常生活：他的居室，铺在他床上的被子，与被子正好相配的……我是蓬皮扬斯基的挚友，所以我很清楚这被子是什么样的，这一切我都很熟悉，这一切都描写得相当准确。与此同时，蓬皮扬斯基的力度、深度和悲剧性也得到了体现。

我要说，总的来看，这是文学中极为独特的一种悲剧，可以称作是一位可笑之人的悲剧。可笑之人的悲剧。古怪之人的悲剧，只不过用的不是陀思妥耶夫斯基的创作手法，多少是另一种风格。总之，他的命运非常有意思，非常有趣。

杜：我好像有过这本书。

巴：是的，这本书能找到。

---

① 巴赫金所回忆的《山羊之歌》中的人物名叫米沙·科季科夫；他的肖像融合了 П. Н. 梅德维杰夫和 П. Н. 卢克尼茨基的特征。后者是位文学家，搜集了有关古米廖夫的各种资料[请见 В. И. 埃尔利在 К. 瓦吉诺夫《山羊之歌（长篇小说两篇）》〈莫斯科，1991 年版〉一书中所做的注释〈第 550 页〉]。科斯佳·罗季科夫是该小说的另一个人物。——原编者注

② 瓦吉诺夫的原文为："城里住着一个神秘人物——捷普捷尔金。"——原编者注

《斯维斯托诺夫的生活和劳作》是另一部小说。这里的斯维斯托诺夫在某种程度上正是瓦吉诺夫本人。从这一点看，小说更带有自传性。里面描写的也是那个时代的代表人物，他们都很典型。其中的主要人物就是库库。

应当说，这位库库是时代的独特产物；此人可说是没有任何属于他自己的东西。他本来拥有的一切都被时代剥夺了——我指的不是物质方面的东西。最后，他只能做一件事情——重复别人的生活，扮演别的人，成为别人的样子。他的穿着像是普希金时代的人。所以当他出去，比如到公园散步的时候，孩子们就叫喊道："哎，要拍片子喽，要拍片子喽！"就是说，要拍影片，要拍电影了，因为这人的穿着打扮完全是上个世纪 20—30 年代初期的。

总之，他所有的一切都是现成的。这是一种空虚的表现，但这种空虚在那个年代对各种势力、各个时代、各种利益都具有吸引力。他一心想步入文坛，可自己又写不出东西来，因为他本来就没有什么东西可写的。他只能去模仿。终于他被写进了这部《斯维斯托诺夫的生活与劳作》小说里。起初，他十分欣喜，因为他最终成了小说描写的对象，他要进入历史了；可后来，他一读这部小说，却惊骇万分，吓得逃离了城市，因为他被写成了这个样子，实在见不得人了。

所有这一切同样又完全是以一种独特的风格——地道的瓦吉诺夫风格展现出来的。要我说，在这方面瓦吉诺夫完全是世界文学中独一无二的人物，独一无二的人物。十分可惜的是，人们不知道他，把他遗忘了。

我离开的时候，瓦吉诺夫已经生病了：他患上了结核病。我离开后不久，他因结核病死去，他几乎没有得到任何帮助。

不过我还记得，列宁格勒的作家们曾开会讨论过他的诗歌。[①] 贝内迪克特·利夫希茨就他的诗歌作了报告。就瓦吉诺夫的诗歌所做的这场报告是那样的热情洋溢。顺便说一下，梅德维杰夫也发了言——也十分夸赞他的诗歌，并对他的诗歌特点作了分析。发言的还有一些诗人，我甚至都不认识他们，都是些古里古怪的诗人，他们批判了瓦吉

---

① 可能指的是 1926 年 3 月在列宁格勒诗人协会为庆祝瓦吉诺夫出版《诗集》而举办的晚会。——原编者注

诺夫的个人主义等等。此次会议的主席是费定,最后,费定作了总结发言。在讲话中他也夸赞并支持了瓦吉诺夫。

杜:这个晚会是什么时候举行的,您不记得了吗? 是在哪一年?

巴:大概是在 1925 年。

杜:都有谁参加了? 谁发言了? 申格利去了吗?

巴:我记得申格利去了,他也发了言,讲了话。蓬皮扬斯基也发了言,谈了他的诗歌。

杜:实际上,他的文学生涯以这次晚会而告终的……那么,是突然中断的还是渐渐停止的? ……他被捕了吗?

巴:那时他已患病在身。后来我走了。再后来,情况是这样的:他终究未能如愿以偿,他的作品基本得不到发表,发表出来的只是极少数。他的生活十分艰难,实际上是在挨饿。此外,进入了 30 年代,在这个年代他已实在生活不下去了。他一事无成。甚至连费定——这个当年可以说是热心保护过他的人,都不再理睬他了;有人把费定的话告诉了我,说他"既然已落后于生活,不想与生活同步前进,那还能拿他怎么办呢"。当然在那个年代,像"落后于生活","没有与生活同步前进"这类的话是常用的流行语。所谓"生活",自然是指当时用一切手段推行的官方路线。

杜:是这样。那么,瓦吉诺夫……您已经说得够全面的了……那个时代的诗人当中,您可能还会想起什么人吧?

巴:不,这会儿我谁也记不得了……

杜:马尔夏克,叶赛宁,还有……

巴:不—不,不—不,我不了解他们,当然,我指的是,对他们本人并不了解。我见过这些人:叶赛宁,还有……

杜:您同安托科利斯基的关系得到了巩固,并得以进一步发展,是这样吗?

巴:不是。不—是,我和安托科利斯基刚认识不久,是去年夏天在佩列杰尔金诺认识的。

杜:那么安娜·安德烈耶芙娜是否积极参与了……这种生活?

巴:没有,她没有参与,完全没有参与。她已经退到了一边。而古米廖夫呢,他已经去世了。

杜:这个我知道。大家都清楚。

巴：不过瓦吉诺夫就在他的小组里，当时在那儿工作，对他非常尊敬，也很推崇。

杜：在古米廖夫的小组里？

巴：是的。他不是领导着一个小组嘛。

杜：是这样。米哈伊尔·米哈伊洛维奇，那我再给您提供一个话题。那时您去彼得堡的剧院吗？

巴：去过，但不常去，因为我觉得，那时的剧院不怎么精彩。

杜：为什么？20 年代后半期的剧院还是很精彩的。

巴：是吧。可您要知道……我自然去看过戏的。给我印象最深的恐怕就是梅耶霍德的戏。是的，梅耶霍德。这是我非常喜欢的。他的戏我可没少看。记得，我特别喜欢的是他的《钦差大臣》，其次是《森林》。《钦差大臣》非常有意思。此外，那时上演的戏剧中我记忆很深的还是……《钦差大臣》里的角色。演主角赫列斯塔科夫的是……契诃夫，米哈伊尔·契诃夫。

杜：啊，您见过契诃夫演赫列斯塔科夫?!

巴：见过，是米哈伊尔·契诃夫扮演的。我见过……

杜：真有意思！刚出了本书，是格罗莫夫写他的。不过书写得很平淡。

巴：可他确实是一个优秀的演员。他主演的《钦差大臣》给我留下了极为深刻的印象。后来我再也没有在剧院里看过他的演出，只见过银幕上的。比如《饭店来人》——他扮演的也是主角。就在前不久，我在一部美国影片里看到了他，他已经老态龙钟了，他在其中演的是一个小角色——音乐学院的院长。是的，没错……他的演出并没有给人留下十分强烈的印象。

另外，就是一些巡回演员，其中有一个我看了也感到挺震撼的，他就是桑德罗·莫伊西。当他来演出的时候。

杜：这是 1927—1928 年间的事吧。

巴：是—的，是—的，就是那两年。他是位了不起的演员，绝无仅有。

杜：是个悲剧演员……他用哪种语言演出？

巴：用德语。他只说德语。而其他人……就他一个人是这样，而其他人都是用俄语演出，那是亚历山大剧院的演员。这就营造出某种特别的氛围:这是一个完全来自另一个世界——真正的大世界的人,而其他的人就像是侏儒和未开化的人。给人的印象是这样。

还是在早些时候我就见过他。第一次认识莫伊西还是很早以前,当时他随莱茵加特剧团来演出。是莱茵加特剧团,他们在马戏场演出了《俄狄浦斯王》。演出可以说是完全像他……

杜:我曾经设法去看演出。去剧院看《俄狄浦斯王》。

巴:是莱茵加特剧团?您什么时候……有幸看他演出的?……

杜:不是他的演出。我指的是……这些经典剧目后来由希腊剧团在柴可夫斯基音乐厅上演过。

巴:啊!不过,那是另一码事了。莱茵加特剧团的演出是很有特色的。它也是在马戏场上演的。那次我见到了莫伊西——他和莱茵加特剧团的演员们在一起。所有人只用德语念台词。那是我第一次见到莫伊西……

杜:他本人是哪个民族的?

巴:论民族,他是……我觉着……不是……从南斯拉夫来的……就是克罗地亚人,要么是……①

杜:您指桑德罗·莫伊西。

巴:要么就是匈牙利人……是的,桑德罗·莫伊西。他人很小,个头不高,相当瘦弱,他的那张脸差不多跟猴子似的,但表情异常活泼。不过,当他演出的时候,自然就完全……可以说他完全把你给镇住了,用自己的心灵、自己的性格,他也完全克服了自身的外貌和个头等方面的缺陷。您见到的是一个真正的大人物,他显得高出他周围所有的人,虽然论个头他比周围的人都要矮小。总之,他是一个优秀的演员,是我所见到的最伟大的演员之一。我们没有这样的演员了……我们没有像他这样的演员了。

杜:我只记得海报了。当然,我没有亲眼见过。我记得莫斯科街头的海报——"桑德罗·莫伊西"……

巴:这就是我去过的剧院。我还时常光顾巡回剧团,但那没给我留下特别深刻的印象,没有。

---

① 莫伊西·亚历山大(桑德罗):德国演员,阿尔巴尼亚族(1880—1935)。1924年和1925年间在苏联巡回演出。——原编者注

杜：要知道那几年的戏剧中心当然是在莫斯科了。

巴：当然，当然是莫斯科了。我见到梅耶霍德的时候，他是来演出的……

杜：您看过梅耶霍德的哪些戏？

巴：我看了《森林》……后来还看了这个……《钦差大臣》，他演的赫列斯塔科夫。没错……

杜：怎么，梅耶霍德也赶了过去？

巴：他去了那里，去了。他常常去演。我记得他大概去演过两三回。

而桑德罗·莫伊西那时只去过一回，只有一回。我以前见过他，我几乎完全还是个小孩子呢，第一次是在《俄狄浦斯王》里。莫伊西那时还很小。

杜：请问，他是德国演员吗？

巴：是德国演员。

杜：是当时的魏玛德国？

巴：对一对。是当时的魏玛德国。不过，他在莱茵加特剧团开始演戏时，我想那还在恺撒德国吧。

杜：戏剧界的凯泽①您知道吗？

巴：是剧作家凯泽？

杜：是的。

巴：我好像看过他的作品。《不幸的欧根》就是他写的吧？

杜：这我不记得了；我知道，对他也有过很大的争议。我想知道，是怎么回事。

巴：不错，有过不少争议。那时这些德国戏剧家们……都是表现主义者……比如韦尔弗……凯泽的戏演过……他也是……

杜：那位托勒尔也是。

巴：……也是表现主义者。我看过一部戏。我想，就是凯泽写的——《不幸的欧根》。②

杜：我记得这个名字，不过可惜的是，所有这些我多半是在海报上

---

① 在俄文中"恺撒"和"凯泽"这两个人名的读音和写法完全相同。——译注

② 《不幸的欧根》(1923 年)是恩斯特·托勒尔的剧作。之所以出错，显然是因为这两位剧作家 (格奥尔格·凯泽和托勒尔)皆系德国表现主义领袖人物之故。——原编者注

看到的……

巴：我当然记得，也记得他写的这出戏。这出戏给人的印象很深，舞台效果很好，相当特别。讲的是一个人的悲剧：战争中失去了男人的性能力，所以他就感到世界上（可世界到处都充斥着性饥渴）……人们只为性欲而活着，如此等等。而他——这位不幸的欧根却孑然一身，无法投身到这种生活，如此等等，如此等等。

一部独特的戏，写得很特别。这就是《不幸的欧根》的大致情况。对这部戏有过争论——我记得。这些争论大多都是很浅陋的，谁也没有真正理解这部戏。当然，那时在这方面人们没有正确的知识，几乎不懂得心理分析法，虽然已有相关著作问世。正好也就是在那个年代，即20年代，我们这里出版了弗洛伊德本人及其学生的著作。

杜：的确有过一些非常庸俗的……不过也许有人会作出另一种评价。我记得，我听过一个叫叶尔马科夫教授所做的一次报告。

巴：啊！对，这我知道。他写过几本书。有一本小书……

杜：是讲果戈理的，其中谈到了……

巴：是的，是有一本讲果戈理的小书，其中谈到了《鼻子》。[①] 他还有一本小书是讲……《科洛姆纳的小屋》[②]，书中他是这样破解作品标题的："我的屋子让我感到非常讨厌。"[③]是这样。（笑。）不过，叶尔马科夫当然几乎是对弗洛伊德的一种戏仿。

杜：但可惜的是，我那时没有认真读进去……只是从这本书的结尾部分……

巴：是吧……您知道吗，那时出版了弗洛伊德著作全集……

杜：在我们这里？

巴：是的，在我们这里。也就是说，当弗洛伊德自然还在继续工作时，就出他的全集了。不过应该说，这个弗洛伊德主义在我们这里并没有流行起来，没有。真正严肃的弗洛伊德主义继承者在我们俄罗斯的

---

① 关于《鼻子》的文章收录于伊凡·德米特里耶维奇·叶尔马科夫教授的《H. B. 果戈理创作分析论文集》（莫斯科—彼得格勒，1923 年版）一书中。新版请见 И. Д. 叶尔马科夫：《文学的心理分析：普希金·果戈理·陀思妥耶夫斯基》，莫斯科，1999 年版，第 262—295 页。——原编者注

② 《科洛姆纳的小屋》（1830 年）：普希金的叙事诗。——译注

③ 该文收录于 И. Д. 叶尔马科夫的《А. С. 普希金创作心理论稿》（莫斯科—彼得格勒，1923 年版）一书中。另见 И. Д. 叶尔马科夫：《文学的心理分析》，莫斯科，1999 年版，第 34—48 页。——原编者注

土壤上是没有的,是没有的。

　　杜:那么您如何看待弗洛伊德主义?

　　巴:您问我是如何看待它的? 无论如何他是 20 世纪最伟大的代表人物之一,当然是一个天才的发现者。可以把他同谁相提并论呢? ……应该是……我的天哪! ……同爱因斯坦。人们一般也正是这么认为的。没错……是位巨人。可以不同意他的思想倾向,那是另一回事;但他成功地发现了前人未见未知的东西,这一点是毋庸置疑的。他正是一个发现者,而且是一个伟大的发现者。

　　杜:可毕竟……您的立场,据我的理解,是以 20 世纪某种变异的康德主义为基础的,那么以您的立场……

　　巴:是康德主义,没错。

　　杜:弗洛伊德毕竟与您的立场……

　　巴:在这方面我同他当然是格格不入的。

　　杜:格格不入?

　　巴:是的。

　　杜:所以我才会问您。

　　巴:所以他——他的观点没有对我产生那种直接的影响。但尽管如此……他毕竟有许多这样的东西:不是直接地,而是从总体上,就像任何一种新的发现,对您产生一定影响,虽说不在您所研究的范围之内,但它——这一新发现终归拓展了您的世界,以某种方式丰富了您的世界。①

　　杜:有意思。是这样。那么,您还有什么可以回忆起来的什么吗? 到咱们休息还有点……休息之后我们来谈谈尤金娜。我好像还想问点什么的……

　　巴:请吧。没有什么可以回忆的了。

　　杜:在讲尤金娜之前,我请您再谈一谈……瓦吉诺夫已经说过了……

　　巴:是的。关于瓦吉诺夫……可其他诗人我记不得了……包括作家。

---

　　① 巴赫金在《弗洛伊德主义》一书中对弗洛伊德主义学说作了评价和论析。该书是以他朋友 B. H. 沃洛希诺夫的名字出版的(列宁格勒,1927 年版;当代重版本:莫斯科,1993 年版);另见第二次谈话的相关注释。——原编者注

杜:好吧。那其他诗人您还知道谁? ……还是请您说一说您与扎博洛茨基的关系吧,哪怕稍微说一点儿也好。

巴:没什么可说的。我只是读过他的作品,那是在他流放之前……和我流放之前,就这些。后来我见过他几次,谈的话不多,也很少听到他说话……他朗诵诗歌我倒是听过的……是在玛丽娅·韦尼阿米诺芙娜那里,就在她的寓所。就是这些。而且是这样,他是一个很能喝酒的人……

杜:是吗?

巴:……在玛丽娅·韦尼阿米诺芙娜家里就有"扎博洛茨基伏特加"。她那里通常是……她自个儿当然(默笑)不喝伏特加,去她家拜访的亲朋好友也都不喝伏特加。比如我当然也不喝伏特加。所以她家里放着伏特加,只是为扎博洛茨基准备的:他来串门的时候就可以……因此就叫它是"扎博洛茨基伏特加"。(两人默笑。)

杜:那么,米哈伊尔·米哈伊洛维奇,现在让我们赶快简要地……

巴:什么?

杜:我想了解一下您后来的命运如何。这么说,您是在 1928 年 12 月被捕的……而且很快您就走了,是吗?①

巴:不,并没有很快就走。抓了我之后,又把我给放了……

杜:放出来了?

巴:是的,放出来了,不过我还在接受侦查。我是因为生病才被放出来的。我住在医院里。

杜:您那条腿还有吧?

巴:还有,还没有被截掉,但已经是条病腿了。此外,我的另一条腿也发生了某种病变,看起来是髋关节出了问题。

杜:这么说,只是因为您生了病,他们,这么说吧,才从人道出发把您放了出来?

巴:是从人道出发放我出来的。总的说是讲人道精神的。再说,当时还有一个政治红十字会,领导人是……

---

① 1928 年 12 月 24 日 M. M. 巴赫金被捕。在提交不离境保证书之后,1929 年 1 月 5 日被解除看押,离开了列宁格勒临时关押所(列宁格勒的"卢比扬卡"位于什帕列尔街,人称"大房子")。档案馆所保存的文件资料显示,1929 年的大部分时间他是在列宁格勒的埃里斯曼医院和乌里茨基医院度过的。——原编者注

杜：彼什科娃。

巴：维纳韦尔和彼什科娃。①

杜：是这样。那后来呢，他们只是叫您离开就行了？

巴：是的，只是叫我离开而已。

杜：去哪儿？

巴：去库斯塔奈。②

杜：库斯塔奈。在哈萨克斯坦。是南哈萨克斯坦吧？

巴：不，是在北部。北哈萨克斯坦。

杜：是不是在……阿克纠宾斯克一带？

巴：就在阿克纠宾斯克一带。我们都快接近阿克纠宾斯克州了……那时的库斯塔奈只是一个区中心，是区一级的。

杜：如今这些地方的名字都不一样了。

巴：我们都快靠近阿克纠宾斯克州了。没错，如今都变了。当时，自然还没有任何垦荒地。库斯塔奈的确还是一个相当落后的偏僻角落。

杜：在空旷的草原上？

巴：都是草原，周围都是草原，树木很少。光秃秃的草原……那里的气候很恶劣，很恶劣：冬天非常寒冷，而夏天沙尘暴则叫人完全受不了。大风卷起尘沙，人简直无法行走——喘不上气来……

杜：您在那里靠什么生活？

巴：我有工作。

杜：什么工作？

巴：当经济师。③ 一直干这个。当时基本都这样：像库斯塔奈……

---

①　参见第三次谈话的相关注释。——原编者注

②　巴赫金 1930 年 3 月 29 日乘车从列宁格勒前往库斯塔奈（请见 C. C. 孔金和 Л. C. 孔金娜：《米哈伊尔·巴赫金》，第 198 页）。"在火车上行动自由"（即无人看押），米哈伊尔·米哈伊洛维奇 1974 年 11 月 21 日在与本注释作者的谈话中如是说。——原编者注

③　根据出具给米哈伊尔·米哈伊洛维奇的工作情况鉴定书（巴赫金的档案），自 1931 年 4 月 23 日至 1936 年 9 月 26 日他在库斯塔奈区消费合作社联社担任经济师。米哈伊尔·米哈伊洛维奇 1974 年 11 月 21 日讲述道："这份工作是我自己选择的，我选择了在区消费合作社联社做经济师。很快就学会了怎样做财务报告和结算表。甚至还讲过经济学的课。我干不了自己的专业，因为我被挡在了学校门外。"巴赫金在这一新领域所达到的专业水准在他的文章（这是其前半生——40 年以来他署名发表的第五篇文章）《试论集体农庄庄员的需求》（《苏联贸易》1934 年第 3 期）中得到了反映。——原编者注

这些地方的流放人员都在某个单位……

杜：在执行委员会里？

巴：不，我是在商业部门当经济师。

杜：判了您多少年？五年？

巴：是的，五年。

杜：就是 1929、1930、1931、1932……1933 年您就期满了吧？

巴：是的。大概是 1933 年期满。这会儿我记不准了。不过我没有离开那里。

杜：是因为无处可去吗？

巴：无处可去，因为我是个服过刑的人，而且服刑的方式是：被流放到像库斯塔奈这样的偏僻地方。[1] ……就连一座像样的……州辖市也没有，甚至没有哪座城市有高等学校的——闭塞得很。就是这样。

杜：妻子也跟随您在流放地？

巴：是的，和我一起。

杜：你们没有孩子吗？

巴：没有孩子。

杜：妻子也有工作吗？

巴：妻子起先在图书馆工作，后来就不干了，后来就我一个人工作。

杜：可以说，你们吃够了苦头……后来去了哪里？留在了库斯塔奈？……

巴：是的……应该这么讲，我在库斯塔奈的时候……库斯塔奈这座城市在过去，在沙皇时代就一直是流放地。[2] 是的……那里的居民已习惯善待流放人员。这不管多么奇怪，这一点……还是保留了下来。这一传统保留下来了。那里的人对我们非常好——至少一开始是这样。我甚至感到惊讶。那时好像已经大闹饥荒了，所有的东西都是凭

---

① 流放期结束于 1934 年 7 月(从 1929 年 7 月 22 日判决之日起为期五年)。档案中存有一份证明，上面写着："兹证明巴赫金公民在流放期满后应前往库斯塔奈市居住。"(最初写的城市名是列宁格勒市，后被勾掉。)证明的出具日期为 1934 年 8 月 4 日。——原编者注

② 与巴赫金同期在库斯塔奈流放的政治犯有 Г. Е. 季诺维耶夫和著名的孟什维克分子 Н. Н. 苏哈诺夫(吉梅尔)之妻 Г. К. 弗拉克谢尔曼，后者 1917 年曾在俄国社会民主工党(布)中央委员会秘书处工作。米哈伊尔·米哈伊洛维奇说，她用打字机给他打印了写于库斯塔奈的大部头著作《长篇小说的话语》。关于季诺维耶夫在库斯塔奈的情况，米哈伊尔·米哈伊洛维奇曾对 В. Н. 图尔宾讲述过(见《文学报》1994 年 6 月 15 日)。——原编者注

卡供应,但我们总能多得到一些。你到商店去,本来就给四分之一磅茶叶,甚至是八分之一磅茶叶,可只要你提一下,他们就会给双份、三份等等。在商店里人们对我们态度很好……

杜:您没有做过任何教育工作?

巴:不,做过,做过一些教育工作,尤其是最后一年。那儿有一所……师范……师范……不,不是学院……

杜:是师范专科学校?

巴:是的,师范专科学校。我在那里工作过,时间不长。后来我在各种培训班讲过课,给商贸工作人员讲的是……总之是经济方面的课程。

杜:怎么,您给他们教希腊化时代的文化?(笑。)

巴:不,是经济课程。我在那里获得了一些相关知识,当然很快。您知道吗,这个领域……

杜:是的。好了。那您是从那里到的萨兰斯克?

巴:就是从那里到的萨兰斯克。事情就是这样。

杜:这是 1934 年以后吧?

杜:是的,我……

杜:1934 年那一年基洛夫被暗杀,这对流放犯的命运没有影响吗?

巴:对那里流放犯的命运?稍微有点影响……在那之前……对——对,是有影响的。首先,又出现了一大批新的流放犯。主要的已是……

杜:……共产党员。

巴:是的,共产党员。整个情况都发生了变化。我们这些流放犯所有的特权和优惠都改变了。说来也很奇怪,我们居然真的有一些特权和优惠。比如,谁也不会要让我们去认购国债。是这样。还有——工资。因为流放犯大多都是有文化、有专业的人,而这样的人那里很少,当地居民中是没有的,所以给我们发的工资就完全不一样了。比方说,一般是 150 卢布,而发给我们的则是 250 或 300 卢布,只因为我们是流放人员。当然,我们也要尽量对得起这份工资。大家都明白,当地人谁也干不了、做不到我们所做的事情。他们毕竟文化程度很低,虽然也很聪明能干,但却没什么文化。

杜:是这样。那萨兰斯克在什么地方?

巴:萨兰斯克离莫斯科也不算远:坐车要 20 个小时。

杜:这是在哪里?是高尔基州吗?

巴:是的,紧挨着。这是摩尔多瓦,摩尔多瓦自治共和国。

杜:这是往南了,这么说,是沿伏尔加往下了?

巴:不是,不是沿伏尔加河。还不到伏尔加河。

杜:难道不是在河畔?

巴:不。那里正好……

杜:那您是在什么时候到的萨兰斯克?是在战前吗?

巴:战前。是的。战前到的。

杜:那可是最困难的几年,1936 年、1937 年和 1938 年,您都住在萨兰斯克。没有人再动过您,再给您加刑?

巴:没有。没有……这里……等一等,萨兰斯克……我已经开始乱了。是的,我搬到了萨兰斯克,一点没错……不过那几年困难的时候我不在萨兰斯克。

杜:那是在哪里?

巴:是这样的:困难时期已经开始了……我在萨兰斯克是 1936 年和 1937 年,以及……后来在那里实在待不下去了。周围不断有人被逮捕,被抓走。简直是太恐怖了,让人无法理解。

杜:不过,当时到处都是这样。

巴:完全不可理解。

杜:您就离开那里了?

巴:我及时离开了那里。

杜:去了哪里?

巴:去了莫斯科,列宁格勒。有时住莫斯科,有时住列宁格勒。

杜:没有户口?

巴:没有户口。我有家人在列宁格勒:母亲和两个姐姐。莫斯科有个出嫁的妹妹。[①] 是这样。另外还有些朋友,在列宁格勒有些朋友。

杜:那您岂不成了非法居住?

巴:是非法居住。

---

① 母亲瓦尔瓦拉·扎哈罗芙娜·巴赫金娜和姊妹玛丽娅,叶卡捷琳娜以及父母的养女尼娜·谢尔盖耶芙娜·博尔谢芙斯卡娅住在列宁格勒;妹妹娜塔莉娅和丈夫尼古拉·帕甫洛维奇·佩尔菲利耶夫及儿子安德烈住在莫斯科。在 1937 年至 1941 年(战争之前)之间,巴赫金夫妇曾在莫斯科住过数月,与佩尔菲利耶夫一家住在公共住宅的同一个房间里,住址为:斯列坚斯克林荫道,6 号 1 幢 147 室。——原编者注

杜：您是从流放地逃走的。

巴：是的。

杜：您靠这个得救了，因为……

巴：是的，我靠这个得救了。不过，恐怕也没人找过我。当时的情况说来也真怪：人是给被抓起来了，可一旦他出于某种原因离开了那个地方，却没有人去追究他，没有人去找他。

杜：是的，那是因为他已经脱离了当地机关的管辖。它们也是有管辖范围的。

巴：对，是—的。他们当然也有管辖范围。就是这样，这就是我在那里的生活情况。

杜：1939 年我在世界文学研究所见到过您，好像是这样……

巴：啊，那时我已经……是的，那时我已住在……

杜：这是怎么回事，世界文学研究所允许您做报告，也不管您是怎么来莫斯科的？……①

巴：嗯。这就告诉您：当时我离开萨兰斯克，可以说是逃跑……不过，不是直义上逃跑，而是不慌不忙坐上火车走的……

杜：您不需要按月去报到吗？

巴：在萨兰斯克？

杜：是的。

巴：在萨兰斯克不需要，不用。

杜：您已经服满刑期了？

巴：是的，服满刑期了，所以就不需要报到了。

杜：您是个刑满人员。

巴：是的，是个刑满人员。在库斯塔奈的最后一年我就是这样。这不，有人对我说：好了，您可以走了。这里有一份您不能居住的城市名单。我想了想，实际上我已在库斯塔奈住下来了，干吗要从这个库斯塔奈换到那个库斯塔奈呢？于是我又在那儿待了一年。就在最后一年，

---

① 据存档资料，报告会"长篇小说的话语"定于 1940 年 10 月 14 日在世界文学研究所理论组举行；报告会"作为文学体裁的长篇小说"定于 1941 年 3 月 24 日举行。通常由理论组负责人 Л. И. 季莫菲耶夫致函巴赫金邀请他参加理论组会议；有一份 1940 年 10 月 28 日的邀请函就被保存了下来，内容是邀请他出席 Г. О. 维诺库尔所作的题为"作为文学学研究对象的语言"的报告会。——原编者注

我接到帕维尔·尼古拉耶维奇·梅德维杰夫的一封信。梅德维杰夫去了趟萨兰斯克。他去那儿只是为了赚点外快。萨兰斯克有一所很大的师范学院……一个系主任是他的学生。所以他去那里兼点课。他喜欢上了那个地方；喜欢那里的安宁寂静，觉得那里什么都好。当时还没有……于是他建议我去萨兰斯克。

杜：搬回去？

巴：不，不是搬回去，而是搬过去住。我是第一次去。当时我人还在库斯塔奈……是的。他在学院里说，有这么个巴赫金……

杜：那后来呢？……您在萨兰斯克……

巴：住了一年，在那儿待了两个学期，两个学期。

杜：您在那里讲课吗？

巴：是的，就在学院里讲课。[1]

杜：这些情况您已对我讲过，当时没有录音。那时非常乏味是吗？

巴：……是的，没错。

杜：……在那里教书没有意思？

巴：对，在那里教书很乏味，因为那里的人都很愚昧无知：大学生很愚昧，教师也很愚昧。不过报酬挺高的。因为那时实行的还是计时工资。所以数目不小……我离开时带走了大约一万卢布，虽说我只干了两个学期。这不，当我开溜的时候，兜里是揣着上万卢布溜走的。（微笑。）

杜：唔……这是有可能的。

---

[1] 在档案里存有一封 1936 年 9 月 9 日的信函（其署名人是摩尔多瓦国立师范学院院长 А. Ф. 安东诺夫〈1896—1938〉）："尊敬的巴赫金同志！经帕维尔·尼古拉耶维奇·梅德维杰夫教授举荐，我们邀请您来摩尔多瓦师范学院执教。〈……〉我们暂且可以安排您担任副教授一职……"积极促成此次邀请的是格奥尔吉·谢尔盖耶维奇·彼得罗夫，他是语言文学系主任，过去曾与 П. Н. 梅德维杰夫在列宁格勒文史哲研究所共事，在巴赫金的命运中他起到了相当大的作用。据 1937 年 6 月 8 日出具的证明材料，自 1936 年 10 月 1 日至 1937 年 6 月 9 日，米哈伊尔·米哈伊洛维奇的讲课时数为 758 课时，授课内容为世界文学通识课程和文学教学法。1936 年底，Г. С. 彼得罗夫遭受学院党委方面的迫害，1937 年 1 月被解职。А. Ф. 安东诺夫 1937 年被捕，1938 年遭枪决。1937 年总体形势的浓重阴影笼罩着巴赫金，他作为"一个因反革命活动被流放五年而刑期刚满不久的人"在学院党委会上被点名。米哈伊尔·米哈伊洛维奇被迫于 3 月 10 日递交离职申请，但直到 6 月 5 日才公布了关于他的解职令，上面写着他被解雇的理由："不顾多次警告，在教授世界文学通识课程中屡犯资产阶级客观主义的错误……"不过，7 月 1 日新任院长 П. Д. 叶廖明将其理由更改为"根据个人意愿"，巴赫金夫妇带着这份证明材料离开萨兰斯克，去了莫斯科[请见 В. 拉普图恩：《М. М. 巴赫金在萨兰斯克(1936—1937)》，载《源泉》，萨兰斯克，1991 年版]。——原编者注

巴：是的……我们就是这样过活的……①

杜：那您和妻子就四处漂泊？

巴：有时住在列宁格勒，有时住在莫斯科，而且不管在哪里，我们都尽量不在一个住处过夜，而是在不同的住处。到处都有朋友，朋友很多，都可以过夜……

杜：那还是不错的……因为当时人们对那些非本地户籍人员都感到非常害怕，不愿意让他们来自己家里。

巴：是的，尽管如此……

杜：您的户口在萨兰斯克吗？

巴：我的户口是萨兰斯克的，是萨兰斯克的身份证。

杜：身份证是摩尔多瓦语的？

巴：身份证嘛……不是……

杜：是俄语的，还是埃尔齐亚语？……

巴：不，对不起，当时我的身份证还是……

杜：哈萨克语的？（微笑。）

巴：是——的，是哈萨克语的。身份证是哈萨克语的。

杜：这么说您在这里也不能参加科研活动，因为您是这样一个身份的人……

巴：可不是吗，我就是这么过活的……

杜：那时您在认真地做事了吗，搞自己的东西？

巴：可不，我写了一些东西，做了不少事，读书。

杜：您当时都写了些什么？您什么时候开始搞《拉伯雷》的？

巴：《拉伯雷》——还是在库斯塔奈时我就开始搞了。是在库斯塔奈时，后来继续搞……

杜：可当时没有什么书籍资料啊！

巴：是的，我这就告诉您。列宁格勒我有一位朋友，他跟我关系很好，在我的老友当中他是今天唯一还活着的。他比我还大一岁。他还健在，而且在工作。他就是伊凡·伊凡诺维奇·卡纳耶夫教授。

杜：卡纳耶夫？我从来没有听说过。

---

① 看来，快到 1939 年的时候巴赫金夫妇实际上就已经没钱了，而在 1940 年和 1941 年初则完全过着穷苦的日子，仅靠他们的亲戚和米哈伊尔·米哈伊洛维奇的姊妹及母亲那极为有限的接济度日，尽管这些人也过着穷苦生活。战争期间，这些人和大家一样都在艰苦度日。——原编者注

巴：他的著作很多。他是生物学家。曾搞过遗传学，所以就……

杜：在李森科时期就吃了苦头……

巴：那当然。人们说他是"暗藏的摩尔根主义者"（笑着说），"暗藏的摩尔根主义者卡纳耶夫"。

杜：他给您弄了一些书？

巴：是这样：他有个……近亲是列宁格勒的萨尔蒂科夫—谢德林图书馆（过去的国家图书馆）馆长。他家在这个世上可算是个相当大的家族。

杜：他就给您搞到了一些书？

巴：他给我弄来了各种书籍。各家藏书库的都有。

杜：这些书到了萨兰斯克，您的手里？

巴：到了萨兰斯克，我的手里，后来……

杜：这是一个令人欣慰的事情。到处都有热心人！

巴：是的。而且是这样的：有一只箱子，箱盖子的一面写着我的地址，另一面是卡纳耶夫的地址。我只需要把盖子翻过来就行了。这就是说，他给我寄过来，我打开盖子用书，然后翻过盖子把它们再寄回去。[①] 这样就行了。

杜：他就在那边又借又还？以自己的名字借出来？

巴：他在那边又借又还……当然是以自己的名字借出来的。

杜：可是您所需要的书籍资料都是些非常罕见的呀……

巴：非常罕见的书籍资料。可实际上他连手稿都可以给我寄来。总之，在那边，他在图书馆里有最得力的帮手。所以他才能给我寄来……

杜：所以说，您写拉伯雷的那本精彩之作还是在库斯塔奈就动笔了？

巴：是的。不过主要部分当然是后来才写的。这样，在莫斯科我是没有户口的，后来我从莫斯科和列宁格勒搬到了一个更为固定的居住地——萨维奥洛沃。

杜：您获得批准了吗？

---

① И. И. 卡纳耶夫在萨维奥洛沃和萨兰斯克都拜访过巴赫金夫妇。多亏了他，我们才能看到巴赫金年轻时代的许多照片。1956 年，巴赫金最后一次去列宁格勒时，就住在 И. И. 卡纳耶夫那里。——原编者注

巴:我去了萨维奥洛沃,就在莫斯科附近。我那时已不再需要申请批准什么了。是这样。我是个刑满人员。而萨维洛沃是个……区中心。

杜:是的,离莫斯科已经有一百余公里了……

巴:不止吧,有一百三十公里。

杜:是的,好像还不是州的中心。

巴:没错,所以大家都在那里上户口。[①]

杜:那是萨维奥洛夫斯克铁路线的终点。

巴:是的,正一是,正一是。这是伏尔加河岸离莫斯科最近的一个地方。伏尔加河流经那里。就是这样。那儿流放人员很少,流放人员很少。我几乎就不知道那里还有谁是流放人员。

杜:这就是说,您实际上已不是流放犯了,而是被逐人员。

巴:是一的,被逐人员。是服过刑的人,那时叫刑满人员,是被逐人员,需要说的是,当时那里住了一位……我的天哪……住了一位诗人……诗人……诗人……诗人……不过他还是顺利地离开了那里……

总之,这会儿不知为什么我的状态十分糟糕……十分糟糕……记性坏,舌头也不利索……我不知道为什么会这样:也许是天气的关系……

是曼德尔施塔姆!是的,是的。

杜:啊哈,曼德尔施塔姆!啊哈,在萨维奥洛沃,的确……

巴:是的,他在那里住过,不过时间不长。

杜:您在那儿没有同他结识吗?还有娜杰日达·雅可芙列芙娜和……

巴:没有。我是在他走了之后才知道他在那儿住的。所以我没有

---

① 整个战争期间巴赫金一直住在萨维奥洛沃,几乎没有离开过,他在当地中学教书,也教德语。他的档案中保存着几张劝降德军士兵的德语传单。美国的巴赫金传记研究者出于误解,把这些传单说成是德国人制作散发的,而米哈伊尔·米哈伊洛维奇不仅把它们保存了下来,而且还在德语课上作为教学辅助材料加以利用……其实并非如此,而且也不可能发生这种情况:倘若果真如此,巴赫金至少会因此而遭到逮捕。不错,米哈伊尔·米哈伊洛维奇在德语课上使用过德语传单(有一段时间战线离萨维奥洛沃挨得很近),但很可能这只是因为,传单是"我方的",苏联的;而德军的传单应该用俄语写才对,因为这是散发给俄国人看的。美国人不懂得这些是情有可原的,然而"美国人的"这一说法却被原封不动地照搬到了 1992 年于萨兰斯克出版的高校论文集中(见《M. M. 巴赫金:学术遗产问题》,第 149 页;源自克拉克、霍奎斯特:《米哈伊尔·巴赫金》,剑桥—伦敦,1984 年版,第 263 页)。——原编者注

与他结识。

杜: 不知怎么的，他就去了莫斯科，后来又……

巴: 是—的。就—是。他好像一开始去了亚历山德罗夫，这还算是城外……后来他就去了莫斯科……

杜: 是这样。那么您是什么时候才……彻底恢复合法身份的，是斯大林死后吗？

巴: 是的，在斯大林死后。

杜: 您是从萨维奥洛沃来到莫斯科的？

巴: 是的，在萨维奥洛沃居住期间，我就时常来莫斯科（也就130公里的路程），并住上一段时间，时常这样。

杜: 您是什么时候截去这条腿的？

巴: 截去这条腿是在……对，是在萨维奥洛沃。

杜: 就在那里给您做的手术？

巴: 就在那里动的手术。①

杜: 很可怕吧。

巴: 是的。

杜: 建议您截肢，是为了保住另一条腿吧？

巴: 是的。就在那里做了手术。应当说，那位外科医生是很出色、很出色的外科医生。是一个上了年纪的人，差不多是个老头儿了……

杜: 那您有没有为消除"污点"而奔忙过？ 还是……

巴: 没有，一点没为此事奔忙过。当时这样做是绝对无用的。一般说来我坚决反对任何……

杜: 活动……

巴: ……任何活动，包括笔墨官司。我连平反问题都没有得到解决。我也没有提出过申请要求平反。

杜: 您为什么要这样?！

巴: 何必呢？ 我认为其实自己根本就没有受过审，受过法庭调查，因为当时的那些个做法都不能称为审判和调查。就是这样。那都是些……

---

① 手术在1938年2月17日进行；1938年4月14日米哈伊尔·米哈伊洛维奇出院。——原编者注

杜：不，您还是应当争取取消判决……

巴：不—不，我干吗去争取？我干吗要去争取？那些和我一起被捕的、同一个案子的人，几乎都平反了，不过我没有申诉。① 我完全不需要这个。绝对不需要。有什么用呢？

杜：您是从萨维奥洛沃回来的吧？……

巴：我从萨维奥洛沃搬回了萨兰斯克。

杜：又回到萨兰斯克？

巴：又到了萨兰斯克！是这样。

杜：已经开始有人去那里朝拜您了吧？

巴：已开始有人去那里……

杜：瓦季姆·科日诺夫告诉我，他就去过。

巴：是的，他去过，我那里他去过几次。后来……还有……弗拉基米尔·尼古拉耶维奇·图尔宾经常去我那里。

杜：我知道。

巴：带着利亚列奇卡。② 他总是带着里利亚列奇卡一起去，当时她是他的研究生。是的。

杜：利亚列奇卡是谁？是现在照顾您的这个人吗？……

巴：正—是，正—是，就是她……

杜：应该说，我对图尔宾的态度稍带那么一点儿嘲弄色彩。

巴：是吗……为什么呢？

杜：好像难以叫人佩服……他的那本书《时间同志和艺术同志》……③

巴：是的……不过那本书很老了，早就出版了，当时他还很年轻，热衷于技巧等方面的问题。

杜：他仅从交往和谈话中好像就生发出……不，他后来写的东西我并不了解，所以，也许我的评判并不公正。我并不坚持自己的看法，不

---

① 显然，米哈伊尔·米哈伊洛维奇并不知道，关于为他及其同案人员的平反决定是在 1967 年 5 月 30 日作出的（请见 B. 拉普图恩公布的文件资料：《文学问题》1991 年第 3 期，第 128—141 页）。——原编者注

② 列昂京娜·谢尔盖耶芙娜·梅利霍娃：语文学家，在大学年代参加了 B. H. 图尔宾主持的课堂讨论；60—70 年代是米哈伊尔·米哈伊洛维奇和叶莲娜·亚历山德罗芙娜最亲近的朋友，在所有事情上都是他们最得力的帮手。——原编者注

③ B. 图尔宾：《时间同志和艺术同志》，莫斯科，1961 年版。——原编者注

过我有一个印象，他好像是个不求甚解而又自命不凡的年轻人。

巴：是的，过去是的，但现在不是这样了。现在是这样了。应当说，他那本书《时间同志和艺术同志》在当时还是……

杜：书写得很生动。

巴：新颖别致，写得很生动，语言和风格都非常好。

杜：可是毕竟充斥着胡言乱语。

巴：没错，不过他在这本书的序言里已经作了说明，他称自己并非学者，并非研究者，而是记者。这是记者型的书。就是这样。但同时他又是个做学问的人。他教了 15 年的书。

杜：这我知道。我还在念研究生的时候就记得他。

巴：就是这样。他那很有名气的莱蒙托夫小组在一直存在着，时间很长。他已经……他的小组成员时不时地聚一聚，其中已经有副博士和副教授诸如此类的人了。

杜：可能是吧。后来我就落伍了。他是一个非常……一方面他似乎对什么都不满意，另一方面又非常……他的所作所为又非常……正统。您知道吗……他出身一个很有教养的家庭。我甚至还知道一点他的母亲情况。她曾在"处女地"上教我们这帮孩子学法语。

巴：啊—啊……他出身知识分子家庭。他父亲是位工程师。此外……他认为，图尔宾这个姓是布尔加科夫取自他父亲的……他父亲当时的确在基辅，指挥一支很大的工程队伍……他出了一些事情，很像布尔加科夫描写的那些故事。布尔加科夫是从他那里听到这些故事的。

杜：是这样。看来，您的生平描写总的说已接近尾声了。

巴：是的，快要结束了。

杜：此后您回到了……并住在……

巴：……住在萨兰斯克，我又回去了……

杜：您为什么要回去呢？

巴：我还能去哪里呢？无处可去！

杜：您就住在那里了？

巴：是的，一直住到赫鲁晓夫上台。那时还是斯大林时期。

杜：是在战后吗？

巴：是在战后。

　　杜：从 1948 年到 1953 年？

　　巴：是的。所有这些都还是那个时代的事情。去莫斯科和列宁格勒，这是非分之想。我常去那里，但要想在那里上户口、住下来我办不到。于是我就去找……教育部，那时就是这么叫的……

　　杜：是高等教育部吗？

　　巴：是的。我想得到派遣，再去一所外省高校工作。在部里，我正巧碰见了师范院校处的处长，就是我的……就是我在萨兰斯克时的系主任。他见了我说："您就回萨兰斯克去吧。我现在就把您给派过去，这就给院长写信。您需要的一切都会得到保证的。您最好就去萨兰斯克。"于是我就回到那里去了。①

　　杜：您在那里又待了好几年？

　　巴：我在那里待了……是的，待了好多年，年头相当多……我待了……差不多直到我搬到这里来。

　　杜：可是您还……对，有一个夏天您在佩列杰尔金诺，您和妻子被安排到了残疾人之家……

　　巴：是一的，是一的，的确在残疾人之家住过一段时间，没错。② 是的，在这之前……是的……

　　杜：直到 75 岁时您才分得莫斯科的住宅？

　　巴：不是。莫斯科的户口我只是在去年底，说得确切些，实际上是在今年才拿到的。这以前没有。当时在医院里还没有户口，在这幢房子里也没有户口。那时就这样……根本就没人提户口问题。

　　杜：我想，您是过于消极了。其实，您在 1957 年就应该得到平反

---

　　①　在米哈伊尔·米哈伊洛维奇的档案里有几封信件表明，早在 1941 年初，Г. С. 彼得罗夫就试图帮巴赫金在莫斯科安置工作。此事看来是受战争影响而被搁浅。后来彼得罗夫又一次帮米哈伊尔·米哈伊洛维奇在萨兰斯克安置工作，这一点在彼得罗夫 1946 年 7 月 2 日写给摩尔多瓦师范学院院长的信中得到了证实，此信也保存在米哈伊尔·米哈伊洛维奇的档案里，他在信中建议在学院里保留世界文学通识课程教研室，其实这项建议是专门为巴赫金而提出的。根据相关的派遣证明，关于任命巴赫金为摩尔多瓦师范学院副教授的命令是 1945 年 8 月 18 日公布的，巴赫金看来是 10 月 4 日离开莫斯科的。——原编者注

　　②　在莫斯科郊外克里莫夫斯克市的一幢老年公寓里（库尔斯科铁路格利夫诺站）巴赫金夫妇从 1970 年 5 月中旬一直居住到 1971 年 11 月底，在此之前他们在不对外营业的昆采沃医院里待了七个月（从 1969 年 10 月起）。1971 年 11 月底住入波多利斯克医院，12 月 14 日叶莲娜·亚历山德芙娜病逝于此。1971 年 12 月 30 日米哈伊尔·米哈伊洛维奇从波多利斯克医院搬入位于佩列杰尔金诺的作家创作之家，并在那里一直住到 1972 年 9 月迁至莫斯科寓所（红军街 21 号，第 42 室）为止，这里也就是他与 В. Д. 杜瓦金进行谈话的地方。住房证是 1972 年 7 月 31 日领取的。——原编者注

了……

巴:有什么必要呢……

杜:……那样就分给您住宅了……

巴:是的……也不一定……就算是吧……我不知道……

杜:那时毕竟已经是另一个时代了。

巴:是的,可在那里,在萨兰斯克我过得很好——在物质生活方面。我在那儿的住宅很好。分给我一套住宅,一套单独的住宅。就我和妻子两人住,没有别人。就这样。分给我们的是一套单独的住宅,两居室。①住宅比这个大:房间也大一些,天花板很高,总之,房子比较老,是一幢很不错的房子,在市中心。对面是政府机关:市政和……萨兰斯克州委大楼。现在大学里对我的态度也……的确,院长换了,态度也有了变化,但后来又变好了。总的说,还不错。还不错。要说我在那里受到了什么迫害,我不能说这话。我不能这么说。

杜:在那里没有人欺负您吗?

巴:没有,没人欺负我,没人欺负我。

杜:您第一次写《陀思妥耶夫斯基》那本书是在被捕之前吧?

巴:是的,还是在被捕之前。

杜:1928 年?

巴:是的。

杜:这么说,您离开的时候已经是个名人了。这本书总的说引起了人们的关注。

巴:是的,引起了关注,有些反响。

杜:有人发表了评论。而第二版您是在萨兰斯克修订的吗?

巴:是的,第二版我是在萨兰斯克修订的。科日诺夫来找我,我的责任编辑是……谢尔盖·格奥尔吉耶维奇·鲍恰罗夫。

杜:啊! 谢辽沙·鲍恰罗夫!

巴:也是……我的朋友,他也到萨兰斯克来找我。

杜:这是个不错的小伙子……

巴:很不错。非常优秀。

---

① 1959 年 8 月 27 日开具的第 39 号住房证保存了下来。地址:苏维埃街 31 号,30 室。当时巴赫金快到 64 岁了。——原编者注

杜：而瓦季姆·科日诺夫是我的学生，关系很亲密的学生，不过我还是要说，这是个瓦西卡·布斯拉耶夫："甩开膀子干吧！"要依靠他，那可费劲啦。的确，他……应该说，很能干，我从他那儿听说……我当时并不知道，您在哪里，您在干什么……您怎么样了……他是个很能干的人。

巴：他是个很能干的人。

杜：非常能干……但相当不讲原则。真的很遗憾。我不知道……他一直强调，他是我的学生，等等，可后来就一走了之了。我总觉着这不太好……

巴：噢，那您以为是因为您才出了这件事吗？

杜：是的！①

巴：不，您想到哪儿去了！您不了解科日诺夫！对他来说这完全不算什么。他是大无畏的人。不—不，您想到哪儿去了！那他对我呢？我那时实际上还是个刑满人员，没人知道我。《陀思妥耶夫斯基》那本书被人遗忘了……他把这些事情都做起来了。要不是他……

杜：是他把您的这本书推荐出去的？

巴：全靠他！全靠他！全靠他。我连这个打算都没有。

杜：您怎么能这样呢！

巴：是的，我连这个打算都没有。那本《拉伯雷》也是写好了，放在抽屉里的，我可没有想到拿去出版，觉得这不大可能。而他一来，就全都办妥了。

杜：扫清了重重障碍？

巴：扫清了所有障碍！都被他扫清了，扫得干干净净。

杜：这当然……这对瓦季姆来说当然是件很光彩的事情，如果真是这样的话。

巴：是的。一般来说，我对他已经很了解了，相当了解，他可是个大无畏的人。不—不，您不必这么想！说他怕您的名声不好——这话连提都不该提。才不是呢！他一直与这种非官方名声的人来往（微笑）。

杜：他有时在公开场合讲话非常……

---

① 1966 年 3 月，B. B. 科日诺夫和其他许多人一道联名写信给莫斯科大学校长 И. Г. 彼得罗夫斯基，表示支持 B. Д. 杜瓦金，当时后者因在审理 A. 西尼亚夫斯基和 Ю. 达尼埃尔这件诉讼案时作为证人出庭为他们辩护而被逐出语文系。——原编者注

巴:他在公开场合讲话——是一的,他……

杜:现在他可说是所谓根基派领袖之一。

巴:是一的,根基派,根基派,没错,或者叫新泛斯拉夫派。

杜:是的,说话粗鲁……还有反犹太主义……

巴:是的,不过您知道……他这个人……其实……不是的,他不是排犹分子,不是反犹主义者。这是对他的一种误解。您知道吗,是这么回事……他是一个非常活跃的人。仅仅写作——是不会让他得到满足的。他想要行动,在生活中扮演某种角色。他不是追求个人的名利地位,不是的,他完全不是名利熏心的人! 他需要行动,他需要的是行动。

杜:同我打过交道又引起我疑虑的那些人,能听到有人说他们的好话,我非常高兴。

巴:没必要,您不该这么想。至少,您所说的那些是完全不可能的事情。这对他不会有任何影响。倒还可能会有相反的影响,相反的影响倒是可能有的。

杜:可能,他只是不感兴趣吧。

巴:其实他会产生更多的好感。如果可能的话,想必他会给您提供各种帮助的。是的……也不见得。不仅仅是这样……

杜:那时我所接触的人表现各异,我自然就很戒备。

巴:不用!

杜:但愿如此。您看,我们之间还有如此错综的关系。顺便问一句,您的姓氏很普遍吗?

巴:不,很少见。

杜:与您同姓的人多不多?

巴:我想,不多。我只知道……

杜:是这样的,在我的亲戚当中,这么说吧,在我妻子的亲戚当中,就有姓巴赫金的。我的妻子姓维谢洛芙斯卡娅。[1]

巴:是的,您曾经告诉过我。

杜:〈……〉我之所以对家族问题感兴趣(笑着说),是因为您一开始就说,您家的姓氏很古老……

① 叶莲娜·谢尔盖耶芙娜·杜瓦金娜:法学家谢尔盖·鲍里索维奇·维谢洛夫斯基(1885—约1946)的女儿。他的亲兄弟有:历史学家、科学院院士斯捷潘·鲍里索维奇·维谢洛夫斯基和经济学家鲍里斯·鲍里索维奇·维谢洛夫斯基。——原编者注

巴：是的，很古老。

杜：……这么说，您也掌握了一些关于您家族的分支情况。

巴：是的。不过我本人这里没有，因为我没有关心过此事，而我的哥哥很关心。他了解家谱……

杜：您的家族是贵族吗？

巴：当然是贵族。

杜：奥尔洛夫斯基家族？

巴：是的，奥尔洛夫斯基家族。就是这个家族有一条莫斯科分支。在这个分支里有个人相当名……作为文学家名气不大，但是个大官（有一段时间他是亚历山大二世时期的御前大臣）——巴赫金。是这样。莫斯科的这条分支极为常见，不仅在普希金的传记中，而且在莱蒙托夫等人的传记中都能见到——巴赫金家族。其中有几个姑娘都与莱蒙托夫相识，莱蒙托夫差点没去追求她们中的一位。不过，可以说这是一个分支。所以，虽说这些人是一个家族的，但并非都是亲戚。（微笑。）是这样。而奥廖尔省的就都是亲戚了，他们大数都是军人，将军。其中可说最显赫的一位，是俄国最早那批武备学校之一的创建人……

杜：这个人您曾经讲过吧？

巴：是的，正一是，那是在奥廖尔。

杜：是您的祖父？

巴：是我的曾祖父，是的……

杜：很有意思。好，我们现在还是休息一下吧，您得吃午饭了，然后我们来谈尤金娜。

好的，我想顺便问您一句……我很想知道……也许确实是我弄错了。在自己的家园里是没有先知的。您读过尤里安·谢尔盖耶维奇的哪些东西？他是我的表弟。① 您是自己阅读的,还是他念给您听的?

巴:自己读过,也听他念过。还是很早以前读的。是些不太长的……

杜:是些小故事?

巴:是——的。就像是您所知道的那只小苍蝇。

杜:是的。您早就关注此人了吗?

---

① 尤里安·谢尔盖耶维奇·谢柳(1910—1995):生物学家、兽医、文学家、艺术理论家,写有微型短篇小说和研究季奥尼西绘画语言的著述(一些片段发表在杂志《装饰艺术》〈1977 年第 10 期〉)上,以及一些论文集中。70 年代,曾去过位于红军街的巴赫金寓所,不仅给他读过自己的作品,而且还给他家的猫看过病。短篇小说《小病猪》和其他几篇短文援引如下(原编者在此处还援引了谢柳的《蜡烛》一文,由于其篇幅较长,故从略。——译注):

小病猪

小猪生病了。它状况不佳。直挺挺地躺在干草上。黑色的小眼睛直盯着上方的某个地方,却什么也看不见。僵硬的白色睫毛时而眨动几下。

静悄悄。煤油灯里的火苗在猛烈地抖动。鸡窝的栖架上露出母鸡的黑影。它们在睡觉。爷爷和奶奶一言不发地站在小猪身旁。它身上发热。鼻子红得很不正常。身子一侧的鬃毛下有两个很显眼的黑色斑点。

"咯咯,咯咯,"奶奶唤着小猪。小猪暂时挣脱开病魔,挪动了一下身体:它听到了唤声,可又落入了魔爪。稀疏的睫毛时而眨动几下。

在黑魆魆的角落里,母鸡在梦中咯的叫了一声,身子微微动了起来——并开始不停地发出声音。接着一切又安静下来。

煤油灯里的火苗不时猛烈地发出吱吱响。小猪生病了。

1940 年

＊ ＊ ＊

有时候,电话里那亲切的声音不是即刻就显露出来,就热烈起来的。有时候,它一开始是弱弱的,了无生气,听起来很生分,很不习惯:好像根本不是对自己人说的,不是对我说的;我不曾听到如此这般的声音——它好像是说给陌生人听的,还带些戒备。

可怜的心儿!它时常会陷入何等密集的布满灰尘的迷宫。孤零零的。所以,一听到可怖的电话铃声它就会吓得紧缩起来……

可终于那声音有了感觉,恢复了生气,像淙淙细流注入了听筒,并传了出来。

心儿离开片刻,等暖和过来——便恢复了原位。就像一只小野兽靠近了笼栅。

1979 年 4 月 6 日,10 月 10 日

＊ ＊ ＊

两枚小草莓挂在草茎上。

那么可爱,真想一饱口福。

好想把它们摘下来,可又不知该拿它们怎么办。

那样只会剩下光秃秃的草干,只会留下淡淡的口香。好想完全占有它们。让它们成为我的东西,驻留我的心间。

强烈的欲望与淡淡的口味并不相符。

我观赏着它们。

好想把它们摘下来。自然也可以摘下。可又不知该拿它们怎么办。

1935 年 8 月 2 日,克鲁泡特金大门
——原编者注

巴：很早，很早。我们是通过玛丽娅·韦尼阿米诺芙娜认识的，那是很久以前的事了。

杜：您认为他的东西有意义吗？

巴：我认为，至少是很有意思的，很细腻，归根结底我认为，这也是有意义的。这也是有意义的。不过文学中的这种风格，这种特色，在我们这里并不为人知晓。人们并不承认，也不明白。您看看东方文学，比如日本文学……

杜：那是有这种风格的。

巴：有的。那里只写一个形象，极小的形象，一个细节，就一个细节，一个微小的细节，但却非常细腻。是这样。我们没有这个，可他的作品里是有的。

杜：我可以直言不讳地告诉您，我……他给我留下的印象是不愉快的……他感觉自己是个开创了新纪元的天才，并且就因为我不认可这一点而生我的气。倒不是我不认可……他会满不在乎地说："那又怎么样，当初也没人听巴拉丁斯基的诗……瞧……可后来……"也就是说，他满以为自己就是个开创者和创新者。

巴：是吧。在一种程度上他是对的。要知道，关于天才……从根本上说……这个词……我认为讲谁是天才，只能是在他死后一百年，至少也得是在他死后 50 年。这么说吧，时间会检验并筛选出天才的。是这样。他嘛，毫无疑问是位创新者，他用自己的创作、自己的短篇小说在文学领域开辟出一条路线，这也是毋庸置疑的……非常遗憾的是，这一点目前没有得以发展，没有。

杜：可为什么没有呢？……

巴：这太……不合时宜了。

杜：要知道，这里没有任何政治因素，全是……那为什么呢？有一位叫叶莲娜·古罗的，也写了那种印象主义的玩意儿。还有普利什文。

巴：嗯—嗯……这可不一样……

杜：他的特色在哪里？

巴：这可不一样。

杜：您说的其实也没有什么好争辩的。当然，这很细腻，那单个的细节……那里面还写到了一只小猪崽……

巴：是的，有的。是一只小病猪。

杜：没错，是一只小病猪。一切都记得很真切，都很不错……有一位电车女司机，绰号叫"小土豆"，开着一辆有轨电车……这个情节写得很好。但他想要达到一定的深度，而我个人却根本就看不出有什么深度……因为您的意见对我而言自然是很宝贵的，我也许会重新考虑一下自己的意见，但我觉得，当你读一部真正有价值的作品时，不论你反复读多少遍，每次你总会发现新的东西。您把另一部作品拿来与这部作比较……契诃夫不是说过这么一句话么：不管什么都可以描写，"连墨水瓶也可以写"。

巴：可—不，可不是吗，他也写过的……

杜：他写过墨水瓶，还有钢笔，这些就是他写的东西。原则上讲所有的东西都可以写……其实这也不是他的发现；可要在这只墨水瓶上，这支笔上看到，说得简单点儿，看到星空世界……而这一点我却感觉不到。起初我听他读过许多东西，后来我觉得乏味了，而且他偏偏就喜欢朗读。我就只好听他念……就像您谈到的罗日杰斯特文斯基的情况：他朗读的时候感觉不错，很有趣，可后来再拿来一看——就满不是那么回事了，我想，还是自己看一看吧，可一看——却是兴味大减。当然，这也取决于接受程度……读者的接受情况，也许问题出在我自己身上，我这人做不到持之以恒，可是……我坚信，只有引起我反复阅读的作品，才是伟大的艺术作品……

巴：必须经得起多次阅读。

杜：……要经得起多次阅读，每次都会有所发现。您还记得吗……对此我跟您有不同的理解，不过……在我看来，马雅可夫斯基的作品的确如此。普希金的也是。陀思妥耶夫斯基的也是……也算是……虽然应当说，对陀思妥耶夫斯基的作品……我很少去重读。这不，现在由于看了您的著作，我又开始重读陀思妥耶夫斯基的作品了。有些作品我根本就没有读过。我想从头到尾……从第一卷开始……

这不……而……表情朗诵……况且，他非常看重自己表情朗诵的作用，也就是说，他把这看作是散文诗。

巴：没错，在某种程度上是可以用这个术语的。

杜：但我觉得，这说法不对。我个人总的认为，散文诗的提法不太靠谱。诗……之所以为诗……正因为它是诗……

巴：那是。

　　杜：诗有它自己无可替代的特性。顺便提一下，就连屠格涅夫的《散文诗》我也不喜欢。屠格涅夫那篇短小的"……咸咸的白菜汤……"①结果也被当做……一首小诗了……所以说，在屠格涅夫这些散文诗之后，在契诃夫之后，在古罗之后，从某种纯形式的方面看，还有个罗扎诺夫。尽管我完全同意说罗扎诺夫全然是另一种情调。

　　巴：全然是另一种情调。

　　杜：他是个喜欢荒诞离奇的人……

　　巴：是的，那里更多的不是事物，而是极为独特的思想、独特的感受等等，而他的作品里却不是这样，是别的东西，是事物，各种事物。是各种事物，自然现象。

　　杜：要说是事物的话，您知道吗……这到底是事物还是抒情主人公（如果这是散文诗的话）？如果是抒情主人公，我却感觉不到……

　　巴：这不是抒情主人公，绝不是抒情主人公。这是事物，是事物，是现象，一种特有的现象。不过只是这样一种事物，它在文学中通常只是作为细节来描写的，而没有独立的意义，只有在整体中、情节中才会获得意义；在情节中，为了表现某一主题就需要细节，为了刻画某一性格就需要细节，就是这样。总之这不是独立的东西，而只是细节，是整体的一部分。

　　杜：那么，它有权像这样独立存在吗？……

　　巴：有的，有的。具有充分的权利。

　　杜：怪不得他总要把自己的作品组织成系列。

　　巴：这是另一回事。可以组成系列，但每部作品总体说都是独立存在的，具有自身的价值。

　　杜：可契诃夫的一些札记也可以当作文学作品来读。

　　巴：是的，但那是另一回事，情况不同。对契诃夫来说，这毕竟都是半成品，是为将来的作品——契诃夫特有的作品而准备的，仅仅是半成品而已。

　　杜：当然，他是很才干的。他父亲也写过作品。

　　巴：也写过作品？

　　杜：也写过。写过一些不错的小故事，是位很有禀赋的教师，的确

_____

① 此处引自 И. С. 屠格涅夫的散文诗《白菜汤》，略有变动。——原编者注

是位很有禀赋的教师,在这方面他也表现出了自己的才干。他是个民主派甚至有一点儿虚无派类型的人,是从事生物学的。尤里安本人也学过生物学,学过做观察。实际上他是受了利季娅·叶夫拉姆皮耶芙娜①的鼓动:她引导并推动他走上了这条创作之路。因为他不能全身心地投入创作,40 年里……现在他又转而研究……季奥尼西②。他把研究成果读过几遍。自以为写得很成功。其实并没有取得真正的成功,我问过一些人。他们都不表态:"要说内容么……"但也不得罪他,就是说,他们感觉写得还是比较肤浅的(也许这种看法并不公正)。但观察力还是有的……

巴:可我倒是认为,将此视为肤浅之作的人恰恰显得十分肤浅。在我看来,真正的艺术理论家终归会承认其价值的……

杜:我不敢保证,我只是……

巴:当然,我也不是绘画这方面的专家,对壁画、圣像画之类的并不在行。这是另一回事。尽管如此,我还是能感觉到,他的方法很独特,很有意思,能达到自己的目标。所以我总觉得,他凭自己的努力终能取得相当大的成就。也许,不是在他生前,但身后肯定会这样的。无论如何,他……人们会对他发生兴趣的。

杜:但愿如此……您知道吗,他还是我的弟弟呢,虽说是表弟——我没有亲兄弟。实际上,比他更亲的人我也没有了。

我还有一个弟弟写了一辈子的诗,不过他写的诗明显是……模仿阿克梅风格的。"不过你还写不出呢……你还写不出诗歌呢……"他说。我认为,一个人一旦意识到他并不需要写诗,那么他干脆放弃不做——这反而会更好一些。我是不写诗的,因为我明白,我……我没有这方面的天赋。他从 10 岁一直写到 60 岁,写了一辈子。他经常往各家编辑部跑,他的诗作有几回居然也见诸报刊了。然而实际上这自然都是些浅薄之作……他——我的弟弟是个数学家,尤里安当然比他更有才气……

巴:是的,他很有才气。

---

① 利季娅·叶夫拉姆皮耶芙·斯卢切芙斯卡娅(1897—1979):语文学家,M. B. 尤金娜的熟人,两人来往密切。她的有关情况请见尤金娜 1947 年 2 月 4 日写给 Б. Л. 帕斯捷尔纳克的信(载《新世界》1990 年第 2 期,第 171 页)。——原编者注

② 季奥尼西(约 1440—1502 /03):俄国画家。擅长圣像画和壁画等。——译注

杜：……更细腻……

巴：当然，更细腻……

杜：更细腻。〈……〉不过他那……他讲话的口气有时叫人实在无法忍受……

巴：您指的是什么？

杜：我指的是那种感觉……我要说，他简直就是夸大狂。极为……古怪。

巴：可……那是……要知道夸大狂……是一个时代的某种普遍特征。总的说……就像《罪与罚》中的那位侦查员所说的："在我们这个时代有谁不认为自己是拿破仑呢?!"在一些时代，众人都自认为是……比如拿破仑吧。当开始出现象征主义、颓废主义、未来主义……的时候，众人们也都自诩为天才。

当时普遍认为：甚至不可能是另外一种样子。就像当初勃留索夫把自己的一本小集子——一本微不足道的薄薄的诗集称为"精品"。人们对他说："怎么可以这样呢？这种叫法太不谦虚了……"他的回答是："既然我出版它，既然我发表它，那就是说，我认为它是好的。当人们说自己的作品是肤浅之作时，他们是言不由衷的。"不对。既然发表作品——创作并发表作品，那就是说，他相信这是天才之作。当他把自己的诗集称为"精品"时，就是这样作答解释的。后来他当然变得成熟些了，当然也就不这么说话了，也就不这么行事了，可那时……全都是天才聚集在那里，在他们那些小组里人人都是天才。未来派当中也是……

杜：当然喽……"我是天才，伊戈尔·谢韦里亚宁……"

巴：那是，就是。

杜：不过他们的写法在很大程度上还是带有游戏和哗众取宠的意味。而尤里安平时似乎是一个很恭谦的人……他非常严肃地从事生物学研究，其研究范围是狭窄的分类学，具体对象是蜱螨之类的，他非常地不走运。他的导师本来是名中学教师，好不容易跻身高校师资队伍，却在年纪轻轻时就溺水身亡了。他在 19 岁——在最需要别人帮助的时刻却得不到任何支持。后来，他的父亲也去世了……他来到大学，可未被录取……他当然应该在大学里学习……

巴：那当然，是的。

杜：而……大学，也就是说，他……他不再奢望跨入大学门槛，转而进入了畜牧研究所。而当畜牧研究所分为两半时，他进入了兽医研究所——其实纯属偶然。这不，他就成了专业人士，似乎还是一位很受尊敬的兽医，不过……

巴：他现在有多少岁？

杜：他比我小两岁。我已年满64岁了……

巴：这么说他62岁了。

杜：是的，他62岁了。62岁了。我们俩关系很好，只是我有时简直觉得有点儿害怕。

巴：不，不会的，他当然不是那种写作狂……我确信，他不是写作狂……他的写作是有意义的。

杜：他有写作的权利？

巴：是的，毫无疑问，他有这个权利。

杜：不过，这只是一方面，归根结底，每个人都有写作的权利，只要他有东西可写。任何一个有文化的人都可以……我先把你们所有人的谈话给录下来，然后再录一录我自己的。不过我现在还没有这么做。我是有内容可谈的……他觉着，一旦他发表出来，那么世界会大变样的。我不怀疑他的才能。您知道吗，如果一个人25岁，问这人有没有才能，人们会说："是的，当然有才能！"

巴：在25岁这个年纪做一个有才能的人并不难。

杜：没错。可要是一个人已经62岁了，别人还对他说："你有才能，去写吧！"——这就等于杀了他。不能这样……应该这么说：我做了些什么，我在这个世上留下了什么？应当做一番总结，您明白吗？我明白您的意思，您还是赞同他的总结……

巴：会的。我这么看。当然，您瞧，这里有许多附带的因素。总结可能很晚才会做出，要等到他死后很久才会做出，可能是这样。

杜：我觉得，如果现在他……可是……您明白吗，有写作的权利是一回事，对自己作品的地位作出极不相称的评价——却是另一回事。〈……〉我认为，如果现在他出版自己的东西……我想从原则上讲他能够发表出来，也可以发表出来……

巴：那当然。

杜：……可不会引起谁的特别注意。

巴：是的,没错。完全明白。我们现在对这一切既没有眼力,也没有听觉。就是这样。

杜：现在在这方面已经做了不少的努力:要么是短小的故事……要么是在《文学百科辞典》里……

巴：是的,只不过这不是小说,而是另一种东西。是的……

杜：这是一种短小精致的体裁。

巴：是的。他的作品中缺乏尖锐性。在我看来,这恰恰不是什么缺点。但要是有了这种尖锐性,那肯定就会为发表较快地打开方便之门。

杜：请原谅,这已经超出了我们的正式谈话的范围,不过……对我来说这是一个令人感到不安的话题。

巴：那是,我懂。

杜：此时我就要说到我亲近的人,我珍惜的人……也许,我的确不太公正……

第六次访谈(1973 年 3 月 23 日)

杜：米哈伊尔·米哈伊洛维奇,我们终于要谈最后一个话题了——玛丽娅·韦尼阿米诺芙娜·尤金娜。

巴：好吧。我是去涅韦尔找我的朋友列夫·瓦西里耶维奇·蓬皮扬斯基①的时候,认识玛丽娅·韦尼阿米诺芙娜·尤金娜的。列夫·瓦西里耶维奇·蓬皮扬斯基已经在涅韦尔已住了两年,因为他在那里服兵役,确切地说,不是服兵役,而是他所在的团驻扎在那里。② 当我去找他的时候,他已经复员了。就是这样。他非常了解涅韦尔当地的整个社会情况,其中包括尤金医生一家。③ 这是涅韦尔最受人尊敬的

---

① 巴赫金于 1918 年夏初来到涅韦尔。Л. В. 蓬皮扬斯基在自传体回忆录《琐忆九个春天》的末尾处谈及 1918 年春天时写道:"米哈伊尔·米哈伊洛维奇来到此地时已是夏天了。"(Л. В. 蓬皮扬斯基的档案)——原编者注

② Л. В. 蓬皮扬斯基想必是在 1915 年或 1916 年初开始服兵役的,并从 1916 年春随部队驻扎在涅韦尔。同年尼古拉·米哈伊洛维奇·巴赫金,即米哈伊尔·米哈伊洛维奇的哥哥,也自愿报名参军,也许他这是在仿效蓬皮扬斯基(见《H. 巴赫金:讲稿和随笔》〈英文版〉,伯明翰,1963 年版,第 3 页;《纪念蒂尼亚诺夫第五届学术报告会文集》,里加,1990 年版,第 235 页)。——原编者注

③ 韦尼阿明·加夫里洛维奇·尤金(1864—1943):地方和铁道医生,在不同时期都为涅韦尔的建设做出了许多贡献。苏维埃时期成是劳动英雄。疏散时死于莫洛托夫(彼尔姆)。——原编者注

医生——尤金大夫。此外在进行立宪会议选举时，他被推为候选人。

杜：他是哪个党派的？

巴：他当时恰好在这方面出了点问题……他一辈子都是立宪民主党人。总的说，作为一个有名望的医生，这么讲吧，从他的做派，从他的性格来说，他当然是立宪民主党人。但他考量到立宪民主派无望入选，中选的定是较为左倾的党派，于是他就突如其来地当上了孟什维克。

杜：孟什维克？

巴：是的。几乎就在选举前夕……这就是说，他是算作孟什维克而被提名的。

杜：那么，他选上了吗？

巴：没有，没有被选上。孟什维克也未被选中。因为这是在维捷布斯克省。在那里该党没有当选。在那里孟什维克人数很多，名单是通过了，但显然他没有进入前几名。总之，我现在所记得的就是，那里——在维捷布斯克省，孟什维克们并没有取得多大成功。成功的是社会革命党。

杜：当初他应该从立宪民主党转而加入社会革命党才对！（笑。）

巴：是的，可不知为什么他却参加了孟什维克。就是这样……他的一个女儿……他是个大家庭。

杜：大家庭？

巴：是的。他有两个儿子，其中一个不久前去世了，也是一个非常有名的医生，并且……不对，对不起，应该有三个儿子……（思忖到。）不，是两个儿子，两个儿子，①还有几个女儿。子女很多。我只认识……其实，我几乎全都认识，只是这会儿想不起来了。不过较为了解的只有玛丽娅·韦尼阿米诺芙娜·尤金娜和她的姐姐。②

杜：父亲是韦尼阿明？……

---

① В. Г. 尤金的两个儿子：鲍里斯·韦尼阿米诺维奇(1904—1986)，电影剧作家；列夫·维尼阿米诺维奇(1892—1964)，医生。——原编者注

② 巴赫金指的是安娜·韦尼阿米诺芙娜(1896—1970)，她是科学文献翻译工作者。В. Г. 尤金的另两个女儿：弗洛拉·韦尼阿米诺芙娜(1891—1961)，医生；维拉·韦尼阿米诺芙娜·尤金娜—戈特弗里德(生于 1926 年)，地质学家，尤金第二次婚姻所生的女儿。后者发表过一些回忆录，其中有写尤金一家的，也有写 20—30 年代的涅韦尔这座城市的(她称之为"不复再有的城市")，以及写第一示范中学的，即 M. M. 巴赫金、M. И. 卡甘、Л. В. 蓬皮扬斯基，M. M. 巴赫金娜曾经工作过的那所女子中学。请见 В. В. 尤金娜：《我的涅韦尔》，载《涅韦尔文集汇编》第 5 辑，圣彼得堡，2000 年版，第 115—128 页。——原编者注

巴：是的，我记得叫韦尼阿明·加夫里洛维奇。是这样。后来我还认识了他的弟弟雅科夫·加夫里洛维奇，维捷布斯克的律师，也是一位非常受人尊敬的人。①

杜：他们两边都是犹太人家庭吗？

巴：完全是犹太人家庭。母亲也是犹太人，但已去世。我到之前不久，好像是一年的样子，她就去世了。② 所以，我只认识玛丽娅·韦尼阿米诺芙娜的父亲、兄弟和姐妹。后来我还认识了她的叔父，那已是在维捷布斯克了。

杜：总的说，他们能算是富裕人家吗？

巴：他们是富裕人家，但不是富翁，因为他们既不是商人，也不是企业家。他是医生，收入颇丰，而他的弟弟雅可夫·加夫里洛维奇·尤金是个律师，很有名的律师，同样也是收入颇丰。是这样。也许像许多犹太人那样，他们也有少量的资本，不过在那个时候这已经没有任何意义了：实际上已没有个人资本了。他有一幢私宅，坐落在市中心，带有花园，房子很好，一家人全住在那儿。是幢大房子。是这样。列夫·瓦西里耶维奇早就与他认识，也早就认识他的小女儿了，就是玛丽娅·韦尼阿米诺芙娜。我来的那年，她 16 岁。③

杜：就是说，这是在 1919 年？

巴：不，是在 1918 年。

杜：当时她才 16 岁？

巴：是的，她才 16 岁。不过，我记得不那么确切……她是哪一年出生的？

杜：我也记不清她的出生年份，不过我觉得，她是在 1900 年之前出生的。

巴：我记得，她好像比我小四岁。

杜：您是哪一年出生的？我忘了。

巴：1895 年。

---

① 雅科夫·加夫里洛维奇·尤金(1866—1930)。——原编者注
② 赖莎·雅科夫列芙娜·尤金娜(娘家姓为兹拉京娜)(1868—1918)：1918 年 3 月 24 日去世，也就是说，不是在巴赫金到涅韦尔(并与 M. B. 尤金娜相识)之前一年，而是在他到之前一个半至两个月去世的。——原编者注
③ M. B. 尤金娜(生于 1899 年)当时未满 18 岁。——原编者注

杜：1895 年！那怎么可能是 16 岁呢？如果您是 1895 年出生的，那她应该是 1899 年生人。我就记得嘛。如果是 1899 年生人，那么在 1918 年她绝不会小于 19 岁。

巴：不，不是！不—是。她要小一些。也许是 17 岁吧，也许是 18 岁（最多是这样），我记不清她的出生年份了，记不准了。但我要比她大四岁，也许大五岁，反正绝不会少于四岁。在我认识她的时候，她还是个小姑娘呢，还没有完全成年。

我在那里开了一门哲学课，课时不是太多。地方的知识分子对一切都表现出浓厚的兴趣，尤其是对哲学。于是，我就讲了一门哲学课，课时并不太多。我的听众当中就有玛丽娅·韦尼阿米诺芙娜。她立即引起了我的注意：一位非常年轻的姑娘，体形丰满，确实丰满，身材高大，身穿清一色的黑装。她那时的装束完全像个……不错，像个修女，这与她年轻的脸庞和年轻的眼神等形成一种对照。是这样……她穿得几乎像个修女，当然，不是说穿修女的衣服，而是学她们的模样。

杜：怎么，她那时就已经受过洗礼了？

巴：我想，她那时已经受过洗礼了。

杜：就是您在那儿的时候？

巴：不，不是我在的时候。她是在早些时候接受洗礼的。[①]

杜：这么说，她是在犹太家庭里长大，并在很年轻时就自行接受了洗礼？

巴：是的，她在早年就接受了洗礼。

杜：是个人受洗？还是全家人都受洗了？

巴：是个人受洗。不，受洗的不是全家人。她父亲根本就……他是个医生……他的世界观……有一点儿犬儒主义的味道……顺便说一句，他是个十分聪明的人。是个十分聪明的人。很有能耐。是个非同一般的人。但他的世界观有点儿犬儒主义的色彩。对他来说，他的女儿接受的是基督教，还是伊斯兰教，或是别的什么教，都是一样的。她听了我所有的课，听得很认真……

杜：您讲的是哲学史吗？

---

① M. B. 尤金娜是在巴赫金来涅韦尔一年之后——1919 年 5 月 2 日于彼得格勒的圣母帡幪教堂接受洗礼的。主持洗礼的是大司祭尼古拉·切普林(1881—1947)，此人曾经历过许多苦难，不过去世时已当上了莫斯科神学院院长（为寻求更为严厉的体验，M. B. 尤金娜在接受洗礼之后不久便从他那里转至费奥多尔·安德烈耶夫神甫的门下）。——原编者注

巴：我讲的是哲学概论。这么说吧，是哲学史，但主要不是按时间顺序讲的，而是按问题讲，一般的概论课都是这么讲的……

杜：我明白。

巴：是的。我讲的是哲学概论。至于每个题目内部——都是有历史顺序的。

杜：就是指认识问题……

巴：是的，正—是。

杜：……在古希腊—罗马文化中，以及在……古典哲学家那里……

巴：正是这样。不过我在授课时主要讲康德和康德主义。我认为这是哲学的中心问题。还有新康德主义。不错，新康德主义，这里首先自然是赫尔曼·柯亨……李凯尔特……那托尔卜，卡西勒。

杜：那托尔卜，卡西勒——我通过别雷的作品还记得一点，知道一点。

巴：当然您是知道的。您记得吧，卡西勒有个著名的三卷集 *Philosophie der symbolischen Formen*[①] 这是一本精彩之作，至今尚未过时，直到现在我们这里还有人常常引用它。这就是我的哲学课的主要题目。

再往下说吧。当我与玛丽娅·韦尼阿米诺芙娜相识时，她正处在列夫·瓦西里耶维奇·蓬皮扬斯基的极大影响之下。很可能她连受洗礼也是蓬皮扬斯基影响的结果。[②] 蓬皮扬斯基也是来自犹太家庭。他

---

① E. 卡西勒：《符号形式的哲学》，第 1—3 卷，柏林，1923—1929 年。对卡西勒著述的分析请见 A. Ф. 洛谢夫的文章《Э. 卡西勒神话思维理论(1926—1927)》(载《象征》，巴黎，第 30 期，1993 年版，第 311—333 页)。——原编者注

② 不可一味地断言，是谁对 M. B. 尤金娜的洗礼一事产生了决定性影响。其实这并非是某一个人(甚至像 Л. B. 蓬皮扬斯基这样十分亲近的人)的意愿。叶甫盖尼娅·奥斯卡罗芙娜·奥坚(季利切耶娃)(1893—1980)——她未来的教母，以及尤金娜在日记里提到的三、四位友人("在通往光明之路上向我伸出援手!")对此事也都有着不小的影响(见《玛丽娅·尤金娜：神爱之光芒》，莫斯科—圣彼得堡，1999 年版，第 26 页)。在此最重要的恐怕还不仅仅是加入基督教这一事实，而且还有对信仰的选择。与圣弗拉基米尔的情况大致相仿，M. B. 尤金娜在排除伊斯兰教和犹太教的同时，通过她的亲朋好友对天主教的力量也曾"有所评估"，并将它与东正教作了比较。此外，路德教对她也有诱惑力，她一直为它所吸引，尽管这种吸引力纯属外在的，即通过艺术(如 И. C. 巴赫的创作)和道德规范而形成的。最终还是东正教占了上风，究其缘由，想必不是受到了友人的影响或者阅读了宗教哲学书籍，而是她早就对国家的精神归属有了认同，并对国家的命运抱有一颗怜悯之心。二月革命后她在日记里写道："俄罗斯! 难道她会灭亡吗? ……上帝啊! 请昭告于我吧! 什么更可贵，是祖国还是国际主义? 不久前我还说过，想过有关'要把个人从国家剥离出去'的问题，可如今对我来说没有什么比俄罗斯更可贵的了! 祖国! 这是多么神奇的字眼。"(同上，第 28 页)蓬皮扬斯基于 1911 年接受了洗礼，他给自己所起的父称显然取自其教父——教古代语言的中学老师瓦西里·阿列克谢耶维奇·诺沃恰多夫的名字。——原编者注

是混血儿。父亲是犹太人，而母亲则是纯血统的法国人，①所以（默笑地）他一半是俄罗斯西部的犹太人，而另一半是法国人。他的姨表兄弟都是法国人：其中一个是军官，另一个（我现在不记得他的名字了）甚至后来还做了法国政府的阁员。是这样。他的观点好像是相当右倾的。

杜：不过，这其实与她的家庭没有什么关系吧？

巴：没有任何关系。她就这样处在他的强烈影响之下，还有哲学观上的影响。他也爱谈哲学。他虽然不是哲学家，却爱谈哲学。再就是他的文学影响。② 可以说，他在文学方面（尤其在外国文学方面）是一个极其博学的人。他懂多种语言，阅读速度出奇地快。一本大部头的专著他一个晚上就能读完，并且还能非常准确而全面地概括出这本书的主要内容。他——列夫·瓦西里耶维奇在这方面有着非同一般的才能。总的说，这些个混血儿通常都会有出众的才能。他身上什么成分更多一些，是东正教的东西还是俄罗斯的东西——我不大清楚……他非常喜爱俄国文化，喜爱东正教，是东正教信徒，而且是一名狂热的信徒，③可同时（微笑）——母亲方面又有天主教的亲戚。就是这样。

他这人自然是个卓越超群的人物，因此他对玛丽娅·韦尼阿米诺芙娜产生了简直是势不可挡的影响。有一段时期——还不只是一段时期，我觉得列夫·瓦西里耶维奇对她的影响一直是有的，直到她死，直

---

① 蓬皮扬斯基的母亲也出身于犹太家庭，不过是在法国接受的教育，所以法语是她的母语，这也是 Л. В. 蓬皮扬斯基为什么会如此精通法语的缘故。——原作者注

② 关于 Л. В. 蓬皮扬斯基，М. М. 巴赫金和 М. В. 尤金娜当年在涅韦尔的情况，赖莎·约瑟福芙娜·沙皮罗披露出这样的一些细节："玛鲁霞（М. В. 尤金娜）未与我们一道去上学，母亲把她带到维捷布斯克上私人课程去了。而在 1915—1916 年间我已经在跟列夫·瓦西里耶维奇·蓬皮扬斯基学拉丁语了，以便获得参加中学毕业考试的资格，然后再进入医学系学习。列夫·瓦西里耶维奇是后备军士官生，在涅韦尔认识许多人，常到我们家来。他教我和妹妹学了许多东西，他要求很严，以至于有一次为了完成他的作业妹妹累得晕倒了。在列夫·瓦西里耶维奇看来，我在学业上并未取得什么特别骄人的成绩，尽管我已通晓德语，尤其精通法语（这使我终生受益）。有一次，他说道：'您要是有玛鲁霞的才能就好啦。'当时我很喜欢列夫·瓦西里耶维奇。高高的个子，有点儿驼背，非常聪明。我妈妈非常喜欢年轻人，经常请他们来我们家做客。家里很热闹，米哈伊尔·米哈伊洛维奇和列夫·瓦西里耶维奇在我们姐妹当中寻得了适合于他们的交际圈。我们有过一张业余摄影爱好者拍下的照片：巴赫金、蓬皮扬斯基，我们——姐妹俩，好像还有列夫·韦尼阿米诺维奇·尤金。照片连精致羊皮封面的相册一起丢失了……在列宁格勒，过去的实科中校保存了下来，那儿有优秀生的光荣榜，其中就有蓬皮扬斯基的名字……同他们俩一起来过的还有一位，是个性格外向的人……我记不得他姓什么了，是个已婚男子……国内战争爆发后，我去了前线，除了玛丽娅·韦尼阿米诺芙娜，我再也没有见到过他们当中的任何人。"（А. М. 库兹涅佐夫和 Р. И. 沙皮罗 1982 年 3 月 25 日谈话记录片段。）——原编者注

③ 1926 年蓬皮扬斯基致信 М. И. 卡甘："今年我的神学世界观完全确切而明晰地得以形成，这就是——东正教教会。"（《记忆：历史论集》第 4 辑，巴黎，1981 年版，第 266 页）。——原编者注

到她去世,尽管他们后来分了手,彼此相差很远,因为蓬皮扬斯基到晚年时转而热衷于马克思主义和共产主义。① 当然,他并没有成为共产党员,而且任何时候也不会吸收他入党,但他却是个铁杆儿的马克思主义者和斯大林主义者。但玛丽娅·韦尼阿米诺芙娜对此当然是……我不是说她持否定态度。不是的,但总之,对此是不认同的,不认同他的观点。

杜:加以排斥。

巴:是的,加以排斥。所以那个时候这个东正教、他很了解也很喜欢的那些斯拉夫主义者,甚至包括霍米亚科夫,霍米亚科夫,当然,也不仅仅是他……

杜:这里又有了与利季娅·叶夫拉姆皮耶芙娜②的关联点!

巴:是的,那当然喽!霍米亚科夫是他十分喜欢和推崇的,不仅喜欢他的那些神学和哲学著作,甚至还喜欢他的那些蹩脚诗。他——霍米亚科夫也是个诗人。顺便说一句,正巧刚刚出了霍米亚科夫的书,只是他的诗歌作品,就在前不久刚刚出版的,是"诗人文库"里的一种。是的。他的诗写得不怎么样,但具有宗教意味。

这不,她就身处这种影响当中。她的情绪,甚至是世界观——如果说这样一位年轻人已经有世界观的话——都属于东正教和斯拉夫主义类型的。

杜:那时她就这样了吗?

巴:那时就已经这样了。

杜:一直到死她都没有改变。

巴:一直到死都没有改变。她在这方面是始终不渝的。不仅如此,看来到晚年时——但不知道是哪一年,她秘密接受了剃度。

杜:这我倒不知道。

巴:不过,这件事情我也不是很清楚的,她没对我讲过。对这件事

----

① 关于蓬皮扬斯基在 20 年代末为何突然转而信奉马克思主义,Н. К. 楚科夫斯基作了陈述(见 Н. 楚科夫斯基:《文学回忆录》,莫斯科,1989 年版,第 190—191 页)。但他自然不是"斯大林主义者";巴赫金如此激烈的言辞表述也许是为了强调一点,即蓬皮扬斯基所采取的新立场在他的朋友们看来是极为反常的。关于这一点详见 Н. И. 尼古拉耶夫:《独特的思想家》,载《哲学科学》1995 年第 1 期,第 66—67 页。——原编者注

② 利季娅·叶夫拉姆皮耶芙·斯卢切芙斯卡娅:请见第五次谈话中的相关注释。——原编者注

情我一点儿也不清楚。

杜：有这种形式吗？

巴：有的。有这种形式。

杜：秘密剃度？

巴：是—的，秘密剃度。人还留在世俗，但同时已受剃度。没—错！他得遵守僧侣人员的有关规章，当然，是有一定变通的规章。人们都是这么说的。

在她的葬礼上有件事情令人感到十分惊讶：她死后躺在棺木里，这时走过来一位主教，是位重要的宗教人士，他在死者头部的棺旁坐了很久——对普通的信徒是绝不会这么做的。后来在墓地上，在坟前举行了追悼仪式……

杜：我参加了。

巴：您参加了？……举行了追悼仪式，好像还有僧侣合唱队唱了歌。

杜：没有，这是夸张的说法。

巴：夸张？

杜：是的。事情是这样的：棺枢从……汽车上抬下来的时候，我同……兹拉塔·康斯坦丁诺芙娜·亚申娜走在一起，她与死者关系很好①……因为汽车不准开进墓地……也就是说，人们抬着棺木要走相当长的一段距离，至少要走 500 步……

巴：喔—唷！

杜：而且这条路紧挨着……院墙，当时已经下雪了，路很不好走……

巴：是—的，是—的。

杜：……就这么抬着……走在前头的是一个秃顶的老头。后来我问清楚这人是谁了。他边走边唱。有些人随声附和……

巴：跟着唱。

杜：……跟着唱。您说是僧侣合唱队。我觉着……您要知道，不，

---

① З. К. 亚申娜（娘家姓罗斯特科夫斯卡娅）：诗人 А. Я. 亚申（М. В. 尤金娜的朋友）的妻子。——原编者注

我不敢否定。我认为它是库兹涅茨的尼古拉教堂的那个合唱队，①从这座教堂……

巴：恐怕就是教堂合唱队吧。

杜：是的，大多都是些年轻人……都是些嫩小伙子，头发蓬乱，外表上与现在的蓬头小伙并没有什么特别的区别……只不过当时像这样的年轻人要少一些。他们这些壮小伙子抬着棺木，唱着歌，走走停停，以便让别人跟上……

巴：让落在后面的人跟上。

杜：让落在后面的人跟上。走在前面的那个人举着十字架——不是教堂的十字架，而是坟头上的木质十字架。那人是个秃顶的小老头儿，模样有点儿可笑；合唱队一唱完，他就又开口唱了起来。那时已经是傍晚了，墓地上几乎空荡荡的。队伍走到坟前的时候，天色明显黑了下来。人们开始把棺木下葬到墓穴里。这时出现了差错②（可以这样说吧），原来墓穴的长度不够。棺木卡住了。于是就忙活了起来……起初想再抬起来……结果却被卡得死死的，根本就动不了。不过最后还是把它给拖了出来，放到一边。不知是谁……天色差不多已全黑了……

有人问：谁有蜡烛。有蜡烛头的就递了过来。几个人用烛火照亮着……

巴：嗯，那其他人就稍微挖了挖。

杜：……有两个人凿挖墓穴的内壁，我记得是在两头（因为宽度已经足够）。我站得很近，贪婪地注视着……以职业的关注力盯着……所以现在正好录制下来……终于……凿好了……这大约持续了一个钟头，一直在忙活……

巴：是吧……增加墓穴的长度——这可不是件轻松的事儿。

杜：没错！不是马上就开凿的。一开始很乱："你往下放……你往上抬……""不，你往下放……"就是这样……那个诵经老头儿……一直在唱着什么。有时只剩他一个人在唱，但他仍在唱着……我身旁站着

① 1970 年 11 月 24 日就是在这座教堂里为 M. B. 尤金娜举行安魂祈祷的（她在晚年时系这座教堂的教民）；请参阅该教堂堂长弗谢沃洛德·施皮勒神甫在安魂祈祷仪式上所作的临葬悼词，见《玛丽娅·尤金娜：神爱之光芒》，莫斯科—圣彼得堡，1999 年版，第 11—13 页。葬礼就在当日于"韦坚斯基山"公墓（即韦坚斯基公墓，或异教徒公墓）举行。B. Л. 杜瓦金对她的葬礼描述得十分准确；A. И. 茨维塔耶娃在其回忆录中也做了相同的描述（见 A. И. 茨维塔耶娃：《与玛丽娅·韦尼阿米诺芙娜·尤金娜的三次会面》，载《永不枯竭》，莫斯科，1992 年版）。——原编者注

② 差错：该词为拉丁文（qui pro quo）。——译注

一个神甫模样的人，好像有人想引他参加唱歌，可他看来是不敢开口。

巴：对，因为大主教绝对禁止在坟墓上……在坟墓上做祈祷，绝对不可以……就是说，不能做追悼活动。绝对不许！

杜：所以，实际上也没有搞追悼活动。不过我当然并不知道东正教的追悼文，但我觉得，无非是没完没了地重复一些赞美诗而已，像"神圣的主啊，神圣而牢固的……"还有……"同圣灵一起安息……"可以说，完整的追悼文……我还是能领会一些的：我参加过父亲的葬礼……我觉得，完整而有条理的追悼文是没有的，只是一些……可以这么说吧：是一种随意的宗教唱词……由这位诵经士领唱……

巴：是的，由诵经士领唱。

杜：……他们还唱了一些……甚至是在说——对不起，我这会儿想起来了，我纠正一下——这不是合唱队，随唱的这些年轻人是死者的学生，来自她所管理的某一所音乐学校。

巴：是的，可能是……格涅辛学校的。

杜：可能是格涅辛学校的，也可能是音乐学院的——我不大清楚。就是这样。此前在音乐学院前厅里已经举行了非宗教性的追荐会。

巴：不过，那是另一回事了。

杜：……自然是在那之前。是这样。应该说，这次葬礼给人的印象还是挺深刻的。而且……天气寒冷，我都冻僵了——特别寒冷……我记得，好像是 11 月 30 日，大差不离吧……是 1970 年 11 月底，对—的。然后，开来了几辆汽车，把所有想去的人，都拉去参加葬后宴了……

巴：人多吗？

杜：人挺多的，不过参加葬后宴的大约还剩 60 个人吧。

巴：噢！

杜：葬后宴摆在……画家叶菲莫夫的画室里，就是画兽类的那个画家。[①] 他本人已经去世了。他的儿子组织了这场丧宴，他——我也是认识的。[②] 这时我就同兹拉塔·康斯坦丁诺芙娜分手了。她与玛丽

[①] 酬客宴摆在 M. B. 尤金娜的两位朋友——画家弗拉基米尔·安德烈耶维奇·法沃尔斯基 (1886—1964) 和雕塑家及线条画家伊凡·谢苗诺维奇·叶菲莫夫 (1878—1959)——的位于新吉列耶沃的画室里。对酬客宴的描述请参阅摄影师和电影导演雅科夫·谢尔盖耶维奇·纳扎罗夫 (M. B. 尤金娜的侄子) 的回忆文章。见《玛丽娅·尤金娜：神爱之光芒》，第 756 页。——原编者注

[②] 阿德里安·伊凡诺维奇·叶菲莫夫 (1907—2000)：水利地质学家，父亲遗产的保管人。——原编者注

娅·韦尼阿米诺芙娜非常要好。她本人好像不信教,不过……毕竟……没错,她——亚申娜是党员,是的。顺便说一下,明天要举行纪念他的晚会。不过她……与我妻子和玛丽娅·韦尼阿米诺芙娜都很要好,是这样。所以,举行追悼会的说法就不完全准确了。

巴:这话是对的。不过,只能说也许您是对的,因为追悼会也可能是秘密举行的(黙笑),秘密进行的追悼会恰似一出戏……

杜:我也说不准,当然这是……

巴:对此我也不大清楚。

杜:或许……参加过这场活动的人,当然就了解得更清楚了(黙笑)。我可说只是个看客。

巴:她葬在了她未婚夫母亲的旁边。

杜:对。请继续讲吧,不过对不起,我们现在还是回到涅韦尔的话题上吧。您说,她是这样一个……姑娘,那时就已经……

巴:那时她就已经有修女的味道了。她的穿着与众不同。当我第一次见到她时,我简直大吃一惊:这是个什么人物呀! 因为——我再说一遍——这是一个几近荒诞的强烈对照:一张青春年少的、透着健康和红润的面孔(她很健壮),可身着清一色的黑装。

后来我自然就同她很熟了,可以说,在他们家里我就成了自己人。列夫·瓦西里耶维奇当时很快就离开了涅韦尔。我还是留了下来,他走了,因为他到部队去做侦察工作了。他应征入伍了。这支侦察部队的头儿是一个姓赫尔松斯基的人……

杜:是在苏维埃时期吗?

巴:是在苏维埃时期了。是苏维埃的部队。不过那时还都是延续旧部队的一些……所有军官都是过去的军官。

杜:他们侦察什么人的情况?

巴:是针对德国的。

杜:还是针对德国?

巴:还是针对德国。

杜:噢,对了,普斯科夫还没有……这是在普斯科夫战役之前吧?

巴:显然是在那之前,不过我现在记不清楚了。不管怎么说,这是一支苏维埃的侦察部队,可是……赫尔松斯基本人是骠骑兵,好像差不多还是个骑兵大尉,是这样。其他人我也都认识。他们都是些军官,都是些优秀的军官,都是非常好、非常出色的人。侦察工作纯属军事性质。其实这是一支反侦察部队。列夫·瓦西里耶维奇的职责实际上是为审问德军俘虏担任翻译工作等等。

杜:看来,这是旧军队残留下来的一部分,还没有完全解散,也没有编入红军……

巴:不,这已经算是红军了。

杜:那就应该是在普斯科夫战役之后了。

巴:是的,显然是在普斯科夫战役之后。①

杜:就是说,已到了 1918 年的年中。

巴:他们非常迅速地向前推进,到德军占领的地方。列夫·瓦西里耶维奇作为翻译也随部队一同离去。不过他在部队的时间不长。

杜:这是一个很短的过渡期。

巴:是的,这不过是一个很短的过渡期。后来我只是听说,这位赫尔松斯基被枪决了,不过那已经是几年以后的事了。是的……看来,他受到了牵连……

杜:有一位叫赫尔松斯基的共产党员,很有名望,不过我不大清楚……

巴:不,他不是共产党员。他是很典型的一个……骠骑兵。他的世界观就是骠骑兵的、军人的世界观。就是这样。

杜:还是让我们紧紧围绕玛丽娅·韦尼阿米诺芙娜来谈吧。

巴:这样我就同她相熟了。她对哲学问题非常感兴趣,并且很显然,她具有哲学思维的才能,是很少见的才能。您是知道的,世上的哲学家并不多。大谈哲学的人很多,但哲学家很少。而她恰恰属于能够成为哲学家的那种人。

杜:女性当中尤为少见。

巴:是的,尤为少见。此外,她对各种语言表现出极大的兴趣,包括对拉丁语、古希腊语、文学。后来在列宁格勒,不,当时还叫彼得格勒,我给她上过大约一年甚或两年的古希腊语课。那时还没有,那时我们

---

① 这多半可能发生在 1918 年 11 月 11 日签署西部战场停战协议和德国 11 月革命之后,德军撤离俄国期间(包括从 1918 年 2 月占领的普斯科夫撤离)。作为这些事件的见证人甚至是参与者,蓬皮扬斯基后来对这些事件从历史和哲学层面上作了思考:在 1923 年 3 月 23 日的信中,他邀请 M. И. 卡甘前来商讨他"为分析世界大战"如何开展工作;他写道:"在今后的日子里我将要面临一桩最为困难的事情——解释战争结束和德国 Zusammenbruch(溃败。一原编者注)的原因。"(《记忆;历史论集》第 4 辑,第 265 页)——原编者注

只是进行哲学讨论。她听了我的哲学课,然后我就同她进行哲学讨论。顺便说一下,她的父亲,一位医生,对哲学甚至对文化也很有兴趣。这是一个聪明的、兴趣广泛的人,虽说带有那么一点儿犬儒主义的世界观——而这是旧式的医界知识分子所惯有的,甚至有那么一点点儿 60 年代的虚无主义的遗风,如此等等。再有,因此而……

我们时常去郊游。涅韦尔及其郊区的景色异常秀丽,城市也很漂亮。[①] 它坐落在众多湖泊之中,似乎就是一片湖区。湖光和郊野极为迷人。我们时常远足游玩,通常有玛丽娅·韦尼阿米诺芙娜、列夫·瓦西里耶维奇,有时还会有别人加入,游玩时我们总要讨论一些问题。

我记得,甚至还对他们谈过……我自己的道德哲学的初步设想,当时我们就坐在离涅韦尔……大约有十公里远的湖边上。我甚至把这座湖叫做"道德现实之湖"。(黯笑。)在此之前它可是没有什么名称的。

那是一片宝地,有一些墓穴。但不是古墓,主要是 1812 年留下的坟墓。要知道那是拿破仑军队撤退时经过的道路。这不,我们在那里也讨论了宗教和神学的话题,不过由于我对哲学感兴趣,尤其是对新康德主义的哲学感兴趣,这自然也就成了主要话题。我再说一遍,她的哲学头脑让我感到惊叹。[②]

此外,也就是在那个时候……那时她就喜欢演奏音乐了,还在涅韦尔演出过……我们那儿——涅韦尔有个民众之家,就在那里的晚会上

① 关于 M. M. 巴赫金在涅韦尔时期的生活,请见 Л. M. 玛克西莫芙斯卡娅:《M. M. 巴赫金口述中的涅韦尔(一个方志学专家的注解)》,载《哲学科学》1995 年第 1 期,第 93—105 页;另可参见她的《启蒙者的城市》一文,载《玛丽娅·尤金娜:神爱之光芒》,第 600—612 页。——原编者注
② 尤金娜的《回忆片断》(她为该文所取的标题就是这样)与 M. M. 巴赫金关于涅韦尔的讲述大致相同。"我当得写一本类似于专著的东西也来谈一谈米哈伊尔·米哈伊洛维奇·巴赫金,'米赫·米海'——在我们这些与他相处了 50 年之久的朋友之间是这样称呼他的……可现如今呢? 我们当中就剩下两位了! 即生物学家伊凡·伊凡诺维奇·卡纳耶夫和鄙人我,其他人都已离世。伊凡·伊凡诺维奇现住在列宁格勒,正如大家所知道的那样……米哈伊尔·米哈伊洛维奇也曾在我们的城市涅韦尔生活过,在维捷布斯克与其珍爱的廖诺奇卡成婚,他在维捷布斯克待的时间不长。涅韦尔四周风景如画,不仅有瓦尔代高地的支脉,还有不计其数的湖泊——其间分布着多林的岛屿,这些湖泊简直像大海一样宽阔,看不到边际。它们都与大大小小的河流相连。'把所有的都奉献出来吧,这也太少了吧!'……其中有一座小湖后来被我们称作'道德现实之湖',在那里,米哈尔·米哈雷奇给我们两个人——我和现在已不在人世的另一个人讲述了他的哲学中的一些基本理念……"(俄罗斯国立图书馆文献手稿部,储存编号:527,纸板号:4,收藏单位号:11,页码:第 65、66;写于 1969 年,1973 年编入档案)。"已不在人世的另一个人"显然是指 Л. В. 蓬皮扬斯基。《回忆片断》不久前由 A. M. 库兹涅佐夫编辑出版,见《玛丽娅·尤金娜:神爱之光芒》一书(第 128—138 页);该文对 M. M. 巴赫金也有所回忆(第 131—132 页)。——原编者注

演出过。我记得,有一台晚会是纪念莱昂纳多·达·芬奇的。① 我在那儿作了报告,然后她就演出了,演奏了李斯特的《葬礼》。②《葬礼》是部优秀的作品。这是灵柩下葬时的……哀乐。这部独特的音乐作品相当忧郁而十分有力。她演奏得非常出色。我记得,当时我非常惊诧于她那只手所具有的不同寻常的力量。完全不是女人所具有的力量。是的。

那时我们的这种,这么说吧,密切的交往并没有延续很长时间:只是一个夏天和初秋。后来,玛丽娅·韦尼阿米诺芙娜就去了列宁格勒,她在那里的音乐学院上学。我记得她当时已经在音乐学院学习了;也就是说,她是在开学前回来的。我则留在了涅维尔,后来搬到了维捷布斯克。③ 迁到了维捷布斯克,就住在了那里。

杜:她是怎么学起音乐来的? 是在国外吗?

巴:这我就不清楚了。当时她已是优秀的乐师了。尽管当时她好像还没有念完音乐学院,但却已演奏得很出色了。④

杜:在上音乐学院之前,她是在哪里念书的,对此您一点儿也没有……

巴:对此我一无所知。或许是在家里学习的,因为那座城市其实是……犹太人居住地。是这样……那里有许多精通音乐的人,音乐人才很多。有很好的乐师。显然,所有这一切……

杜:那么您自己也有一些音乐素养吧?

巴:啊,我只是一知半解:我自己不会演奏乐器,什么也不会,但我懂音乐,当然是懂的。而且我曾在维捷布斯克的音乐学院讲过美学课,自然偏重讲音乐美学。

杜:您能不能……不是为我,而是为这录音,大致说说这一音乐美

---

① 《铁锤》,即《涅韦尔工人、农民和红军代表苏维埃报》1919 年 6 月 13 日出版的第 101 期上预告了定于 18 日举行的纪念莱昂纳多·达·芬奇的晚会,并刊登了两场报告的题目——"论达·芬奇的世界观"(报告人 M. 巴赫金)和"论达·芬奇的时代"(报告人 JI. 蓬皮扬斯基),以及"M. 尤金娜将参加音乐演出部分"的消息。见《涅韦尔文集汇编》(第 1 辑,圣彼得堡,1996 年版,JI. M. 马克西莫芙斯卡娅编纂)中的《铁锤》报翻印件。——原编者注

② 《葬礼》:选自李斯特钢琴套曲《诗与宗教的谐音》(根据 A. 拉马丁的诗集创作的十个乐曲,1845—1852)。——原编者注

③ 巴赫金于 1920 年秋天迁至维捷布斯克。——原编者注

④ M. B. 尤金娜 1921 年毕业于彼得格勒音乐学院,但此前很早就开始在音乐会上演出了。——原编者注

学的基本思想,就是当年她听到的讲课内容。

巴:不行,您要知道,现在我难以做到,因为我都已经忘记了,而且……这都是什么时候的事情了! 我现在当然已不再持有那些个观点了。不过,大体上讲,我只能说,后来也影响了列夫·瓦西里耶维奇·蓬皮扬斯基的这个音乐美学是以黑格尔的学说为基础的,尤其是以……这个……黑格尔的继承人……我的记性糟糕透顶……绝对糟糕……是个哲学家,也是个伟大的哲学家……他比黑格尔活得长……启示哲学……嗯,唉……

杜:我不清楚。请往下讲吧。

巴:这样我就没法讲了,我不能这么讲了。您看,这像什么话! 弄不好恐怕连康德我都要忘记了……我这儿还有他的著作呢,不过得找一找。

杜:没关系,过一会儿您会想起来的。

巴:他有许多关于音乐的论述,形成了一整套音乐哲学。是这样。是整个的神话哲学和艺术哲学。就是现在列维-斯特劳斯加以发展的那个思想,不知为什么我们这里认为是非常独特的思想,即音乐和神话有着很近的亲缘关系,从本质上讲,几乎是同样的东西……

杜:音乐和神话?

巴:是的。这个思想恰巧在那个时候就已经存在了。列夫·瓦西里耶维奇在他多次的音乐哲学课上发展了这个观点。我当时在讲音乐美学时也发展了这一观点。他叫什么来着? ……怎么回事?!

杜:别着急,会想起来的。

巴:当然会想起来的,肯定会想起来的! 这几乎就像我自己的名字一样。我怎么能忘了他呢! 我非常喜欢他,这位哲学家,而且对他非常了解,对他的著作烂熟于心。那时我研习了一切哲学,学得很认真,对这一切都知道得很清楚。

杜:我怕说错了,所以不敢提示您。

巴:不,这是众人皆知的,连中学生都知道……可倒是……被我给弄忘了! 真是没办法!

杜:在黑格尔之后?

巴:是的。

杜:是谢林,对吧?

巴：当然是谢林！

杜：是吧？我早该说出来的，可就是在舌头上打转。（微笑。）

巴：是谢林哲学，当然是。

杜：我记得，在上个世纪 40 年代，黑格尔和黑格尔派之后，是谢林学派。

巴：是的，谢林，谢林学派，没错！

杜：我不是作为哲学家来了解这些的，而是作为文化史学家。

巴：当然，就是他！就是……谢林……当然是谢林的观点，他那略带宗教色彩的著名的"启示哲学"，他的美学理论，所有这一切都使我和玛丽娅·韦尼阿米诺芙娜都感到非常亲切。她可说是个谢林主义者，不过……在某种程度上也是黑格尔主义者，只是在某种程度上，因为她对哲学的理论认识方面完全没有兴趣，对辩证法不感兴趣，我想，她实际上从未对辩证法有过兴趣。

杜：那您恰恰就是辩证法学家了？

巴：不，不完全是。我对辩证法也……对我来说这不是最主要的。

杜：可是您的那个双重性，在我看来，就是取自辩证法的吧。

巴：是的，是源自辩证法，但它毕竟不是辩证法。对话和辩证法，两者的相互关系（既有理论上的，也有历史上的）——这是个老话题。① 曾经还有过一个……是多少年前的事啦？……的确是很久以前，大约是十年之前吧……在雅典举行过一次国际学术研讨会，议题就是对话与辩证法。会上意见当然很不一致。我的看法是：辩证法是从对话中产生的，后来辩证法又让位于对话，不过这时的对话已是高一级的对话了，是更高水准上的对话。

但问题不在于此。那时这个问题还没有被提出来。是这样。不过玛丽娅·韦尼阿米诺芙娜总的说具有谢林哲学观，倾向于谢林主义。此外，她对浪漫主义，对德国的浪漫主义，对诺瓦利斯等表现出极大的兴趣。

杜：还有霍夫曼。

巴：还有霍夫曼。不过，对霍夫曼的兴趣不是太大。要我说，她不

---

① 对话与辩证法——巴赫金哲学思维中主要的对举关系之一（见 M. M. 巴赫金：《话语创作美学》，莫斯科，1986 年版，第 371—372 页；《新文学评论》1993 年第 2 期，第 88 页）。——原编者注

太喜欢霍夫曼,尽管他有某种音乐精神,尽管他写有关于克莱斯勒的作品等等,但她更喜欢的是那些比较有宗教精神的浪漫派作家,像……

杜:蒂克和诺瓦利斯——这两个名字一直是相提并论的。

巴:是的,蒂克和诺瓦利斯,不过还有许多人。布伦坦诺、阿尔尼姆,所有这些……耶拿派的浪漫主义作家。

杜:她能读德文书吗?

巴:她能读德文书。她全家人……这个犹太家庭都精通德语,全家人都是。

杜:那么这些东西她读的都是原著?

巴:当然,读的都是原著,是原著。再说当时许多著作都没有翻译过来。她的德语极好,也会说,在家里也说。甚至在弟弟家里……不过在弟弟家里更多说法语,甚至在家里也说法语。我说的不是她的弟弟,而是她父亲的弟弟——律师雅科夫·加夫里洛维奇。

杜:这么说,您同她一起度过了这个夏天?

巴:是的,一个夏天。

杜:你们有着如此密切的朋友关系了?

巴:是的。我们其实每天都见面:不是一起散步,就是我去她家,或者她来我这里。总之,情况就是这样。后来她经常回涅韦尔看望父母。于是我们又能见面了。不过,她回来的时间很短,只待上几天,大致就是这样。

后来我去了维捷布斯克。她也常去那里,因为那儿住着她的叔父,就是这位雅科夫·加夫里洛维奇,她便留住在那里。① 他生活得很好,也有自己的房子,很不错的房子……那段时间,我们当然经常见面、交谈,又是长时间的交谈。

那时她住在彼得格勒,继续在音乐学院上学。师从尼古拉耶夫。② 这是一位非常著名的音乐教育家、钢琴家。他有许多学生,比如肖斯塔科维奇就在他那里学习过,是他的学生。许多人都跟他学习过。我认

---

① 关于 M. B. 尤金娜在维捷布斯克举办的那场音乐会,P. M. 米尔金娜曾做过回忆(见《新文学评论》1993 年第 2 期,第 66 页)。——原编者注

② 列昂尼德·弗拉基米洛维奇·尼古拉耶夫(1878—1942):钢琴家和作曲家,彼得堡—列宁格勒教育学派的杰出代表之一。除了 M. B. 尤金娜之外,在不同年代里,B. B. 索夫罗尼茨基和 Д. Д. 肖斯塔科维奇等人都先后师从于他。Д. Д. 肖斯塔科维奇的《第二钢琴奏鸣曲》(1942 年)就是为纪念他而创作的。——原编者注

识尼古拉耶夫教过的许多学生。

杜：他是彼得堡的音乐教师吗？

巴：是的。

杜：是哪所学校？

巴：音乐学院，是的。他是国立音乐学院的教授。她就是跟他学的。他可算是最好的音乐教育家了。他不是技艺精湛的演奏家，而是教育家。向来如此：教育家，优秀的教育家往往不是技艺高超的演奏家，也不演出，不开音乐会，起码很少这样吧……只有像鲁宾斯坦……就是安东·鲁宾斯坦本人，不过他的弟弟，就是莫斯科音乐学院的创办者，尼古拉·鲁宾斯坦，并不是什么演奏家，而是音乐家，优秀的音乐家，但不是演奏家。

我们一开始相识的情形就是这样。后来……列夫·瓦西里耶维奇去了列宁格勒，是回到了列宁格勒。

杜：当时还叫彼得格勒吧。

巴：是的，当然还叫彼得格勒，回到了彼得格勒。而我则留在了维捷布斯克。他走了以后……我在维捷布斯克又住了两年的光景……

杜：那玛丽娅·韦尼阿米诺芙娜在这两年里回来过吗？

巴：回来过。到维捷布斯克来看过我。是—的，来过几趟。当然，其实也不是专门来看我的。而是看她叔父的，但到我家来过几次。我们的联系从未中断过，如同她与列夫·瓦西里耶维奇也一直有着联系。而她同列夫·瓦西里耶维奇在列宁格勒有十分密切的关系。不仅如此，玛丽娅·韦尼阿米诺芙娜从音乐学院毕业后，在列宁格勒生活的头几年里，就租了一套很不错的房子，有两居室，当然是在一个大公寓里面……后来，她为自己找了另一套更合适的住房，这两居室就让给了列夫·瓦西里耶维奇。他便在这套房子里住下了。玛丽娅·韦尼阿米诺芙娜自己，不清楚通过什么方式弄到了一套阔气的住宅，在宫殿滨河街，对面是彼得保罗要塞……①那真是很阔气的住宅！革命前这套房子里曾经住过一位侍从将军。这是很漂亮的大套房，带露台，带阳台，不是露台，是阳台，面对涅瓦河。她住在二楼。她的上面住着塔尔列，

① 位于宫殿滨河街，第 30 栋第 7 室。M. B. 尤金娜拥有的不是一套住宅，而是一间可以看到涅瓦河的大居室。这套住宅被分隔成几个房间，原先的房东是个有钱人。——原编者注

他是科学院院士。他们也经常碰面,关系很融洽。这就是她在彼得格勒——一开始是彼得格勒,后来就是列宁格勒——的大致情况。

是的。现在来说一个小插曲——那是发生在她生活里的。由于她同列夫·瓦西里耶维奇·蓬皮扬斯基关系非常亲密,以至于人们开始琢磨他俩是否有了男女之间的那种感情,看来就连她的双亲,也就是父亲和姐姐们都在想他们要结为夫妻了。

杜:他还没有结婚吗?

巴:他还没有结婚,没有,他还没有结婚。他是在去世的前几年才结婚的。[①] 他几乎打了一辈子的光棍,就是这样。而且列夫·瓦西里耶维奇向她求过婚,但她没有接受,犹豫不定,而她的家人,父亲和姐姐干脆持反对态度,因为他们那时认为,列夫·瓦西里耶维奇是个不食人间烟火的人,不适合做丈夫。他们的看法是完全正确的。他确实是个不食人间烟火的人。

杜:比她还厉害吗?

巴:比她还厉害。所以他当然不适合做丈夫,不适合。后来在生命快要终结时,他才做了丈夫……就是这样。他为此经受了一段时期的痛苦,那还是在我们相识的第一个夏天,当时他为此感到十分痛苦。不仅如此,他对岳父产生了敌对情绪,还差一点儿搧了岳父的耳光。我竭力让他平静了下来。后来,他们的关系又和好了,恢复了友谊,终于相安无事。看来他也明白了,没必要这样,不宜这样做。

但是,当她生活在彼得格勒时,他的影响还是持续了很久;到了列宁格勒时期,他的影响也是很大的,并且持续了相当长的一段时间。她还请他讲课。就是这样。她也让我给她上课。那已经是列宁格勒时期了,我给她上的是古希腊语,而列夫·瓦西里耶维奇(在她看来他就是法国人)给她上法语课。他精通法语,他本人可说是半个法国人,显然,法兰西血统的母亲对他的影响比犹太血统的父亲更为强大。不过,他的父亲绝不是正统的犹太人,好像根本不是……有宗教信仰的人,大概是这样。他像许多犹太人一样是个药剂师。他毕业于……

杜:药理学院?

---

① 蓬皮扬斯基 1930 年(即去世十年前)与叶甫盖尼娅·马尔科芙娜·伊谢尔琳(1906—1994)结婚。——原编者注

巴：是的，毕业于西部边区的药理学院……

杜：他有自己的药房吗？

巴：我不清楚。我并不认识他。而且他死得很早，很早就去世了。我还是读中学时认识列夫·瓦西里耶维奇的。① 我们在同一所中学里念的书，不过他父亲已经……不，开始他还在，后来去世了。只剩下他的母亲了。

杜：米哈伊尔·米哈伊洛维奇，玛丽娅·韦尼阿米诺芙娜的未婚夫是谁？也许她很晚才有的吧？

巴：她很晚才有的，很晚。未婚夫是个年轻的作曲家，已经从音乐学院毕业了，并且已经小有名气了。② 不过，他还没有写出有分量的作品。他主要是把……巴赫和其他作曲家的作品……谱成钢琴曲，把交响曲和管风琴曲改编成大钢琴曲。他是创作钢琴改编曲的。我认识他。这是个年轻的……是个十分有魅力的年轻人，身材匀称，长相英俊。是个魅力十足的年轻人！父母也……不过他的父亲我只是听说过。他出身于……这个……又碰上名字了，又碰上了……这是一个非常有名的家族，非常有名的家族，甚至同罗曼诺夫家族有些关系。

杜：是俄国贵族世家？

巴：是的，贵族世家，而且是古老的贵族世家……母亲是库拉金家族的，她姓库拉金娜。③ 我认识她的兄弟尼古拉·尼古拉耶维奇·库拉金。她是他的母亲。而他是……他们与伊格纳季耶夫伯爵有亲缘关系，他们的田庄好像也是相邻的。

杜：不是沙赫家族吧？

巴：不是，不—是。

杜：是大公家族？

巴：不，不是大公家族，仅仅是古老的贵族家族，但还不是大公，没有爵位，是这样。不过，是一个非常古老而有名望的家族。

---

① 蓬皮扬斯基在中学时代是巴赫金的哥哥尼古拉的挚友。——原编者注

② 此处说的是基里尔·格奥尔吉耶维奇·萨尔蒂科夫(1914—1939)，M. B. 尤金娜的未婚夫。当时他还没有从莫斯科音乐学院毕业，师从尤金娜学习。他死后留下的改编曲中，有一首尤金娜经常演奏，并已被录制到磁带上，这就是莫扎特《安魂曲》中的 Lacrimosa(落泪之日)。——原编者注

③ 叶莲娜·尼古拉耶芙娜·萨尔蒂科娃(娘家姓库拉金娜，1885—1956)：K. Г. 萨尔蒂科夫的母亲。儿子死后，她一直由尤金娜照料，直至去世。战后，尤金娜就住在位于瑟京死巷的 E. H. 萨尔蒂科娃寓所里。——原编者注

杜：他的姓您不记得了？

巴：不记得，不记得了。我连自己的姓都快要忘了！

杜：那我可无法提示了。

巴：萨尔蒂科夫！噢！

杜：啊哈，萨尔蒂科夫。

巴：萨尔蒂科夫，是—的，是萨尔蒂科夫。他与萨尔蒂奇哈（发出哼的声音）没有任何关系，同萨尔蒂科夫—谢德林也毫无关系。这个叫萨尔蒂科夫的家庭好像同阿列克谢·米哈伊洛维奇是有关系的……

杜：伊凡雷帝时代也有一家萨尔蒂科夫。

巴：是—的，萨尔蒂科夫是一个古老的家族。是的。这位萨尔蒂科夫……

杜：怎么，他们定亲了？他好像是在做登山运动时遇难了吧？

巴：是的，他们定亲了，但还没有结婚，没有；只是定了亲。她已经是未婚妻了——在男方父亲还活着的时候。[①] 后来……父亲死得较早……他是个上流社会的人。我都不知道，他专业是什么，看来没有什么专业，只是一个上流社会的人物而已。他们有财产，有田庄等等。后来，他成了一个画家。他有很多油画，我见过。他的静物画画得特别好，特别成功，不过他的肖像画也不错。他是个有才华的画家。儿子呢则是个音乐家。就这样……他们成了未婚妻和未婚夫，大概有两三年的时间。

杜：为什么这么长？

巴：是的，我也不清楚为什么。他还很年轻。

杜：他比她年纪小？

巴：比她小，小很多！小多了！他总是带着她到我们这里来。我那会儿住在莫斯科郊外，在萨维奥洛沃，他们俩通常一道来（来萨维奥洛沃）看我。他通常给我带一些书来，他总能给我搞到一些非常好的书籍。是这样。所以这……他们以未婚夫妻身份来我这里，一直延续了大约两年。后来他走了，去了纳利奇克。他是个登山爱好者，登山队队员。他同一支登山队一起去的，要攀登某个山峰什么的，结果整个登山队都在那里遇难了，也就是说，不是他一个人。

---

① 　格奥尔吉·亚历山德罗维奇·萨尔蒂科夫：画家。——原编者注

杜:整个登山队?!

巴:是整个登山队。他们彼此拴在一起往上爬,那是个很难爬的山峰,好像还没有人上去过。他们拴在一起,全摔了下来,无一生还,连尸体都没找到,所以他根本就没有墓地。[①]

而玛丽娅·韦尼阿米诺芙娜则始终对他无法忘怀,同他母亲一道生活。搬到他母亲那里去住了。她俩一起住了一段时间。后来她为母亲安排了另一处住宅。母亲在最后几年一直患有糖尿病,既看不清东西也听不清声音,生活很艰难。玛丽娅·韦尼阿米诺芙娜想尽办法来照顾她:为她租了套房子,请了一位非常好的女人照顾她,那女人以前好像在玛丽娅·韦尼阿米诺芙娜家里当过管家和秘书。我很了解她,她是个……很有教养的人。老人一直由她照顾着,直到去世。

杜:这么说,她后来一直没过上有家庭的女人的生活?

巴:她没有过上家庭生活,虽说她真的向往了一辈子。当然,也不是一辈子,在她年轻的时候……那时……

杜:她年轻的时候有过热烈的恋情吗?您那么早就同她认识了,那时她不会就已经是修女式的人吧。

巴:是这样的。要知道,她同列夫·瓦西里耶维奇其实并没有什么真正的热恋故事。

杜:这就对了,说实在的,她这个姑娘……

巴:其实,她和他都不是那种搞浪漫故事的人。他们感兴趣的完全是别的事情。他们之间只是精神上的友情。

杜:不过同时她这个人……给人的印象是富有激情的……

巴:富有激情!

杜:……似乎是很难兼而有之的……

巴:是的,您可以想象……

杜:……她可是个姑娘。

巴:……您可以想象,她是个姑娘,而且没有同任何人有过浪漫故事。然而她的父亲却是个唐·璜式的人物,一个十分强悍的人,一个强悍的男人。(默笑。)他的风流逸事大概多得数不胜数了,是这样。而她

---

① 包括 К. Г. 萨尔蒂科夫在内的音乐学院学生的尸体后来都找到了。基里尔·萨尔蒂科夫安葬在韦坚斯基公墓。М. В. 尤金娜死后也在此处——萨尔蒂科夫的家族坟地上找到了自己的归属。——原编者注

却是个修女，其实就是个修女。

这不，她的未婚夫萨尔蒂科夫是个极可爱、极有魅力的人。我完全理解她，知道她会爱上这个人的。可是年龄相差太大。但尽管如此，她依然会……

杜：相差有十岁吗？

巴：不，不是十岁。恐怕有 20 岁吧。她是……这已经是她离世前不久的事情了。

杜：因为我听说……这事在 30 年代，我记得闹得满城风雨……

巴：是闹得满城风雨……对，是在 30 年代。

杜：是在 30 年代。我在利季娅·叶夫兰皮耶芙娜那里同她认识的时候，我记得，已有传闻（当然不是从她那里得知的），说她的未婚夫刚刚遇难。我觉得玛丽娅·韦尼阿米诺芙娜已经是……年迈的女人了。

巴：是的，她差不多已是个年迈的女人了……但她看起来却不是那么老。她很有力量。在音乐上当时她正处于黄金时期，是这样。而他当然还完全是个青年，是个青年。一个很有魅力的青年。是这样。我觉得他非常有才干，不仅仅在音乐上。我并不了解他的音乐作品，也从未听过，但同他有过许多次交谈……

杜：不过这很奇怪，既然都定了亲，那为什么……

巴：是的。

杜：……为什么拖着不结婚呢？

巴：是这样的。一开始，父母好像是反对的，也是因为年龄，不过后来倒是完全赞同这门婚事了，尤其是父亲。

杜：是他的父母？

巴：是的，他一的父母。尤其是父亲，他认为玛丽娅·韦尼阿米诺芙娜的影响对他儿子很有益。不过，整个家庭……我要说的是，家庭……您知道吗，这是一个旧式贵族家庭，大家都很可亲可爱，很有上流社会的风度，可正是这些高雅的人有着高雅的趣味，他们才会对这些与他们完全不同的人……知识分子阶层的人怀有深深的敬意。

杜：就没有一点儿……反犹太人的情绪？没有议论说这是……

巴：没有。需要郑重指出，这根本上是我们的一种不正确的认识。俄国贵族，尤其是这种有名望的贵族，从来就没有沾染上反犹太主义情绪。

杜：这可是小市民的特性了。

巴：是的，这纯粹是小市民的表现，纯粹是小市民的表现！反犹太主义情绪是完全没有的。

杜：不，斯拉夫派分子还是有那么点意思的，陀思妥耶夫斯基也是……

巴：只是一点意思而已，一点意思而已。后来，您也知道……

杜：对犹太人有些蔑称……

巴：这只是……特有现象，是一的。这是有的，但是他——陀思妥耶夫斯基其实从来都不是犹太主义的反对者，他也不可能是。犹太教、旧约、圣经……要知道整个旧约都用在基督教里……那还用多说吗？每一次礼拜中都有为犹太人祷告的内容。没有哪一次礼拜不提到亚伯拉罕、以撒、雅各等等。就是这样。甚至在那些安魂祈祷中也是："在亚伯拉罕、以撒、雅各的怀抱中安抚灵魂吧。"在这一怀抱中安抚死去的基督徒的灵魂。总之，无法割裂基督教与犹太教（准确地说，不是犹太教，而是犹太人的古老旧约）的关系。就是这样。所以当然根本不会有任何反犹太主义的情绪。

在实际情况中，我们的宗教界，比如天主教的神职人员中，根本不存在任何反犹太主义的情绪。反犹太主义的情绪恰恰是一种人的特有现象，他们反对任何的宗教，把宗教仅仅当做一种仪式，某种生活现象而已。所有那些黑帮分子，大多也都是信奉宗教的，但对于他们来说，教会只是他们日常生活的一部分，宗教节日什么的，只是他们日常生活的一部分。在俄国宗教思想的真正代表根本不是反犹太主义的。弗拉基米尔·索洛维约夫的情况是人所共知的，他在临死前曾为犹太民族祈祷，为拯救他们而祈祷，临死时还诵读了赞美诗。[①]

杜：拯救他们是因为他们犯了反基督的罪行，还是别的原因？……

巴：不—不—不，不是反基督。不是的。拯救……总之，有一种普通的观点……

（由于技术原因录音中断。）

杜：有一种观点使我愕然，说迟早总有一天……

---

① 参见 C. H. 特鲁别茨基公爵的回忆录。他陪伴着弗拉基米尔·索洛维约夫度过了生命的最后时刻（见《关于弗拉基米尔·索洛维约夫的一本书》，莫斯科，1991年版，第294页）。——原编者注

巴：犹太人会统一起来，承认基督，进入……至于如何做到，以何种形式，那是另一个问题。

杜：承认基督？

巴：是的。

杜：这么说，以色列的犹太复国主义运动与之是相反的？

巴：是相反的。总之，应当说，犹太复国主义——我们现在成天在嚷嚷，写得也很多，但我们并不知道什么是犹太复国主义。这是一个相当复杂的现象。现在犹太复国主义自身也处在分化当中。最早就有两派，一派以赫尔茨里，另一派，我这会儿忘了是谁了……总之，一部分人认为，犹太人永远都不应该成为一个国家，而只应是个社会统一体。不具有国家性质。

杜：比如帕斯捷尔纳克就持这种立场。

巴：是的，帕斯捷尔纳克也持这一立场。不过，帕斯捷尔纳克后来还成了东正教徒，是个虔诚的东正教徒。

没错。这一观点也存在于犹太复国主义者当中。更不用说现在的以色列政府了——里面都是些社会主义者，各种社会主义派别，当然共产党员并不在内。那里也有共产党员，但没有形成气候。那里的共产党员人数很少。所以您就可以想象，这些政府便反对犹太教，反对犹太教会。这是在以色列国内。

杜：噢，竟然是这样！不过，对不起，咱们已经说偏了题，虽说我认为，玛丽娅·韦尼阿米诺芙娜正好是个非常突出的例外。小时候（微笑）……我见过您提到的君主派的那些小册子。结果……就拿约翰·喀琅施塔茨基来说吧。他——约翰·喀琅施塔茨基总归还是一个中心吧，是反犹太运动的一个中心。

巴：是的，他是中心之一，但也不完全是这样。

杜：我刚和舒利金谈过。舒利金也否认他是反犹太分子。

巴：是的。

杜：他还否认曾为贝利斯辩护过，那可是个有名的诉讼案①……

巴：是的，总的说，这是个非常复杂的问题。顺便说一下，我小时候

---

① 贝利斯诉讼案：1913 年在基辅对犹太人贝利斯的审判案。有人诬告他为了举行宗教仪式而杀害了一名俄罗斯男孩。审判是沙皇政府和黑帮分子策划的，激起了国内外舆论的抗议。法院最后宣布贝利斯无罪。——译注

就认识约翰·喀琅施塔茨基。小时候，我的一个叔伯爷爷是他的狂热崇拜者，请他到奥廖尔自己家里做客。所以他在那里待过。

杜：他恐怕是个了不起的人物……

巴：他是个非常了不起的人物。不过这是我的印象……我那时还是个孩子，我才几岁？好像是七岁，他给我留下了强烈的印象。

杜：什克洛夫斯基有位亲人……曾经是约翰·喀琅施塔茨基那里的助祭。

巴：是—的，您瞧，像……

杜：要么是他的外祖父，要么是……差不多是这一类亲人……我这会儿想不起来了，我的笔记里有记录。不过约翰·喀琅施塔茨基完全是另外一回事。

巴：是—的。

杜：咱们本来谈的是音乐家玛丽娅·韦尼阿米诺芙娜·尤金娜……您认为她的创作有什么特点？

巴：这个嘛，我想……您还得找别人——音乐家、专家——谈一谈。他们会说得更好。我完全不是什么音乐家，也完全不是什么行家。我对她的音乐评价很高。不仅如此，我认为她是我们最杰出的钢琴家。我觉得她超过了涅高兹和其他一些钢琴家。就是这样。

杜：也超过索夫罗尼茨基吗？

巴：毫无疑问！索夫罗尼茨基……他总还算是……他的技巧娴熟，也满怀激情，但他缺乏真正巨大的力量。他毕竟还是有点儿……而玛丽娅·韦尼阿米诺芙娜……她最令人感到惊讶的是什么呢？就是她一向喜欢和演奏有力量的音乐，如巴赫，李斯特，贝多芬，以及某些新的现代音乐家。首先正是这种有力量的音乐，可以说这种音乐达到了音乐的高峰，达到了更高的——神话或宗教的境界。是这样。总的来说，我认为：玛丽娅·韦尼阿米诺芙娜作为个人和文化活动家的基本特征是，无法把自己框限在某种专业的范围内，无法把自己仅仅限定在音乐之中。她总是试图扩大这个范围，先向宗教扩大，然后再向社会活动扩大。但要她只限于音乐，只做一个职业音乐家，那她无论如何也是做不到的！对于像她这样的人来说，任何专业化的做法都是绝对格格不入的。因此她在音乐中只选取了处于音乐与其他艺术交界的东西，包括诗歌，浪漫主义的诗歌……是这样。浪漫主义强烈地吸引着她。而浪

漫主义可以说一直试图冲击文学、诗歌的界限和边缘,想冲破这些疆界
而成为某种类似于宗教的东西。她也正是这样。她所弹奏的音乐,不
是接近浪漫主义类型的诗歌,接近诗的灵感,就是接近宗教的彻悟。是
这样。所以她无论如何也不会框限在职业音乐的范围内。

这一点也就决定了她对作品的选择。这一点也就决定了她对作品
的独特阐发。她的阐发总是很有个性化的。自然,她就不喜欢音乐的
套式,总在打破这种套式。所以许多人都认为,她过于个性化地、过于
主观地解释她所演奏的作品。可我却偏偏就喜欢她的演奏,因为她在
演奏中强化了在我看来就是这些作曲家、这些作品最有力量的东西。

我记得是这样的:在我搬回到列宁格勒之后,我与玛丽娅·韦尼阿
米诺芙娜几乎天天见面。更不必说她还听我讲课,我们也经常在她那
里聚会……她的住宅十分宽敞,条件很好,她一个人住,有时也和弟弟
一起住。有一间很好的书房、一架大钢琴等等。我们经常在那里通宵
听她弹奏。她一直弹到天亮。一直到天亮! 她弹得真好! 应当说,我
听过她在音乐会上的演奏——但却从来比不上那些夜晚她为少数好友
弹奏的好。太令人惊奇了! 她的力量真的得到了充分的展示。

当然,我们在那儿通常还会讨论各种问题——哲学上的、诗歌方面
的,也朗诵诗歌。有一段时间我们醉心于里尔克的诗,不过只是一段时
间而已,后来又迷恋上了格奥尔格。是的。他的确是个杰出的诗人,我
们这里对他了解得很少,根本就不怎么了解,其实有一个格奥尔格诗
派,格奥尔格的圈子——George Kreis。[1] 其次有过一个杂志 *Blätter
für die Kunst*。[2] 这也与格奥尔格有关。这是一家出版社的名称,它
出过不少精彩的书。

杜:Kunst 是艺术的意思,而 Blätter 难道就是出版社的意思? 可
Verlag 才是出版社……

巴:Blätter 是书页的意思。

杜:噢! 印张?

巴:是的,印张就是用来……

---

① 巴赫金在关于维亚切斯拉夫·伊凡诺夫的讲座中提到了伊凡诺夫的诗歌与德国诗人赖
内·马利亚·里尔克(1875—1926)及斯特凡·格奥尔格(1868—1933)之间的联系(见《话语创作美
学》,第 398 页)。——原编者注

② *Blätter für die Kunst*:斯特凡·格奥尔格于 1892—1919 年间出版的杂志。——原编者注

杜：是艺术之页。

巴：对—对，是艺术之页，对—对。那里还有贡多尔夫的作品，[①]他们也出版了贡多尔夫的作品，还有别人的作品……有一本很不错的书，是写弗里德里希·尼采的：*Versuch einer Mythologie*，即《神话学试探》[②]，这是本关于尼采的书……我很喜欢这本书，我有过一本。

杜：玛丽娅·韦尼阿米诺芙娜从来就没有迷恋过尼采哲学吗？

巴：没—有，恰恰没有过。

杜：这股风气倒是没有影响到她……

巴：是的。其实连我也只是部分地接受尼采的学说……不是完全接受……有些东西……就是后来被法西斯分子加以利用——当然是歪曲地、不正当地加以利用——的东西，即使在当时与我自然也是格格不入的。应当指出，法西斯把尼采变成了自己的哲学家——这种说法当然是无稽之谈，是谬误，这只能是严重歪曲尼采的结果。这些人会与哪一种严肃的哲学有共同之处呢？当然不会有的。

杜：米哈伊尔·米哈伊洛维奇，您在战前和战后的年代里都听过玛丽娅·韦尼阿米诺芙娜的演奏吗？

巴：对。是—的，都听过。

杜：您认为她在晚年演奏得更好一些呢，还是相反——更差一些？

巴：我认为，不是那样的，不是的。一直到晚年。后来她……

杜：我当然没有算她的一只手受残以后的最后一年。[③]

巴：是的，她的一只手受残了，是手指……当然，不是说在这以后。在这之前就不如过去了。她似乎特别想突破音乐的疆界，可以说，她几乎偏离了音乐。她希望从事重大的社会活动，她甚至想……比如那时爆发了苏伊士运河战事，所以我们国内……

杜：那是 1956 年吧。

巴：是的。所以我们国内在准备派部队去援助阿拉伯人。玛丽娅·韦尼阿米诺芙娜提出希望去埃及战斗，抗击英国人。是这样。她

---

① 弗里德里希·贡多尔夫（其真姓为贡德尔芬格，1880—1931）：德国文学史家、诗人。——原编者注

② 指的是已成经典的 Э. 贝尔特拉姆著作 *Nietzsche. Versuch einer Mythologie*（《尼采：神话学试探》）。此书 1918 年初版于柏林，至今已再版十次以上。——原编者注

③ 1969 年 6 月 19 日，М. В. 尤金娜被汽车撞倒，右手手指受残。她的音乐演奏生涯就此结束，虽说在个别情况下她也在晚会上表演。——原编者注

总是想在某项重大事业(但不是音乐事业)中发挥影响力。音乐事业、音乐界的褒扬、音乐名声都无法,无法让她得到满足。无法让她得到满足。她想出风头——也不是"出风头"——这样说当然粗俗了些。她不是一个爱慕虚荣的人,不是的,她也不是那种沽名钓誉的人。不过她还是想成为一个重要的、有影响力的大人物,希望服务于某项事业,比艺术更为崇高的事业。在这一方面,她与象征主义者倒是接近的——当然只是部分地接近,那些象征主义者认为,应把艺术变为生活。变成为生活提供某种特殊的服务……

杜:这不就是玛丽娅·韦尼阿米诺芙娜在《闪烁着良知之光的艺术》一文的精彩结尾处所表达的立场吗?我正好想起来了。

巴:我不知道这篇文章。

杜:它是这样结尾的(我能背出来):"医生和牧师比诗人更需要。"在最后的审判时我们每个人都要做出交代——等诸如此类……"但如果有语言的最后审判,那么我是无愧于它的。"也就是说,她承认自己身上有人的弱点,认为对她最好的辩护是艺术。

巴:是她的诗歌。

杜:是的。那么,玛丽娅·韦尼阿米诺芙娜不会这么说:"……如果有最后的……"

巴:不,她不会这么说的。她会这样说……她最终还是未能超出音乐的疆界。

杜:我问您这一点,是带有某种潜台词的。我曾有言在先,我本人不懂音乐,所以我说的只是别人的见解。而玛丽娅·韦尼阿米诺芙娜作为个人却是令我十分关注和喜欢的。

巴:那还用说!

杜:我对她还是注意观察的,虽说并非一直都是这样,她的《葬礼》也给我留下了很深的印象。有些音乐理论家说,玛丽娅·韦尼阿米诺芙娜早期演奏得更好……

巴:总的说,这是对的。总的说,这是对的。我也是这么认为的。

杜:后来她……

巴:在列宁格勒的头几年,我在她家里听过她在自己钢琴(那是一架优质的钢琴)上的演奏,后来我在音乐会上再也没有听到比那更好的了。

杜：还是听我往下说吧。后来，她迷恋于种种宗教情绪，她的一部分莫斯科听众——对此感到十分亲切的知识阶层的听众，对她过分地大加赞扬，她的演奏开始走下坡路了。

巴：她的演奏是开始走下坡路了，但对此造成影响的绝不是这个……即使在她最好的那几年，宗教情绪也在吸引着她。也可以这么说，她的宗教情绪最浓的时候，也正是在她最好的那几年，当她每逢夜晚给少数好友弹奏的时候——那时她的教会情绪最浓，也就是她的宗教情绪最浓。

不过这里的情况有所不同……宗教情绪是一码事，渴望参加教会活动是另一码事。这种这种愿望她是后来才有的，那时她的音乐水准开始下降了，倒不是因为她参加了什么教会事务，哪怕是间接的参与，而是另有原因。总的说来，音乐已无法，无法让她得到满足。比如说，她就开始在音乐会上朗诵起诗歌来。就这样。是的。

杜：也就是说，专业音乐人士和音乐理论家们纷纷指责她背离了……

巴：背离了专业请神。

杜：……背离了专业精神，是的。

巴：如果说她脱离了狭窄的专业圈子，那是这样。这是完全可以理解的，是完全可以理解的。说这些话的音乐理论家们，归根结底都是些视野狭窄的人，他们无法理解玛丽娅·韦尼阿米诺芙娜身上时常出现的这种向往……要知道这种向往……伴随了她的一生，她所向往的目标远为崇高得多，已突破了任何专业、任何职业精神的框限，无论这是诗歌、音乐，或是哲学；比这一切都要博大。她懂得，这些并不是全部，也不是最主要的东西，而主要的是一种别的什么东西。

杜：您从一方面印证了这一观察的结果，从事实上……

巴：我不这么认为……

杜：可从另一方面又给了相反的评价。不，这不仅仅是评价。首先，您实际上否认了她的宗教情绪……

巴：不……

杜：您一点儿也没有把这些联系起来吗？

巴：一点儿也没有，为什么要……

杜：这从一开始就有助于……

巴：那当然！哲学、神话、宗教，还有音乐——这些是世上关系最为密切的，在世上的所有东西中它们的关系最为密切。说实在的，音乐就其本身而言具有哲学性、宗教性。这是一种泛泛的宗教性，不是指某种狭隘的宗教信仰的含义……不过音乐就其本质而言，当然具有……（不停地咳嗽起来）并带有宗教色彩，而且……

杜：具有某种宗教信仰？

巴：不，不是具有某种宗教信仰，恰恰不是指具有某种宗教信仰。

杜：不是？

巴：没错。其实是无关紧要的……就是说音乐所具有的究竟是新教，还是东正教，抑或天主教……这并不重要。具有宗教意味。当这种宗教意味是真实的，比方说，在神秘主义者身上——当然是指诸如伯麦那样伟大的神秘主义者身上，这时……宗教意味就不是狭隘的宗教信仰的框框所能容纳得了……不是狭隘的……

杜：信奉某种宗教。

巴：对，不是信奉某种确定的宗教。所以神秘主义者，就说那位伯麦，是令人感到惊讶的——他们都是些什么人呢？

杜：您是说雅科布·伯麦？

巴：对，最伟大的神秘主义者之一。他们都是些什么人呢？新教徒吗？天主教徒？东正教徒？可以说，要是按照信仰划分，他们是新教徒，但同时他们又同样得到天主教徒和东正教徒的认可。正是他们的宗教向往使他们超越了狭隘信仰的局限。

杜：这不，有一些音乐家和音乐理论家说她的演奏水平开始走下坡路了。

巴：她在演奏方面不如从前了——这也是对的，演奏也少了，但不是这个原因，不是因为这一点，恐怕多半是……这是某种内在的、真正的、巨大的宗教性和哲学性有些减弱，而外在的方面——教会、仪式等有所增强的缘故。是这样。就是这样，这是可能的。

杜：您认为她作为一个音乐演奏家从一开始就满怀宗教情感？

巴：是的，从一开始，就是这样。

杜：我所告诉您的，可说是出自别人之口的那种解释，您认为是……

巴：那种解释从实际情况来说在一定程度上是正确的，但又是不正确的……首先,仅仅是音乐这份职业已无法继续让她得到满足……

杜:不,那种解释是……我明白您的意思,那是不够深刻的……

巴:对,是肤浅的解释。很肤浅,仅此而已。是这样……是—的。

杜:现在有不少人都在写她,以后还会有人写她……

巴:是—的。不过那种解释当然是……再说我们这里,我们这些音乐理论家们,怎么可能会有真正的、深刻的解释呢?不过有一位音乐理论家,他也是倾向于那种形式主义观,但很为玛丽娅·韦尼阿米诺芙娜所推崇和尊敬……

杜:这是谁?

巴:是亚沃尔斯基。[①] 亚沃尔斯基已经不在了。亚沃尔斯基是位音乐理论家,他创立了一个完整的学派,不过他不是那种官方色彩很浓的学者,没得到承认。现在似乎都把他给忘记了。但他无疑是位非常杰出的、确实很有深度的音乐理论家。

杜:她很欣赏他?

巴:她很欣赏他,很欣赏,尽管在许多问题上他们有分歧。

(停顿。)

杜:我听到一种意见,说她在专业上有某种退化,恰恰是……

巴:确实有这种看法。可说到底,这种年纪的艺术家一般都是这样,尤其是像玛丽娅·韦尼阿米诺芙娜的演奏风格……这种退化在所难免。因为我已说过,她的基本艺术特点恐怕就是力量。就是力量。不是轻柔,不是隐秘的感情,而正是力量,当然,不是那种粗暴的力量,而恰是精神的力量,这种精神力量可以说完美地代表了她的特色。在音乐中这种精神力量不仅要求双手得有力量,还要求整个肌体都发挥出力量。可到了这种年岁,就已经无法保持这种力量了。是这样……

杜:是啊,她是在 70 岁的时候去世的吧。

巴:是的,她是在 70 岁的时候去世的,大概是在 70 岁的时候吧。

〈……〉

---

① 博列斯拉夫·利奥波多维奇·亚沃尔斯基(1877—1942):音乐理论家。M. B. 尤金娜认识他,30 年代她曾以配奏者的身份出现在亚沃尔斯基于莫斯科音乐学院举行的有关音乐风格史的报告会上。她以生动的笔触记述了对他的回忆,这些文章刊登于文集《玛丽娅·韦尼阿米诺芙娜·尤金娜:文章、回忆、资料》(莫斯科,1978 年),以及《Б. 亚沃尔斯基:文章、回忆、书信》(莫斯科,1972 年第二版)一书中。另可参见《玛丽娅·尤金娜:神爱之光芒》一书,第 187—196 页。——原编者注

　　是的。这就是她的精神力量。她在这方面是一个很优秀的人。比如,她可以忍受最可怕的疼痛,甚至连眼都不眨一下,眉头都不皱一下。

　　杜:疼痛？生理上的？

　　巴:生理上的。一般来说,她能够忍受常人所无法忍受的东西,对她了解得较为深入的人总会惊叹于她的超人耐力,那种巨大的精神力量,巨大的精神力量。她敢于踏入火堆。说到底,她一生也都在向往着那种意义上的更具隐喻色彩的火堆,即经受苦难,像阿瓦库姆①等人一样被火焚烧。是这样。她不会……哪怕葬身火海她也真的不会皱一下眉头。她就是这种类型的人。她的这一特点自然会让了解她这一方面的人,异常惊讶和敬佩。可惜,了解她这一方面的人少而又少。

　　杜:人们了解得更多的是她的种种古怪行为……

　　巴:古怪和任性等行为。这些都是有的。都是有的,包括古怪行为……但人们却不理解这些古怪行为,当然,也不理解她的任性行为,并对此作了庸俗的理解。任性与任性是各不相同的。伟人的任性行为与愚人的任性行为完全不是一回事。可人们却用同一个词"任性"来形容。可要知道贝多芬(他也是个很任性的人)的任性(黯笑地)和某一个平庸之人的任性是有天壤之别的。

　　杜:那些动物……她给予帮助……绝对地不会……

　　巴:她是无私的。

　　杜:……她无私,而同时又绝对地不会生活。她极为慷慨地施舍别人,不过她也得到了很多的钱。

　　巴:对,她也得到过不少,不过总的说,她从未攒下什么钱,她总是囊中羞涩,虽说得过不少。她一拿到钱就给了别人,一拿到钱就分掉了。她拿钱最终就是为了给别人。有时候她也拿钱,因为她自己也有急需的时候。其实,她几乎一辈子都过着半饥半饱的生活。

　　杜:是的,这我知道……不过,这当然也是有的……她为别人做了好事,但自然也有伤害别人的时候。比如说,我很熟悉谢拉菲玛·亚历山德罗芙娜·布龙贝格。您不认识她吗？她是我的一位同事(我们共同研究马雅可夫斯基)布龙贝格的妻子。就是这个菲玛给她做了 15 年

---

　　①　阿瓦库姆(1620/21—1682):俄国分裂教派的首领,司祭长,思想家和作家。曾多次遭到放逐和监禁,后被烧死。——译注

的秘书,为她安排了所有的音乐会。

巴:是的,我听说过,我知道。

杜:是的。尽管她也付了她一些钱,但却还是欠了她五年的钱。

巴:是吧。我的天哪……

〈……〉

杜:那好,关于玛丽娅·韦尼阿米诺芙娜,您大致已经描画出了她的形象。说不定您还要补充某些事例,也可以说是局部的细节,将来可以收进您的回忆中。总之会对您是有用的。

巴:我还能说些什么呢?她为那些遇到困难的人们提供了很多帮助,其中包括我在内。那时……

杜:她帮助过您?这一点您可没说过。

巴:当然帮助过!帮助过。后来,在她的晚年,我倒是帮了她,不过只是在金钱上而已。[①] 此外我帮不了她什么忙……可这是微不足道的。她当年给我的帮助要大得多。而且,她是在我遭到流放的落难时刻帮的我。要知道起初我被判在索洛夫基五年监禁。

杜:那她是怎么帮您的呢?

巴:她为我奔走说情。当时还可以这么做。是这样。她动用了自己的关系,奔走说情。当然,我的事情最终得以解决并不是靠了她的活动,但她毕竟还是起了作用的。[②]

杜:那您……参加过她的战地音乐会?没有吗?当时您可能不在莫斯科吧?

巴:不,我当时没有参加她的音乐会。她去了前线,这您知道。她去了列宁格勒,当时的列宁格勒正处在围困之中,非常不安全。可哪里

---

① 巴赫金对 M. B. 尤金娜所提供的帮助——极为重要的帮助是在 50—60 年代。这一点可见诸 M. B. 尤金娜与 M. M. 巴赫金的书信来往(见《对话·狂欢·时空体》1993 年第 4 期(由 A. M. 库兹涅佐夫编发);《玛丽娅·尤金娜:神爱之光芒》,第 349—419 页);以及保存在 M. B. 尤金娜档案里的鲍里斯·弗拉基米罗维奇·扎列斯基(1888—1966)的信札。用 M. B. 尤金娜的话说,后者是"一个了不起的人,一位优秀的学者,M. M. 巴赫金最忠实的朋友之一"(俄罗斯国立图书馆文献手稿部,储存编号:527,纸板号:13,收藏单位号:56)。Б. B. 扎列斯基本人多年来也一直为 M. B. 尤金娜解囊相助。——原编者注

② M. B. 尤金娜在 20 年代末—30 年代期间(及其他年代,如勃列日涅夫时期)曾为多人奔走营救。M. M. 巴赫金被捕后,她和 C. И. 卡甘一道向各级部门求情,为他争取减刑(他被判在索洛夫基监禁五年),这一结果她是通过 E. П. 彼什娃争取到的,其时后者是政治红十字会负责人。根据国家政治保安总局委员会 1930 年 2 月 23 日作出的决定,由监禁改判为流放哈萨克斯坦(对此可参见 C. 卡甘:《是否有权利原谅体制》,载《文学报》1991 年 6 月 26 日)。——原编者注

有危险,哪里"危及生命",她就想去哪里。她总想去那里,所以她去过许多次,在那儿举行演出。

杜:是的。总之,在她身上也正应验了:"凡是危及生命的东西对一颗凡人之心而言蕴藏着无以名状的快乐。"

巴:是的,要这么说也可以。但不仅仅是这样。普希金这话自然指的是……更具多神教性质的东西……而她是没有的。她认为,人活着就是为了燃烧自己,付出自我,牺牲自己。这种牺牲的精神元素,在普希金的这部戏剧作品中,在《沃尔辛厄姆①之歌》中自然是不存在的。这里更多的是一种享乐主义,享乐主义……

杜:是的,更多是享乐主义。

巴:是的。说到享受快乐……这是众所周知的,危险可以使人沉醉。我不是军人,可比如说在轰炸等类似的情况下,离前线很近时,枪炮声就会使我感到很兴奋,是的。(笑。)使人感到很兴奋。除了意识和意志,您还想说什么呢……我不具备任何胆量,以及军人气概之类的品质,但一听到枪炮声就感到兴奋不已——就这么回事。(黙笑。)不过,自然这完全是另一回事,与牺牲精神、与建功立业什么的没有任何关系。而这后者正是她所具备的。

杜:您在哪里遭遇到轰炸了? 难道您去了列宁格勒?

巴:没有,我没去列宁格勒。莫斯科也遭到了轰炸。是的,我好像碰到过一两次。再说,我们几乎就住在前线一带。离我们40公里就是前线。

杜:是在萨维奥洛沃吗?

巴:对,是在萨维奥洛沃。

杜:啊—啊! 已拿下这个……伊克沙,逼近伊斯特拉的时候。

巴:正—是,正—是,对,对。离那儿很近……空袭不断,而且还投弹。不过投弹轰炸要少一些,主要是机枪扫射。但也有轰炸……炸过多次。

杜:是吧。好了,米哈伊尔·米哈伊洛维奇,可以说,我把您的历险故事给记录了下来。我促成您叙述了自己的生平,这非常好。您由此说开去,还穿插讲到文学史、美学以及哲学之类的话题,所以……除了

———————————
① 沃尔辛厄姆:普希金戏剧作品《瘟疫流行时的宴会》中的主人公。——译注

所有这些回忆，这些为数并不多的回忆之外……

巴：这算是什么回忆呀！

杜：……我还记录下了米哈伊尔·米哈伊洛维奇·巴赫金这位我所敬重的人物的真实形象。唯一遗憾的是，上一次我们录得不太成功，得删去一些东西。

巴：是我的过错，因为……我不知道为什么……前一天好像感觉非常疲惫。我几乎连一些最普通的字眼都想不起来了……

杜：我听得也不是很明白。好在我们就这么一次——第五次访谈不是很成功，其余的几次访谈都做得不错，而且有趣。

您不打算写回忆录吗？

巴：完全不想。对了，关于玛丽娅·韦尼阿米诺芙娜再说一点吧。她这一辈子都不曾有过自己的像样的住宅。她一会儿住这儿，一会儿住那儿，居无定所，极其不方便，极其不方便。这是其一……其二……她从未有过家具。当然，只是在列宁格勒住父母家的时候，有些家具；但即便是在列宁格勒那套阔气的住宅里她的那些家具也是临时拼凑的，甚至也有可能不是她自己的，这个我不知道。是这样。所以说，她从来没有过像样的家具。再者，她这个人绝对没有官方色彩。官方的那一套会使她苦恼不堪。其实我也一样。我也受不了官方的那一套东西。她没有做到功成名就，她完全做不来。也不想做，也做不来。不信您看，如此出众的一个人，她这一辈子居然没有获得过官方的任何奖励，什么也没有得过。

杜：所以她对此一直表示不满！

巴：不全是这样。她为什么不满？不全是这个问题。要说表示不满，她可能做得还不如别人呢，而那些人却都是得过奖的。就说肖斯塔科维奇吧，他没有表示过不满？想当初，他表现得可厉害了。

杜：是的，不过他……

巴：是这样。顺便说一下，我们有位共同的朋友，还是在维捷布斯克时认识的，是位优秀的音乐理论家，只是死得太早了。他叫伊凡·伊凡诺维奇·索列尔京斯基。

杜：索列尔京斯基？

巴：是的，索列尔京斯基。

杜：我听说过他，是的。

巴：他是我们这里最有名望的艺术理论家之一。他写的关于马勒的一本书，以及所有其他的书，尽管篇幅都不长，但却都是……才华横溢的。总之，这是一位罕见的天才。[1] 他既是列夫·瓦西里耶维奇·蓬皮扬斯基的学生，也曾一度做过我的学生。我认识他的时候，他几乎还是个孩子。是这样。

杜：他死了？

巴：死得很早。他也当过音乐学院的教授，是列宁格勒音乐学院的教授。他教过音乐理论课，还教过美学课，这不……

杜：在著名的音乐家和音乐理论家这类人中，您还记得谁？

巴：除了索列尔京斯基，恐怕就没有比较了解的人了。我倒是认识不少人。主要是……

杜：索夫罗尼茨基您认识吗？

巴：知道他。我认识他，可有关他的情况我什么也想不起来了。

杜：那涅高兹呢？

巴：也知道。也是知道的。

杜：您与帕斯捷尔纳克没有交往吗？咱们谈论诗歌时好像没有说到帕斯捷尔纳克。

巴：是没有说到。帕斯捷尔纳克我还是认识的，我认识帕斯捷尔纳克。

杜：玛丽娅·韦尼阿米诺芙娜与帕斯捷尔纳克的友情……

巴：对啦！我们在她那里常常碰见。我特别记得有一场晚会，帕斯捷尔纳克在玛丽娅·韦尼阿米诺芙娜的住宅里给我们朗读了作品，那是一幢独家小楼，我在她那儿曾住过一阵子……

杜：在哪里？是在……霍罗舍沃公路旁边？

巴：是—的，在霍罗舍沃公路旁边。我在她那儿……

杜：他朗读的是什么？是自己的小说？

巴：不是。我没听到过他读小说。他读的是自己翻译的《浮士德》

---

① 伊凡·伊凡诺维奇·索列尔京斯基(1902—1944)：音乐理论家和戏剧理论家，出生于维捷布斯克，是 M. M. 巴赫金的朋友。他是现代音乐的鼓动者。他对马勒的研究工作(见 И. С. 列尔京斯基：《古斯塔夫·马勒》，列宁格勒，1932 年)被纳入马勒研究基金。M. B. 尤金娜十分推崇他的学者禀赋，但在精神层面却和他很不相同(关于他的情况可参见 Л. 米赫耶娃：《И. И. 索列尔京斯基》，列宁格勒，1988 年版)。——原编者注

第一部分。① 是这样。应当说……

杜：噢！这当然可以算作一个历史性的时刻了。

巴：是的……

杜：听众里就有您和玛丽娅·韦尼阿米诺芙娜？

巴：是的。还有其他不少人。首先是画家法沃尔斯基，还有位画家，叫……

杜：也许是叶菲莫夫？不对吗？

巴：不一是，不一是。

杜：库普列亚诺夫？

巴：不是，那些人都还是……20 年代……甚至不是 20 年代，而是头十年的人物。此人当时已经很老了，但精神矍铄。这是一个特别有修养的人。

杜：是帕夫利诺夫？

巴：不是。帕夫利诺夫我也略知一二，是的，我见过帕夫利诺夫。但那次没有他，没有帕夫利诺夫。

杜：那法沃尔斯基在的吧？您是回忆这一代的人，是吧？

巴：对，法沃尔斯基在的，是的。我所说的那位画家的辈分比法沃尔斯基稍稍要长一些。他经常为象征派的书画封面。他与索莫夫是一个流派，就是……

杜：索莫夫，尤翁……

巴：正一是，正一是。

杜：都是"艺术世界"社的成员。封面上……谁设计的封面？格拉巴里……

巴：其中还有勃留索夫的集子《影之镜》的封面。

杜：这个封面我记得。

巴:是他设计的封面。①

杜:上帝保佑……这么说您当时在那里?

巴:是的。此外在场的还有别人。比如,那人叫什么来着? 好像是舒尔茨吧,是古典语文学家,古典语文学家。②

杜:舒尔茨?

巴:是舒尔茨。是舒尔茨。您可能不知道他吧。

杜:这人我不知道。

巴:他是个古典语文学家,但古典主义在我们这儿不吃香,所以他主要是从事考古学研究。是这样。这不,他就在俄罗斯南方进行考古勘探工作,差不多一直在那里。因为他懂希腊语什么的。顺便提一句,他发掘出了希腊侨民居住点。这就是舒尔茨,一个非常有教养、有修养的人。他那次在场。还有谁呢? ……有帕斯捷尔纳克的妻子。

杜:哪一个? 是季娜伊达·尼古拉耶芙娜·涅高兹吗?③

巴:大概是她,我记不清了。他的第一任妻子我根本不认识,只认识这第二个妻子。我还在什么地方见过她,她也是和丈夫在一起的。好像……还有……几个人……都是艺术界的人士……

杜:那么,听了以后大家觉得怎么样?

巴:大家听得很认真,而且对他的翻译评价很高……绝对……

杜:那您觉得他的这个译文……他没有偏离歌德吧? 没有吧?

巴:这个么,稍微有那么一点点儿。不过所有的翻译也都会……

(由于技术原因录音带出现一段空白。)

杜:……相反,比如说,席勒与茹科夫斯基,那篇《希隆的囚徒》,有人说原诗和译文完全是两回事。④ 或者《松树》也是这样……

巴:是的。说的没错。可我还是更欣赏这样的翻译,而不是缺乏才

---

① 指德米特里·伊西多罗维奇·米特罗欣(1883—1973)。他的名字是 M. M. 巴赫金 1973 年 10 月 11 日告诉本注释作者的,那天我们在他的位于红军街的住宅里就玛丽娅·尤金娜的话题作了交谈。在谈论尤金娜之前,在场的尤里安·谢尔盖耶维奇·谢柳应米哈伊尔·米哈伊洛维奇的请求,朗读了他刚刚写的关于 M. B. 尤金娜的回忆文章。见《玛丽娅·尤金娜:神爱之光芒》,第 658—695 页。——原编者注

② 帕维尔·尼古拉耶维奇·舒尔茨:最著名的苏联考古学家,从事涅阿波利的考古发掘工作,与 M. B. 尤金娜关系甚好。——原编者注

③ 季娜伊达·尼古拉耶芙娜·帕斯捷尔纳克(娘家姓叶列梅耶娃,第一次婚姻嫁给了涅高兹;1897—1966):女钢琴家,Г. Г. 涅高兹的学生。——原编者注

④ 杜瓦金的口误:茹科夫斯基的《希隆的囚徒》译自拜伦的诗作。——原编者注

气的非诗人的翻译。

杜：这当然了。

巴：非诗人的翻译我不喜欢。茹科夫斯基是位诗人。是这样。而且，他的译文终归……当他偏离原诗时，不是往下偏离，而可能是少许偏向了一边，但还是在原来的高度上。当译者降低原作的水准时，那是再糟糕不过的了……

杜：那当然。

巴：而缺乏才情的译者总会降低原作的水平，使之变得平庸。可对……帕斯捷尔纳克而言不能这么说了。

杜：歌德可以说是一座巅峰……翻译他的作品是一件特别复杂的事情。

巴：是的。不过这个译本总的说当然算是很好的。

杜：很有分量，是吗？

巴：我很喜欢他的译文。那次我听了他朗读之后，后来就再也没有读过。

杜：有一段时间，他仅靠翻译为生。那您同鲍里斯·列昂尼多维奇①没有谈过话吗？

巴：有过交谈，那次晚会上也有过交谈。当时的情形是这样的：专门为他准备了一瓶干葡萄酒，他把这瓶干酒全喝光了。别人谁也没喝，因为在场的没人会喝酒。我不喝酒，这些艺术家也不喝。是这样。他一个人全干了。在这之后，他就畅谈起来，谈起了一般性的话题：普通的诗歌问题，诗歌语言。我记得，那次谈话很有意思。我当然也参与了，大伙儿都参加了。后来说起……作家协会，他非常激烈地批评了作协，说他们实际上不维护作家的利益……说他们是在维护……

杜：关于诗歌他都说了些什么，您都不记得了吗？

巴：我只记得一点。他的观点是：诗歌、诗歌的语言应当最大限度地接近口头谈话的语言，但并不是口语的实用方面，而是口语所特有的那种自由灵活的要素……口头谈话语言忌讳、不喜欢规范语的套式，这才是最重要最重要的东西。任何刻板的、规范标准的、正确的、文绉绉的成分都不应出现在诗歌语言中。诗语理应有最大程度的自由，是一

---

① 即诗人帕斯捷尔纳克。——译注

种获得自由的语言,正是在这方面它接近于口语。就是这样。是的。

杜:好吧,米哈伊尔·米哈伊洛维奇,您还可以滔滔不绝地说下去……我是指帕斯捷尔纳这一话题。这很有意思,我对您感激不尽。可我的录音带只剩下十分钟了。我想在结构编排上来点小花边儿……(笑。)请原谅我这粗鄙的表述。我很想请您在最后背诵点儿……最多不超过十分钟……背诵点儿诗。

巴:哎呀,这会儿我背不出来。

杜:您背得棒极了……您就回忆一下自己喜欢哪些诗。来几首您最喜欢的。

巴:好吧……我喜欢的诗很多,但这会儿一点儿也背不出来。以前我是会朗读的,我的嗓子也还可以……

杜:您朗诵得很精彩!您不是还朗诵过勃洛克的诗了嘛!在经典诗人里您特别喜欢谁?因为……语调也能起很大的作用呢。

巴:那就……

杜:您就背一背最喜欢的……您大概还能用外语朗读吧:德语、法语……就挑您喜欢的诗。

巴:是的,我以前是能的。

杜:是的呀。我可没有排除这种可能性。

巴:不行……我简直都不知道……我已经八辈子没背过诗了……

杜:怎么可能八辈子呢?您跟我交谈时还背过……请随便背点儿什么吧。那就来一首费特的?

巴:可这会儿我真的背不出来……

杜:没事的,没关系的!

巴:　　　　夜色皎洁。花园洒满月光。

　　　　　没有灯光的客厅里,银光倾泻在我们的脚旁。

　　　　　钢琴整个儿翻开,琴弦瑟瑟颤动,

　　　　　我们的心也为你的歌声深深折服。

　　　　　你唱到天亮,泪流满面,疲惫不堪,

　　　　　你是我唯一的爱,你是我的全部生命,

　　　　　我多么想这样活着,在妙曼之音的陪伴下,

　　　　　爱你,拥抱你,为你哭泣。

> 许多年过去了，那是难熬而寂寞的岁月，
>
> 在静谧的夜里我又听到了你的声音，
>
> 如同当年，这些妙曼之音使人心醉，
>
> 你是我唯一的爱，你是我的全部生命。

> 没有命运的屈辱和心灵的沉重苦痛，
>
> 生命永无终止，目标也只有一个，
>
> 只要相信这如泣如诉的声音，就会——
>
> 爱你，拥抱你，为你哭泣！①

多好的诗呀。可我却不能朗诵得……

杜：这是费特写的吗？

巴：是因为与玛丽娅·韦尼阿米诺芙娜有关我才忆起这些诗句的，显然是与她演奏的乐曲有关，这才……不过诗本身就写得很好。这些诗我……

杜：那当然。这位诗人我恰恰知道、了解得很少。

巴：可我念的这些诗句确实写得很好。

杜：那您喜欢丘特切夫吗？

巴：丘特切夫？丘特切夫的什么诗？……当然……我知道他的作品……怎么会不知道呢。

杜：比方说，《喷泉》。

巴：啊？

杜：《喷泉》……记得吗？"看，鲜活的云彩……"或者您……我对他……我对他的作品不是很理解，那还是请您背一背维亚切斯拉夫·伊凡诺夫的诗吧。

巴：维亚切斯拉夫·伊凡诺夫？要知道，他的东西不大容易背。那有什么可背的呢？好吧，就来一段《迷宫的歌声》，您知道这首诗吗？

杜：不知道。《迷宫的歌声》？

巴：是《迷宫的……》，对的。迷宫指人对童年——甚至更早的记

---

① 在诵读 A. A. 费特以及其他一些诗人的作品时，M. M. 巴赫金有念错的地方——这些我们也都一一保留了下来。第六次谈话的结尾部分录有一些诗作，在其注解中我们对巴赫金的这些口误并未专门加以标注，而是援引了相应的原作。——原编者注

忆……维亚切斯拉夫·伊凡诺夫也赞同同样的观点：人的记忆源远流长，没有极限。

杜：哦，我也是这样想的。（笑。）

巴：正如您所知道的，许多哲学家都谈到过这一点……

杜：我不知道哲学家们是怎么说的，不过……（笑。）

巴：先是柏拉图，后来在现代哲学家中则有柏格森。他有一本精彩之作，我认为是他写得最好的一本书——《物质和记忆》。他在书里论证了我们的记忆是无穷尽的，我们记得的只是我们实际需要的东西，而其余的一切我们就忘记了，但在特定的条件下——梦中，醉酒的状态下，身患某些疾病时，我们就会忽然想起这一切。或者像古米廖夫所认为的，存在一种躯体的记忆，正是这种躯体的记忆……怎么说来着？……

杜："只有蛇才会甩掉身上的皮……"①

巴：是的。"……我们改变的只是心灵，而不是躯体……"等等。

这是《迷宫的歌声》中的诗句。② 这些诗句非常独特，是用德语诗的一种特殊节奏写成的，有点不够匀称，稍微有一点。③（清了清嗓子。）不过……您要知道，这可是我的语调了，我的嗓音和口齿都不行了。

> 母亲坐在父亲身旁。
> 她和他默默无语。
> 夜色从窗外向里探望……
> "嘘，"俩人同声说道，"有声音。"
> 母亲俯身对我细语：
> "声音走远了。先别出声。"
> 心灵贴向静夜，
> 心灵沉入寂谧。

---

① 这是古米廖夫的诗作《记忆》中的第一行(1921 年)（见 H. 古米廖夫：《诗集》，列宁格勒，1988 年版，第 309 页）。——原编者注

② 这是维亚切斯拉夫·伊凡诺夫的组诗(1905 年)（见维亚切斯拉夫·伊凡诺夫：《作品选集》，第 2 卷，布鲁塞尔，1974 年版，第 271—276 页）。巴赫金在关于维亚切斯拉夫·伊凡诺夫的讲座中对这组诗说得更为详细，见《话语创作美学》，第 401—402 页。——原编者注

③ 关于这一格律可参见 M. Л. 加斯帕罗夫：《欧洲诗律史概论》，莫斯科，1989 年版，第 164—166 页。——原编者注

> 我开始听得到无声。
>
> （那时我刚过了三个春季。）
>
> 从此无声就把我的心
>
> 带入神秘之声的梦境里。

我觉着这是一首出色的诗。

杜:是的,我的感受也是如此。

巴:无论是深度还是基调,都很出色。《迷宫的歌声》中的诗句是另外的风格……只是我可能背得不准确:

> 我的草地上空笼罩着
>
> 精细大理石的拱门般的苍穹。
>
> 我在轻盈的女友——飞蝶之中,
>
> 嬉戏了多少时辰或多少年头?
>
> 　（凝想良久。）
>
> ……我用麻利的手
>
> 捕捉飞逝的光线……
>
> ……来到他们面前……
>
> 　（回忆。）
>
> ……父亲和母亲坐在那里……
>
> ……我来到他们面前满载而归,
>
> 想把新鲜事说出来一起分享。
>
> 张开的手心全是尘土,
>
> 犹如骨灰盒里的灰烬。
>
> 父亲和母亲细细打量。
>
> 莫非是无声的责备?
>
> 凝滞的目光黯淡浑浊。
>
> 父亲和母亲细细打量:
>
> 我时常梦见这旧有的哀痛,
>
> 泪水禁不住夺眶而出……
>
> 翩翩翻飞的光线撞击着
>
> 我那沉重的心扉。

一首绝妙的诗!绝妙的诗!是这样。可要说的是,不知为何人们不理解维亚切斯拉夫·伊凡诺夫。

杜：是的，他的诗很难懂……

巴：所有这些诗都具有深刻的象征意味。其次，它们富有极为生动而现实的感受。人们总是不理解这一点，以为他的诗矫揉造作。这哪里是什么矫揉造作？这分明是童年梦境的回忆，而这种梦境会给以后的整个人生打上烙印。例如这句："……我时常梦见这旧有的哀痛……"他成功地捕捉到了，他捕捉到了光线，可原来却是骨灰："犹如骨灰盒里的灰烬……"而这一点可以说用散文是无论如何也表达不出来的，而是用诗歌，通过这一童年之梦……这是一种美妙的意境……

杜：请您从《浮士德》中随便挑选一小段……或者歌德的随便哪首诗，用德语背一背。

巴：我担心还会出错。好吧，那就背一背歌德的作品吧。来一段著名的 *Zueignung*——《浮士德》中的《献词》。

> 你们又临近了，游移不定的身影，
> 想当初一度呈现于朦胧的目光。
> 敢情这次我试着要把你们握紧？
> 难道我的心仍然倾向那个痴想？
> 你们拥上前来！来吧，随你们高兴，
> 尽可从烟雾之中裹我袅袅飘飏；
> 环绕你们的行列荡漾着一股灵气，
> 它使我的心胸感受到青春的战栗。
> 你们与欢乐韶华的风物同归，
> 于是众多可爱的亡灵冉冉而出；
> 最初的恋情与友谊随之浮起，
> 有如一桩古旧而漫漶的掌故……

杜：行，够了。

巴：结尾是：

> 我所有的一切眼见暗淡而悠远，
> 而消逝者又将现出来向我重演……①

记不得了。

---

① 巴赫金用德语背诵的《献词》与原诗稍有出入。这里采用的是原诗的译文，引自绿原译《浮士德》，人民文学出版社，2004 年，第 1—2 页。——译注

杜：法语诗不记得什么吗？

巴：法语诗……当然也记得，不过……法语诗给您背点什么合适呢？……

（关掉录音机并又打开。）

杜：来吧。

巴：

这便是渴望：栖息在涌动中

在时间里没有家。

这便是愿望：每日那些时刻

与永恒轻声对话。

这便是生活：从某个昨日

跨出那最孤独的时刻，

如别的姊妹般异样地浅笑

面对着永恒深深沉默。①②

精彩！精彩！

杜：来首完整的吧……

巴：

我们将有充满清香的床，

像坟墓一样深的长沙发，

在绷架上将为我们开放

另一座洞天的异卉奇花。

两颗心竞相把余热耗尽，

变成了两个巨大的火炬，

两个灵魂合成一对明镜，

双重光在镜中辉映成趣。

蔷薇色、神秘的蓝色之夜，

我们将互射唯一的电光，

像一声充满离愁的叹息；

---

① 巴赫金背诵的是法语原诗。——译注

② JL M 里尔克诗集 *Mir zur Feier*（《祝福我吧》，1900 年）中的一首（1897 年）。里尔克原诗的第二行是：*haben in der Zeit*（原编者在此处援引了此诗的三种俄译，从略。——译注）。——原编者注

> 随后,将有天使排闼入房,
>
> 忠实愉快地使熄灭的火
>
> 和灰暗的镜子重新复活。①②

这是 14 行诗。

杜:是波德莱尔的 14 行诗吗?

巴:是的,波德莱尔的,是波德莱尔的。

杜:好,那还有最后一个……

巴:好的!

杜:您最喜欢普希金的什么作品?

巴:这个问题我真的很难回答。要知道,我来告诉您……

　　(关掉录音机并又打开。)

杜:请从头说起。

巴:好的,可我记不起来了。

> 当凡人的喧嚣一日万籁无声,
>
> 而在城市空旷的街道上
>
> 半……半……飘下了夜影……
>
> 和梦幻;劳碌的白日的报偿……
>
> 回忆展开了自身的画卷……
>
> 我带着憎嫌审视生活……

不,不对,我弄混了……

> 我又看见了友人……
>
> 酒神和爱神嬉戏时的问候!
>
> 冰冷的世界又给我的心
>
> 带来了无可避免的怨恨……③

杜:“带着憎嫌……”

巴:不,不能这样。只要事先看一看,就会回想起来的。

杜:我怕的是您的女主人,要不然我们就这么做了。哪怕来上一小

---

① 巴赫金背诵的不是法语诗,而是德语诗。这里采用钱春绮的译文,引自《恶之花》,人民文学出版社,1987 年版,第 327 页。——译注

② *La mort des amants*(《情侣的死亡》),见 Ch. 波德莱尔:《恶之花》,巴黎,1959 年版。——原编者注

③ 此处背诵的 A. C. 普希金《回忆》(1828 年)一诗与其原稿有所出入。——原编者注

段……我倒是很想听到一个完整的诗篇。还是来一小段《青铜骑士》
吧。这您肯定记得的。

巴：一小段《青铜骑士》？好吧，那就来个开头吧。

杜：请吧。

巴：　　　　　在灰暗的彼得格勒上空
　　　　　　　吹着十一月寒冷的秋风。
　　　　　　　涅瓦河用它那哗哗的浪头
　　　　　　　拍击着整齐的栅栏，
　　　　　　　正像一个不安的病人
　　　　　　　在病床上一直翻转……

（凝想。）

杜：　　　　　这时在做客回家的途中
　　　　　　　走来了……

巴：　　　　　走来了年轻的叶甫盖尼。
　　　　　　　我们将用这个名字
　　　　　　　来称呼我们的主角。这名字
　　　　　　　叫起来好听；我的笔
　　　　　　　早已经和它结缘。
　　　　　　　我们不需要给他起绰号。
　　　　　　　尽管这名字也许
　　　　　　　已出现在过去的年代，
　　　　　　　在卡拉姆津笔下的
　　　　　　　民间传说里曾大放异彩，
　　　　　　　但今天的上流社会和舆论界
　　　　　　　已经把它忘却。我的主人公
　　　　　　　住在科洛姆纳；在某处供职，
　　　　　　　却不愿结识那些权贵，
　　　　　　　既不为长眠的亲人伤心，

（起先有口误，将"亲人"说成了"拉伯雷"，随即纠正过来，并发出
笑声。）

　　　　　　　也不为忘却的古昔感怀。

还有一段……对。不行，我背不出来了……

　　杜:好,行了……米哈伊尔·米哈伊洛维奇,我们简直无法用言语表达对您的感激。

　　巴:感谢什么呀! 我还要请您原谅呢,我总是说得很乱……我的记性也……

　　杜:现在赶紧趁加琳娜·季莫菲耶芙娜还没来撵我,我想关上录音机。好啦。结束了。这是对米哈伊尔·米哈伊洛维奇·巴赫金的第六次,也是最后一次访谈。

　　巴:我对您……同您谈话我感到很高兴。

　　杜:结束啦!

　　　　　　　　　　　　　　　　　　　　　　　　　(董晓　王加兴译)

答《新世界》编辑部问 *

M. M. 巴赫金

　　《新世界》编辑部向我提出一个问题：我如何评价当今文学研究的现状。

　　要对这样的问题给出一个准确无误、很有把握的答案，无疑是很难的。人们对当下，对当今的某种现实情况做出评判时，总是容易（向某一方面）发生偏差的。这是需要注意的一点。不过我还是试着来回答一下吧。

　　我们的文学研究具有丰厚的资源：我们有许多治学严谨、才华出众的文学研究者，其中包括一些年轻学者，我们有优秀的学术传统——这种传统是在过去（波捷布尼亚，维谢洛夫斯基）和苏维埃时期（蒂尼亚诺夫，托马舍夫斯基，艾亨鲍姆，古科夫斯基等）所形成的，当然，我们还有发展文学研究所必需的外部条件（研究所，教研室，财政拨款以及出版资源等等）。但尽管如此，我觉得近些年来（实际上差不多就是最近十年）我们的文学研究，总体上没有利用这些资源，也没有达到我们有充分权利对它所提出的那些要求。在我看来，我们的文学研究似乎平淡乏味，缺乏生气：不敢大胆提出带有普遍性的问题，在广袤的文学世界里没有开拓出新的领域或发现有重大意义的个别现象，没有学术流派之间的真正而合乎理性的论争，总好像惧怕承担学术风险，惧怕提出假设。文学学实际上还是一门年轻的学科，它不像自然学科那样具有一些成熟而可靠的方法；因此，缺乏学派之间的论争，不敢大胆假设——必然导致老生常谈和陈词滥调的盛行；遗憾的是，我们所缺少的并不是这些。

　　在我看来，这就是我们当今文学研究的总体特征。不过，任何一种总体评述都不可能是完全公正的。诚然，我们今天也出版了一些不错

---

　　* 本文发表于《新世界》杂志 1970 年第 11 期。译自《巴赫金文集（七卷本）》第 6 卷。——译注

的、有益的书籍（尤其是文学史方面），发表了一些饶有趣味、内容深刻的文章，而且还出现了一些重大的现象——我的总体概述对此根本无法论及。我指的是 H. 康拉德的《东方与西方》一书，Д. 利哈乔夫的《古俄罗斯文学的诗学》一书和《符号体系论集》，以及四种出版物（其作者是以 IO. M. 洛特曼为首的一批青年学者）。这是近年来在很大程度上令人欣喜的现象。在下面的谈论中，我或许还会提到这些著述。

　　如果要我谈谈文学研究面临的首要任务的看法，那么我在这里只讲一讲与过去时代的文学史相关的两项任务，而且只能是泛泛而谈。我将完全不涉及有关当代文学研究和文学批评问题，虽然正是在这方面有着更多重要的迫切任务。我之所以选择这两项任务来谈，是因为在我看来，它们业已成熟，而且已经开始了富有成效的研究，这一研究应该继续开展下去。

　　首先，文学研究应该与文化史建立更为密切的联系。文学是文化不可分割的一部分，一旦脱离该时代整个文化的大语境，那是无法理解的。不可将文学与其余的文化相分离，也不可像通常所做的那样，越过文化，径直把文学与社会经济因素加以关联。这些因素作用于作为整体的文化，并只有通过文化，与文化一起作用于文学。在相当长的时间里我们特别关注文学的特性问题。这在当时也许是需要的、有益的。应当指出，狭隘的专业化研究与我们这门学科的优秀传统是格格不入的。我们不妨回想一下波捷布尼亚，特别是维谢洛夫斯基那广阔的文化研究视野。由于热衷于专业化研究，人们忽略了文化不同领域之间的相互联系和相互依赖等问题；常常忘记了这些领域的界限不是绝对的，在不同的时代有着不同的划分；没有注意到文化那最紧张、最有效的活力，恰恰表现在其某些领域的交界处，而不是在别处，也不是在这些领域的封闭的特性中。在我们的文学史论著中通常会对被研究的文学现象所属的时代进行一番描述，但这些描述大多雷同于通史中的描述，缺乏对文化领域及其与文学相互关系的精细分析。而且，还没有建立起一套此类分析的方法。而所谓一个时代的"文学进程"在研究中一旦脱离对文化的深入分析，便归结于文学流派的表象纷争，而对近代（尤其是对 19 世纪）而言，实际上就会归结于报刊上的喧器，而这种喧器对一个时代的真正的宏伟文学并无重大影响。那些真正决定作家创作的强劲而深刻的文化潮流（尤其是底层的、民间的潮流）尚未得以揭示,有时根本就不为研究者所知。采取这种方式,就不可能深入到伟大作品的内涵,文学本身也开始让人觉得是某种无关紧要的琐事。

我所说的任务,以及与此相关的一些问题(时代作为文化统一体的界限问题,文化类型问题等等)在探讨斯拉夫诸国的巴洛克文学时,特别是在持续至今的关于东方国家的文艺复兴和人文主义的争论中,被十分尖锐地提了出来;从中特别明显地看出,必须对文学与那个时代的文化的不可分割的联系进行更加深入的研究。

上面我所提到的近年来优秀的文学研究论著——康拉德、利哈乔夫、洛特曼及其学派的著作——尽管在研究方法上差异很大,但都没有把文学与文化隔离开来,并力求在一个时代整体文化的有区分的统一体中来理解文学现象。这里应该强调,文学是一个极其复杂和多面的现象,而文学学还过于年轻,因此很难说,文学学有某种"唯一可行的"方法。各种不同的方法都可以采用,甚至是完全必要的,只要它们都是严肃认真的,在所研究的文学现象中能够揭示出新的东西,有助于对其更加深入的理解。

下面我来谈谈第二个任务。如果说不能脱离时代的整体文化来研究文学,那么将文学现象封闭在创造它的那个时代里(即它的同时代里),则更加糟糕。我们通常正是依据作家的同时代和此前最近的一段时期(通常以我们理解的"那个时代"为界)来试图阐释作家及其作品的。我们唯恐在时间上远离了所研究的现象。然而,作品却植根于遥远的过去。伟大的文学作品都经过几百年的酝酿,而到了创作它们的那个时代,收获的只不过是经过漫长而复杂的孕育过程才得以成熟的果实而已。如果仅仅依据创作时代的条件,仅仅依据此前最近一段时期的条件就试图理解和阐释作品,那么我们也永远把握不了其深刻的内涵。封闭在那个时代的做法也使得我们无法理解作品在随后若干世纪中的未来生命力,而这种生命力看起来似乎是一种悖论。作品冲破自己时代的界限,在未来的若干世纪中,即在长远时间里保持着活力,而且其生命力往往是(伟大的作品则总是)比在同时代更为强烈、更为旺盛。说得简单通俗一些:假如将某部作品的意义简单归结为——它在反对农奴制斗争中发挥了作用(中学里就是这么讲的),那么在农奴制及其残余势力被消灭之后,这样的作品就该完全失去自身的意义,然而作品却往往还会扩充自己的意义,亦即进入长远时间中。但倘若作品并没有在某种程度上汲取过去若干世纪的东西，那它就不会在未来的世纪中生存下去。假如它完全诞生于当下（即它的同时代），而不是过去的延续，与过去没有实质性的联系，那它也就不能在未来中生存下去。一切仅仅属于当下的东西都会与当下一同消亡。

伟大的作品在远离它们的未来时代中保持着活力，正如我所指出的那样，这看起来似乎是一种悖论。它们在身后的生存过程中，不断充实新的意义、新的内涵；这些作品似乎会超过其创作时代的自我。我们可以说，无论是莎士比亚本人，还是他的同时代人，都不知道我们当今所认识的那个"伟大的莎士比亚"。无论如何不能把我们的这个莎士比亚硬塞到伊丽莎白时代中去。别林斯基就曾说过，每个时代总会在过去的伟大作品中发现某些新东西。如此说来，是我们给莎士比亚作品添加了它们原本所没有的东西，是我们把莎士比亚现代化了，把他给歪曲了？当然，现代化和曲解——过去有，将来还会有。但莎士比亚不是靠这一点才变得越发高大的。他之所以越发高大，是靠他作品中过去和现在都的确存在的东西，只不过对这些东西，无论是他本人，还是其同时代人，在那一时代的文化语境中还不能有意识地加以接受和评价。涵义现象可能用隐蔽的方式潜藏着，只在随后时代的有利的文化内涵语境中才得以揭示出来。莎士比亚在其作品中所建立的一座座涵义宝库是数以百年，乃至数以千年创造和积淀的结果：它们隐藏在语言中——不仅是标准语，还有在莎士比亚之前尚未进入文学的各种民间语言；也隐藏在言语交际的多种体裁和样式中；在生命力旺盛的民间文化的（以狂欢化为主的）形式中——这些形式是数千年才得以形成的；在戏剧表演的体裁中（神秘剧、讽刺喜剧等）；在源于史前远古时代的情节中；还有在思维形式中。莎士比亚也像任何艺术家一样，不是用僵死的元素，不是用砖头，而是用已饱含多重涵义的形式来建构作品的。其实，即便是砖头也具有一定的空间形式，因此到了建筑者手里也能表现某种内容。

体裁具有特别重要的意义。（文学和言语）体裁在其存在的若干世纪里积累了观照和认识世界特定方面的形式。对一个写作匠来说，体裁只不过是一个外在的固定式样，而一个大艺术家却能激活蕴藏其中的潜在涵义。莎士比亚利用潜在涵义的巨大宝库，并把它们纳入自己的作品，而这些涵义在他的时代是不可能得以充分揭示和认识的。作者本人及其同时代人所能见到、认识到并给以评价的，首先是与他们当下生活相接近的东西。作者是自己时代，即同时代生活的囚徒。随后的时代把他从这一囚笼中解放出来，因此文学学就有责任去促成这种解放。

我们以上所谈的绝不意味着，可以在某种程度上忽视作家的当下时代，可以把他的创作推到过去，或者投射于未来。同时代的生活仍然保留着自身的巨大意义，而且在许多方面都是决定性的意义。科学分析只能以此为出发点，而在其后的进一步发展中一直都应该以此为参照。文学作品正如我们刚才说过的那样，首先是在其创作时代的有区分的文化统一体中揭示出来的，但又不可将它封闭在这一时代之中：其丰富多彩的内容只有在长远时间中才得以揭示。

然而，不能将那一时代的文化——不管那一时代离我们有多么遥远，自我封闭起来，不可将其视为某种现成的、彻底完成了的、一去不复返的、失去生命力的东西。施本格勒①关于封闭和完成的文化世界的思想，至今仍对历史学家和文学研究者产生很大的影响。但这些思想需要作重大的修正。施本格勒把一个时代的文化看作是一个封闭的圈子。然而，某一种特定文化的统一体却是开放性的统一体。

每个这样的统一体（如古希腊—罗马文化）尽管各具特色，却都进入人类文化形成的统一进程（尽管不是直线性进程）。在以往的每一种文化中，都蕴含着巨大的涵义潜能，而这些潜能在该文化的整个历史进程中并未得以揭示和认识，更未加以利用。古希腊—罗马文化本身无从知晓我们现在所了解的那个古希腊—罗马文化。中学里曾有过这样一则笑话：古希腊人不知道自身最主要的特点是什么，他们不知道自己是古希腊人，也从未这样称呼过自己。不过也的确如此，将希腊人变成了古希腊人的那个时间差具有巨大的革新意义：这个时间差使人们不断发现古希腊—罗马文化具有越来越新的涵义价值，而这些价值虽然是希腊人自己创造的，但他们对此实在是无从知晓。需要指出的是，施本格勒本人在对古希腊—罗马文化的精到分析中，也揭示出了蕴藏其中的新内涵；诚然，为了使古希腊—罗马文化显得更加圆满和完整，他也有所附会，然而他毕竟还是参与了从时代囚笼中解放古希腊—罗马

---

① 施本格勒(1880—1936)：德国唯心主义哲学家，历史学家，生命哲学的代表人物。——译注

文化的伟大事业。

我们应该强调指出，我们这里说的是过去时代的文化所蕴含的新的深厚涵义，而不是指拓展我们在事实上的，在物质方面的相关知识，如通过考古挖掘、发现新文本、提升对新文本的解读水平、修复古迹等而不断获得的知识。这样获得的东西，是涵义的新的物质载体，也可以说是涵义的躯体。但在文化领域的躯体和涵义之间无法划定一条绝对的界限：文化不是用无生命的元素创造出来的，甚至就连简单的砖头，正如我们已经说过的那样，到了建筑者的手里也会以自身的形式表现着什么。所以对涵义的物质载体的新发现可以修正我们的涵义观，甚或可以要求对它们作出重大的调整。

有这样一种流传很久但却是片面的，因而也是不正确的观点：为了更好地理解别人的文化，似乎就应该融入其中，忘记自己的文化，用别人文化的眼光来看世界。这样的观点，正如我所说，是片面的。当然，在一定程度上融入别人的文化，用别人文化的眼光来看世界——这些都是理解这一文化的过程中必不可少的环节；但倘若理解仅限于这一点的话，那么理解就成为一种简单的复制，不会含有任何新意，不会起到丰富的作用。创造性的理解并不摒弃自我，放弃自己的时间定位和自己的文化，也不忘记任何东西。理解者针对他想创造性地加以理解的东西而在时间、空间和文化方面保持外位性，那么对理解而言这是件了不起的事情。要知道，一个人本身甚至都无法真正看清，并从总体上把握自己的外貌，任何镜子和影像都帮不了他；只有他人利用其空间外位性，利用他们是他人这一点，才能看清并理解他那真正的外貌。

在文化领域中，外位性是理解的最有力的推动手段。别人的文化只有在他人文化的眼中才能更为充分和深刻地揭示自己（但也不是全部，因为还会有另外的他人文化接踵而至，它们会见得更多，理解得更多）。一种涵义一旦与另一种"他人的"涵义相遇和交汇，就会显示出自身的深厚内蕴，因为它们彼此之间似乎开始了对话，而对话就可以消除这些涵义、这些文化的封闭性和片面性。我们可以给别人的文化提出它自己无法提出的新问题，我们可以在其中寻求我们这些问题的答案，于是别人的文化就给我们提供答案，在我们面前展现出自己的新层面，新的深厚内涵。倘若不提出自己的问题，就无法对另外的、他人的东西加以创造性的理解（不过这当然应该是重大的、实实在在的问题）。两种文化在发生这样的对话性碰撞时,是不会融为一体,也不会彼此混淆的,每种文化仍保持自身的统一性和开放的完整性,不过,它们可以互为充实。

至于说我对我国文学研究发展前景的评价,那么我认为,前景是相当好的,因为我们有着巨大的潜力。所缺乏的只是科学研究的勇气,而没有这一点就难以登上高峰,也无法深入下去。

(王加兴　译)

世界文学研究所学术委员会会议速记*

——巴赫金同志题为《现实主义历史中的拉伯雷》学位论文答辩

（1946 年 11 月 15 日）

希什马廖夫同志：

　　同志们，我宣布学术委员会会议现在开始。现在，我们应当来听取申请语文学副博士学位答辩人 M. M. 巴赫金题为《现实主义历史中的拉伯雷》的学位论文答辩。语文学博士斯米尔诺夫同志、努西诺夫和吉韦列戈夫同志是这次答辩指定的评审者。

　　（宣读答辩人的有关材料）②

　　有没有问题和意见？那我们就来听取答辩人的陈述。

M. M. 巴赫金同志：

　　我就不来陈述我的学位论文内容而让德高望重的诸位先生分心费神，这篇论文篇幅相当大。我已提交一份足够详细的提纲③，但就连这份提纲也长达 20 页了，在这份提纲里——当然它是以非常抽象的形式来表述的——我只能涵盖我的论文的一部分内容。因而，我就不来阐说自己的观点之实质所在，但我应该对我的论文的特点给出一些说明。

　　这是一部专著，但它又不完全是一部普通寻常的专著。对于许多问题——人们已经习惯于在任何一部专著里期待其答案的许多问题，在这部书里是找不到答案的。尤其是，拉伯雷的生平问题，他的小说创

　　* 这篇资料最初由 H. A. 潘科夫发表于《对话·狂欢·时空体》1993 年第 2/3 期，第 55—102 页；后来被收入《M. M. 巴赫金：赞成与反对》（文选）卷一，第 325—390 页，圣彼得堡，2001 年版。——译注

　　② 楷体字部分为原文所有，下文也是如此。这部分内容主要为答辩时的一些流程以及旁白、插话等。——译注

　　③ 学位论文的提纲曾发表于"附录一"，见《对话·狂欢·时空体》1993 年第 2/3 期，第 103—112 页。——原编者注

作史问题——这些问题在我的论文里并未得到阐明。这篇论文在其写作计划上、在其布局结构上，都截然有别于普通寻常的著作。

我将 10 年多的时间投入到了这篇论文上。这一时间上的持续本身已经影响到论文的一些特点。

问题的症结在于，起初——当我着手准备这篇论文时，拉伯雷在我心中并不是目标本身。很多年很多年以来，我一直在研究长篇小说理论、长篇小说史。在这里，在这篇论文中，我遇到这样一类现象：大多数文学学概念，在理论上，在历史上，同长篇小说都是完全不相匹配而并不与之等值。长篇小说怎么也不能被削足适履，而被纳入"普洛克洛斯忒斯的床"——不仅是理论文学学的，而且也是历史文学学的"普洛克洛斯忒斯的床"。我遇到了世界长篇小说在其发展的古希腊—罗马阶段之整整一系列的样式，这样一些现象的样式，诸如"希波克拉底小说"，"克雷芒小说"①——这些样式完全没有得到研究。即便在那些论述长篇小说的大部头专著、那些研究长篇小说的专题著作中，甚至也可以找不到这样的——姑且就像是"希波克拉底小说"或"克雷芒小说"这一类作品的名字。举出任何一部有名的长篇小说史教程就足够了，在那里，关于"克雷芒小说"的介绍仅有寥寥数页，而"希波克拉底小说"甚至都没有被提及。恰恰是在古希腊—罗马长篇小说的研究著作中，这些作品被全然忽视了，或者，根本就没有被提及，甚至在古希腊—罗马长篇小说史中，"希波克拉底小说"也没有被提及。

我要提一提长篇小说的这一样式。这并非偶然。恰恰是一些最为次要的作品——据现有的这些理论的、历史的原理之视角而被理解的作品，都得到了十分详尽而细致的阐说，而这些作品则没有得到关注。

在我对于长篇小说的理论与历史加以考察的过程中，我得出一个结论，我在这篇论文里以一种非常笼统的形式对这个结论加以表述。文学学——不论是历史文学学，还是理论文学学，基本上已被定位于我称之为文学中的经典形式的那些东西，也就是现成的、已完成的存在形

---

① 关于"希波克拉底小说"，巴赫金在自己的书中这样写道："这部长篇小说附录于《希波克拉底文集》，它是欧洲第一部书信体长篇小说，第一部以思想家（德谟克利特）作为自己主人公的长篇小说，最终也是第一部探讨'狂躁主题'（爱嘲弄的德谟克利特之神经错乱）的长篇小说。'克雷芒小说'——早期基督教使徒传记文学作品，与使徒行传小说的文学形式相近。克雷芒小说的情节基于圣徒彼得与其弟子克雷芒的漂泊云游〈……〉这个作品主要取材于世俗生活的情节。"（《古希腊罗马文化词典》〈译自德文〉，莫斯科，1989 年版，第 272 页。）——原编者注

式,然而,在文学中,尤其是在非官方的、鲜为人知的、匿名的、民间的与半民间的文学中,占据主导的则完全是另一些形式,恰恰是我已称之为怪诞形式的那样一些形式。

这些形式,其主要目的乃在于要以某种方式来捕捉存在——在其生成之中的存在,拥有非现成性、未完成性的存在,况且这是根本上的非现成性、根本上的未完成性与未终结性——来对存在加以捕捉。这些形式力图捕捉的乃是这个。因此,这些形式具有矛盾性与双重性,它们无法被纳入那些在研究经典文学和文学史基础上所形成的典范,这些典范基本上被定位于经典时期的古希腊—罗马文学,无论是"希波克拉底小说",还是对于长篇小说史而言有趣的"克雷芒小说"都无法位列其中。特别是讽刺这一形式,这样一种卓越的形式,单单这一形式就能够解释后来的几个世纪里长篇小说史上整整一系列杰出的、但却完全没有得到研究的现象。专门探讨这一独特体裁历史的文章资料,可谓屈指可数,然而,在我们这儿,陀思妥耶夫斯基则是这一绵延了几千年的传统的集大成者。在评论陀思妥耶夫斯基的所有著作中,我还不曾遇到有人谈论像《嘣嘣啪啪》和《一个荒唐人的梦》这样的作品。这乃是在准确地复现这一体裁所有的技艺特点的作品①。

当我基于我所研究的材料而转向陀思妥耶夫斯基的时候,使我感到震惊的是,他善于重建这一卓越的体裁。这涉及的是纯历史的一面,我潜心于这一领域,一个几乎完全未得到研究的领域。当我在这个领域里漫游时,我意外地碰上了拉伯雷,在他笔下,这是一个未完结的、未完成的存在之世界,怪诞形式的世界得以在十分连贯的形式中展开,得以在两个时代——我们的、现代的意识同那个过去的时代——的交接

---

① 1946 年 8 月,E. B. 塔尔列在致巴赫金的信中这样写道:"从您的来信得知,您打算逐步重新研究费奥多尔·米哈伊洛维奇,我甚感高兴！如果您不是以年代顺序来研究,那么,就研究一下《嘣嘣啪啪》。这是一部极为杰出的、梅菲斯特式的作品——至今还没有人认真地涉猎这部作品。在我成为那类消遣性作品的材料之前,尽快把文章发表出来吧,好让我来得及读一读。要知道,陀思妥耶夫斯基是在其去世前 6 年,在已经患病在身的情形下来写这部作品的——这件精美的艺术品,绝对是他笔下的任何东西都无从与之匹配的。对于文学史家和批评家,这可是大有用武之地。"С. Г. 鲍恰罗夫曾将塔尔列信中的这一片段发表出来,并就此补充道:"在 1963 年问世的那部著作的第二版中,巴赫金完成了塔尔列的心愿——对《嘣嘣啪啪》进行了评析,可是塔尔列已经来不及去读它了。"(鲍恰罗夫 С. Г.:《关于一次谈话及其他》//《新文学评论》1993 年第二期,第 84 页)。不过,巴赫金对这部作品之浓厚的兴趣也许是"出于自身的主动"。这一过程的缘由,在学位论文答辩记录中得以揭示。(Н. А. 潘科夫注)——原编者注

之中展开，拉伯雷的长篇小说便是那个过去时代的延续、发展和终结。

因此，在一定程度上，拉伯雷的小说能够充当开启这一怪诞形式世界的钥匙。这一对我们来说模糊的世界，几乎是在我们的、现代意识的门槛上而得到呈现的。拉伯雷的语言——这既是我们的语言，同时又是中世纪的广场语言。在这种中世纪的广场背后，我听到罗马的农神节①上那模糊的语言。从罗马的农神节到中世纪的广场、文艺复兴的广场，再到拉伯雷，整整一个传统——非现成的、未完成的存在之特殊形式的传统——在延续着。这一传统，首先是在宏大的、宏伟的中世纪的、佚名的、半民间和民间的传统之中，在所谓民间—节庆传统中而得以实现的，这一民间—节庆传统之为现代人所知，只是在狂欢节这一形式——已经得到最多的考察的一种形式——之中。但是，狂欢节——这只是流传到我们这个时代那一宏伟的、异常复杂而有趣的世界——民间—节庆形式之世界的一小块。这些民间—节庆形式、怪诞形象，它们直到今天也都在存活着。它们是以一种被扭曲的形式而存活着。但只需走上街头，便可在街头广场的言语中随时随地听到这些怪诞的形式。

每走一步，您都可以听到非常独特的言语形式，各种各样的骂人话、淫词秽语，等等——所有这些，无论听起来多么奇怪，当然都是一些碎片——在言谈中得以保存而存活下来的那个宏大世界的碎片，那个宏大世界，在拉伯雷笔下得到了完整而有力的揭示，因为拉伯雷——对我们来说，乃是这一世界之最为完整的、而主要的则是最为清晰而最易于理解的表达者。我决定将他作为我的专题研究的对象，但他毕竟还没有成为我的主人公。对我来说，他只是这一世界之最为清晰的而最易于理解的一个表达者。这样一来，我这部专著的主人公并不是拉伯雷，而是这些民间—节庆的怪诞形式，不过还是拉伯雷的创作中已为我们所阐明的、所展示的那些传统。

当从这一视角入手来研究拉伯雷时，我不得不每走一步都是在拓荒。据我估算，在我有幸提交的这篇论文中所采用而在任何一部论拉伯雷的著作中都未出现的材料，不少于百分之五十。我不得不转向完

---

① 农神节：古罗马的一种大型祭祀活动，通常是在每年的 12 月 17 日—12 月 24 日。在古罗马，农神节是最欢快的节日。——译注

全是另一类的材料，这类材料，通常在拉伯雷研究中是不曾被使用的。

　　任何一个熟悉"拉伯雷学"文献的人，想必总会有这样一种印象：阅读"拉伯雷学"文献——一切都是具体的、明白的、清晰的，一切都很好，阅读拉伯雷的作品——则完全是另外一回事了。"拉伯雷学"文献实际上给我们解释的只是拉伯雷作品的一些泛音，拉伯雷作品的基本音调，首先是拉伯雷作品的旋律，在这一"拉伯雷学"文献中是丝毫也未曾得到阐明的，这是怪诞形象的旋律，这是根本上未完成的旋律，这是拉伯雷笔下独特的身体形象，这是双身性，身体是作为未完成的东西而被呈现的，从一个身体中隆起另一个身体。两个身体——一个正在死去，另一个正在诞生。这是一个完全独特的世界。拉伯雷研究者们阐释的仅仅是浅表的层面，仅仅是那种被纳入"普洛克洛斯忒斯的床"而被削足适履的东西，而不是那种以历史的、哲学的概念——这些概念被定位于怪诞形象——来加以理解的东西。

　　为了破译拉伯雷作品的这一主旋律，我不得不转向中世纪文学。有一个观点也是众所周知的：拉伯雷——这是一位中世纪作家，当然，这涉及他的创作，但完全是其另一个方面。在我心目中，这类中世纪的佚名文学的地位得到了提升，拉丁语的讽拟作品——这是一个宏大的完整世界，这是拥有自己篇幅的那样一部大书，我能掌握这部大书的一个微不足道的一小段，这一小段乃是偶然地已经得到语文学加工的，而我在现在的生活条件下——我无法出国——只能企及比较少的一部分，那些已发表出来的作品，许多手稿，必需的和重要的手稿，落在我的理解范围之外。即便在这里，已激起深刻兴趣的一定的观点，也得以形成了。

　　为了对这些问题的意义进行评述——我觉得，我在自己的著作中就是这么理解的，我要从完全是不久前发生的一件事谈起。那是我阅览科学院出版的《中世纪》第二卷的第三天。那里刊有福尔图纳托夫的一篇就材料而言堪称上乘之作的文章，该文是专门探讨《维吉尔语法》的。福尔图纳托夫公允地指出，他在任何地方都没有找到对《维吉尔语法》的评述。我这部论拉伯雷的著作，是在5—6年前已写就并出版的，在那里，整整一页都是被用来评论《维吉尔语法》的。《中世纪》第二卷中，材料不少，但结论却是这样的：由古希腊—罗马时期走向中世纪这一过渡中严肃的学校生活，在那里得到了反映——这一问题是严重的，这是 12 种拉丁语,所有的辩论,那些以各种不同形式进行的辩论,它们并不是由所有人来进行的,一些最有趣的争论乃是以呼格的名义来进行的。这一材料全部都是在讲已发生的事情,在这里,我们看到,譬如,《维吉尔语法》,五彩缤纷的农神节,语法形式游戏和 Пимат 的语法游戏——这在整个中世纪得以延续,并在西方的学校生活中经久不衰,一直流传到今天。直至今日,还是将所有可能的语法意义赋予变格。大多数情形下,这可以见之于西方的每一所中学,这一传统正是由此得以延续。并不是学校。并不是学校——处于古希腊—罗马时期与中世纪交界时的学校,而是农神节愉快的游戏,恰恰是 Пимат 的语法。喏,这就是这一篇幅不大的专论所提出的东西①。这样一些完全不为人知的作品,为正确理解这一传统带来一线光明。如果我们不把这一作品纳入传统——严肃的传统,而是纳入怪诞的(文学)——那么,它俨然是一部《圣经》,等等。在这里,这一世界的这些作品——这样一些完全未得到研究的作品——之真正的意义得以揭示。怎么可能与这个世界游戏,而渐渐地耗去巨大的渊博的学识,怎么可能与科学游戏——这唯有从对农神节与狂欢节传统、对禁欲的中世纪的诙谐传统加以研究这一视角来看,才会得到理解。我不得不对这一传统加以梳理。诚然,我对这一工作的完成,还是远远不够的。很多材料我无从企及。我只是稍稍发掘出一个小角,但走得不远。

自我这部著作写就之日起,已经过去六年。我写完这部著作,就于

----

① 参见:A. A. 福尔图纳托夫《谈谈拉丁文教育在未开化国家的命运》(对维吉尔语法的研究)/《中世纪》,莫斯科—列宁格勒,1936 年版,第 2 卷,第 113—134 页。文章对某位拉丁文教师撰写的拉丁文语法论文进行了研究,这些论文乃是假托维吉尔之名所作。据 A. A. 福尔图纳托夫之见,伪维吉尔大约生活于 5 世纪末或 6 世纪初的高卢南部,他的论文反映着"学校处于危机的、转折的关头。这已经不是奥索尼乌斯时代典型的雄辩术—语法学校。但这同样也不是中世纪早期那些由晚年的品达、阿尔昆等人所代表的教会学校。我们面对的是旧罗马学校的解体关头"(第 128 页)。与此相关的是,"伪维吉尔的整部语法〈……〉充斥着意见分歧与不同看法的对比。没有一种定论:一切都被重新审视,所有的观点都有争议"(第 129 页)。这些备受争议的论点之一是维吉尔的论题:拉丁文会分裂为 12 种、12 个变体:"通用的"、"智性的"、"崇高的",等等。(福尔图纳托夫倾向于将它们看成是一些不同的方言,是对标准语不同程度的扭曲。)语法学家的圈子相当窄小,其中的许多人是同一家族,他们通过继承乃延续这一职业。教师常常便以呼格的形式来称呼学生,而将之称为儿子。(第 127 页)巴赫金将福尔图纳托夫的这篇文章界定为"就材料而言是上乘之作",但并不赞同他对这一材料的阐说。在巴赫金的阐说中,《维吉尔语法》——这是对拉丁文语法的一部半讽拟性的学术论著,同时也是对中世纪早期的学校的卓越智慧与科学方法的一种讽拟(《拉伯雷的创作与……》,1990 年版,第 19 页)(Н. А. 潘科夫注)。或参见:巴赫金的《外国文学史讲稿》(萨兰斯克,1999 年版,第 38 页)。——原编者注

1940 年将它提交到这里，那还是 1940 年春。但我之进一步的探索让我相信，这些形式的意义可是巨大的，比我当初写这部书时所以为的还要大得多。我在俄罗斯文学中遇到过这些形式，在俄罗斯文学中遇到过这一独特的诙谐现象。这种诙谐的笑声，不仅可以在帕拉廷①丘听到，在圣热涅弗耶瓦丘听到，它在基辅的山峦间也可以听到，欢乐开心的僧侣游戏——它曾存在于基辅——洞窟修道院里——曾存在于复活节节期，在我们的编年史中、在我们的布道中，我都能清晰地触摸到这一诙谐传统。我正潜心于果戈理式诙谐传统之考察这一问题。这一传统，直接由宗教寄宿学校里诙谐的笑而导向果戈理式诙谐的笑之独有的特征。

因而，我大幅度地缩小了主题，因而，我这部论拉伯雷的专著，就不会满足那种人——那种一心寻找全景，寻找生平，寻找拉伯雷在其最为接近的时代语境中、在 16 世纪法国的文艺复兴中究竟占据什么地位之人对这部著作是不会满意的。我的专著在这些方面是不能令人满意的。这一问题恰好在当代文献中，尤其是在阿贝尔·勒法兰的那些著作中已经得到十分清楚的考察——在那里，一部极为详尽的生平传记已经被呈现出来。在这里，在我们现在的条件下，我呢，由于远离西方的图书资料馆藏，我能做的也只有编纂。因此，我便将这一问题完全搁置在一边，可是，这一传统之作用在我这篇论文中却得以反映出来。它——这一传统——乃是我这部专著的主人公，诚如我已经说过的那样。

当然，我十分清楚地明白，在我的这篇论文中——在这里，我在大多数情况下不得不进行拓荒，有许多话语是新奇的——这一点我清楚，很多这样的话语甚至有可能显得是奇谈怪论的，尤其是我的怪诞身体说，双身性说，那些意味深长的结论：最初人的身体之最古老的形象乃是双身性，由我在拉伯雷笔下所独特地揭示出来的赞扬与斥骂在同一个话语中的复合。话语、著作的特定风格在揭示着一种非现成的、正在形成的世界。真见它的鬼，万岁……这是独特的赞扬与斥骂，街头广场上的斥骂与街头广场上的赞扬，当我对传统加以梳理时，我能够对它们进行分辨。这仅仅为我揭示出形象的话语之非常古老的现象。我们的

———————————

　　① 帕拉廷：古罗马城的七丘之一。——译注

文学史始于颂辞—赞美与讽刺—斥骂相分离之时,始于它们背后特定的对象已得以固定下来之时。拉伯雷则开启了赞扬与斥骂被指向所有人、况且还是相对的那一阶段。

所有这些要点——我似乎已经用这些大量的材料来支撑它们,可是,在如此抽象的表述中它们则可能会显得是一些离奇的幻想与假说。

但我以为,即使是我已能提供出的这些材料,这在任何情形下也毕竟是值得关注的东西,值得进一步研究的东西。尽管在一些个别的观点上存有争议,有一点我还是确信不疑——我这篇论文的结果也许是一件未竟之事——但至少我或许已能证明:这里有一件事可以大有作为,这一研究领域非常重要,非常有趣,应当投身于其中。如果我已能使我的读者们相信:应当对这一世界加以思考,应当在这一领域里继续探索——这对我来说就已经足矣。谁更强,谁比我武装得更好,谁就会在这些材料上做出更多的东西,我做得非常多,但如果我已能使人们对这一世界感兴趣,我已能展示这一世界的意义,那么,我认为自己的任务已然完成。

主席:
请指定的论文评审者 A. A. 斯米尔诺夫教授发言。

斯米尔诺夫教授(宣读):
俄语学界有关拉伯雷的批评文献异常贫乏,现存以下几篇:1)A. H. 维谢洛夫斯基院士 70 年前写下的一篇文章,该文在当时是出色的,但现在已非常陈旧了。2)福赫特所撰写的一本普及性的、几乎没有什么学术价值的小册子(1914 年)。3)苏联时期面世的两三篇纯报道性或参考资料性的文章。至于西欧学界拉伯雷的批评文献,那么,应当看到,近 30 年来已涌现出非常多有价值的著作,这些著作考察拉伯雷的生平,其作品的版本校勘和注释,研究拉伯雷创作的源头,他对文学的影响,等等。但是,要说到对于拉伯雷创作的思想分析,对于他的艺术风格与他的世界观之本质,对于拉伯雷在欧洲思想史和文学史上所占据的地位,尤其是——对于拉伯雷的现实主义实质之阐释,那么,应当说,在这一取向上,西方学界终究是做得非常少。此外,可以指出,与 19 世纪下半叶法国的拉伯雷学者(斯塔普菲尔、热巴勒以及其他人)的那些综合性的、具有深刻的思想性、真正的历史性的著作不同,20 世纪的西方文学学家往往回避提出拉伯雷的创作中的这样一些总体性与根本性的问题,而宁愿选择形式层面上的一些狭隘的语文学的研究与总的说来是罗列事实的考察。

基于这种情况,拉伯雷——与但丁、莎士比亚、塞万提斯等人比肩而堪为欧洲文学巨匠之一的拉伯雷——的创作之内在本质,还远未得到揭示,在俄罗斯和苏联的文献中则几乎是全然没有得到考量。完全没有得到解释的这些问题包括:拉伯雷那些进步的人文主义思想之间的关系,他对那些封建的——中世纪的观念与机构之精彩的批判——他的令人惊奇的文体和形象体系:他的语言之放荡不羁,他对性器官形象和消化器官形象之偏爱,他笔下的大量各式各样的“淫词秽语”,他的小说在布局上明显的混乱无序。通常,所有这些被解释为这是拉伯雷笔下旧与新之别出心裁的糅合,被解释为这是这一位为人文主义的理想、文艺复兴的理想而奋斗的斗士身上那些旧的、中世纪的言语和思维习惯之残余。在 17—18 世纪(拉布吕耶尔、伏尔泰以及其他人)所确立的那种观点——将拉伯雷的长篇小说看成“污泥”与“钻石”之混合,高尚的思想理念与粗俗的滑稽举止之混合——现如今仍在十分经常地被重复。

有鉴于拉伯雷研究的这一境况,有鉴于俄罗斯学界有关拉伯雷的批评文献的这一现状,M. M. 巴赫金这篇论文具有很大的、根本性的意义。这绝不是对于有关拉伯雷的一些知识的普及。相反,它被定位于有水平的读者,并假设其读者不仅仅了解拉伯雷的这部长篇小说本身,而且也了解西欧文化史与文学史的一些基本事实。M. M. 巴赫金的这篇论文也不是致力于囊括拉伯雷创作的所有方面,而只是研究他的创作的某些特征,但却是一些特别实质性的特征,正是那些特征,有助于阐明拉伯雷的创作所呈现出的那种现实主义的特殊类型,有助于阐明这一创作在欧洲思想史和文学史上所占据的地位。总体看来,这是一部深思熟虑而具有原创性的研究,这一研究,立足于数量巨大的文本、历史—文化事实和批评著作之采用,这一研究,绝对会给拉伯雷的创作投射出新的光彩,绝对能在苏联和整个欧洲科学界引起巨大的反响。

与如今在我国占据主导的那种倾向不同,M. 巴赫金把拉伯雷的所有作品从文艺复兴—人文主义的根源整个地斩断,而主要将他与中世纪的世界观和艺术传统联系了起来（为了方便起见，此处及以下的"中世纪的"、"中世纪"，我是指那种常常被称为"早期的"或"古典的"中世纪，即从 15—16 世纪到文艺复兴）。但这里所指的是怎样的一种"中世纪"呢？M. 巴赫金区分了两种中世纪（在这里，他显示出进步的马克思—列宁主义的苏联学术倾向）：一种是官方的、等级森严的中世纪，渗透着唯心主义的、教会—封建的东西，充满着神秘主义和禁欲主义；另一种则是非官方的、民间的、欢愉的、冷静—现实主义的中世纪，充满着朴素的唯物主义。前者是历史时代的正面，后者是它的内容。后者——这种民间的中世纪有自己丰富的、生气勃勃的艺术，有自己独特的现实主义，这是因为它深深地渗入人性、生命过程、人类关系的本质，虽然是以一种非常独特的、民间的方式。拉伯雷的艺术所追随的正是这种民间—中世纪的现实主义。总的说来，非官方的、民间的中世纪传统整个地转变为文艺复兴时期的艺术（与官方的、等级森严的中世纪不同，这种中世纪与文艺复兴有着截然不同的界限），并且，这些传统在薄伽丘、莎士比亚、塞万提斯等人的创作中得到了清楚的体现，但它们在拉伯雷那里体现得尤为独特、完整。

官方的中世纪以恐吓、胁迫、威胁为手段来施加影响，与之相对，民间的、非官方的中世纪及其艺术则主要以诙谐的方式，以滑稽、怪诞的形象来描绘各种各样的恐怖、胁迫、损害（地狱、死亡等）。贯穿所有非官方中世纪（晚些时候至文艺复兴）的民间—节庆形象系统是这种不羁的笑的载体。在中世纪的"愚人节"（在这一节日中教会等级被整个地扭转），"冬与夏"的游戏类型中，乔装的狂欢节等中，我们可以发现这种形象系统更明显、更纯粹的形式。据 M. 巴赫金细致的考证，这种民间—节庆形象乃是"双重性的"，即双义的、双关的，因为这些形象中的每一个都同时反映死亡与出生、创造与破坏、否定与肯定、谴责与赞美。例如，狂欢节既描绘了旧时代（广义上的旧世界）的消亡，也描绘了新时代（世界）的诞生。因此，在狂欢节中有如此之多的"内幕"，如此之多的超越——里外颠倒、反转的脸、姿势和动作。

这种民间—节庆形象，这种非官方的、民俗的、民间的中世纪艺术，所把握的不是现象凝固的、完成的形式，而是其从旧到新、从过去到未来的形成。

自然而然，占据这种民俗、民间—节庆形象中心位置的，是生命的最初显现——出生与死亡、饮食与排泄、受孕与生产，即那些解剖学上与消化和生殖器官系统相关的过程——M. 巴赫金称之为"物质—身体的下部"。从这里产生出相应民间艺术中大量的大吃大喝的、纵欲的和完全色情的形象，这些形象整个儿地沿着"自上而下"的方向运动，并且整个儿地是双重性的，同时标志着：1) 身体的破坏、瓦解、解体成部分，身体与周围的世界相混合。2) 身体的创造、出生、对周围世界的吸收，身体的增长和繁殖。类似的形象，我们不仅可以在欧洲非官方的中世纪，而且也可以在古希腊（不是"古典的"，而是民间的、非官方的希腊），以及地球上所有其他古老和现代的民族中找到。

在这一系统中，人的身体不是以自身"古典的"形式来表现（欧洲从 17 世纪开始，在"古典的"希腊教育中确立的），而是以怪诞的形式来表现。古典形式身体的特征在于它的封闭性、轮廓的清晰性、与周围世界的界限性、隆起处的柔和、凹陷处和洞口处的阴影，追求和谐与对称；怪诞形式的身体——对凸出处、凹陷处、洞口处的强调与夸张，总体上超过对其与外部世界的联系、交换、汇合的表现。我们也可以在非官方的古希腊，在所有欧洲以外的民族，以及在现今民俗、民间的欧洲艺术中找到这种怪诞形式的身体。这种怪诞形式显示出身体的生命过程在其身上不停地创造与瓦解。事实上，那种艺术的对象不是个别的身体，而是"整个的"、"民族的"、不朽的身体，因为对它而言，死亡只是新生的反面（双重性）。

拉伯雷及其集市、广场的语言起源于这些民俗—中世纪的元素，这种语言中含有大量的开场白和怪诞的重复，集市上叫卖者和骗子冗长的吆喝和吹嘘，滑稽的混杂着嘲弄（双重性）为自己的商品打广告；在这种语言中也含有诅咒、发誓、脏话，通常是些双重的（在骂人的词汇中包含爱抚或赞美的口吻）。

上述民俗和民间—中世纪的传统（有自己固有的民间—节庆形象和相应的风格）应该是理解拉伯雷，不仅包括他的语言和风格、形象和音调，还包括他小说中大多数情节片段，他的手法基础的一把钥匙……该研究的不同章节分别涉及这样一些主题，如：《拉伯雷小说中的广场语言》《拉伯雷小说中的民间—节庆形式和形象》《拉伯雷笔下的贪吃形象》《拉伯雷笔下的怪诞身体形象》《拉伯雷小说中的物质—身体的下部形象》以及《拉伯雷小说中的形象与语言》。

对于非官方的中世纪而言，这种怪诞的、民间—节庆的世界观与生命观是典型的，它自身包含了摆脱官方中世纪封建教会压迫的自由，是与之斗争的一种手段。这是"笑的最高法庭"，显示出不可战胜的乐观主义与朴素的唯物主义。这正是拉伯雷——作为文艺复兴时期的一个人，作为热衷于反对官方中世纪的一份子，整个地掌握了这种民间怪诞体系，并对其进行艺术加工，以之作为对抗中世纪的压迫和蒙昧主义的一种手段的原因。他运用这一体系来服务于文艺复兴思想。除此之外，他有时公然、直接地反映文艺复兴思想，这时他的风格变得（如许多人文主义者一样）宏伟—雄辩、"严肃"，与他小说中其他怪诞的部分截然不同。这些章节，诸如包诺克拉特对高康大的教育，有关德廉美修道院的描写，高康大写给庞大固埃的一封有名的信——信中谈到由于启蒙的胜利人类进入了新纪元，谈到希望高康大通过自己的儿子获得永生。但这些只是为数不多的例外，并且这里的意识形态内容与小说其他部分并无二致，不同的只是表达的诗意和风格。

基本上，拉伯雷对已提到的这种民俗——中世纪的传统进行了综合和加工，然而，他并没有把自己的作品局限于这种旧的、千年来形成的中世纪民间世界观，这种旧的世界观只是生物学的，并不知道与时俱进。拉伯雷——这位文艺复兴思想的代言人，在旧的民间—节庆形象体系中加入了时间和发展的范畴，使之具有社会性和历史性，从而深化了这一体系，并把它提升到一种更高的水平。拉伯雷对民间—节庆形象体系的运用，揭示了历史过程更为深刻的意义，这一意义不仅超出了狭义上的现代性一词的范围，也超出了拉伯雷的整个时代的范围。对待战争与和平，侵略、权利、人类关系的真理，未来的民间观念，在这些形象身上得到了揭示。

以上即为 M. 巴赫金的著作——这一具有深刻原创性，饱含有趣思想和极富价值发现的著作的主要内容。我认为作者成功地做出了一些探索，寻找到一条研究和阐释拉伯雷的新的、富有成效的途径。在我看来，M. 巴赫金的著作第一次完全令人信服地解释了拉伯雷小说，解释了拉伯雷小说以其全部的"古怪"和"粗俗"给所有敏感的、具有艺术感受力的读者所带来的那种魅力，这种魅力的本质至今仍未被理解。不仅如此，在 M. 巴赫金著作中得到发展的那种广阔的民间怪诞—民俗风格观念，为阐明许多其他文学现象开辟了广阔的前景。首先，它帮助我们整个地重建我们的中世纪诗歌的观念。其次，它把我们聚焦于那种怪诞—民俗风格要素，以及文艺复兴时期一些其他伟大作家，首当其冲的是莎士比亚、塞万提斯的世界观。最后，M. 巴赫金指出，这种风格和这种具有不同寻常生命力的、稳固的世界观，可以在一些新时期作家身上，如果戈理处找到。在果戈理那里，它们同样源于拉伯雷小说的那种民间，但在这一过程中，拉伯雷对果戈理产生的影响是间接的，中间经过了斯特恩。

M. 巴赫金这部著作的基本思想价值还在于，它揭示了民间形象和民间艺术的影响力，这种影响力与无政府的个人主义相对立，确认了集体思想，以及在双重意义上对不朽的唯物主义式的理解——父亲的生命在儿子身上的生物学上的延续，以及民间的社会不朽，民间连续地传承着自己的文化，在不同的阶段发展到不同的程度。[①]

我完全赞同 M. 巴赫金著作中的基本观点，但其中个别部分引起了我的反对或疑问，我的意见主要如下：毫无疑问，从总体上看，拉伯雷的民间—怪诞形象绝不是僵死的，而是鲜活的，但这只是总体的情况。像人类的活动、形象或思维的整个系统自身包含那些部分，这些部分正在不平衡地变得僵化和自动化一样，当下的情况也是如此，在拉伯雷的意识中，在他那里发现的所有形式的怪诞形象远非具有同等程度的生命力。其中的一些完全是鲜活的，保存着自己起初的民间—形象意蕴，其他一些保存的只是生命力的一部分，这使得它转向一种新的、启蒙—人文主义的意蕴（文学的、纯理性主义的意蕴）。第三类是完全僵化的，并作为这第二种——人文主义思想的载体来使用。第四类是僵化的，但没有被新的思想所填充，而只是被列为一种外部装饰性要素，仅供消

[①] 从下一段起，A. A. 斯米尔诺夫两种版本的意见彼此不同。1944 年的版本要简短得多，该版中最初的意见与 1946 年版中（更为详细）的意见相一致：指责巴赫金把那些并不属于民间一节庆的形象的东西加入其中。而第二种意见并未在答辩中重复："另一处说明是关于著作中大量存在的'贪吃'性格的情节，这些情节会使那些不了解情况的读者反感。但这又是完全合情合理的，因为这一要素在拉伯雷的小说中扮演着重要的、基本的角色。如果说作者对这一要素所表现出的那种'过高的兴趣'是没有道理的，那是因为对它们的阐发本着科学的严格性和必要性。无视这些情节的话就不可能理解拉伯雷小说整体的艺术构思，并且从巴赫金的著作中取消它们也是不可能的，这无异于从生理卫生教科书中取消生殖系统这一章，或从民族学中取消一些野蛮民族的性生活之章节。"此外，斯米尔诺夫建议出版这部著作，建议稍微压缩一下篇幅（作品的百分之一到二），并建议一些引文不要提供原文，而提供译文（如果不是实在必需的话）。参见：俄罗斯国立图书馆文献手稿部，储存编号：527，匣号：24。——原编者注

遭(具有这种功能的丑角在文艺复兴时期那些思想性的、人文主义的艺术中是常见的,如在莎士比亚的一些喜剧中)。或许,还有其他一些过渡性的或混合的变体。最终,拉伯雷本人在这一方向上,在上面所列举的一种功能上,根据民间怪诞已有的形象做出的创新,可能会出现一些类似的新现象。同时,M.巴赫金倾向于整个地认为从这里出发的材料是鲜活的。【略】①

M.巴赫金的著作是递交来申请语文学副博士学位的,毋庸置疑,它达到了这一水准。但我以为,可以授予他更高的学位。根据这一著作所有的特征——从规模上看,从作者所显示出的博学来看,从个人的研究方法来看,从特别的价值,著作中所包含的科学思想和观念的原创性和丰富性来看——这一著作不太像一篇副博士论文,而更像是一篇博士论文。因此,我提议授予 M. M. 巴赫金语文学博士学位证书。

列宁格勒大学教授,苏联科学院文学研究所老同仁

语文学博士 A. A. 斯米尔诺夫

主席:

下面请指定的论文评审者努西诺夫同志发言。

努西诺夫同志:

A. A. 斯米尔诺夫极大地减轻了我的任务,他对 M. M 巴赫金的论文作了详尽的评鉴,我尽量使自己的发言简洁些。

(宣读)俄罗斯的拉伯雷研究增添了一部力作。可以说——而这样说,我并不怕低估 A. H. 维谢洛夫斯基院士的《拉伯雷及其小说》的价值——在 M. M. 巴赫金这部著作之前,俄罗斯文学学界还不曾有过如此精细翔实而有分量的拉伯雷研究。

M. M. 巴赫金给自己提出的任务是阐明 Ф. 拉伯雷的小说《高康大与庞大固埃》(一译《巨人传》)在现实主义历史中的地位。M. M. 巴赫金在其论文的开头对俄罗斯学界有关拉伯雷的文献作了简要的述评,他同别尔科夫斯基教授展开辩论,后者把拉伯雷看成是——用别尔科

---

① 此处的【略】为译者略去原文的部分,下文也是如此。如未特别加"略"字样的省略号,为原文中的省略。——译注

夫斯基教授的术语——"公民现实主义"的奠基者之一,认为拉伯雷发现了一个"物欲的世界"。根据自己的学说,H. 别尔科夫斯基教授把Φ. 拉伯雷创作的所有特点同"公民现实主义"关联起来,换言之,同资本主义社会的形成因素关联起来。M. M. 巴赫金否定了这样一种观点:现实主义,"即使最原始的与最庸俗的"现实主义也只能与资产阶级一同诞生。他关注所谓的"哥特式现实主义"对于文艺复兴时期整个文学尤其是对于拉伯雷创作的意义。通过对拉伯雷的话语—形象整个系统与其诙谐特征的精细分析,M. M. 巴赫金展现出拉伯雷的创作在何种程度上根植于中世纪的现实。他揭示出在中世纪的那些民间节庆与游戏中以及在市民大众、庶民大众的全部日常生活中,蕴藏着多少后来拉伯雷的伟大作品从其中孕生起来的那些元素。

在其论文第一章《拉伯雷与民间文学及哥特式现实主义的问题》中,作者坚持自己的这一看法:"哥特式现实主义并不是简单地对高雅层面的现象加以降格和讽拟,而是把它们转译成物质—肉体的层面。"这"使得哥特式现实主义同诙谐的民间文学所有的形式相亲近"。

巴赫金以一系列取自绘画艺术领域的例子,尤其是以老布勒哲尔和希罗尼穆斯·波希的绘画为例,揭示出文艺复兴时期的绘画也运用了那种独特的、被故意简单化了的身体观念,这种观念在拉伯雷小说中以一种更为完备的样式被体现出来了。

在第二章里对拉伯雷的讽刺特点加以考察时,作者仍把拉伯雷的诙谐与整个中世纪的民间文化关联起来。他指出这一事实:"民间诙谐文化和哥特式现实主义的诙谐,曾生存于官方的高雅的中世纪文学和意识形态领域之外。但正是基于自己这一非官方的存在,中世纪的诙谐文化具有极端激进主义、自由的与无情的清醒之特点。"

中世纪文化中的诙谐的这些特点,使得它成为文艺复兴的激进主义在其中得以萌芽生长的良好土壤。拉伯雷采用了在中世纪已经存在的那些讽刺元素,而对它们加以深化、尖锐化与普遍化。

M. M. 巴赫金揭示出,拉伯雷笔下的广场话语、民间—节庆形式和形象、筵席形象、怪诞的肉体形象、整个的隐喻性,都是如何由中世纪民间大众的日常生活的那些相应元素、由中世纪节庆的那些相应因素、由整个中世纪反教会的民间游戏中的那些相应元素孕生出来的。巴赫金既广泛地采用中世纪日常生活的那些元素,又广泛地采用那些得以保存下来的古代文献，而揭示出拉伯雷创作之深刻的民间根源。巴赫金确立了拉伯雷在文学上和思想上对于曾发生于民间而孕育出文艺复兴的那些反教会、反宗教进程的承传性。

通常，人们将拉伯雷看成是一位面向新时代的人物。拉伯雷——这是一位旧秩序的破坏者，一位为新的、文艺复兴的意识而献身的斗士。M. M. 巴赫金确立的是，拉伯雷之所以成为文艺复兴的经典作家，其原因不仅在于他举起了新时代的旗帜，而且在于他经典地终结了这场斗争——人民在几个世纪里还曾一直在进行这场斗争。

M. M. 巴赫金的考察之巨大的正面价值正在于此。拉伯雷在我们面前不仅呈现为一位伟大的首创者。文艺复兴时代的这位讽刺巨人之形成的规律在这里得以揭示。

但论文的某些不足也由此而来。由于 M. M. 巴赫金整个身心都被自己的主要理念所占据，而极力揭示出拉伯雷小说的起源，其历史继承性，他绕过拉伯雷之直接的文学环境问题，拉伯雷与其最近的先辈和同时代人之间的关联问题。拉伯雷是在法国文艺复兴的氛围之外而被呈现出来。这样一来，拉伯雷对于法国乃至整个欧洲文艺复兴之后来的那些阶段的意义问题，阐释得不够充分。

作者把整个注意力都集中在对拉伯雷之前的民间文化和民间意识的发展线索的阐释上，这导致他极少关注"德廉美修道院"之于拉伯雷小说的意义问题。他也很少驻足于拉伯雷同经院哲学、同中世纪的科学所进行的斗争。更为遗憾的是，作者自己十分清楚"时代所企及的进步与真理的程度之受局限"是如此之深。他正确地断言，"未来之更为久远的前景对欢乐的民间话语是敞开的，即使这一前景之正面的轮廓还会是乌托邦式的与朦胧不清的"。

M. M. 巴赫金的一些个别观点——不论是在文学史层面上的还是一般方法论层面上的——还是有待商榷的。M. M. 巴赫金有时并没有充分的理据而过分地进行比附——将拉伯雷的小说与小说中的某些母题同后来的文艺复兴时代的文学中相应的一些现象，尤其是同莎士比亚加以比附，甚至同现代文学加以比附。

譬如，作者写道："庞大固埃面对那些不可避免的角状物的恐惧，乃对应于广为流行的神话母题——面对儿子的恐惧，一如面对不可避免的凶手与盗贼。"接着，他把普希金的《吝啬的骑士》也列入这一神话母题。男爵"知道，儿子在其自身天性上就是那个将在他死后而活下去之人，那个将主宰他的财产之人，也就是凶手与盗贼"。① 这种解读就失之于简单化了。男爵同儿子彼此之间的关系根本不是源自这一神话。它们乃是受制于极为复杂的社会—哲学问题。

要说果戈理的诙谐，尤其是在他这样一些作品——诸如《塔拉斯·布尔巴》，或《狄康卡近乡夜话》——里的诙谐，乃是由那些民间的、集市的、节庆活动的因素中孕生出来的，这是没错的；但是，要说它们最初的源头是哥特式现实主义，要说果戈理的幽默是由"哥特式现实主义在乌克兰曾经非常强大而生机勃勃……"这种语境所培养的，这就不对了。

果戈理的诙谐是由乌克兰本身的现实生活所养育的，而不是这些由西方带过来的文学影响所养育。

然而，M. M. 巴赫金这篇论文主要的内涵并不在这些推断之中，因而不应当根据它们来评价这篇论文。

M. M. 巴赫金的这部著作——乃是一位严谨扎实的学者、学养深厚的博学之士的著作，这部著作对世界文学史上最伟大的丰碑之一作出了独到而全新的阐释。

要说一句：作者已达到语文学副博士学位水平——这乃意味着要作出一个对他的著作评价过低的结论。②

我想，我们可以联名附和已经被提出来的这一动议：以这部论文授予 M. M. 巴赫金博士学位。M. M. 巴赫金虽写过很多著作，但没有学位。他不曾修过副博士学位必修课程，他非常优异地通过了这些课程。我记得有好些论文，一些学者的十分有价值的论文，那些学者都不曾修过副博士学位必修课程，而我们曾授予他们博士学位。然而，就是在这样的一些论文中，M. M. 巴赫金的这部论文也是对学术史的一个极为巨大的贡献。我附和这一已经被提出来的动议：授予 M. M. 巴赫金语文学博士学位。

---

① 在努西诺夫的这段征引中，巴赫金的这一见解是同他对杀死儿子这一题材与弑父这一母题的解读相关联的，甚至还要更为广泛些——是同俄罗斯的俄狄浦斯故事，同巴赫金世界观的语境之中所含有的"有罪衍的世界状态"这一未曾得到表述的术语所能说明的那个内涵相关联的。参见：《巴赫金文集》第5卷，1996年版，第85—86、133、346、359、363、376页。

② 这一段是手写而添补上的（参见：俄罗斯国家档案馆，储存编号：9506，编号号：73）。下一段是评阅书中没有的：努西诺夫没有宣读这一段，这是他附和斯米尔诺夫的意见即兴说出的。——原编者注

吉韦列戈夫同志（宣读）：

有关拉伯雷的著作是十分丰富的。近30年间以拉伯雷为专题的研究著作尤其多。不久前去世的非常著名的法国学者阿贝尔·列弗朗，曾带领一群同事与学生认真地投入于同拉伯雷的创作及其时代相关联的那些问题的研究。已有大量专著出版，已着手编选新版的拉伯雷作品集，其中不乏就其评点与注释之丰富而堪称样板的、经典的版本，两次世界大战中断了这一版本的出版；专门研究拉伯雷的一份杂志已创办起来。用于这位法国文艺复兴最有才华的代表性人物创作的研究材料，已经被充分地发掘出来，用出色的研究方法武装起来的批评，则阐明了拉伯雷学中的许多盲点。在这样的情形下，要着手进行一个以拉伯雷为专题的新的研究，又是在与西方的图书馆藏的交流被硬性断绝的条件下，要着手进行这一研究，这确实是一个胆识过人之举。M. M. 巴赫金清楚自己这是要做什么，他这人对拉伯雷学的全部文献可是有着足够广泛的了解的，而仍然抱定主意做这一研究。何止是抱定主意！我觉得，他已完成他给自己提出的这一极为艰难的任务。

他的研究绝不是对西方专家所做工作的重复。他并没有去写一部系统地考察拉伯雷生活和创作的书，因为这样一来就意味着去重走别人已走过的路。这是他最不愿意做的事。他给自己提出的研究目标是完全独特的，而使它沿着不论在我国，还是在西方尚且都还是无人问津的路径展开。他这部鸿篇巨制由以下几章组成，仅仅将它们列举出来就可以看出他这部论文完全是独创的。这些章节是：1. 现实主义历史上的拉伯雷。2. 诙谐史上的拉伯雷。3. 拉伯雷小说中的广场语言。4. 拉伯雷笔下的民间—节庆形式与形象。5. 拉伯雷笔下的筵席形象。6. 拉伯雷笔下的怪诞身体形象。7. 拉伯雷笔下的物质—身体下部形象。8. 拉伯雷笔下的形象与话语。

从这些章节的目录就可看出，这部论文仿佛是按照辐射状的路径那样来构建的，这些路径都聚汇于一点，而由这一点不均匀地延伸去。作者在材料的驾驭上游刃有余，完全不落窠臼。他给自己确立任务，搜集事实来解决问题，在每一环节上都将自己的研究落实到位。然而，在他的研究中清楚地显示出一种指导性倾向：他竭力揣摩艺术家拉伯雷的面貌，从更为久远的文化之不同视界来走近他。我觉得，持有这种倾向完全是有意而为的。或许，在 M. M. 巴赫金看来，从文艺复兴的立场来揣测拉伯雷,已经有过不止一次的尝试,给出了一些基于现有的材料而有可能获得的结果。相反,从与中世纪的世界观与艺术问题之关联中来揭示拉伯雷的创作,则可能给他提供出新的材料而对拉伯雷的创作加以新的阐说。在这方面 M. M. 巴赫金做出了许多探索。他的论文的这样一些章节,如《诙谐史上的拉伯雷》《拉伯雷小说中的广场话语》《拉伯雷笔下的怪诞身体形象》,将拉伯雷小说中的一些具体要素同中世纪文化的那样一些元素密切关联起来,至少是像巴赫金所做出的这样系统地将两者密切地关联起来,还从未有过。我觉得,如果M. M. 巴赫金的这部书能够被翻译出去,它恰恰是以其中的这些部分而会让那些最大的拉伯雷专家感兴趣,让他们感到新颖。我们这位作者在方法上的特点之一就在于,他以非凡的毅力执著于他从一开始就拟定了的路径,为了对之实际例证,他孜孜不倦地搜集材料——从所有可能的科学领域,尤其是从拉伯雷时代的文学和艺术领域搜集材料,还从中世纪的不同时期搜集不可胜数的大量材料。

每当涉及这样的鸿篇巨制,自然,其中总不乏可争议的方面。M. M. 巴赫金的这部著作也是如此。譬如,在这部论文的每一章中都如此执拗而惹人腻味地浮现出那一见解,对于拉伯雷几乎具有神秘的重要性的观念——巴赫金称之为物质—身体的下部,我觉得,这可以说是过分夸大的。拉伯雷小说中的那些特点——那些特点,在我们这位作者笔下被冠以这种臆造—矫饰的名称——它们最终被归结为十分平常的、在他的那些前辈的著作里早已得到确定的那些东西,虽然那些东西对拉伯雷而言确实是重要的:对大自然中和人身上之物质的与肉体的元素之推重。恐怕未必需要如此刻意详细地定位于这一肉体元素之源头而对之加以解释,一如这篇学位论文中所做出的那样。

我想重申一下,每当涉及这样的鸿篇巨制,一如巴赫金的这部论文,可争议的观点之存在,几乎是不可避免的。尤其是在这种情形下,这部研究著作乃是沿着真正原创性的路径而被建构出来的。

我非常希望巴赫金的这部著作能得以出版,希望它的出版不会被遥遥无期地拖延下去。届时,在准备自己这部著作的定稿本之际,如果能够给自己这部极为有趣的著作增加第九章,M. M. 巴赫金就会做得更好:在这一章中,拉伯雷的创作与思想所具有文艺复兴时代的本质将会得到应有的充分的揭示,拉伯雷小说在法国文艺复兴时期文学中的地位将会被置于他那个时代人文主义者与神学者的争论之复杂的交织之中而得到阐明。这部著作只会因此举而受益的。此外,我觉得,如果能够淡化——哪怕只是稍微淡化他那个物质—身体下部的理论之雄赳赳的气势,作者就会做得更好。

然而,当我看着摆在我面前的这部丰厚的、充满着如此广博学识、见证着对方法之出色的驾驭的著作之时,直截了当地说,面对这一部十分有才华的学术著作之时,我在考虑:难道语文学副博士学位能够足以配得上对这篇论文之价值的确认吗?我觉得,这一学位对于巴赫金同志是低了。我愿意提议世界文学研究所学术委员会对巴赫金这篇学位论文值得授予语文学博士学位加以确认,并启动相应的请求授予他这一学位的程序。①

在这里,已有学者对 M. M. 巴赫金这篇论文进行了评鉴。我想再做一点仅仅是小小的补充。对我来说,M. M. 巴赫金著作中最有价值的地方在于其渊博学识与心窍着迷——学者之真正的沉潜——之独特的结合。这种巨大的渊博学识——乃是一种毁灭性的、不讲情面的博学。正是这种博学,给 M. M. 巴赫金提供了去获得那些出色的结论之可能性,而这些结论在很大程度上移动了先前的学术界在拉伯雷研究上所提出的所有为人所知的重心。这当然是一种巨大的收获,而我也认为,他对自己基本理念——他在简述中如此出色地陈述的那一基本理念——之心窍着迷,帮助他获得了这一成果。而从另一方面来说,所有的一切——在我之前的两位同志据之而对他加以指摘的那些问题,以及我据之而对他加以指摘的问题,也可以用这份心窍着迷来加以解释。心窍着迷之人,是并不在意那种手握铅笔专注地挑错者而精细地标出的那些东西的。

我认为,在细节上同他进行论争是没有必要的,在细节上是可以〈无休止地〉进行论争的。喏,我会对这样的东西——对具有双重性的物质的下层题材的推重和赞许——而提出不同看法的。但关键并不在这里,主要的东西他可是论证了。他论证的东西仿佛是简单的,但与此同时,要是同那些迄今为止已知的东西加以比较,可就是非常重要的

---

① A. K. 吉韦列戈夫的书面评阅到此结束。(参见:俄罗斯国家档案馆,储存编号:9506;俄罗斯国立文学与艺术档案馆,储存编号:2032。)接下来,吉韦列戈夫做了口头陈述,对自己评阅书中的一些话题进行发挥,声援斯米尔诺夫和努西诺夫提出的动议。——原编者注

了：民间元素，民间智慧、民间创作的元素，民间故事、民间日常生活的元素，在整个中世纪的岁月里从来也不曾沉寂，尽管整整一千年期间这种官方的中世纪的这座建筑的正面是禁欲——教会的，它似乎遮蔽了整个这一潜在的下层的生活，这种生活并不逊色地在流动着，在沸腾着，在积蓄着创作的材料。由此而出现了拉伯雷，通俗地说，M（巴赫金——译者注）掀起（正教僧侣的）长袍，给这建筑的正面以重重的一拳，一切都散架了，民间自发的生命力顿时涌现出来，它不仅孕育了拉伯雷的小说，也孕育了文艺复兴时代的整个意识形态。如今对我们来说，文艺复兴时代的意识形态中最为珍贵的东西就在于，它将民间自发的生命力之中所有最有价值的东西都吸纳于自身。

这是怎么完成的？我不知道，我不认为，要是我断言这一过程——民间自发的生命力对于文艺复兴时代的意识形态之孕育过程，迄今为止没有得到如此系统的展示，我这是在抛出某种无稽之谈。米哈伊尔·巴赫金掌握了事实，凭借巨大的辛劳与这份全身心的沉潜，最终得出这一精彩的结论。这是从来也不曾有人做过的。如今，民间自发的生命力孕育文艺复兴时代的意识形态之实际过程已得以明明白白地呈现在我们面前。它从来也不曾消亡，它总是存活着，它在积蓄着，由于拉伯雷之天才的直觉，它好像突然间释放出来，它进入文艺复兴时期三部作品之一——它们既不是文艺复兴最早期的，也不是最晚期的，而正处于这一巨大的文艺复兴浪潮的波峰上——文艺复兴时代的意识形态在这里得到了它的一个最为出色的宣示。

如今，这一点已是有目共睹，即便是最有成见的人，在 M. M. 巴赫金做出了他的这一研究之后，这已是显而易见的。当然，不能对他提出任何一类可能会包含着一种抱怨的要求：抱怨 M. M. 巴赫金没有重复那些旧的研究拉伯雷的著作中的的任何路径——生平，对拉伯雷的思想的系统考察。所有这些在他之前曾在重复，他却不喜欢走别人已经走过的路。

但是，正如我的两位同志已经指出的那样，有一件东西，M. M. 巴赫金没有，而且是十分重要的东西。文艺复兴与文艺复兴时代的意识形态终究不是由中世纪文化所确定的，而是确定于这一点：中世纪文化中存在两种彼此对敌的取向：官方的取向同民间的—反抗的取向，后者孕育着中世纪文化。官方的取向成为论战与最残酷的斗争的对象。但愿 M. M. 巴赫金再写一章，在那一章里会采用那些材料——那些材料不仅确定拉伯雷站在文艺复兴时代的斗争中的风口浪尖上这一位置，而且也确定他处于他生活、工作和创作于其中的那个年代的社会集团之间残酷较量中的风口浪尖上这一位置。

在拉伯雷生前，自 1525 年而开始有宗教斗争，这斗争反映着政治性的矛盾。

1525 年，弗朗西斯科一世被俘时，第一批异教徒被施以火刑，1545年又有很多异教徒被烧死，1546 年多雷被烧死。拉伯雷当时就在那里，就在这些火堆旁。他既不愿追随多雷，也不愿追随异教徒们去赴汤蹈火，而是做自己的事。这就营造出那样一种氛围，那氛围本应被界定为自发的反抗力。并没有这样来做。这是可以做的，因为巴赫金同志在他的这部著作中所展开的那个纲要会往这个方向引领的。我认为，M. M. 巴赫金只是没来得及这么做。如果他真这么做了，那么，关于拉伯雷的整个研究就会呈现出一种更新的亮点，就会变得更有说服力，而这是我很乐于见到的。我最大的愿望是这部论文能够尽快面世。它都已经搁在那里六年了，他也没有去碰它。但试想一下，像这部论文这样的一些已写就的东西，这样深思熟虑的，这样将渊博的学识与全身心的沉潜富有成效地结合起来的东西，难道有很多吗？那么，当然希望它得以面世！

而且我以为，在我们今天对米哈伊尔·米哈伊洛维奇这部论文所做的决议中，我们最好能关注这一方面，关注到这一点：这部论文要尽快得到出版——诚然，40 个印张，这很难出版，但科学院出版社如今能提供某些它以前无法提供的技术上的可能性，要是给出版社施加一点压力的话（旁白：给整个学部的是 240 个印张）……应该动用某些特殊的办法。

至于说到最终决议，我已经在自己的评阅书上写到，我同意亚历山大·亚历山德罗维奇和伊萨克·马尔科维奇的意见。给这样一部论文授予副博士学位，当然是可笑的，这部论文显然值得授予语文学博士学位。我认为，要是去启动相应的申请程序，那么，学术委员会就是做出了正确之举。

宣读塔尔列院士的评阅书：

　　M. M. 巴赫金论拉伯雷的这部论文是第一部用俄语撰写的关于这位作家的学术著作，就其构思与完成的新颖性与原创性来看，它也是世界范围内相当丰富的论述拉伯雷的著作中最有价值的著作之一。

　　用俄文写就的这部著作的作者展现出非常渊博的学识，以十分确凿的证据将拉伯雷的创作不仅与其直接的源头，也与其遥远的源头关联起来。诸如拉伯雷对 17 世纪、18 世纪文学史的影响这样一些章节，写得非常出色。

　　这部著作的结构本身很有原创性。题目抓住了，拉伯雷对这一组题材之内在的、富有诗意的兴趣何以如此敏锐得到了阐释：譬如，对于节庆形式与形象之兴趣，对于民间言语中口头语的脏话与文体的降格之兴趣，对于筵席形象与这些形象在民间创作中的角色之兴趣，等等。拉伯雷的文学的讽刺倾向在 M. M. 巴赫金那里得到精细而独到的揭示。在巴赫金那里，一些具体的论题，类似于对拉伯雷笔下怪诞的身体（与东西）形象的分析，从来不是干瘪的、浮于表面的、纯形式的解说，而是同他笔下对内容的分析、对拉伯雷的文学带入 16 世纪文学的创新之革命的与革命化的涵义之强调，密不可分地结合在一起。俄罗斯的文学史家们，毫无疑问，对作者在拉伯雷与果戈理之间确立的关联与平行关系是会发生兴趣的。在我们所审阅的这部论文中，作者笔下的拉伯雷实际上就是那种"大文学"，中世纪那个时代的非官方的、未得到认可的，时常遭受迫害的"笑"最终成为这种"大文学"，这种笑"包罗万象"，与"自由和真理"相关联，与死气沉沉的经院哲学势不两立，与残忍的狂信与教会的伪善不共戴天，但就是没有获得被公认的"大"文学那种强大的影响力。

　　我们觉得，专治文学形式的史学家们，尤其是罗曼文学、民间文学的研究者们（研究拉伯雷的专家们，自然，更不用说了）在这一部学术著作中，都可以为自己找到不少新的、非常有价值的东西。

　　作者展现出极其渊博的学识和相当强的思维独立性，这既体现于他这部著作的结构上，也体现于对待具体章节论题的切入视角上。我非常希望这部论文能得到出版，并被翻译成法文，而使它为世界学术界之使用与评论都可以企及的著作。

　　苏联学术界有权欣然表彰这一研究，将这一研究列为自己的成就。

从这部著作的阅读中得到的总体印象,就是这样。

苏联科学院院士

E. B. 塔尔列

(与原文无异:秘书 B. 米亚斯尼科夫。)

【略】①

基尔波金同志:

鉴于辩论中不仅涉及论文本身,也涉及论文评审者的评价,那么,诸位评审者,如果愿意,尽可发表看法。

【略】②

米哈利奇同志:

我想说几句。就这部学位论文的实质我无法多说,因为我不认为自己足够在行,但我觉得,有一点是十分清楚的:我们现在谈论的乃是苏联文学学中的一个非常重大的现象。

我看过这部学位论文,而不仅仅是根据别人的评阅书和论文的提纲来了解它,给我的印象是:思想的发展、论证的过程、与中世纪的那种关联——这种关联已引起前面几位发言人这么多的争议,一点也没有遮蔽巴赫金要在自己的论文中加以证实的那种基本的与主要的东西。巴赫金同志要确立拉伯雷的继承性,确立那些潜在的和未被关注的力量在他的创作和活动中的体现,而这些力量能够改变我们的一些根本性的观点。我觉得,在这个层面上,这部学位论文——在其准备过程中采用了极为丰富的资料,它不仅仅在见证作者博学多识,也在见证作者极为出色的分析才能——分明是一个出类拔萃的现象。

在最近这段时间,我有机会评阅很多部申请副博士学位和博士学

---

① 以下略去的是两个人的发言。一是 M. Л. 捷列亚娃的发言。这一发言满篇是十足的庸俗社会学的观点,当时就引起嘲笑;一是基尔波金的发言,他不同意斯米尔诺夫、努西诺夫等人对这部论文的肯定,而认为这部论文不符合党中央关于意识形态工作、关于文学研究中的政治原则的决议所提出的要求。这一发言当时也引起了反驳。——译注

② 以下略去皮克萨诺夫、H. Л. 布罗茨基的即兴发言,这两位事先并未阅读巴赫金的学位论文,其发言不过是随性发挥,皮克萨诺夫指责巴赫金没有看出人文主义的、前进的拉伯雷,因而他的论文乃是对拉伯雷的贬低;布罗茨基则绝不同意巴赫金有关哥特特现实主义的价值在于同民间文学的关联之见解。——译注

位的论文,这部学位论文——乃是一个事件,很难与其他的论文相提并论的事件。

我以为,已经出现的一些不解,尤其是第一位评审者的发言,同那些我们十分经常地患有的一个毛病相关——对学位论文作者所使用的那些材料不够熟悉。我想,我要是说出一种相当普遍的情境,并不会令任何人觉得委屈:学位论文作者所知道的,是要比他的某位听众要多得多,而面对眼下这一情形,我们就应该完全承认这一点:许多在中世纪、西欧文艺复兴领域里耕耘的专家,并不拥有这部学位论文的作者在其论文里所展现的如此宽广的视野,如此渊博的学识与这样一种分析路径。

我不想让第一位发言人感到委屈,这一位,十分显然,不过是引用了有关拉伯雷的俄文文献中现有的东西,但是,必须断然撤销出自第一位发言人口中的某些指责:这部学位论文似乎不符合现如今基于一系列家喻户晓的决议而对苏联学术、苏联文学学所提出的那些要求。在此我们应该十分肯定地指出,这部学位论文里并没有这回事。如果说,有某些缺点,有一些不足,那也是每一部著作里甚至多卷本的著作里,甚至是学者们在 25—30 年的岁月里都一直投入于其中的那些著作里也不可避免的,然而,以我之见,问题已得到出色的研究与充分的论证。

我不认为自己有权来议论这个话题——巴赫金同志究竟是应该被授予副博士学位,还是博士学位。我认为,他作为一名勇敢的文学史学家,作为一位真正的革新者,作为一位真正的人,无愧于受到最高的称赞,他力图开拓出新的道路,而根本没有轻视成为我们主导性的方法论的那种方法论,也完全没有回避第一位发言人的言语里被如此蛊惑性地指出来的那些问题。

　　【略】①

―――――――――――

　　① 以下略去冯凯尔施娅、多姆布罗夫斯卡娅的发言。前者自称他没有阅读巴赫金的论文,但认为前面几位对巴赫金的那些指责是没有根据的;后者则自称没有读完巴赫金的论文,但附和皮克萨诺夫对巴赫金的指责,竟然断言作为讽刺家的拉伯雷在巴赫金笔下是无影无踪了,而当场受到哄笑。——译注

吉韦列戈夫教授：

同志们，我觉得，要对他人和自己提问，要在学术论文里已经写出的文字中看出一些疑点，最好的办法莫过于将这部学术论文通读一遍。而如果你还没有读完，或者你只是听到提纲，抑或只是听到其他同志的肯定与否定的发言，就永远也不会获得有关所写的东西之清晰的图像。而且我以为，首先应该去熟悉论文，此外，还需要会阅读任何一部论文。不然就会出现这样的局面：在这里已发言者当中的某些人说了，他们看过论文了，而对于这部论文里中最为本质的东西，他们却没有看出来，他们反倒看出论文里并没有的东西。

比如，在对巴赫金同志这部论文已经进行批评的那些发言者之基本的论题之一就在于，巴赫金同志的这部论文里没有任何地方提及阶级斗争，甚至连一点点阶级斗争的气息都没有。另一个论题是，这部论文里没有任何东西会揭示出巴赫金同志笔下那种民间自发的生命力之批判性的方面，没有任何东西涉及我身为这次答辩指定的论文评审者在发言时已谈及的那种反抗。应当对所写的东西好好地去通读一遍。这一民间世界观的构成之中有什么东西，对中世纪文化那些基本的官方要素——神学、王权、教条、天主教教会的专制——之民间的态度的构成之中有什么东西，在巴赫金同志笔下已经得到论述——人家已经从遥远的年代讲起，已经从 5 世纪与 6 世纪开始讲起。

而且这一点与那一点——可都是真正的讽刺，针对教会的讽刺，而中世纪的教会则是中世纪整个官方世界之意识形态的支柱。

……而针对中世纪这一堡垒的正是这种来自底层的批判，这种批判，在那些拉丁文诗人的讽拟作品中开始出现，而体现于"复活节的诙谐"[①]，体现于愚人节的活动内容。而这些东西——针对那种护卫着中世纪的意识形态之阶级基础而出现的东西，针对教会而出现的东西，难道这不是一种反抗吗？如果说，教会是在护卫着中世纪世界的基础——封建制度，针对它而出现的民间的诙谐——难道这不是一种斗争吗？应该会阅读，这在书中是有的。所以，当民间的诙谐，这一具有反抗性的、起源于拉丁讽拟作品的民间诙谐，得到进一步的展开，就会

---

① "复活节的诙谐"：源于 15 世纪的巴伐利亚的一种风习。在天主教的复活节期间，人们说一些幽默故事而引发诙谐的笑，对教会教堂里的圣器进行嘲弄。——译注

出现扎克雷,就会出现奥托起义,就会出现胡斯分子的抗争,就会出现所有的城市的与农民的民间运动,它们总是与宗教相关联。没有哪一场农民的与城市的起义不曾与宗教因素相关联。这总是如此,这是一块硬币的正面与反面。难道米哈伊尔·米哈伊洛维奇应当如此详细地谈论所有这些,以至于让读预科班的学生们都能明白吗? 在他笔下,这一切全都得到论说,这种阶级斗争是存在的。指责他没有注意到阶级斗争——这意味着,这部论文没有被看懂;而以这样一些对于每一位马克思主义学者都不言而喻的东西在这部论文里被忽视了而来竭力诋毁这部论文——这意味着,此乃怀有成见之举。

接下来看另一点。有人指责米哈伊尔·米哈伊洛维奇很少谈论文艺复兴之正面的意识形态。我在自己身为这次答辩指定的论文评审委员的发言中已经说过,我非常希望,在他的笔下这样一些东西能被关联起来:对于法国文艺复兴,对于整个文艺复兴都是典型的那些东西,诸如文化运动的追随者之雄赳赳的好战性——这在人们走上篝火这一举动中得以体现,诸如围绕着哪里有高层的意识形态、哪里有宗教意识形态这些问题——这些问题将同一个法国的文艺复兴运动的那些代表们分隔开来——而生发的阶级斗争。这本是需要做的!

但是,有必要强迫一个人来谈论文艺复兴是什么吗? 如果他已经极其清楚地知道,这早就被人谈论过了,何必要去重复呢。他自有任务,他给自己提出的那些任务,在这些任务中他觉察到整个拉伯雷研究中的一些空白,这些问题,无人问津,而文艺复兴时代文化之宏阔的图景,谁不知晓? 它在许许多多西方的和我国的著作中,在许许多多的言谈中,已得到揭示,他没有必要在这条路上再走一遍。我想重申一下,他不喜欢走人家已走过的路,这是他的权利——应该承认,学界在这一方面已经获得一些东西,而且是毋庸置疑的东西,因为文艺复兴时代文化的这一图景,自 A. H. 维谢洛夫斯基开始,至法国的那些拉伯雷学者的全部研究,已经被描述出来〈……〉

他不需要做这件事。我认为,这里已经表述出来的那些反驳和非议,质疑和推论,未必应该动摇我的同志们——这次答辩指定的论文评审者、我、还有未能在这里出席的塔尔列院士已经表述的看法。

我一点也不动摇自己的看法,这次答辩指定的论文评审者的声明也没有"煽动"我。我坚持第一次发言时已经表达的观点。

斯米尔诺夫教授：

尊敬的同志们，我将说得简短些，这部分地是因为要在这里把一切都说透根本上就不可能，再加上由于这里的"争执性的"气氛，我已非常疲惫。我要说几句，权当是对大部分批评性意见的一个潜在的回答。当我们：我与我这两位在论文评审上的同伴——在提请授予巴赫金同志博士学位这一动议上达成一致，这是基于这一部论文很少像通常的那类副博士学位论文，那一类论文现如今有的是。副博士学位论文的几项要求之一就在于它不必具有原创性，授予副博士学位之目的实际上在于壮大并充实志愿成为大学教师的干部队伍，这些教师会了解一些基本知识，会清楚地知道一些道路，会很好地沿着这些道路行驶。这一类论文是很多的，它们向读者提供的是一些非常熟悉而已经被理解的东西。这类论文极少给自己提出要去撼动不同时代与不同流派的表述这样的任务。它们将不同的东西加以细化与深化。

我没有听到一条非议是针对巴赫金这部论文的实质、它的布局、它的分析而提出的。这里有太多的非议，乍听起来，显得声势威严。它们中的一部分不具有历史主义的眼光，另一部分则停留于材料的表面。我不想在这里将它们全都一一列举出来。但在这里也有这样一些批评意见：这部学位论文的作者不应该认为这俨然就是西方现实主义的主干道。对此并未作补充说明：这是就 16 世纪而言的。

这部学位论文的作者是以坚定的口吻谈论十分现实的文学条件，意识的成长，它在一定的文学形式上、一定的文学环境中的体现，等等。

有一句话已受到质疑：这部论文对于拉伯雷总具有的那种魅力何以形成之原因进行了解释。我就此已经说过，拉伯雷之所以珍贵不在于此，而在于那些进步思想。我说的是他在 17 世纪和 18 世纪的魅力，他对于拉布吕耶尔、伏尔泰这一类人的魅力，那一类人不能忍受这种词语上的不洁、形象上的龌龊，然而却以某种方式超越了这一点。

已经发言的人当中有一位再一次硬说巴赫金提出这样一个问题：从我们的角度来看，哪一种现实主义更高级。（有人站起来说：这在提纲中可是有的。）请不要拒绝把它的名称叫出来。（有人站起来说：我手头没有提纲，我不会证实，这是事实，这是由学位论文作者本人证实的，那里谈及 19 世纪，谈及与果戈理的关联。）但是，有怎样的关联呢？于是弄出一个令人诧异的东西：古典现实主义与 19 世纪的批判现实主义没有任何共通之处，他谈论的可是另一种世界观的观念和另一种经典的典范，俄罗斯现实主义的和西方的现实主义那些伟大的经典作家之古典主义，与这种观念没有丝毫的关系。

还有一条非议：拉伯雷究竟如何终结了过去，事实上，文艺复兴——乃是对新的品质的赢得。学位论文的作者对这一类问题根本没有留意。当然，拉伯雷是这样终结了过去，一如但丁终结了中世纪，而且发掘出新的品质，他带来了新的品质，这一点已被学位论文作者详细地论说过了。我在简短的发言中已经谈论过时代与社会发展的范畴，有关这一点已经谈论得够多了。

这就是我能说的不多的几句。大家在这里听到的那些意见，本质上来说是正确的，如果它们不是针对这一部学位论文而说出来，我倒会高兴地在这些意见上署名呢。

И. М. 努西诺夫同志：

我非常欢迎诸位为了学术公正，为着良心问题，而准备付出很大的牺牲，一直坐到午夜 12 点。在这里有人说过，对学术委员会的成员们"做工作"。这一来好像是，我在今天这个会议之前，与另外几位被指定的论文评审者联手，对学术委员们的成员逐个进行了一次串访，说服他们，要他们在授予答辩人博士学位这事上投赞成票。我要申明，我并未与学术委员会的任何一位成员谈过这事，在这之前也没有与另外几位被指定的论文评审者碰过面。

现在，再往下说。首先，我有权利确信：凭这一部学位论文，就应当授予巴赫金同志博士学位。我回到这里所提出的某些非议上来。

皮克萨诺夫教授的非议。皮克萨诺夫教授是抱着凭这部论文授予巴赫金同志副博士学位这一愿望而到场的。针对巴赫金同志这部论文的反对意见之实质是什么呢？对于巴赫金同志是一位大学者之反对意见——我们并没有听到这样的意见。反对意见针对的是他的方法论，针对的他的世界观，针对的是他这部论文的党性或非党性。我不仅对副博士学位论文提出这些要求，而且在本科生提交给我学年论文的时候也提出这些要求。从这些立场上的观点来看，一点都没有改变，皮克萨诺夫同志看来还需要在这些问题上先准备好了再来。

对高尔基一句话的征引，高尔基曾声言："没有对人民的回顾，就不会有古典现实主义"——完全正确，而且就是由学位论文作者在今天作出的。这部学位论文整个儿都是根据对人民的回顾而得以构建的。这是民间的创作，正是这一几十年里同封建主义和教会的斗争孕育出拉伯雷。若没有这一准备，拉伯雷便是一个奇迹。但这不只是一种机械性的结果——而是一种新的品质。因此，拉伯雷的形象就矗立在整个中世纪之上，这不仅是就那种曾成为拉伯雷先驱的东西而言，也是就整个法国的文艺复兴而言。他的首要品质就在于此〈……〉①

阶级斗争。那个时代的阶级斗争，而根据马克思和恩格斯的看法，甚至是18世纪的阶级斗争，并不在于十个阶级彼此之间的相互斗争，而在于那种被称为第三阶层之反对封建主义的共同斗争。这两个世界在这里被相当激烈地对立起来，而对阶级斗争加以揭示的实质，就在于此。

常常出现这样的一种情况：有一些学位论文里，在一些报告里，没完没了地谈论"阶级斗争"、"马克思主义"，却并没有阶级斗争和马克思主义。而在另一些论文里，一句也不提阶级斗争和马克思主义，但这部论文的所有内容却都是在谈论阶级斗争和马克思主义。

在这里，还有人提出一个体裁上的要求。有人向巴赫金同志的这部论文，提出考试作业那个层次的要求。大学生在考试中应该知道并说出这一切。但这里所说的可不是考试，而是一部申请学位的学术论文，学位论文的作者没有驻留在这些考试作业层次的要求上。

我对这部学位论文也有反驳性意见，而这些我已经说过。但这些意见并没有迫使我们质疑基本问题。我面前是这样的一部著作，它是不能与另外一些著作相提并论的，可我们就是凭那些著作而曾经一一授予人家博士学位，就是在这个会议厅里。

我对自己的提议——应凭这部论文而授予巴赫金同志博士学位——绝不放弃。

【略】②

---

① 此处并不是速记时的遗漏，也不是我对它的某些部分的压缩，原文即是如此。——原编者注

② 以下略去布罗茨基一个简短的发言：他请求其他的学术委员不要套用他在之前的发言中用的一个表述"做工作"，他那是以此来讥讽斯米尔诺夫等指定的论文评审者对巴赫金的论文所给予的高度肯定。——译注

基尔波金同志：

按照讨论的次序，请允许我说几句。

我们的公开答辩很有趣，很深刻，这非常好。我们不仅在讨论授予 M. M. 巴赫金同志副博士学位还是博士学位这个问题，我们也在讨论一系列本质问题。

这部学位论文的作者之渊博的学识，他的学术活动的创造性在我们这里并没有引起疑问，但争论已经热烈地展开了，而这场争论具有很大的意义。

我并没有看过这部学位论文，但是即便如此，我觉得，这里已经得到言说的东西，在米哈伊尔·米哈伊洛维奇的陈述中和在辩论中已经得到言说的东西，乃是十分重要的，而已促使我要来说一说。

这部学位论文有这样一个论题：如果拉伯雷只是作为一名人文主义者，只是作为文艺复兴时代的一个人，那么，他写出的作品便是平庸之书与平凡之作。更有甚者——书中举凡拉伯雷作为文艺复兴时代的一个人而出场的那些地方、那些章节，便是写得非常普通而缺乏深度，而一旦拉伯雷在自己的书里将中世纪——况且还是非官方的中世纪，而人民在中世纪是存活过的——藉之而存活的那种东西，加以复活或者予以重现，他在那时就变得如此之伟大。正是在这里，我心中开始产生一系列的疑问。

我觉得，把中世纪划分为教会及封建上层的官方生活与人民的生活这一区分，乃是十分人为的。这种区分意味着，意识形态只与正面有关，而如果去穿过这一正面，一脚将它踢碎，撩开它的长袍，那么，我们就会发现某种完全不同的东西。我觉得，这一区分是过分机械的。首先，如果穿过这一正面，我们绝不会找到永恒的节日、永恒的狂欢节。我觉得，我们会找到另一种东西：永恒的、暗无天日的，在技术和生产力上非常低下的，受苦受难的沉重劳动。这些城堡、这些教堂是如何被建造起来的？它们是那些劳作的人建造起来的，这些人的白骨铺垫了这些教堂的地基。瘟疫肆虐，吞噬了一个个城市、乡村、一个个国家。战争曾经是惨烈的。而且这一切曾经是那样沉重地压迫着人们，压迫着人民大众——这些人民大众在这里却被呈现为无穷无尽的娱乐之源——以至于他们常常不仅没有去娱乐的可能，没有去批判这一制度的可能，而且还常常作为支持这一封建的、宗教制度的力量而行动。这

里并没有任何悖论，这是根据马克思主义的立场而得来的。〈……〉①

可不是，宗教狂信产生的那种残忍的狂热难道没有席卷普通人民中的男男女女，难道人民大众本身没有参加十字军东征？没错，十字军东征的队伍中就有人民大众，在这里我们且来看看"人民"一词的使用。"人民"一词——这可是一个大词，有时候这个词是那样地被说出来，以至于它像是一把万能钥匙。但是，人民毕竟是人民。当谢德林写格鲁波夫这个城市的历史时，人家指责他诽谤人民。他回答说，这是不正确的。那种历史上具体的人民——那种曾支持专制制度的人民，也同样参与了对社会先进人士的嘲弄，那些先进人士则是来解放人民的。这种人民在我心中总要引起批评，而那种人民，那种成为民主思想与前进的进步运动之源泉的人民——则不可能不激起我的推崇。

列宁在 1905 年说过，有进步的、革命的人民，可以将无产阶级专政托付给他的那种人民，也有那种小市民式狭隘的人民，那种人民由于一系列的原因受压制而不敢反抗、被吓唬而胆怯的，或者被愚弄的，那种人民千百年来沉沦于迷信，支持最阴森的宗教黑暗，而那迷信乃是反对人民自身的。应当善于区分这个，这不是要贬低人民大众，而是要使整个人民成为真正的人民。可是，巴赫金同志在这里所说出的东西，则是对这种贫乏的与贫困的生活之浓烈的粉饰。

中世纪不曾是接连不断的狂欢节，就像在这里有人就此而说的那样。

其次，人民如何把历史推向前进？使人民把历史推向前进的那个环节是什么？这一环节是由先进人士（时代的知识分子阶层）所培养的那种意识。这一知识分子阶层，立足于对人民生活状况的研究，走向愚昧的人民大众中间，而对他们进行启蒙。这样，人民才会成为真正的人民。

我觉得，由这部学位论文作者在这里已经道说的东西，在这个会上作为这些思想的发挥而已经道说出来的东西，乃是对意识形态之自觉性——尤其是对文艺复兴时代意识形态之自觉性——这一意义的贬低。

---

① 此处并不是速记时的遗漏，也不是我对它的某些部分的压缩，原文即是如此。——原编者注

我不是法国文学领域的专家,我的领域——俄罗斯文学,但正如我所设想的那样,我觉得,拉伯雷之所以能够在民间找到在民间发现一脉欢快的、自由地思考的潮流,正是因为他是作为文艺复兴的一位思想家而走向民间。而且主要的东西并不在于从下层将他给推了上来,而在于他本身就是一位思想家,这位思想家已形成对于战争之明确的态度……

……并且他,这位思想家,形成了对待教会和宗教迷信之明确的态度,而走近民间生活,而能够理解……(起身:已经这样说过了。)这里可不是这样来说的。我终究不是在说这部学位论文,我说的是我在这里已听到的,可是,就在这里,已经有人说过,作为一名人文主义者,作为一名文艺复兴时期的思想家,他拉伯雷——不过是一位普普通通的人,而一旦他传达出那种有自发的生命力的生活——那种在腰部以下而流动着的生活,他就变成一位杰出的人物,正是这一点使得他的作品成为伟大的杰作。而这是由这一评价而源生出对文艺复兴意识的形态的估计不足,而源生出对中世纪那种拙劣的理想化。

我觉得,在我所说的东西中——可以听出,这可是一种非常严肃的指责。但在这里,没有任何令人委屈的意思;我绝没有存心贬低这部学位论文作者之渊博的学识和才能的意义。我认可这一点。我——是一位俄罗斯文学专家,我了解巴赫金那部论陀思妥耶夫斯基的著作,但观点之间一交锋就会产生观点的分歧。这里正在举行的是博士学位的公开答辩,我们有义务要表述自己的意见,自己的分歧,而分歧则触及一个非常大的、严肃的问题。

什么是人民这一问题。人民有可能是个空洞的词语,也有可能是个伟大的词语。对人民的全部伟大的尊敬,迫使我们不能向黑暗、向偏见低头,向这样一种设想低头:人民的生活——这只是一种纯生理的、狂欢的生活,而需要迫使把人民提升到时代所达到的意识之巅峰。谈及拉伯雷,事实已经证明,这并不是一种偶然的现象,他的根——在民间。但拉伯雷之所以能够揭示他那个时代的人民是什么样儿,是因为他是一位思想家,是文艺复兴时代的一位思想家,一位有意识的人,一位先进的世俗的世界观的代表。

我无法针对这部书来说,但我能以这里已经道说的东西为基础来发言。这里已经有很多东西被这样道说出来,以至于要对事情的状况加以阐明。

【略】①

斯米尔诺夫教授:

我想说两句带有参考—说明性质的话。

我欢迎今天的辩论中提出的这一声明,拉伯雷之所以伟大之处,就在于他是为文艺复兴与启蒙主义的理念而写作,而在拉伯雷开始以修辞的方式、历史的方式,娓娓动听地来打动人的地方,在巴赫金同志所说的那种地方——拉伯雷就成为一位人文主义的和修辞家式的作家——他欲成为一个杰出的作家,但却是一位普通普通的作家。

另一些人通过另一些方式已经证明了这一点,并不比他逊色。如果我们来看看拉伯雷的另一些作品,这些作品在其形式上乃是相当平凡的,而在这一形式上,他作为一位艺术家——因其人文主义的志向而杰出的艺术家——而成为伟人。

其次,关于正面这一说法。这一表达是不成功的,它是从我口中脱口而出的。我指的是上层和下层,而不是中世纪的生活本身之正面。所有人的发言,都已论及意识形态和艺术表达。

【略】②

M. M. 巴赫金同志:

我要以致谢——对我的这部学位论文进行评审的诸位委员——无论是指定的,还是未指定的——致以深深的谢意——来开始并结束我的回应。

阿列克谢·卡尔波维奇称我是一个心窍着迷之人,我同意这一说法。我是一个心窍着迷的革新者,也许,是非常渺小和微不足道的,却

---

① 以下略去扎列斯基的简短发言与基尔波金的回应:扎列斯基自称不是专家,但他指出:既然这部论文引起如此热烈的辩论,这本身就表明:这部论文已是一个杰出现象;他看出:举凡很好地阅读了这部论文者,都对论文予以正面的肯定;而举凡对论文持否定看法者一个个都承认并没有阅读这部论文;基尔波金在其回应时也确认"所有其余的人都承认他们并没有阅读这部论文,因此而得到的结果是不太好"。——译注

② 以下略去戈尔伦克的发言。他自称他也并未通读论文,只读了其中一部分。但他认为,M. M. 巴赫金透过中世纪,而从中梳理出可上溯到古希腊罗马时期某些源头的拉伯雷式的人文主义和现实主义,乃是完全正确的。——译注

是一个革新者。心窍着迷的革新者,是很少能被人理解的,他们也很少遇到真正的、认真的、原则性的批评,在大多数情形下,他们受到的只是人们的冷遇。我坐在这里,高兴地听取我这部学位论文之指定的评审委员们的发言——在他们那里,我遇见了十分深刻的理解、异常善意的理解,而我对这一点是完全清楚的:我这部论文可能会以其不寻常性、以其学说本身以及别的问题而令人反感、令人疏远。我在自己的陈述中也已经特别指出,很多地方可能会显得离奇。还在很久以前,我的这部论文刚刚杀青那会儿,我曾与阿列克谢·卡尔波维奇谈论过,为的是要写一个导言。六年前,我们就得出结论:我的学说,说实在的,只有写出 600—700 页才有可能令人信服,而目前这部以简约的形式呈现出来的论文,它就会显得离奇,而无法使人信服,也无法给人提供出什么。我无法做到在较小的篇幅里,况且是以非常简洁的方式来表达出自己的学说。学说显得既不正确,又很离奇,确实需要有非常多的材料,好使学说成为逼真可信的,好来说服我自己。

我没有用现成的学说来考察问题,我曾经探索过,现在仍然在探索,我曾经确信过,现在仍然在确信:应该这样。在论文评审员们的评价中,我遇见了深刻的理解。

从我这部论文之非指定的评审者们那方面,我遇见了兴趣,原则性的反驳,这也使我感到由衷的高兴,我最不敢奢望我能得到我的论文之非指定的评审者们之批评性的驳斥,然而,他们还是令我十分高兴。

我说过,我的主要任务——来关注这一个新的世界——一如我称呼的那样——来关注新的研究领域,来激起人们的兴趣,来展现——它是什么。至于一开头自然会有一些怀疑、一些问题——这些情形极少让我发窘。任何一种怀疑和反驳只会令我感到高兴和愉快。最坏的事莫过于——这是让我担心的,幸好,我的担忧并没有得到证实——这一愿望一下子就被冷漠地打发掉了。

我现在非常疲倦,我很难以自己的回答而令所有人满意。因此,我且预先表达深深的谢忱,并请求谅解,如果我的回答不能像应有的那样令人人满意。

首先,我来回答亚历山大·亚历山德罗维奇。您的问题是:民间—节庆的怪诞系统是完整的——但这是就总体而言,而不是就所有的部分而言,伴随着有活力的东西的,还有僵死的东西和那些正在变成娱人耳目用的噱头的东西。我认为，亚历山大·亚历山德罗维奇的这一意见是非常实质性的，非常重要，完全正确。我同意这一看法。我本应该仔细掂量那些进入拉伯雷系统中的传统元素之活力的程度。我并没有总是这么做，在亚历山大·亚历山德罗维奇所指出的那些段落中，我可能有错漏，而对已变成作品中娱人耳目的元素的那种东西的活力——现已僵死的传统曾经拥有的东西——的活力估价过高。

烤肉叉这个问题还是使我发窘。烤肉叉在拉伯雷的意识中是与狂欢节相关联的。烤肉叉在他的整部小说中都有出现。这在篝火堆上焚烧骑士那个场面就出现过——后来就在这篝火堆上烤野味——在这里烤肉叉也得到突出，在人们移动凯旋柱时，有烤肉叉——烤肉叉作为狂欢节的另一些标志之一而被挪动。在这一场面，也许，其程度并不像在我的论文里得到展示的那样，这一形象的狂欢意识毕竟曾经是鲜活的。这一形象，在狂欢节中曾经是有活力的。

我想重申一下——对这些意见，我整个儿地予以接受，我准备认可它们的正确性。

亚历山大·亚历山德罗维奇关于狄奥根尼木桶的意见。我应当给出几句回应，这几句话也许会揭示出另一层含义。我指的是，这里不仅仅有对笑的辩护，而且首先是对战斗的笑之辩护。这一点得到的论述还不够充分。

第三点涉及"吝啬的骑士"。在这里，或许本不应该提及"吝啬的骑士"，或者，如果我谈起了它，就应该更为详细地展开这个典故。像我笔下已经展示出来的这样——就会引起公正的反驳。这已经引起了亚历山大·亚历山德罗维奇和伊萨克·马尔科维奇的反驳。

但是，见解——乃是我的，我还是坚持自己的见解。毕竟我的视界揭示出——也许，并不是十分顺利——"吝啬的骑士"这一形象上的某种新的色调、新的棱面。这是被永恒化的老年形象，在所有方面都是步入老年的形象，这一老年抓住生命不放，这一老年仇视年轻，尤其是仇视子辈。我深信，这是一种非常重要的色调。须知，如果我们紧扣世界文学中的吝啬主题，我们就会看出，这一主题总是与老年纠结在一起。我们一举出吝啬人的形象，它总是老人，总是仇视年轻人。在罗马的喜剧中，在假面喜剧中就是如此。一直到现如今，吝啬人都是老人，而且总是在同年轻人的冲突中得以展现，这绝非偶然。这一要素非常重要，在某种程度上,它使得一般的父与子、母与女关系问题得以发展,也绝非偶然。这是文学的基本问题之一。世界文学中那些最伟大的流传至今的杰作都被用于这一问题的探讨。古希腊罗马时期的悲剧之最出色的典范都在诠释这一问题。我们到处遇见这一问题。当然,这一问题中的那种非常重要的色调,也许会在对这一传统加以研究的背景下得到揭示。在这里,问题并不在于偶然的方面,在这里,一种非常重要的、本质性的要素已得到揭示,对这一要素需加以理解,对于父对子和子对父之根本上的敌对关系,需要加以理解。这一材料是有趣的和重要的,这一要素从历史的角度来看是很有趣的。但我想重申的是,我并没有赋予"吝啬的骑士"中这一要素这样的意义,这仅仅是色彩上的细微差别,应当将它发掘出来。它非常有趣,非常重要,它可以促使得出颇有前景的结论,不过,当然需要考察得更为详细些,论证得更为充分些,而这是我无法做到的。我用一个类比来说明。黄金是王位的替代品,这里指的是王位继承人:"我君临天下,这是何等辉煌的荣耀啊……"应当将这一传统的要素发掘出来。它会展示出什么的,会说明着什么的。

亚历山大·亚历山德罗维奇公正地提出这样的一条异议:始于18世纪的诙谐,在整整一系列的现象中曾具有包罗万象的意义。我已指出,传统毫无疑问得以延续下来,但是,它当然已经衰弱了,对于诙谐在官方的大文学中后来的全部发展而言,更为典型的则是诙谐的分裂,一方面是纯粹的狭窄的讽刺,另一方面则是娱乐消遣的……

这是颇能说明问题的。这样的一些现象,譬如,贫民——在那里,诙谐重新变为双重性的,在那里,它会毁灭。这一诙谐成为一种例外,而不是一种惯例。需要将它发掘出来。在这些情形中,可以作出关于这一诙谐之意义的整整一系列历史的申明。尤其是,这涉及果戈理的诙谐中两种传统的意义。我允许自己在这部论文里提出了不够清晰的简练表述,但我指的是下面这层意义:人文主义的诙谐同哥特式的诙谐、农神节的诙谐、狂欢节的诙谐,乃是同源的。它是有过的。但是,这一传统的路线,是沿着鹿特丹的伊拉斯谟那种书本上的诙谐而延伸的。这是对古希腊罗马时期之诙谐的一种人为的再现、书斋里的再现。我并没有夸大其辞,但是,拉伯雷——这是一种人文主义的诙谐。它被洒上了广场上的诙谐之活水,因而,它没有成为书斋里的诙谐,没有成为学术性的诙谐——在这一诙谐之新的、人文主义的涵义上的诙谐。

我认为,在拉伯雷的诙谐中,人文主义的传统同哥特式的传统——它们之所以得以有机地融合,是因为这一传统与那一传统之根基在本质上乃是同源的,它们都是由同样的一些民间的源头而生发出来的。关于若望和巴汝奇这两个形象上的异议。在这里有一个非常不清晰的简练表述。我曾经指的是要去看出仅仅是一种色调,但语词的表述是不清晰的。我会把它改正,我对这一指点表示感谢。

关于伊萨克·马尔科维奇提出的异议。第一点意见在于,我在我这部论文里对于直接的文学环境没有给予足够的关注,很少谈到最接近拉伯雷的那些前驱与其同时代人,我没有把拉伯雷置于法国的文艺复兴的氛围中来展示。这个意见是正确的。我之所以没有这样做,是因为这一领域里做出来的东西已经很多,我要是再涉足于这一领域,就会像是一个编纂者了。何必还要做这件事情呢,如果这已经为所有人都能企及。诚然,这也许会使我这部论文之十足的价值有所降低,因为大学生们,并且也只有他们才会期待一部论拉伯雷专著面面俱到,但这种面面俱到是无法达到的。要是将来我出版这部论文,我会毫无疑问地遵从您的这一建议,也会遵从阿列克谢·卡尔波维奇的建议——我会为自己的这部论文补充上这些材料,尽管我无法提供任何新的东西,我提供出的将只是内容丰富的编纂——对那些已经被研究过的问题所进行的编纂。

在这里还有人说,同经院哲学的斗争这一论题受到的关注很少。这个批评是对的,但是,说它是对的,并不是因为我没有看上这一论题的价值。我是看出这一论题有价值,但这一问题已经如此清楚地为人所知,要是来重复它——就意味着去申说人所共知而且无人反对的事。

当我们对一个除了拉伯雷名字之外什么都不知道的那种人来谈论拉伯雷,对一个刚刚参加师范学院入学考试的人来谈论拉伯雷,他恰恰会说出这个,但比这更多的他也就说不出来了。

又是为了专著要面面俱到,也许,是该将这些方面加进去的,对这些方面,我是提到的,但是,不应该就因为这些方面很少得到述说——像伊萨克·马尔科维奇所断言的那样,就说我不看重它的价值。我可是看出这一点是具有巨大价值的。

关于果戈理的诙谐——认为果戈理的诙谐之最初源头乃是哥特传统,这是不对的,果戈理的笑是以乌克兰的现实生活为养料的,而不是以这些由西方传来的文学影响为养料的。我并没有断言,果戈理的诙谐可以归结为哥特式传统。我完全同意:果戈理的诙谐是由整个乌克兰的现实生活所确定的,但我认为,在这种乌克兰的现实生活中,拉丁典范和哥特传统作为其十分重要的成分进入了它的组成。另一些乌克兰元素已经得到充分研究,而这一方面则完全未得到考察。在这一论题上,除了一些完全偶然的、零散的索引,什么还都没有。但是,这些哥特传统,乌克兰现实生活的这一基本元素确定了果戈理。难道可以从乌克兰的现实生活中将基辅神学院、宗教寄宿学校、整个这种拉丁文的学校智慧给勾销掉吗?不应该低估这一方面的分量。我之所以推重它,只是因为这一方面完全没有得到理解与研究,所以我才驻足于这一方面。

我依然不认为,这是某种从西方传来的东西。不是。我本该诉诸这一传统得以形成的那些年代,在这里,总的说来,应该进行方法论上十分严格的区分,我本该这么说:在这种哥特传统,在基辅群山里,就像在其家乡,一如在圣日芮维埃芙山冈上,一如在法国和德国的任何一座城市中那样。为什么在那里它就好像是某种异域的、异己的东西呢?它作为一种构成元素已经融进乌克兰的歌曲之中。进而,我在这里并不认为,发生的是某些带有偶然性的外来影响。一个十分重要的方面——它最终会帮助我们去梳理乌克兰土壤上、俄罗斯土壤上的这一传统。

也许,在这里有人会指责我抛出一个可怖的异端邪说,但我敢肯定,我寻找到了哥特传统,并且我敢证明,不论是在别林斯基那里,还是在车尔尼雪夫斯基那里,抑或是在杜勃罗留波夫那里,以及在他们那个某种程度上的古典主义中,这一传统都是有过的。在这一点上,我并未看出任何让人降格的东西,恰恰相反。这有什么说不通的呢?任何一种思想,更不用说革命思想,其本质并不在于它的排他性,并不在于它同其他的世界相脱离,而是在于它同世界上存在的所有先进的东西保持有机的、深刻的关联。这又有什么说不通的呢?

因而,我不能接受伊萨克·马尔科维奇的这一异议,虽然我应该说出来,这,显然,我表达得不清楚,因而,伊萨克·马尔科维奇便可以为:我是把果戈理的诙谐带到哥特传统之中,然而,我可是把它视为一种新的传统而划分出来。

　　我同意阿列克谢·卡尔波维奇的意见，而且今天的辩论也使我确信：这部论文不仅需要第九章，还需要第十章，这会使这部论文更为货真价实。如果早先就这样做了，这也许会使这部论文丧失我一心想赋予它的那种风格，那样一来，在这里我已听到的许多反对意见，我就会听不到了。

　　也许，我的回答还不能让所有指定的论文评审者感到满意。

　　现在，我来回答非指定的论文评审者。出于反驳的方便和我的回答的方便，我允许自己首先来回答尼古拉·基里亚科维奇提出的异议。

　　我在自己的陈述中，已经预先提醒：我这部论文会引起一定的困惑，会显得有些离奇。我也预先提醒：若是在 8—9 年前，在我自己还没有仔细研究这一材料之时，我可能会觉得，我这里已经给出的提纲就是合适的，我可能也会像尼古拉·基里亚科维奇那样来发言，我这么说，是因为这个提纲想必还不能呈现出我这部论文的面貌。我本人难以对这一点做出评判，就因为我跟这些材料在一起都这么久了，在别人看来则是奇怪的东西在我看来则是可信的东西。我的学说该会使尼古拉·基里亚科维奇发窘的，但是他的这一异议：即拉伯雷应当被往后翻转，我是不能苟同的。难道我们对某一历史事件的根基、某一传统的根源加以确定——就意味着这是在将现象往后抛？当我们揭示出作品之民间文学的根基时，没有一种现象被翻转。难道我们是把它往后抛？

　　我的整部论文的旨趣可归结为一点：我是在揭示拉伯雷的创作形式的根基，是在揭示他那个拉伯雷世界的根基。我是在现实主义的历史中来展现拉伯雷。也许，我有错漏，但我觉得，我为现实主义的历史添加了新的一页。在法国文学和俄罗斯文学中还不曾有过"哥特式现实主义"这一术语。谁也说不出来：何处、何人、何时就哥特式现实主义写过什么东西。我丰富了现实主义的历史，并且不是在术语上：不能指责我没有论及现实主义的历史。这并不是对我们所十分熟悉的那种历史的复述。

　　……这种历史应该延伸得更远。这乃是某种新的东西之加入。为什么我们整个现实主义的历史要以文艺复兴为支撑点？这是堵密不透风的墙，现实主义就是在这里得以孕生的。（起身："哥特式现实主义"这一术语在用于现代文学时也是存在着的。陀思妥耶夫斯基的小说就被人用这一词组——"哥特式现实主义"——来指称。这一名称的出身非常低贱。)出身非常不好的乃是那种东西,那种涉及 18 世纪下半叶的哥特小说的东西,它的出身很不好。陀思妥耶夫斯基指的是……(起身:您指的是,是将这种如此典型的中世纪移植到现代文学之中……巴尔扎克的小说也被人用这一术语来指称……)这一观点可是绝对不正确的,我的这部论文就是被用来专门考量这个问题的。

要是我敢于奢望,哪怕是我为现实主义的历史添写上一行也好,因为到目前为止,整个现实主义的历史是结束于文艺复兴,而在文艺复兴这个论题上,被理解得也是糟糕,比这更往前的探索不曾有过。于是,总体来说,我的任务便是大大地拓展我们苏联文学学的视野,更不用说欧洲文学学,后者极端地缩小了自己的视野。但我们应该来拓展。无论如何,我们就不能来缩小视野,我们无论如何不能跟着西方文学学家的话题亦步亦趋,也没有任何理据这样做。正是基于这一点,我,的的确确,是在现实主义的历史中来展现拉伯雷。我没有进一步对此加以梳理。我的任务仅止于此。在这部论文的那些章节,在我论及拉伯雷对后世的影响以及其他诸如此类问题的那些地方,是有一些索引,它们有可能得到展开,但这并没有进入我的任务,然而,整个哥特文学就是现实主义的历史。我倒愿同意这一说法:这不是一部论拉伯雷的书,而是一部论现实主义史之书,一部论前文艺复兴时期的现实主义史之书。难道这不需要加以考察吗?这是一个已经成熟的、极为迫切的任务。您的理解是不正确的,这并不使我觉得惊讶,因为你们只有这份提纲,而这份提纲在总体上是编得不成功的。(起身:是根据您的言说。)我的言说是不成功的。必须在 20 分钟以内将十年来我沉潜于其中的东西陈述出来,我陷入了十分困难的境地。或许,别人会做得更好,更能令人信服,但我不想简化自己的思想,不想在自己的陈述中用那些众所周知的真理来敷衍了事。您没有明白许多东西,再说也不可能明白,我自己有错……我认为,这份提纲对自己的这部论文的反映是不成功的,陈述也不是完全清楚,最后的回答也是如此,因为我累了,思维运作得很糟糕。

因此,我当然最不愿意请你们就凭我这番话和我笔下所出现的那些不成功的简要提法来作出评判。我完全无意说,中世纪的诙谐——是一种欢快的、无忧无虑的、兴高采烈的诙谐。相反,它曾是进行斗争的工具之强有力的手段之一。人民曾经既带着笑声而进行斗争,又直

接带着武器——拳头、棍子——而进行斗争。广场上的人民——这种
人民像一根红线贯穿我这部论文，——这种人民不仅是会嘲笑的人
民——这也正是那种会进行起义的人民。一个与另一个是紧密关联着
的，没有另一个，这一个便是不可能的。这种诙谐是广场上的、民间的
诙谐，与那娱乐消遣的东西毫无共同之处。这是另一种类型的诙谐，这
种诙谐会使得生机全无，在这里死亡总是在场的。我对教士形象与文
学中的打斗之隐含意义做了极其详细的分析。总是要殴打什么人。考
量这一现象——狂欢节上的殴打乃是被指向这一目标：殴打国王——
这是我这部论文的基本思想。进而，我说的并不是欢快的诙谐，那种会
将人们从斗争那里引开的诙谐，而是那种与斗争相关联的诙谐，因为这
种诙谐所针对的接受者正是那个世界本身，这个世界应该消失，而让位
于新的、别样的、有更多的欢乐、笑声的世界。这是一种基本的激
情——为更替而高兴，同所有意欲获得永恒化的东西进行斗争，同所有
意欲宣布自己是永恒的而不想让位的东西进行斗争。这就是这种诙谐
所要言说的东西。就其本质而言，它可是具有深刻的革命性的。

　　我并没有把诙谐变成一个实体——有古希腊罗马时期的诙谐，有
哥特式的诙谐——这是一种历史范畴，但是，这种广场上的诙谐几乎可
以在法律上享有治外法权。这是历史事实。这曾是人民的广场，不得
不这样来看待它。这，在一定程度上，曾经是国中之国——这是正确
的，这个事实是众所周知的。

　　拉伯雷的意义——就在中世纪。我没有在任何地方断言这一
点——为什么恰恰选拉伯雷呢？因为拉伯雷是用我们的语言在说
话——这是一种新的意识，与此同时，他使得发掘那种对我们来说是模
糊的不明朗的传统成为可能。我不仅没有把拉伯雷同文艺复兴割裂开
来，而且正是基于这一点而展示出他的文艺复兴是重要的。

　　尼古拉·基里亚科维奇说，我把拉伯雷简化为过往时代的复活。
可以把任何一种过去称为复活。拉伯雷——这可是具有深刻的革命性
的根基，为什么不把这些根基称为一种复活？那样一来，就该去否定文
学史，去否定任何一种历史的解释。

　　既然某一现象已经被历史地加以解释，进而，这一现象就已经变成
过去的复活。如果一位作家有先辈的话，如果他对某种东西加以延续，
如果他不曾被隔离，如果他不曾被中国的万里长城同整个世界隔开，那

么,他——就是对过去的复活。这是不正确的。这是对我们世界观的基础之根深蒂固的敌视。在国家的关系上并没有什么中国的万里长城……(起身:有深刻的过去,也有卑微的过去,应当区分开来。)如果我们将过去的中世纪称为卑微的……(起身:人民做出了革命事业。)但是,人民不总是能够做到。难道能够将事业与意识、与话语、与思想脱离开来吗?难道革命事业在同话语相脱离之时还有可能吗?问题的关键在于,意识需要进行革命。那么,又是什么会对中世纪之人的意识进行革命,如果不是中世纪的诙谐?我呀,尼古拉·基里亚科维奇,我是一点也不奢望得到您的反驳,因为我这份提纲编得不成功,您有权不理解我。

但是,对于中世纪的人,对于古希腊—罗马时期的人,诙谐有着特殊的作用。对于古希腊—罗马时期的人而言,严肃性不是那种古典主义的严肃性,这是一个特殊的范畴。一张严肃的面孔是怎样的呢?在严肃的面孔上,不是有着进攻的准备,就是有着防御的准备。严肃性不是要威胁谁,就是害怕谁,而当我谁也不怕而不威胁谁之时,面孔就会成为不严肃的。这是很能说明问题的。就在这时,欢快与诙谐也就会在这里栖居。死亡、临终前的窒息就会在这里栖居——诙谐也在这里。这是有趣的、令人好奇的事情,对于中世纪典型的特征是不信任严肃,而相信诙谐的力量,因为诙谐的力量不会威胁任何人。诙谐会将人从恐惧中解放出来——这是整个文艺复兴意识的必然前提。为了能让我清醒地看世界,我需要停止恐惧。诙谐扮演了最为严肃的角色。我力图揭示和展现的,就是诙谐曾具有多么巨大的意义,它准备了……

我曾在这个大厅里做过有关长篇小说理论的报告,我曾指出,在古希腊—罗马时期,在第一个具有批判精神的苏格拉底的意识之创造中,诙谐曾经具有多么巨大的力量。诙谐培养了一种本领,一种能力——去粗暴地触摸任何东西的能力,一种真正地去翻转、去颠覆的能力。这是对待事物的一种亲昵的、欢快的态度——这是走向研究、解剖、分析的前提。当我心中只有一种崇敬,受信仰所支配的崇敬,我永远不会对世界和事物去进行分析,我不会意识到这一点的。这会使人革命化。中世纪的诙谐这一革命化的力量——这是主人公。(起身:诙谐——乃是伟大的革命家——赫尔岑说过。)这是一个总体上人人皆知的论点,但重要的不是以宣言的方式来展现,而是以材料来展示。

我现在就提供出最为简单的诙谐形象的结构。我现在在这里就发现欢快的诙谐的一个非凡的形象……

在这里,在一条材料里非常有趣地展示出,脸部在这里被画成臀部,被绘上这一美妙的背景——世上的第一背景。我不能接受尼古拉·基里亚科维奇的意见,尽管这一意见是在浏览我这份编得不成功的提纲的情形下,在您心中当会产生的。

我区分出两种现实主义:古典的现实主义和哥特式现实主义,但我丝毫也没有把哥特式现实主义同批判现实主义对立起来。我认为,不了解拉伯雷,巴尔扎克就不能被理解。总体说来,我一点也未曾论及细微差异。

关于狂欢节。我不曾说过狂欢节是纯粹欢快的。根本不曾说过。在每一狂欢的形象中,死亡都会出场。用您的术语来说——这就是悲剧。然而,只是要记住,悲剧还不是终极话语。

我说过《噼噼啪啪》和《荒唐人的梦》——是出色的讽刺作品,这时我指的并不是哥特式现实主义,而是在文学中一般很少得到研究的那种伟大的讽刺作品。使我感到震惊的是,陀思妥耶夫斯基是如何能够把这种鲜为人知的形式以欧……得讽刺①再现出来——这完全是另一类东西。

现在我想来回应捷里亚耶娃提出的异议。我应该说出来,这些异议让我有些吃惊。给我的印象是,如果捷里亚耶娃同志在我的这部论文里找到了所有为她很好地研究过的东西,她就会满意了。没有找到所有的这一切,她便开始批评我这部论文,她对它可是极不喜欢。我竭力在我这部论文里不去写那些已有人写过和已有人说过的东西。这是我的原则。或许,在实践中不能成功地判明这些东西,但是,如果某些东西已经得以查明、已经被人写出,为什么还要来重复呢?喜爱去重复已知的东西之人非常多,我不想跻身于他们之列。要是您对我这部论文是一窍不通,您就会指责我犯下了某些罪过,我同那些罪过乃是毫无干系的。

首先,整部论文都是专门用于探讨现实主义的历史,我在这一历史

---

① "欧……得讽刺":在这篇速记原文中未写全的这一词语,或许应被读作"欧几里得讽刺"(欧几里得曾被置于那些擅长苏格拉底对话体的大师之列)。——原编者注

中发掘出某种新的东西。您指责我有什么过错呢？就在于我在论文里一点儿也没有写到车尔尼雪夫斯基吗？

就来说说车尔尼雪夫斯基，作为一个革新者，他曾经是走在前面的，走得很远。要是您读过他的学位论文，您一定记得美这一概念之相对性的对比，这一对比乃是古典主义的典律与怪诞的典律之对比。请再去读一读这部学位论文，那里有一个方面定会让您觉得是十分奇怪的。

有人在这一点上指责我：我这部论文，六年前就已写就的论文，未能反映那个决议，今年通过的那个决议。这部论文写出来了，就提交了，我不曾见到它，而无法将修改的东西加进去。然而，现如今，就事情的实质而言，我应当说出来：要是现在有人建议我以这一决议的视角来重新审视我这部论文，我便会确信：无法进行任何重新审视，我这部论文具备深刻的原则性，我这部论文具备深刻的革命性，我这部论文走在前面，而会提供新的东西。我这部论文整个儿都在谈论最具革命性的作家——拉伯雷，而您却没有找到任何革命性。而我所展现的拉伯雷的革命性乃是宽广的、深刻的，比迄今为止所展现的要更为深刻，更为根本。对这一点在那里已经述说得够多的了，需要的只是会读。您呀，或许，想要每隔三个词之后在第四个词的位置上我就来提一提"革命性"这个词。这个词在我的论文里出现得非常频繁，即使以形式的视界来看，这也是会令人满意的。但如果整部论文是全由"革命性的"、"革命"以及其他的派生词语组成，那么，它不会由于此举就变得更好些。我认为，我这部论文乃是真正具备革命性的，它会摧毁什么的，它在力图创造出某种新的东西，它会在必须要有的、进步的取向上去摧毁什么。

我敢断言，我这部论文具备革命性。我可以作为一个学者而成为一名革命者。作为一个学者，一个已经为自己提出了特定的课题——拉伯雷研究这一课题——的学者，这种革命性体现在什么地方呢？我的革命性体现在哪里呢？这体现在：我曾是以一种革命的方式解决了这一课题。

获得了这样一种印象，也许是错误的印象，那么，请原谅，这一意图是有过的——用什么来解释这一愿望呢，我不清楚——那就是：无论如何要来证实，这可是白纸上的黑字。

霍马·布鲁特。我提供出这一形象的阶级分析，我并没有整个地考察这部作品。如果我对之进行了考察，我是永远不会容许给出如此奇怪的阐释：巫婆掐死霍马·布鲁特——这被称作为对《维》这部小说的阶级阐释，有人从阶级的角度出发进行了这样的陈述。我只是顺带涉及这一形象，以我之见，我是正确地揭示了它的阶级本质。

最后，有人指责我对拉伯雷——拉伯雷与之斗争得最多的正是那种不明朗的、不可理解的、令人可怕的东西，他一心想根除的正是这些，以便使世界变得可以被理解，可以被改造——犯下两点过失：首先，我破坏了任何一种诗意性；其次，我把读者领入了某种神秘的领域。诙谐与神秘，诙谐与秘密——难道这是一些可以并存的东西吗？

此外，最后一点。我要来回答瓦列里·雅科夫列维奇提出的异议。这些异议是非常具有实质性的，但我不能整个地接受。有一条异议是需要接受的。我笔下的确是有一些不成功的简要提法，也许，这确实应该给出某些补充性的区分。我认为，那种人民——拉伯雷（的小说）正是在其传统中而得以被创造出来——具有深刻的进步性。这恰恰说的是，诙谐——这绝不是永恒的狂欢节。是呀，狂欢节曾是相当稀少——一年有一次。我将狂欢节理解得更为宽泛些——这是那些常年都有的集市，广场上沸腾着狂欢节般的生活。但问题当然不在于此：民间曾有另一种生活。这种生活引起了我的兴趣，它具有深刻的进步性和革命性，并且这种狂欢节式的诙谐——它从恐惧中净化了世界。我在自己的论文里整个地援引了歌德对狂欢节的细致描写。我觉得，我在那里已能展示出狂欢的意识——整一的意识、身体之暂时的整一意识——之深刻进步的、革命的性质。进而，对这异议的这一部分，我不能同意，但我应给出解释，对这一问题我完全同意。请您原谅，我的回答没能让您满意，我太疲倦了，这已显示出来了。

请允许我再次感谢我的论文的所有评审者，感谢你们的批评和善意的理解。

基尔波金同志：

学术委员会剩下来还要做的是来处理一个程序问题。为了处理这一程序问题，请允许我宣布召开闭门会议。

*　　　*　　　*

基尔波金同志：

请允许我宣布学术委员会闭门会议现在开始。出席者 10 人，达到法定人数。请允许我提议计票委员会的人员组成：古济、米哈伊洛夫斯基、波诺马廖夫三位同志。（计票委员会的人员组成获得通过。）

（进行闭门的无记名投票）

波诺马廖夫同志：

现在我来宣布投票结果。学术委员会对授予 M. M. 巴赫金同志语文学副博士学位进行了投票：

分发票数——13

放入票箱中的票数——13

其中：同意授予副博士学位的票数——13，反对票——零（掌声）

学术委员会对授予 M. M. 巴赫金同志语文学博士学位进行了投票：

分发票数——13

放入票箱中的票数——13

其中：同意授予的票数——7，反对票——6

基尔波金同志：

这样，学术委员会授予 M. M. 巴赫金同志语文学副博士学位，并向高等教育部提请授予他语文学博士学位。现在，我宣布学术委员会到此结束。①

（朱涛译，周启超校）

---

① 据《苏联科学院通报》报道这次答辩会的简讯作者称，"答辩持续七个多小时"（《苏联科学院通报》，1947 年第 5 期，第 123 页）。辩论的时间之长，这本身就颇能说明问题，而无需注释。——原编者注

图书在版编目(CIP)数据

对话中的巴赫金：访谈与笔谈 / 王加兴编选. —南京：
南京大学出版社，2014.11
(跨文化视界中的巴赫金丛书 / 周启超，王加兴主编)
ISBN 978-7-305-13653-5

Ⅰ. ①对… Ⅱ. ①王… Ⅲ. ①巴赫金(1895～1975)
—访问记 Ⅳ. ①K835.125.6

中国版本图书馆 CIP 数据核字(2014)第 171134 号

出版发行　南京大学出版社
社　　址　南京市汉口路 22 号　　　　邮　编　210093
出 版 人　金鑫荣

丛 书 名　跨文化视界中的巴赫金丛书
丛书主编　周启超　王加兴
书　　名　对话中的巴赫金：访谈与笔谈
编　　选　王加兴
责任编辑　姚　徽　潘琳宁

照　　排　南京南琳图文制作有限公司
印　　刷　南京爱德印刷有限公司
开　　本　635×965　1/16　印张 24.5　字数 350 千
版　　次　2014 年 11 月第 1 版　2014 年 11 月第 1 次印刷
ISBN 978-7-305-13653-5
定　　价　53.80 元

网址：http://www.njupco.com
官方微博：http://weibo.com/njupco
官方微信号：njupress
销售咨询热线：(025) 83594756